천일문 핵심

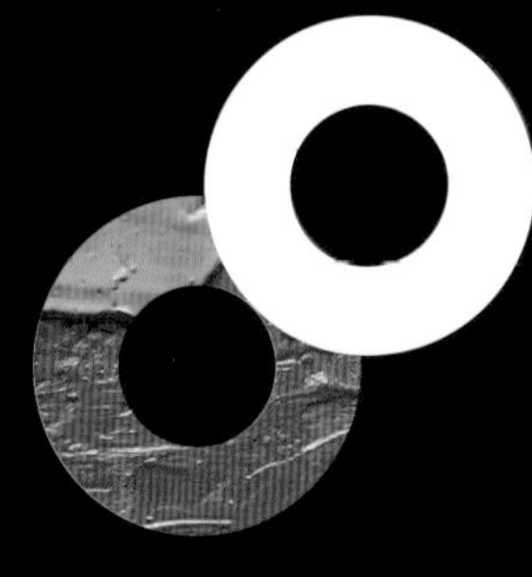

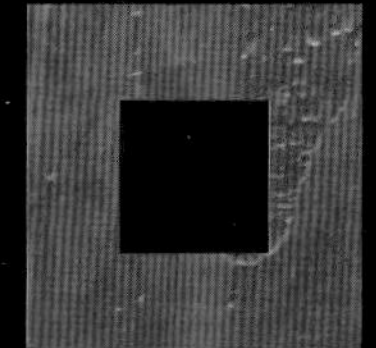

김기훈 쎄듀 영어교육연구센터

쎄듀 | 쎄듀런

500 SENTENCES **ESSENTIAL**

Get Started!

대한민국 영어 구문 학습의 표준

천일문

CEDU(쎄듀)는 A Comprehensive English eDUcation(종합적 영어교육)의 약자입니다.

펴낸이 김기훈 김진희
펴낸곳 ㈜쎄듀/서울시 강남구 논현로 305 (역삼동)
발행일 2021년 10월 18일 제2개정판 1쇄
내용 문의 www.cedubook.com
구입 문의 콘텐츠 마케팅 사업본부
Tel. 02-6241-2007
Fax. 02-2058-0209
등록번호 제22-2472호
ISBN 978-89-6806-231-5
978-89-6806-230-8(세트)

천일문 핵심

저자

김기훈

現 ㈜쎄듀 대표이사
現 메가스터디 영어영역 대표강사
前 서울특별시 교육청 외국어 교육정책자문위원회 위원
저서 | 천일문 / 천일문 Training Book / 천일문 GRAMMAR
첫단추 BASIC / 어법끝 / 문법의 골든룰 101 / Grammar Q
어휘끝 / 쎄듀 본영어 / 절대평가 PLAN A / 독해가 된다
The 리딩플레이어 / 빈칸백서 / 오답백서 / 거침없이 Writing
첫단추 / 파워업 / ALL씀 서술형 / 수능영어 절대유형 / 수능실감 등

쎄듀 영어교육연구센터

쎄듀 영어교육센터는 영어 콘텐츠에 대한 전문지식과 경험을 바탕으로 최고의 교육 콘텐츠를 만들고자 최선의 노력을 다하는 전문가 집단입니다.

오혜정 센터장 · 한예희 책임연구원 · 구민지 전임연구원 · 김진경 전임연구원 · 이누리

검토에 도움을 주신 분들

조시후 선생님(SI어학원) · 안명은 선생님(아우룸영어) · 안미영 선생님(스카이플러스학원) · 황성현 선생님(서문여자고등학교)
김명열 선생님(대치명인학원) · 박고은 선생님(스테듀입시학원) · 박혜진 선생님(박혜진영어연구소)
안상현 선생님(수원시 권선구) · 이민지 선생님(세종 마스터영어학원) · 민승규 선생님(민승규영어학원)

마케팅 콘텐츠 마케팅 사업본부
영업 문병구
제작 정승호
인디자인 편집 한서기획
디자인 유은아
영문교열 Stephen Daniel White

FOREWORD

천일문 시리즈는 2004년 첫 발간된 이래 지금까지 베스트셀러를 기록하며 전체 시리즈의 누적 판매 부수가 어느덧 430만 부를 훌쩍 넘어섰습니다. 2014년 개정판이 나온 지도 7년이 지나, 쎄듀의 그동안 축적된 모든 역량을 한데 모아 더욱 진화된 내용과 구성으로 새로이 개정판을 내게 되었습니다.

진정한 영어 학습의 출발, 천일문

한문 공부의 입문서인 천자문(千字文)을 배우고 나면 웬만한 한문은 죽죽 읽는다는데, 영문을 공부할 때는 그런 책이 없을까? 천일문(千一文)은 이런 의문에서 출발했습니다. 영문의 기본 원리를 터득하여, 길고 복잡한 문장이 나오더라도 앞에서부터 차례대로 이해하는 올바른 해석 능력을 길러드리고자 하였습니다. 동시에, 삶의 모토로 삼고 싶은, 그래서 저절로 외우고 싶은 생각이 드는 좋은 글로 학습의 즐거움을 드리고자 하였습니다.

문장이 학습의 주가 되는 천일문

천일문은 우리말 설명보다는 문장이 학습의 주가 됩니다. 모든 문장은 원어민들이 실제로 사용하는가(authenticity), 자주 쓸 수 있는 표현인가(real-life usability), 내용이 흥미롭고 참신한 정보나 삶의 지혜를 담고 있는가(educational values)의 기준으로 엄선하여 체계적으로 재구성한 것입니다. 이들 문장을 중요한 구문별로 집중학습할 수 있도록 설계했습니다.

무엇이 개정되었는가

1 문장 교체: 시대 흐름에 맞도록 문장의 참신성을 더하고 최신 기출을 포함시켰습니다.

2 종합학습서: 어법과 영작을 늘려 능동적으로 구문을 적용할 수 있는 기회를 제공함과 동시에, 독해와 내신을 아우르는 종합학습서로의 역할을 할 수 있도록 하였습니다.

3 전략적 구성: 입문-기본-핵심-완성이 기본적으로는 구문과 문장의 난이도가 점차적으로 높아지면서도 각기 고유한 학습 목표를 가지도록 하였습니다. 이는 독해의 기초부터 실전까지 단계별로 학습자들에게 필요한 능력을 효과적으로 기를 수 있도록 한 것입니다.

4 천일비급(별책해설집): 내용을 대폭 보강하여 자기주도적 학습과 복습이 더 수월해졌습니다.

5 학습 부담 경감: 예문의 집중성을 높여, 보다 적은 양으로 학습이 가능하도록 했습니다.

6 천일문 핵심 문제집 Training Book: 구문 이해를 정착시키고 적용 훈련을 할 수 있는 충분한 양의 연습문제를 담았습니다. (별도 판매)

7 무료 부가서비스(www.cedubook.com): 어휘리스트, 어휘테스트, 본문 해석/영작 연습지, MP3 파일, 딕테이션 sheet 등 막강한 부가서비스도 마련하였습니다.

천일문의 새로운 도약을 위해 '대한민국 영어교과서'라는 별칭이 부끄럽지 않도록 1년여간의 연구와 많은 토론으로 최대한의 노력을 기울였습니다. 이 교재와의 만남을 통해 대한민국의 많은 영어 학습자들이 영어를 영어답게 공부할 수 있기를 희망합니다.

저자

〈천일문〉 시리즈 한 눈에 보기

SERIES OVERVIEW

입문

기본편이 어려운 학생들에게 권해요.

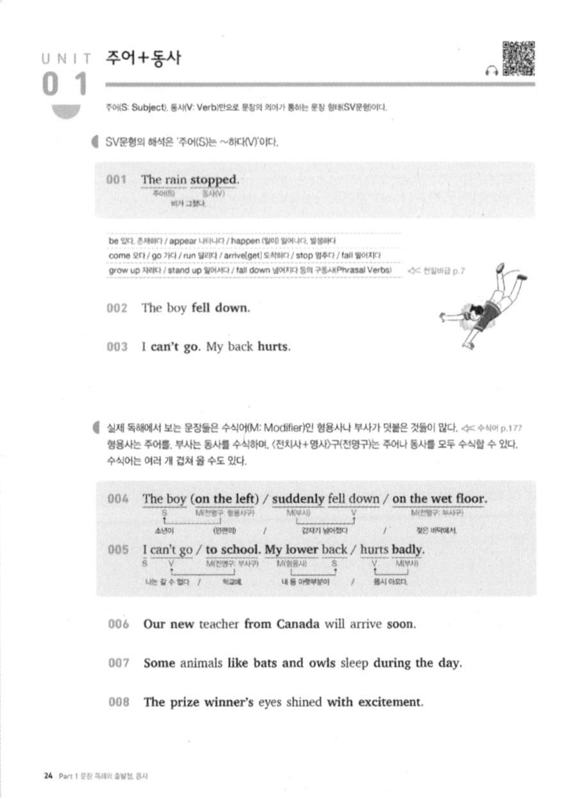

UNIT 01 **주어+동사**

주어(S: Subject), 동사(V: Verb)만으로 문장의 의미가 통하는 문장 형태(SV문형)이다.

SV문형의 해석은 '주어(S)는 ~하다(V)'이다.

001 The rain **stopped**.
주어(S) 동사(V)
비가 그쳤다.

be 있다, 존재하다 / appear 나타나다 / happen (일이) 일어나다, 발생하다
come 오다 / go 가다 / run 달리다 / arrive[get] 도착하다 / stop 멈추다 / fall 떨어지다
grow up 자라다 / stand up 일어서다 / fall down 넘어지다 등의 구동사(Phrasal Verbs) ≪ 천일비급 p.7

002 The boy **fell down**.

003 I **can't go**. My back **hurts**.

실제 독해에서 보는 문장들은 수식어(M: Modifier)인 형용사나 부사가 덧붙은 것들이 많다. ≪ 수식어 p.177
형용사는 주어를, 부사는 동사를 수식하며, 〈전치사+명사〉구(전명구)는 주어나 동사를 모두 수식할 수 있다.
수식어는 여러 개 겹쳐 올 수도 있다.

004 The boy (**on the left**) / **suddenly** fell down / **on the wet floor**.
S M(전명구: 형용사구) M(부사) V M(전명구: 부사구)
소년이 (왼편의) / 갑자기 넘어졌다 / 젖은 바닥에서.

005 I can't go / **to school**. **My lower** back / hurts **badly**.
S V M(전명구: 부사구) M(형용사) S V M(부사)
나는 갈 수 없다 / 학교에. 내 등 아랫부분이 / 몹시 아프다.

006 **Our new** teacher **from Canada** will arrive **soon**.

007 **Some** animals **like bats and owls** sleep **during the day**.

008 **The prize winner's** eyes shined **with excitement**.

24 Part 1 문장 독해의 출발점, 동사

시작은 우선순위 빈출 구문으로

- 독해에 자주 등장하는 구문만 쏙쏙!
- 단시간 학습으로 최대 효과!
- 500개 알짜배기 예문으로 구문의 기초를 잡으세요!

기본

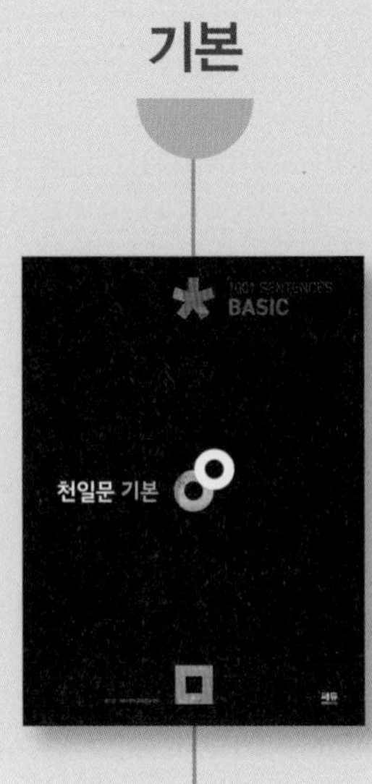

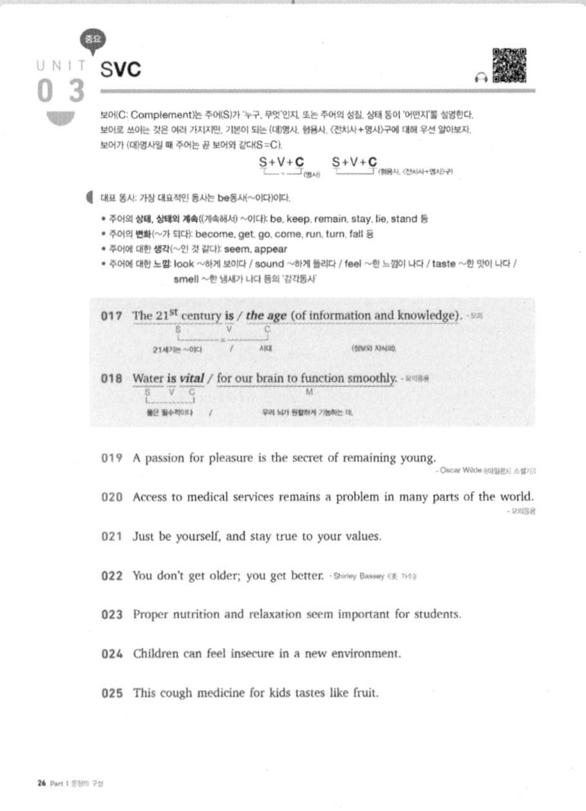

중요

UNIT 03 **SVC**

보어(C: Complement)는 주어(S)가 '누구, 무엇'인지, 또는 주어의 성질, 상태 등이 '어떤지'를 설명한다.
보어로 쓰이는 것은 여러 가지지만, 기본이 되는 (대)명사, 형용사, 〈전치사+명사〉구에 대해 우선 알아보자.
보어가 (대)명사일 때 주어는 곧 보어와 같다(S=C).

S+V+**C** (명사) S+V+**C** (형용사, 〈전치사+명사〉구)

대표 동사: 가장 대표적인 동사는 be동사(~이다)이다.

- 주어의 **상태, 상태의 계속**((계속해서) ~이다): be, keep, remain, stay, lie, stand 등
- 주어의 **변화**(~가 되다): become, get, go, come, run, turn, fall 등
- 주어에 대한 **생각**(~인 것 같다): seem, appear
- 주어에 대한 **느낌**: look ~하게 보이다 / sound ~하게 들리다 / feel ~한 느낌이 나다 / taste ~한 맛이 나다 / smell ~한 냄새가 나다 등의 '감각동사'

017 The 21st century **is** / ***the age*** (of information and knowledge). - 모의
S V C
21세기는 ~이다 / 시대 (정보와 지식의).

018 Water **is** ***vital*** / for our brain to function smoothly. - 모의응용
S V C M
물은 필수적이다 / 우리 뇌가 원활하게 기능하는 데.

019 A passion for pleasure is the secret of remaining young. - Oscar Wilde ((아일랜드 소설가))

020 Access to medical services remains a problem in many parts of the world. - 모의응용

021 Just be yourself, and stay true to your values.

022 You don't get older; you get better. - Shirley Bassey ((英 가수))

023 Proper nutrition and relaxation seem important for students.

024 Children can feel insecure in a new environment.

025 This cough medicine for kids tastes like fruit.

26 Part 1 문장의 구성

3대(기본/빈출/중요) 구문 총망라

- 빈틈없이 탄탄한 구문 실력 완성!
- 1001개의 예문으로 영어 문장 구조와 규칙의 시스템을 완벽히 파악한다!
- 영문을 어구 단위로 끊어 앞에서부터 차례대로 이해하는 해결 능력이 생겨요!

핵심

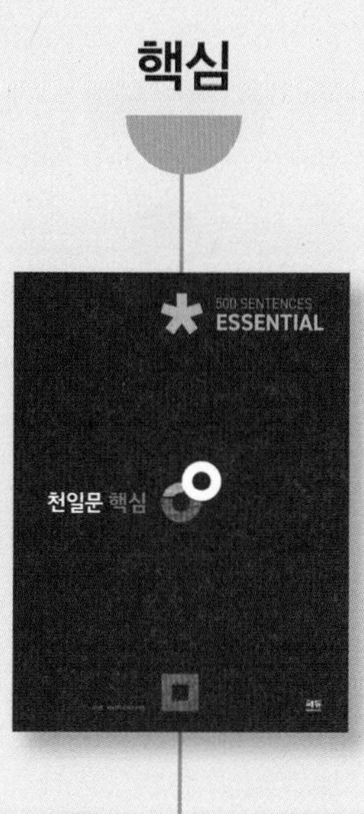

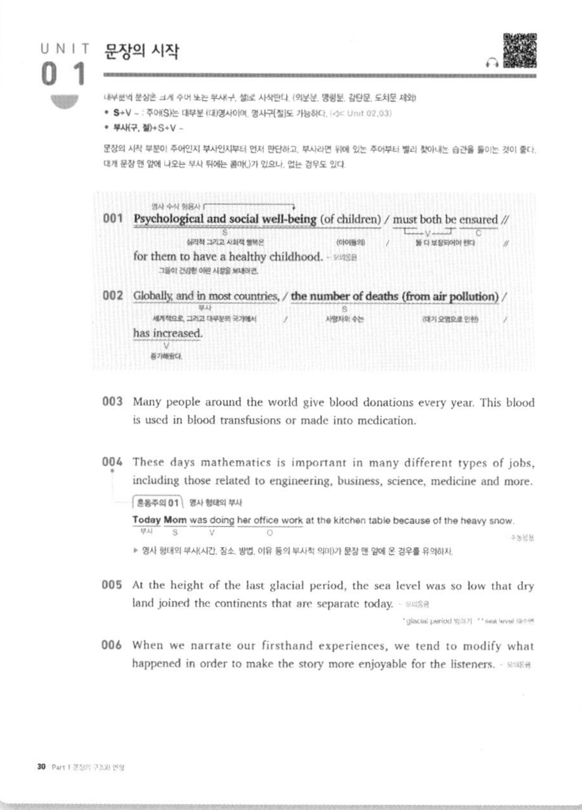

UNIT 01 문장의 시작

내부분의 문장은 크게 주어 또는 부사(구, 절)로 시작한다. (의문문, 명령문, 감탄문, 도치문 제외)

- S+V ~ : 주어(S)는 대부분 (대)명사이며, 명사구[절]도 가능하다. (☞ Unit 02,03)
- 부사(구, 절)+S+V ~

문장의 시작 부분이 주어인지 부사인지부터 먼저 판단하고, 부사라면 뒤에 있는 주어부터 빨리 찾아내는 습관을 들이는 것이 좋다. 대개 문장 맨 앞에 나오는 부사 뒤에는 콤마(,)가 있으나, 없는 경우도 있다.

001 Psychological and social well-being (of children) / must both be ensured // for them to have a healthy childhood.

002 Globally, and in most countries, / the number of deaths (from air pollution) / has increased.

003 Many people around the world give blood donations every year. This blood is used in blood transfusions or made into medication.

004 These days mathematics is important in many different types of jobs, including those related to engineering, business, science, medicine and more.

혼동주의 01 명사 형태의 부사

Today Mom was doing her office work at the kitchen table because of the heavy snow.

005 At the height of the last glacial period, the sea level was so low that dry land joined the continents that are separate today.

006 When we narrate our firsthand experiences, we tend to modify what happened in order to make the story more enjoyable for the listeners.

혼동 구문까지 완벽 해결

- 독해에 적용할 때 혼동, 혼란을 줄 수 있는 구문의 집중 해결!
- 비슷한 모양의 구문을 정확히 판별해내는 가장 쉬운 방법 제시!
- 기본편보다 길고 어려운 500개 예문으로 구문의 독해 적용력과 실전 자신감 UP!

완성

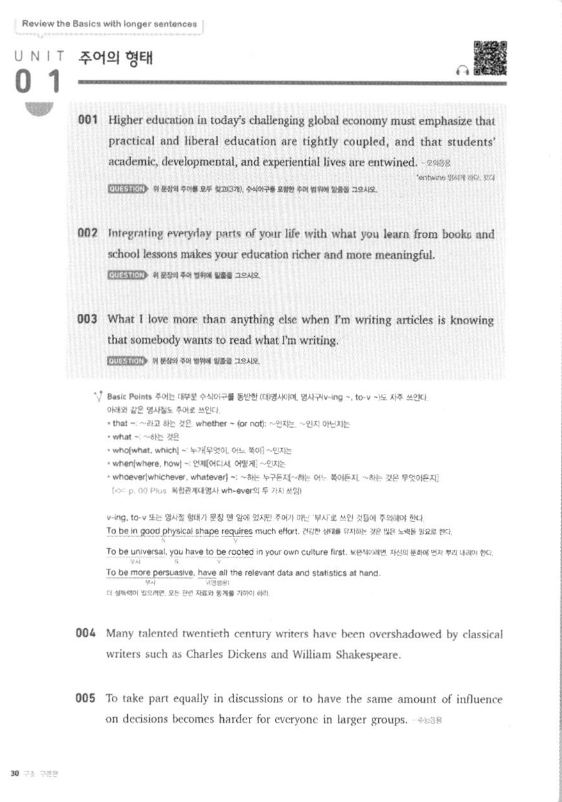

Review the Basics with longer sentences

UNIT 01 주어의 형태

001 Higher education in today's challenging global economy must emphasize that practical and liberal education are tightly coupled, and that students' academic, developmental, and experiential lives are entwined.

QUESTION 위 문장의 주어를 모두 찾고(3개), 수식어구를 포함한 주어 범위에 밑줄을 그으시오.

002 Integrating everyday parts of your life with what you learn from books and school lessons makes your education richer and more meaningful.

QUESTION 위 문장의 주어 범위에 밑줄을 그으시오.

003 What I love more than anything else when I'm writing articles is knowing that somebody wants to read what I'm writing.

QUESTION 위 문장의 주어 범위에 밑줄을 그으시오.

Basic Points 주어는 대부분 수식어구를 동반한 (대)명사이며, 명사구(v-ing ~, to-v ~)도 자주 쓰인다. 아래와 같은 명사절도 주어로 쓰인다.

- that ~: ~라고 하는 것은 whether ~ (or not): ~인지는, ~인지 아닌지는
- what ~: ~하는 것은
- who[what, which] ~: 누가[무엇이, 어느 쪽이] ~인지는
- when[where, how] ~: 언제[어디서, 어떻게] ~인지는
- whoever[whichever, whatever] ~: ~하는 누구든지[~하는 어느 쪽이든지, ~하는 것은 무엇이든지]

v-ing, to-v 또는 명사절 형태가 문장 맨 앞에 있지만 주어가 아닌 '부사'로 쓰인 것들에 주의해야 한다.

To be in good physical shape requires much effort. 건강한 상태를 유지하는 것은 많은 노력을 필요로 한다.

To be universal, you have to be rooted in your own culture first. 보편적이려면, 자신의 문화에 먼저 뿌리 내려야 한다.

To be more persuasive, have all the relevant data and statistics at hand. 더 설득력이 있으려면, 모든 관련 자료와 통계를 가까이 하라.

004 Many talented twentieth century writers have been overshadowed by classical writers such as Charles Dickens and William Shakespeare.

005 To take part equally in discussions or to have the same amount of influence on decisions becomes harder for everyone in larger groups.

실전 고난도 문장 뛰어넘기

- 구문의 단순한 적용으로는 해결이 안 되는 고난도 포인트와 오역 포인트 집중 공략!
- 길고 복잡한 문장은 대부분 독해 문제 해결의 핵심 포인트! 이를 전략적으로 쉽고 빠르게 해결하는 대처법 총망라!
- 500개의 엄선된 예문으로 정확한 구문 분석력과 문장의 핵심을 간파하는, 구문 학습의 궁극적인 목표를 완성해요!

〈천일문 핵심〉 학습 로드맵

ROAD MAP

STEP 1 구문 이해하고 적용해보기

본교재

UNIT 01 문장의 시작

대부분의 문장은 크게 주어 또는 부사(구, 절)로 시작한다. (의문문, 명령문, 감탄문, 도치문 제외)
- S+V ~: 주어(S)는 대부분 (대)명사이며, 명사구[절]도 가능하다. (☞ Unit 02, 03)
- 부사(구, 절)+S+V ~

학습 포인트 확인하기

001 Psychological and social well-being (of children) / must both be ensured // for them to have a healthy childhood.

002 Globally, and in most countries, / the number of deaths (from air pollution) / has increased.

대표 예문의 끊어 읽기 (/, //)와 해석 방법을 학습하기

003 Many people around the world give blood donations every year. This blood is used in blood transfusions or made into medication.

004 These days mathematics is important in many different types of jobs, including those related to engineering, business, science, medicine and more.

Today Mom was doing her office work at the kitchen table because of the heavy snow.

005 At the height of the last glacial period, the sea level was so low that dry land joined the continents that are separate today.

006 When we narrate our firsthand experiences, we tend to modify what happened in order to make the story more enjoyable for the listeners.

나머지 예문들에 적용해보기

천일비급

CHAPTER 01 문장의 시작과 주어

UNIT 01 문장의 시작

001 Psychological and social well-being (of children) / must both be ensured // for them to have a healthy childhood.

002 Globally, and in most countries, / the number of deaths (from air pollution) / has increased.

003 Many people (around the world) / give blood donations / every year. This blood is used in blood transfusions / or made into medication.

004 These days / mathematics is important in many different types of jobs, / including those [related to engineering, business, science, medicine and more].

Today / Mom was doing her office work / at the kitchen table / because of the heavy snow.

천일비급으로 학습 내용을 확인하고 복습이 필요한 부분에 표시하기

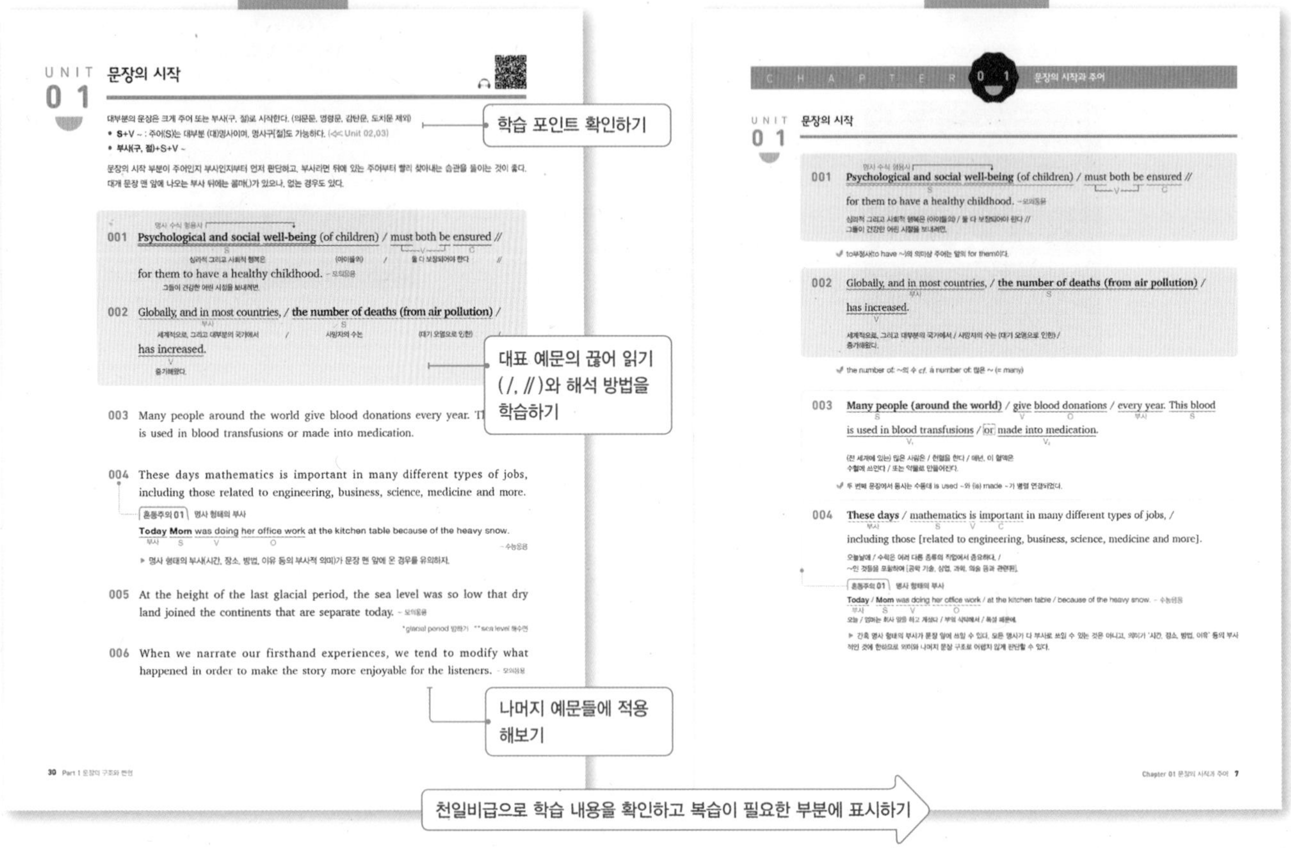

복습과 반복 학습을 돕는 **부가서비스 (무료로 다운로드)** www.cedubook.com

본문 해석 연습지

영문에 /, // 등의 표시를 하고 해석한 뒤, 천일비급과 대조, 점검한다.

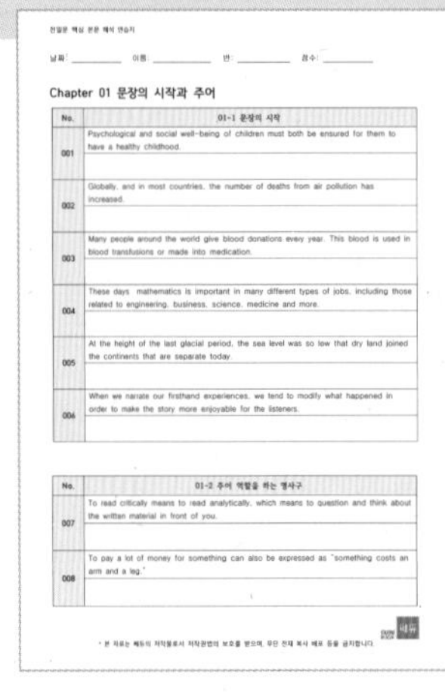

Chapter 01 문장의 시작과 주어

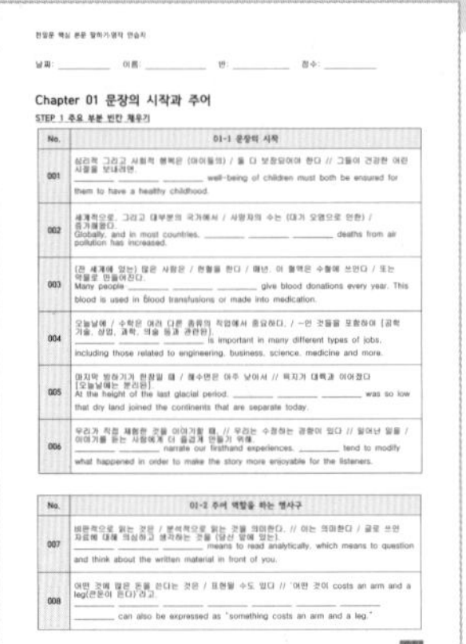

Chapter 01 문장의 시작과 주어

본문 영작 연습지

'빈칸 채우기, 순서 배열하기, 직독직해 뜻을 보며 영작하기'의 세 가지 버전으로 구성되어 있다. 이 중 적절한 것을 골라 우리말을 보고 영문으로 바꿔 써본다.

STEP 2 문장 암기하고 확인하기

기본편(Basic)에서 설명했듯이 실전에서는 여러 구문들이 마구 섞여서 등장하기 때문에, 학습한 개념들을 적용하여 올바로 해석해내기 위해서는 문장을 통째로 암기하는 과정이 필요하다. 기본편으로 이를 완료한 학생들은 핵심편 문장들까지 모두 암기할 필요는 없지만, 그렇지 않은 학생들은 다소 힘들더라도 핵심편 문장을 암기할 것을 권한다. 기본편보다 다소 길고 추상성도 있으나, 암기에 지장을 줄 정도는 아니다. 그 후 여러 다른 문장에 적용, 확인해보기 바란다.

〈천일문〉은 이들 과정을 돕기 위해 다음과 같은 장치들이 마련되어 있다.

1 암기를 돕는 두 가지 버전의 MP3 파일

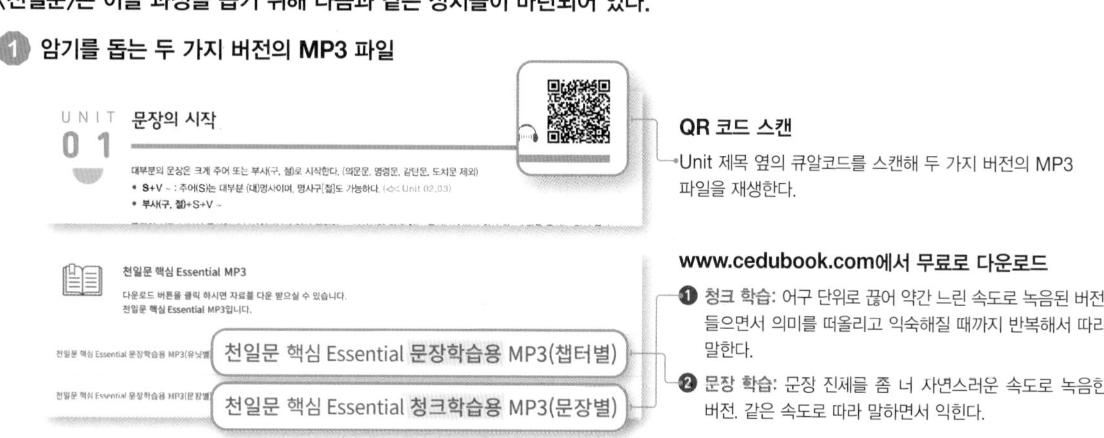

UNIT 01 문장의 시작
대부분의 문장은 크게 주어 또는 부사(구, 절)로 시작한다. (의문문, 명령문, 감탄문, 도치문 제외)
• S+V ~ : 주어(S)는 대부분 (대)명사이며, 명사구[절]도 가능하다. (☞ Unit 02, 03)
• 부사(구, 절)+S+V ~
천일문 핵심 Essential MP3
다운로드 버튼을 클릭 하시면 자료를 다운 받으실 수 있습니다.
천일문 핵심 Essential MP3입니다.
천일문 핵심 Essential 문장학습용 MP3(챕터별)
천일문 핵심 Essential 청크학습용 MP3(문장별)
QR 코드 스캔
Unit 제목 옆의 큐알코드를 스캔해 두 가지 버전의 MP3 파일을 재생한다.
www.cedubook.com에서 무료로 다운로드
❶ 청크 학습: 어구 단위로 끊어 약간 느린 속도로 녹음된 버전. 들으면서 의미를 떠올리고 익숙해질 때까지 반복해서 따라 말한다.
❷ 문장 학습: 문장 전체를 좀 너 자연스러운 속도로 녹음한 버전. 같은 속도로 따라 말하면서 익힌다.

2 적용을 돕는 〈천일문 핵심 문제집 Training Book〉 (별도 판매: 정가 13,000원)

〈핵심편〉 본책과는 다른 문장으로 구성되어 있어 구문이 확실하게 학습이 되었는지를 확인/점검해볼 수 있다.
직독직해, 어법, 영작, 해석, 문장전환 등 다양한 유형으로 구성되어 있다. (자세한 정보는 책 뒷면을 참조하세요.)

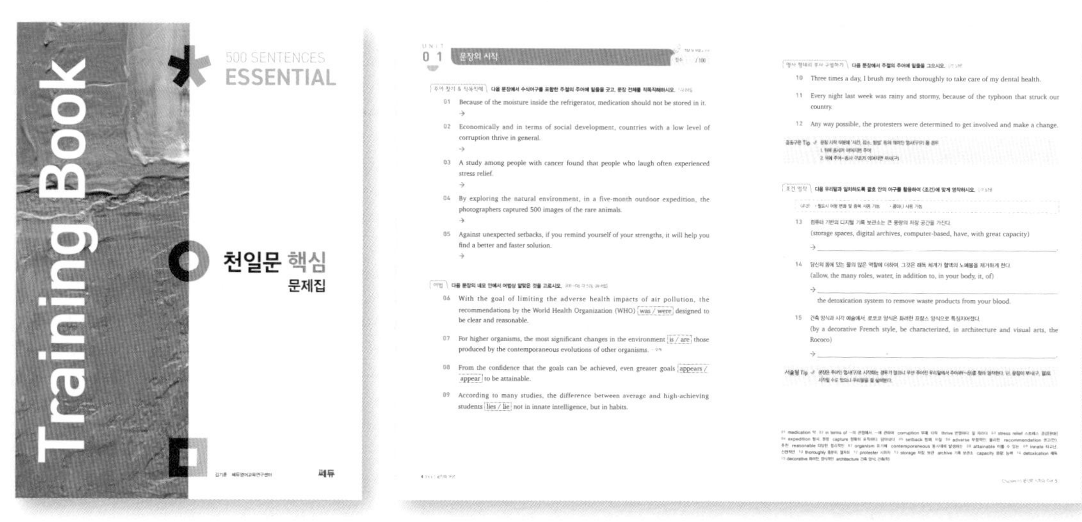

〈천일문 핵심〉 미리보기

1 본책

UNIT 01 · 001 ensure · 003 blood donation · transfusion · medication · 005 at the height of · continent · 006 narrate · firsthand · modify
UNIT 02 · 007 analytically · 009 recall · 010 in time · on time
UNIT 03 · 012 in the long run · eclipse · 013 province · 014 millennium
Wrap up 01 · figure out · break into
UNIT 04 · 019 found · overall

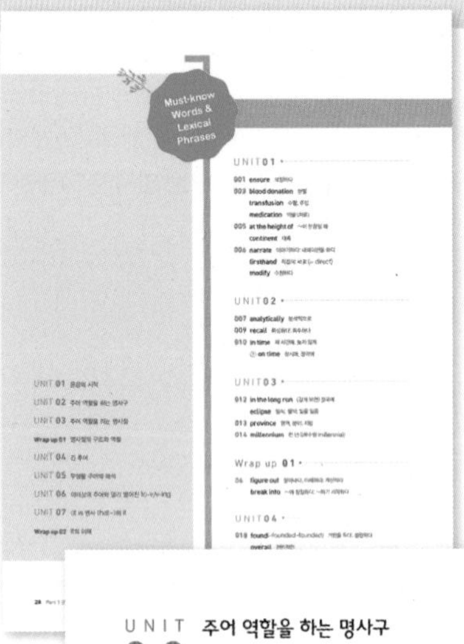

| Must-know Words&Lexical Phrases |

〈핵심 단어와 동 · 반의어, 숙어 등 정리〉

1단계 모르는 것에 표시하고 의미를 익힌다.

2단계 본문 예문을 보면서 의미를 다시 떠올려본다.
기억이 안 날 때는 의미를 확인하여 다시 익힌다.

3단계 부가서비스의 어휘테스트로 확인한다.
(부가서비스의 어휘리스트를 휴대하면서 틈틈이 익힌다.)

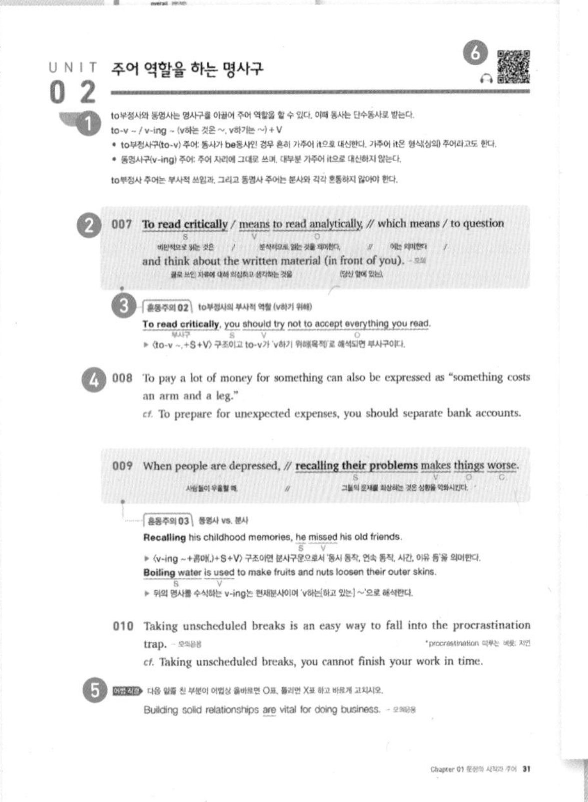

UNIT 02 주어 역할을 하는 명사구 ⑥

① to부정사와 동명사는 명사구를 이끌어 주어 역할을 할 수 있다. 이때 동사는 단수동사로 받는다.
to-v ~ / v-ing ~ (v하는 것은 ~, v하기는 ~) + V
• to부정사구(to-v) 주어: 동사가 be동사인 경우 흔히 가주어 it으로 대신한다. 가주어 it은 형식상의 주어라고도 한다.
• 동명사구(v-ing) 주어: 주어 자리에 그대로 쓰며, 대부분 가주어 it으로 대신하지 않는다.
to부정사 주어는 부사적 쓰임과, 그리고 동명사 주어는 분사와 각각 혼동하지 않아야 한다.

② 007 To read critically / means to read analytically, // which means / to question and think about the written material (in front of you).

③ 혼동주의 02 to부정사의 부사적 역할 (v하기 위해)
To read critically, you should try not to accept everything you read.
▶ 〈to-v ~, +S+V〉 구조이고 to-v가 'v하기 위해(목적)'로 해석되면 부사구이다.

④ 008 To pay a lot of money for something can also be expressed as "something costs an arm and a leg."
cf. To prepare for unexpected expenses, you should separate bank accounts.

009 When people are depressed, // recalling their problems makes things worse.

혼동주의 03 동명사 vs. 분사
Recalling his childhood memories, he missed his old friends.
▶ 〈v-ing ~+콤마(,)+S+V〉 구조이면 분사구문으로서 '동시 동작, 연속 동작, 시간, 이유 등'을 의미한다.
Boiling water is used to make fruits and nuts loosen their outer skins.
▶ 뒤의 명사를 수식하는 v-ing는 현재분사이며 'v하는[하고 있는] ~'으로 해석한다.

010 Taking unscheduled breaks is an easy way to fall into the procrastination trap.
cf. Taking unscheduled breaks, you cannot finish your work in time.

⑤ 어법 직결 다음 밑줄 친 부분이 어법상 올바르면 O표, 틀리면 X표 하고 바르게 고치시오.
Building solid relationships are vital for doing business.

Chapter 01 문장의 시작과 주어 31

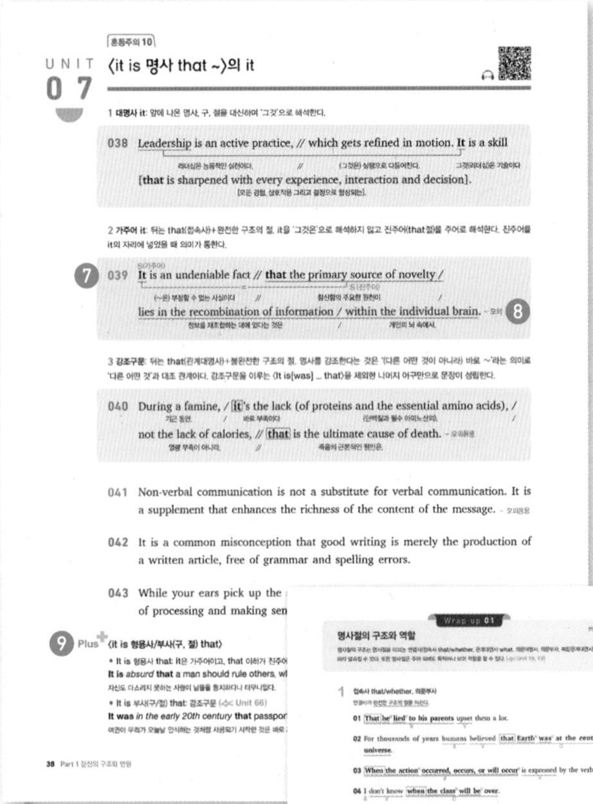

혼동주의 10

UNIT 07 〈it is 명사 that ~〉의 it

1 대명사 it: 앞에 나온 명사, 구, 절을 대신하여 '그것'으로 해석한다.

038 Leadership is an active practice, // which gets refined in motion. It is a skill [that is sharpened with every experience, interaction and decision].

2 가주어 it: 뒤는 that(접속사)+완전한 구조의 절. it을 '그것'으로 해석하지 않고 진주어(that절)를 주어로 해석한다.

⑦ 039 It is an undeniable fact // that the primary source of novelty / lies in the recombination of information / within the individual brain. ⑧

3 강조구문: 뒤는 that(관계대명사)+불완전한 구조의 절. 명사를 강조한다는 것은 '다른 어떤 것이 아니라 바로 ~'라는 의미로 '다른 어떤 것'과 대조 관계이다.

040 During a famine, / it's the lack (of proteins and the essential amino acids), / not the lack of calories, // that is the ultimate cause of death.

041 Non-verbal communication is not a substitute for verbal communication. It is a supplement that enhances the richness of the content of the message.

042 It is a common misconception that good writing is merely the production of a written article, free of grammar and spelling errors.

043 While your ears pick up the ... of processing and making sen...

⑨ Plus 〈it is 형용사/부사(구, 절) that〉

38 Part 1 문장의 구조와 변형

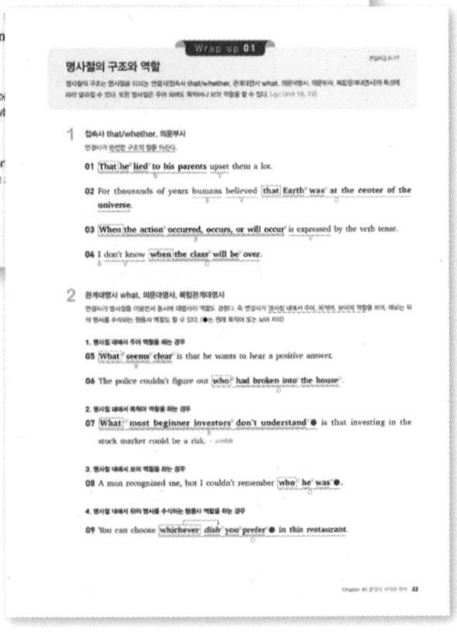

Wrap up 01

명사절의 구조와 역할

1 접속사 that/whether, 의문부사
01 That he lied to his parents upset them a lot.
02 For thousands of years humans believed that Earth was at the center of the universe.
03 When the action occurred, occurs, or will occur is expressed by the verb tense.
04 I don't know when the class will be over.

2 관계대명사 what, 의문대명사, 복합관계대명사
05 What seems clear is that he wants to hear a positive answer.
06 The police couldn't figure out who had broken into the house.
07 What most beginner investors don't understand is that investing in the stock market could be a risk.
08 A man recognized me, but I couldn't remember who he was.
09 You can choose whichever dish you prefer in this restaurant.

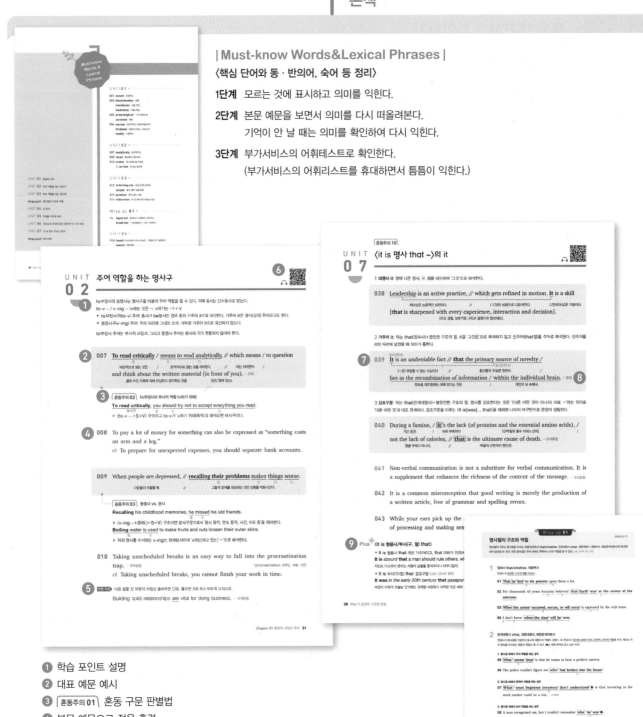

① 학습 포인트 설명
② 대표 예문 예시
③ 혼동주의 01 혼동 구문 판별법
④ 본문 예문으로 적용 훈련
⑤ 어법이나 구문 이해를 테스트해 볼 수 있는 문제
⑥ QR코드로 MP3 파일 바로 듣기
⑦ 고난도 예문에 도전
⑧ 〈수능〉, 〈모의〉 기출문장들로 실전감각 향상!
⑨ Plus 구문 이해도를 높여주는 심화 학습 내용

| Wrap Up |

관련 내용을 한눈에 정리할 수 있는 코너

2 천일비급

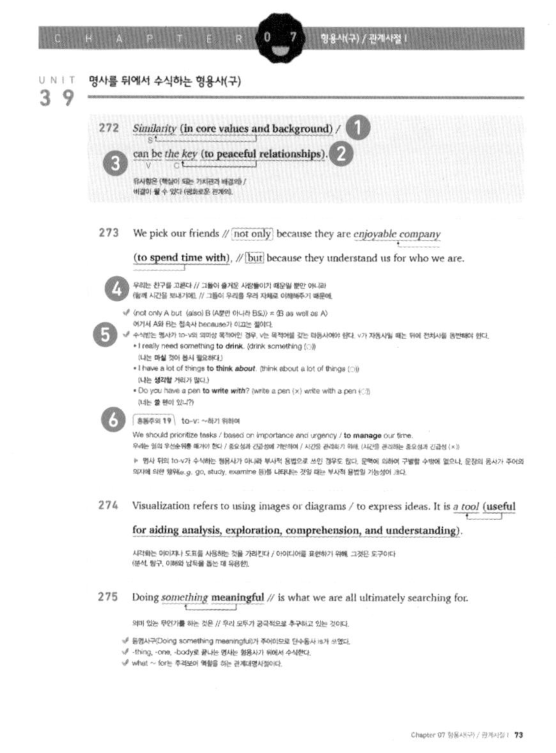
CHAPTER 07 형용사(구) / 관계사절 I

UNIT 39 명사를 뒤에서 수식하는 형용사(구)

272 *Similarity* (in core values and background) / ❶
❸ can be *the key* (to peaceful relationships). ❷

유사함은 (핵심이 되는 가치관과 배경의) /
비결이 될 수 있다 (평화로운 관계의).

273 We pick our friends // not only because they are *enjoyable company* (to spend time with), // but because they understand us for who we are.

❹ 우리는 친구를 고른다 // 그들이 즐거운 사람들이기 때문일 뿐만 아니라 (함께 시간을 보내기에), // 그들이 우리를 우리 자체로 이해해주기 때문에.

❺ ✔ 〈not only A but (also) B (A뿐만 아니라 B도)〉 = 〈B as well as A〉
여기서 A와 B는 접속사 because가 이끄는 절이다.
✔ 수식받는 명사가 to-v의 의미상 목적어인 경우, v는 목적어를 갖는 타동사여야 한다. v가 자동사일 때는 뒤에 전치사를 동반해야 한다.
• I really need something **to drink**. (drink something (○))
(나는 **마실** 것이 몹시 필요하다.)
• I have a lot of things **to think *about***. (think about a lot of things (○))
(나는 **생각할** 거리가 많다.)
• Do you have a pen **to write *with***? (write a pen (×) write with a pen (○))
(너는 쓸 펜이 있니?)

❻ 혼동주의 19 to-v: ~하기 위하여
We should prioritize tasks / based on importance and urgency / **to manage** our time.
우리는 일의 우선순위를 매겨야 한다 / 중요성과 긴급성에 기반하여 / 시간을 관리하기 위해. (시간을 관리하는 중요성과 긴급성 (×))
▶ 명사 뒤의 to-v가 수식하는 형용사가 아니라 부사적 용법으로 쓰인 경우도 있다. 문맥에 의하여 구별할 수밖에 없으나, 문장의 동사가 주어의 의지에 의한 행위(e.g. go, study, examine 등)를 나타내는 것일 때는 부사적 용법일 가능성이 크다.

274 Visualization refers to using images or diagrams / to express ideas. It is *a tool* (useful for aiding analysis, exploration, comprehension, and understanding).

시각화는 이미지나 도표를 사용하는 것을 가리킨다 / 아이디어를 표현하기 위해. 그것은 도구이다 (분석, 탐구, 이해와 납득을 돕는 데 유용한).

275 Doing *something* **meaningful** // is what we are all ultimately searching for.

의미 있는 무언가를 하는 것은 // 우리 모두가 궁극적으로 추구하고 있는 것이다.
✔ 동명사구(Doing something meaningful)가 주어이므로 단수동사 is가 쓰였다.
✔ -thing, -one, -body로 끝나는 명사는 형용사가 뒤에서 수식한다.
✔ what ~ for는 주격보어 역할을 하는 관계대명사절이다.

Chapter 07 형용사(구) / 관계사절 I 73

❶ /, // – 끊어 읽기 표시
❷ ( ), [ ] – 수식어구[절] 표시
❸ S, V, O, C, M 구조 분석
❹ 우리말 직역과 필요시 의역
❺ 추가 설명
❻ 혼동주의 구문 보충 설명

3 무료 부가 서비스

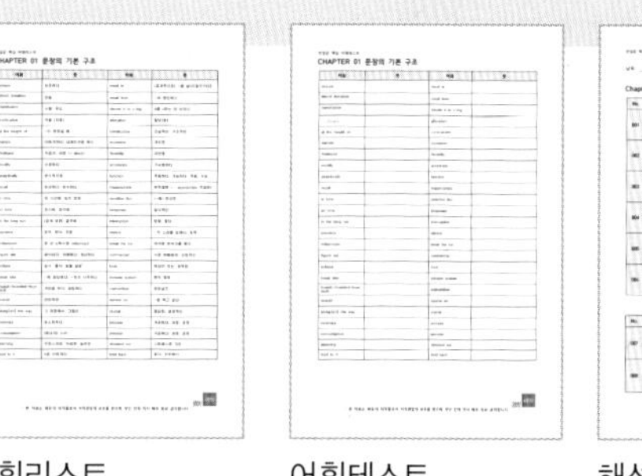
어휘리스트 어휘테스트

해석연습지

딕테이션 Sheet

영작연습지 3종

www.cedubook.com

일러두기

000 기본 예문 **000** 고난도 예문
= 동의어, 유의어 ↔ 반의어 ( ) 생략 가능 어구 [ ] 대체 가능 어구
to-v to부정사 v-ing 동명사/현재분사 p.p. 과거분사 v 동사원형 · 원형부정사

〈문장 구조 분석 기호〉
S 주어 V 동사 O 목적어 (IO 간접목적어, DO 직접목적어) C 보어 M 수식어
S′ 종속절의 주어/진주어 V′ 종속절 · 준동사구 내의 동사 O′ 종속절 · 준동사구 내의 목적어/진목적어 C′ 종속절 · 준동사구 내의 보어
M′ 종속절 · 준동사구 내의 수식어 ( ) 형용사구/생략어구/삽입어구 [ ] 형용사절
S1(아래첨자) 중복되는 문장 성분 구분

/, // 의미 단위 표시
- 문장 구조와 자연스러운 우리말을 고려하여 의미 단위(sense group)를 나타낸 것이다.
  원어민들이 실제로 끊어 읽는 곳과는 차이가 있을 수 있다.
- 일반적인 어구의 끊어 읽기는 /로 표시하되, 절과 절의 구별은 //로 표시하였다.
  다만, 더 큰 절 내의 부속절은 /로 표시하였다.

  e.g. Kids get super-stressed, // but it isn't always easy to tell / what is bothering them / because they hide symptoms / or explain them in vague ways.

〈천일문 핵심〉 이 책의 차례

CONTENTS

PART 3 수식어의 이해

CHAPTER 07 형용사(구) / 관계사절 I

CHAPTER 08 형용사(구) / 관계사절 II

CHAPTER 09 부사적 수식어: to부정사, 부사절

CHAPTER 10 분사구문

PART 4 주요 구문

CHAPTER 11 비교구문

CHAPTER 12 특수구문

Question & Answer

Q1
구문 학습은 왜 해야 하는 건가요?

A 구문이란, 수많은 문법 규칙이 모여 이루어진 것 중에서도 특히 자주 나타나는, 영어 특유의 표현 방식을 뜻합니다. 예를 들어 영어는 주어가 길어지는 것을 되도록 피하려고 하지요. 그래서 주어가 길 경우 가주어 it으로 대신하고 진짜 주어는 뒤로 보내므로 〈it ~ that ... 〉등과 같은 영어 특유의 표현 방식, 즉 구문이 나타납니다.

문법에는 수많은 규칙들이 있지만, 독해에는 도움이 되지 않거나 몰라도 크게 상관없는 것들이 많습니다. 위의 예를 든 〈it ~ that ...〉구문의 경우, 문법적으로 보자면 가주어 it과 접속사 that이지만, 이런 분석은 독해할 때 별 의미가 없지요. 이를 구문으로 학습하면 진짜 주어가 that 이하이므로 이를 주어로 하여 해석하고 이해하는 방법을 익히게 됩니다. 그러므로 독해를 위해서는 문법이 아니라 구문을 위주로 학습해야 합니다.

Q2
문장 위주의 학습이 왜 중요한가요?

A 우리말 설명이 아무리 자세해도 예문이 부족하면 이해가 쉽지 않기 때문입니다. 천일문은 간단하고 명료한 우리말 설명과 많은 예문으로 구문을 최대한 효과적으로 학습할 수 있도록 구성되었습니다.

Q3
차라리 독해 문제를 풀면서 구문을 학습하는 것이 좋지 않나요?

A 평범한 독해 지문은 학습자들이 반드시 학습해야만 하는 구문을 체계적으로 담고 있지 않아 집중 학습이 불가능하므로 비효율적입니다. 독해 문제를 푸는 것은 어느 정도 구문 집중 학습을 진행한 뒤에 확인하는 차원에서 진행하는 것이 좋습니다.

Q4
문장 암기를 꼭 해야 하나요?

A p.7에서 설명하였듯이 문장 암기는 실전영어를 위한 진정한 능력 향상에 많은 도움이 됩니다. 외운 문장 그대로를 접하거나 활용할 기회는 많지 않을지 모르지만 기본 구문을 담은 문장들을 암기하는 것은 어떤 문장도 스스로 해결해나갈 수 있는 능력을 갖추도록 해줍니다. 또한, 아무리 복잡하고 긴 문장이라 하더라도, 구문 자체가 어렵다기보다는 여러 기본 구문들이 얽혀 발전되어 나타난 것이기 때문에 기본 구문들은 반드시 자기 것으로 만드는 것이 중요합니다.

Q5
시리즈 중 어떤 교재를 선택해야 하나요?

A 입문-기본-핵심-완성은 점차 난도가 증가하는 동시에 각각의 학습목표가 있습니다. 중학교 내신 학습이 7, 80%가 된 상태라면 천일문 시리즈를 진행할 수 있습니다.

- **입문** 가장 빈출되는 구문을 쉬운 500개 문장에 담았으므로 빠른 학습이 가능합니다.
- **기본** 기본이 되는 구문을 빠짐없이 1001개 문장에 담아 탄탄한 기본기를 완성할 수 있습니다.
- **핵심** 실전에서 혼동을 주는 구문을 완벽하게 구별하여 정확한 독해를 가능하게 해줍니다.
- **완성** 복잡하고 긴 문장의 핵심을 요약 정리하는 훈련으로 독해 스피드와 정확성을 올려줍니다. 수능 고난도 문장과 유사한 수준의 문장을 문제없이 해결 가능합니다.

난도	입문	기본	핵심	완성
어휘	중학 수준	고1 수준	고2 수준	고3 수준 이상
예문 추상성	5%	20%	50%	80%
문장당 구문 개수	1~2개	1~3개	2~5개	3개 이상
문장 길이(평균)	10개 단어	15개 단어	20개 단어	30개 단어

시간에 쫓기는 상황이라면 시리즈 중 본인 수준보다 약간 높은 것을 한 권 택하여 이를 완벽히 소화할 정도로 반복하는 것이 좋습니다.

Q6
내가 끊어 읽은 것과 천일비급의 끊어 읽기가 똑같아야 하나요?

A 천일비급의 끊어 읽기는 의미 단위의 구분을 말하는데, 본인의 끊어 읽기가 천일비급과 다르더라도 해석이 서로 완전히 다르지만 않다면 상관없습니다.

The Sahara Desert kept Egypt isolated / from the rest of the world.
사하라 사막은 이집트를 고립된 상태로 있게 하였다 / 세계 나머지 나라들로부터. (○)

The Sahara Desert kept Egypt / isolated from the rest of the world.
사하라 사막은 이집트를 ~인 채로 있게 하였다 / 세계 나머지 나라들로부터 고립된 상태로. (○)

그러나 아래와 같이 해석이 서로 크게 차이가 나는 것은 문장 전체의 구조 파악에 오류가 있는 것이므로 비급의 의미 단위 구분을 숙지하는 것이 좋겠습니다.

You cannot talk on the phone / in the library / except in designated areas.
당신은 통화를 할 수 없습니다 / 도서관에서 / 지정된 구역을 제외하고는. (○)

You cannot talk on the phone / in the library except / in designated areas.
당신은 통화를 할 수 없습니다 / 도서관을 제외하고 / 지정된 구역에서는. (×)

또한, 초보자는 3~4단어 정도로 의미 단위를 구분하고 고급자들은 그보다 훨씬 많은 단어 수로 의미 단위를 구분합니다. 그러므로 본인 수준에 따라 비급보다 더 자주 끊거나 덜 끊는 것은 문제가 되지 않습니다. 본인의 실력이 향상되어감에 따라 의도적으로 의미 단위를 이루는 단어의 수를 점점 늘리는 것이 바람직합니다.

초보자: The best way / to predict the future / is to create it.
중급자: The best way to predict the future / is to create it.

Background Knowledge

영어 문장은 문장의 동사가 주어 외에 목적어, 보어, 부사적 어구 중 무엇을 필요로 하는지에 따라 아래 7가지의 기본 문장 구조로 나눈다.

필요한 요소가 빠짐없이 갖춰져야 문장의 의미가 완전하다. 그러므로 이런 문장을 '완전한 구조' 또는 '문장이 성립한다'라고 하고, 그렇지 않을 때는 '불완전한 구조' 또는 '문장이 성립하지 않는다'라고 한다.

문장을 이루는 필수 요소

S(subject): 주어 / V(verb): 술어 동사 /
C(complement): 보어 / O(object): 목적어 / A(adverbials): 부사적 어구 (장소, 시간, 방법 등)
e.g. M(modifier)은 (형용사 · 부사와 같은) 수식어(구)를 뜻하며, 문장을 이루는 필수 요소는 아니다.

문장 구조 / 문형	대표 해석	예문
1. SV	S는 V하다	He **dances.** 그는 춤을 춘다.
2. SVA	S는 A에 V하다	School **begins at 8:30.** 학교는 8시 30분에 시작한다.
3. SVC	S는 C이다 등	You must **keep quiet**. 너는 조용히 있어야 한다.
4. SVO	S는 O를 V하다	We all **desire peace**. 우리 모두는 평화를 소망한다.
5. SVOA	S는 A에 O를 V하다	I **put it on the table**. 나는 그것을 테이블 위에 두었다.
6. SVO_1O_2	S는 O_1에게 O_2를 V해주다	Books **offer us many things**. 책은 우리에게 많은 것을 제공해준다.
7. SVOC	S는 O가 C하도록 V하다 등	The news **made her sad**. 그 뉴스는 그녀를 슬프게 했다.

문장 구조와 관련하여 기억해야 할 세 가지 사항

1 대부분의 동사는 의미와 쓰임이 다양해서 그에 따라 문장 구조도 달라질 수 있다. 아래 make의 경우에 일단 SVO 문형으로 생각하고 읽어내려가다가도 해석이 어색하면 바로 SVOC 문형으로 이해하는 생각의 전환이 필요하다.

He **made** that work with stone. 그는 돌을 가지고 그 작품을 **만들었다.**
(made: V, that work: O)

He **made** that work successful. 그는 그 일이 잘되도록 **했다.**
(made: V, that work: O, successful: C)

2 동사뿐 아니라 문장의 일부인 준동사도 필요로 하는 어구를 모두 갖춰야 완전한 구조이다.

After 20 minutes, I managed **to find**.(×) 20분 후 나는 간신히 ~을 발견했다.

After 20 minutes, I managed **to find a taxi**. 20분 후 나는 간신히 택시를 발견했다.
(to find: V′, a taxi: O′)

3 영어 문장은 SVO구조가 대부분이어서, 목적어 유무에 의해 완전한 구조의 문장인지 아닌지가 판가름 나는 문제들이 많다. 따라서 마치 '완전한 구조=SVO'라는 잘못된 개념이 머리에 잡힐 수 있으므로 주의하자. 위의 7가지 문장 구조에서 보듯이, 동사에 따라 필요한 요소는 달라지기 때문이다.

01

SV/SVA

SV 문형은 주어(S)와 동사(V)만으로 의미가 완전하다. 실제 영문에서는 주어나 동사의 의미를 좀 더 명확히 해주는 수식어(구)(M)를 동반하는 경우가 많다.

SV 문형 동사로는 arrive / walk / run 달리다 / happen / occur / appear 나타나다 / rise / die / fall 떨어지다 / grow 자라다 / be 있다, 존재하다 등을 비롯하여 run away, get up, sit down 등의 일부 구동사가 있다.

01 Lightning **happens** very quickly during a thunderstorm.

02 Unless you try to do something beyond what you have already mastered, you will never **grow**. -Ralph Waldo Emerson ((美 시인))

03 Don't **run away** from fear. Instead, **run** towards it and **learn** from it.

SV 문형 중에는 반드시 장소나 시간 등을 뜻하는 부사적 어구(A)가 있어야 의미가 완전한 것들이 있다. A가 없으면 문장의 의미가 완전하지 않다는 점에서 A는 수식어(M)와 다르다.

He went to an exhibition in New York. 그는 뉴욕에서 어떤 전시회에 갔다.
(to an exhibition: A, in New York: M)

He went to an exhibition. 그는 어떤 전시회에 갔다. (O)
(to an exhibition: A)

He went in New York. 그는 뉴욕에서 갔다. (×)
(in New York: M)

대표 동사로는 be 있다, stand 서 있다, live 살다, lie 눕다; 놓여 있다, stay 머무르다 등이 있다.

04 The nurse **was** in the emergency room at that time because there was a critically ill patient.

05 I was supposed to take the final exam on Monday and had to **stay** at home on the weekend to study.

---

01 번개는 천둥이 치는 동안 매우 빠르게 일어난다. 02 당신이 이미 숙달한 것 이상을 하려고 애쓰지 않으면, 당신은 결코 성장하지 못할 것이다. 03 두려움으로부터 도망치지 마라. 대신 그것을 향해 달려가 그것으로부터 배워라. 04 그 간호사는 위중한 환자가 있었기 때문에 그때 응급실에 있었다. 05 나는 월요일에 기말 고사를 치르기로 되어 있어서 공부하기 위해 주말에 집에 머물러야 했다.

02

SVC

주로 다음과 같은 의미의 동사가 SVC 문형을 취한다.

- 주어의 상태 (~이다, ~인 채로 있다): be / lie / stand / keep / hold / remain / stay
- 주어의 변화 (~이 되다): become / come / get / grow / make / turn / fall / go / run
- 주어에 대한 생각, 느낌: appear, look, seem ~으로 보이다, ~인 것 같다 / feel ~한 느낌이 나다 / smell ~한 냄새가 나다 / sound ~처럼 들리다 / taste ~한 맛이 나다

위의 동사들은 모두 '~이다'로 바꿔 해석해도 문장의 의미가 그리 어색하지 않은 것들로서 결국은 모두 be동사 계열이라고 할 수 있다.

The speed **seemed** surprising ≒ The speed **was** surprising.
그 속도는 놀라운 것 같았다. ≒ 그 속도는 놀라웠다.

주어를 보충 설명하는 보어(C) = 주격보어
주격보어로는 명사(구, 절), 형용사, 전명구가 올 수 있다. 명사 보어는 주어와 동격 관계(S=C)이고, 형용사나 전명구 보어는 주어의 성질, 상태 등을 설명한다.
형용사 보어는 우리말로 '부사'처럼 해석되는 경우가 있으므로, 영작할 때 형용사 보어를 부사로 표현하지 않도록 유의해야 한다.

① 벨이 울린 뒤 그들은 모두 **조용히** 있었다.
They all *remained* **silent** after the bell. (silently (×))

② 그 발표자는 꽤 **자신감 있게** 보인다.
The speaker *appears* quite **confident**. (confidently(×))

01 Have patience. All things **are difficult** before they **become easy**. -Saadi ((페르시아 시인))

02 A wise man may **look ridiculous** in the company of fools.

03 Medicine **became big business** with the expansion of new high-cost treatments and the increased number of health care providers. -모의응용

04 If you **feel threatened** every time a perceived rival does well, remind yourself of your own strengths and successes. -모의

05 The human brain **is like a powerful computer** that stores our memories and controls how we think and react.

---

01 인내심을 가져라. 모든 것은 그것들이 쉬워지기 전에는 어렵다. **02** 바보들과 같이 있으면 현명한 사람이 바보 같아 보일지도 모른다. **03** 의료는 새로운 고비용 치료의 확대와 의료 서비스 제공업체 수가 증가하면서 대규모 사업이 되었다. **04** 만약 경쟁상대로 인지한 사람이 잘할 때마다 당신이 위협을 느낀다면, 당신이 가진 강점과 성공을 상기하라. **05** 인간의 뇌는 우리의 기억을 저장하고 우리가 생각하고 반응하는 방식을 조정하는 고성능 컴퓨터 같은 것이다.

03

SVO/SVOA

동사의 동작이 미치는 대상, 즉 목적어(O)가 있어야 의미가 완전하다. 목적어로는 명사 외에도 명사구[절]가 쓰일 수 있으며, 많은 동사와 구동사들이 이 문형을 취할 수 있다. SVA 문형처럼 부사적 어구(A)가 있어야 문장의 의미가 완전해지는 SVOA 문형도 있다.

01 We should **stop supporting** the platforms that foster fake news.

02 Being happy **means that** you realize there are times that you will be unhappy and **recognize that** life sometimes stinks. -모의

03 She **put the food** on the table in a beautiful way so that it looked more delicious.

04 I stand on my desk to remind myself that we must constantly **look at things** in a different way. -Dead Poets Society ((영화))

05 Though offenders **deny any wrongdoing**, the truth **catches up with them** at the end.

재귀대명사

목적어는 주어가 행하는 동작의 대상이기 때문에 주어와 목적어는 원칙적으로 다르다(S≠O). 만약 주어와 목적어가 같을 경우에는 목적어 자리에 재귀대명사(myself, yourself, himself, herself, itself, ourselves, yourselves, themselves)를 사용한다.

The lion protected **it** from the trap. 사자는 덫으로부터 **그것을** 보호했다. ((The lion≠it))
The lion protected **itself** from the trap. 사자는 덫으로부터 **자신을** 보호했다. ((The lion=itself))

Does he sometimes talk to **him**? 그는 때로 **그에게** 말을 거니? ((he≠him))
Does he sometimes talk to **himself**? 그는 때로 **혼잣말을** 하니? ((he=himself))

준동사의 경우에도, 준동사의 의미상 주어 (⇐ Unit 06)와 목적어가 같으면 재귀대명사를 취한다.
She changed her lifestyle *to make* **her** happy. 그녀는 **그녀를** 행복하게 하려고 생활 방식을 바꿨다. ((She≠her))
She changed her lifestyle *to make* **herself** happy. 그녀는 **자신을** 행복하게 하려고 생활 방식을 바꿨다. ((She=herself))

01 우리는 가짜 뉴스를 조장하는 플랫폼을 지원하는 것을 중단해야 한다. **02** 행복하다는 것은 당신이 불행할 때가 있게 되리라는 걸 인식하는 것과 삶이 때로는 형편없다는 것을 깨닫는 것을 의미한다. **03** 그녀는 식탁에 음식을 보기 좋은 방식으로 놓아서 그것은 더 맛있게 보였다. **04** 나는 우리가 항상 다른 방식으로 사물을 바라봐야만 한다는 것을 내 자신에게 상기시키기 위해 내 책상 위에 선다. **05** 범죄자가 어떤 범법 행위도 부정할지라도, 결국 진실은 그들의 발목을 잡는다.

SVO_1O_2

'~에게 …을 (해)주다'라는 의미를 가진 동사들 중 일부는 '~에게'에 해당하는 것을 동사 바로 뒤에 O_1(간접목적어(IO=Indirect Object)) 형태로 두고, 이어서 '…을'에 해당하는 O_2(직접목적어(DO=Direct Object))를 취할 수 있다. 이러한 동사를 수여동사라고도 한다.

권/두/부/록/2

I will **find** a job for you.
(네게)

I will **find** you a job.
O_1(네게) O_2(일자리를)

흔히 수여동사는 간접목적어를 문장 끝에 둘 때 그 앞에 어떤 전치사를 쓰는지에 따라 나눈다.

to ~	bring / give / tell / lend / show / send / pay / teach / offer / read / write
for ~	buy / make / get / find / order / choose / cook / prepare
of ~	ask

01 Adversity frequently **gives one an opportunity** to discover one's abilities.

-Horace ((로마 시인))

02 Summarize the ideas you have been learning in one sentence. Doing this **offers you a good baseline** of understanding.

03 All the wealth of the world could not **buy you a friend**. It could not pay you for the loss of one, either.

주의해야 할 동사들

의미상 수여동사인 것 같지만, SVO 구조로 쓰이는 동사들(e.g. introduce, explain, say, suggest, propose, announce 등)에 주의하자. 주로 '~에게 …을 말해주다'의 의미가 포함된 동사들이다.

He is in my school club. Do you want me to **introduce him** to you? (○)
그는 나와 같은 학교 동아리야. 너에게 그를 소개시켜줄까?
Do you want me to **introduce** you him? (×)

01 역경은 종종 사람들에게 자신의 능력을 발견할 기회를 준다. **02** 당신이 배워오고 있는 개념들을 한 문장으로 요약하라. 이렇게 하는 것은 당신에게 이해의 훌륭한 토대를 제공해준다. **03** 세상의 모든 부유함도 당신에게 친구를 사줄 수는 없을 것이다. 그것은 또한, 당신에게 친구를 잃은 것에 대해서 보상해줄 수 없을 것이다.

05

SVOC

다음 문장을 보자. SV 뒤의 목적어가 목적어절인 경우이다.

O(목적어)

I hope (S V)
- that you(S) are an honest person(C).
- that you(S) are happy(C).
- that you(S) will pass the exam.

위 문장은 문장의 주어(I)가 아닌 다른 무언가를 주어(you)로 하여 어떤 일이 일어나기를 바라는(hope) 것을 표현한 것이다.

이때, 많은 동사들은 아래와 같이 목적어절의 주어(S′)에 해당하는 것을 목적어(O)로, 뒤따르는 어구를 목적격보어(C)로 하여 문장을 구성할 수도 있다.

I think that you(S) are an honest person(C).

↓ ↓

I think you(O) an honest person(C). (O=C)

I think you(O) happy(C). (O=C의 성질, 상태 등)

I want you(O) to pass the exam(C). (O-C는 주어-술어 관계)

※ hope와 비슷한 의미이지만 want는 목적어절을 취하지 않고 SVOC 문형으로 쓴다. 어떤 구조를 취할 수 있는지는 동사마다 다르다.
I want that you are happy. (×) I want you to be happy. (O)

SVOC 문형을 취할 수 있는 동사들은 다음과 같다.

- S가 O를 C(로) 이름짓다[부르다, 선출하다, 임명하다]: name / call / elect / appoint 등
- S가 O를 C(의 상태)로 만들다, 두다: make / keep / leave / drive / get 등
- S가 O를 C(라고) 생각하다, 알게 되다: think / believe / feel / consider / suppose / find 등

01 Magnesium helps you sleep well, and that's why some people **call it a natural sleep aid.**

02 Advances in transportation technology have **made international trade more cost-effective** and **international travel more accessible** to ordinary citizens. -모의

03 **Keep your friends close**, but **your enemies closer**. -Prover

04 The shocking twist ending of a popular drama was suddenly leaked, and this **drove the drama's fans crazy.**

---

01 마그네슘은 당신이 잘 잘 수 있게 해주며, 그것이 몇몇 사람들이 그것을 천연 수면제라고 부르는 이유이다. 02 운송 기술의 진보는 국제 무역이 보다 비용 효율이 높게 그리고 일반 시민들에게 국가 간의 이동을 보다 접근하기 쉽게 만들었다. 03 당신의 친구들을 가까이에 두어라. 그러나 당신의 적들을 더 가까이 두어라. 04 인기 있는 드라마의 놀라운 반전 결말이 갑자기 유출되어 그 드라마의 팬들을 화나게 했다.

SVO+전명구

어떤 타동사들은 목적어 뒤에 의미적으로 밀접하게 연결된 특정한 전명구를 짝으로 취한다. 이를 잘 알아두면 문장의 구조가 더 잘 보이고 이해가 한결 쉬워진다. 대부분의 교재에서 remind A of B와 같은 식으로 숙어처럼 제시되므로 의미와 함께 그때그때 잘 익혀 두도록 하자.

01 True leaders inspire loyalty, enthusiasm, and commitment; help **remind** everyone **of** the big picture; and challenge people to outdo themselves.

02 I oppose extreme diets strongly because they will **deprive** your body **of** certain nutrients.

03 Parents are responsible for **providing** their children **with** the basic necessities of life — food, clothing, shelter, and so forth. -모의

04 Do not **compare** yourself **with** those above you.
cf. My father sometimes **compared** life **to** a voyage.

SVO+전명구 파악에 주의할 점

문맥을 살피지 않고 무조건 어구 형태만으로 판단하는 것에 주의해야 한다. 아래 예문에서 prefer A to B 형태만 생각하면 밑줄 친 without을 틀렸다고 오판할 수 있다. 문맥상 '껍질이 없는 가지를 선호한다면'의 의미이므로 without은 적절하다.

You can peel the eggplants before you prepare them for baking if you prefer them without the skin.
가지 껍질이 없는 것을 선호한다면, 구우려고 준비하기 전에 가지 껍질을 벗겨도 된다.

다음 경우도 문맥상 특별한 관심과 존경을 '갖고' 본다는 의미가 적절하므로 with가 알맞다. 〈regard A as B (A를 B로 여기다)〉 구조가 아님에 유의한다.

To honor someone means to treat them very well or regard them with special attention and respect.
누군가에게 경의를 표하는 것은 그들을 아주 잘 대우하거나 특별한 관심과 존경을 갖고 그들을 보는 것을 의미한다.

---

01 진정한 리더들은 충성심, 열정 그리고 헌신을 불러일으키고, 모두에게 큰 그림을 상기시키는 것을 도우며, 사람들이 스스로를 능가하도록 도전하는 것을 북돋는다. **02** 나는 과도한 다이어트는 당신의 몸에서 특정 영양소를 빼앗을 것이기 때문에 반대한다. **03** 부모는 자기 자식에게 음식, 옷, 집 등 삶의 기초적인 필수품들을 제공할 책임이 있다. **04** 당신 스스로를 당신보다 위에 있는 사람들과 비교하지 마라. *cf.* 나의 아버지는 때로 인생을 항해에 비유하셨다.

07

수식어(구, 절)

1. 형용사(구, 절)

수식하는 명사의 의미를 제한하여 좀 더 분명하고 구체적으로 해준다. 아래 예에서 볼 수 있듯이 a table은 그 의미가 다소 막연하지만, 형용사를 덧붙여서 a nice green table이라고 하면 테이블의 의미가 좀 더 명확해지는 식이다. 형용사는 영어로 adjective이며, 영영사전의 정의로는 a word that describes a person or thing, or gives extra information about them이다.

형용사 외에도 전명구, to-v, v-ing, p.p., 관계사절 등이 형용사 역할을 할 수 있다.

cheap and **warm** pants — **저렴하고 따뜻한** 바지
practical methods — **실현 가능한** 방법들
the fruits **on the shelf** — **선반 위의** 과일들
more work **to do** — **해야 할** 더 많은 일
food **containing** vitamin E — 비타민 E를 **포함한** 음식
the **displayed** products — **전시된** 제품들
the animals **that live on land** — **육지에 사는** 동물들

2. 부사(구, 절)

부사는 동사, 형용사, 부사, 구, 절 또는 문장 전체를 수식하는데, 주로 시간, 장소, 방법, 빈도, 정도, 원인[이유], 조건, 목적 등을 의미한다. 부사는 영어로 adverb이며, 영영사전의 정의는 a word such as 'slowly', 'now', 'very', 'politically', or 'fortunately' which adds information about the action, event, or situation mentioned in a clause이다.

부사 외에도 전명구, to부정사, 분사구문, 부사절 등이 부사 역할을 할 수 있다.

01 If the climate continues to warm at the current rate, polar bears could disappear **completely in the next hundred years.** -모의응용

02 Make sure the battery level of your smart watch is sufficient, **in order to avoid an upgrading error.** -모의응용

03 Garments are manufactured by using toxic chemicals and then transported around the globe, **making the fashion industry the world's second largest polluter, after the oil industry.** -모의

04 Mars is nicknamed the red planet **because it is covered with rust-like dust.**

---

01 기후가 현재 속도로 계속해서 따뜻해진다면, 북극곰들은 향후 100년 후에 완전히 사라질 수 있다. 02 업그레이드 오류를 피하기 위하여 스마트 시계의 배터리 잔량이 충분하도록 확실히 하십시오. 03 의류는 유해한 화학 물질을 이용하여 제작되고 전 세계로 운반되어, 의류산업을 석유산업 다음으로 세계에서 두 번째로 큰 오염원으로 만든다. 04 화성은 녹 같은 먼지로 덮여있기 때문에 붉은 행성이라는 별명이 있다.

3. 전명구[전치사구]

전명구[전치사구]는 말 그대로 〈전치사+명사(구, 절)〉을 뜻하며, 앞에서도 살펴보았듯이 문장에서 형용사나 부사 역할을 한다. 전치사 뒤에 오는 명사(구, 절)는 '전치사의 목적어'라 한다. 전치사 about의 의미를 '~에 관해서'라 할 때 '~'에 해당하는 것이 전치사의 목적어이다.

about **the information** **정보**에 관해서

전치사는 시간, 장소, 방향, 자격, 수단, 이유 등을 의미하며 대개 in, at, of처럼 한 단어지만 아래와 같이 두세 단어로 이루어진 구전치사들도 있다.

according to	~에 따르면
apart from	~외에는; ~뿐만 아니라
as for	~에 대해서 말하자면
as to	~에 관해서는
because of	~ 때문에
but for	~이 없다면[없었더라면], ~이 아니라면[아니었다면]
by means of	~의 도움으로, ~을 써서
contrary to	~에 반해서
due to	~ 때문에
for the sake of	~ 때문에, ~를 위해서
in accordance with	~에 부합되게, (규칙 등에) 따라서
in addition to	~에 더하여, ~일 뿐 아니라
in behalf of	~을 위해
in case of	~의 경우에
in consequence of	~의 결과로
in favor of	~에 찬성[지지]하여
in front of	~의 앞에
in place of	~ 대신에
irrespective of	~에 관계없이
in spite of	~에도 불구하고
instead of	~ 대신에
on account of	~ 때문에
on the ground of	~의 이유로
out of	~의 밖으로[바깥에]; ~(중)에서
owing to	~ 때문에
prior to	~에 앞서, 먼저
regardless of	~에 상관없이
with reference to	~와 관련하여
with[without] regard to	~와 관련하여[무관하게]
with respect to	~에 대하여

08

영어의 문장부호(Punctuations)

영문에는 마침표, 느낌표, 물음표 외에도 여러 문장부호들이 많이 사용된다. 수능에 사용되는 문장부호들의 빈출 쓰임 중에서 독해에 활용할 수 있는 것들과 주의해야 할 것들에 대해 알아보도록 한다.

1. 콜론(:)

콜론 뒤의 내용은 앞에 나온 어구(대개 그리 명확하지 못한 것들)를 명확하게 설명해준다. 어느 어구를 설명하는 것인지를 염두에 두면서 읽는 것이 좋다. 대부분 '즉'으로 해석하면 자연스럽다.

01 The reindeer has a weakness that mankind would easily exploit: it swims poorly.

-수능응용

2. 세미콜론(;)

의미적으로 연결되고 문법적으로 각기 완전한 두 절 사이에 사용된다. 우리말로 해석할 때는 앞뒤 절의 의미 관계에 따라 적절한 등위접속사(e.g. 그리고, 그러나, 그래서 등)로 바꾸는 것이 자연스럽다.

02 Frank Hyneman Knight was much more than an economist; he was also a social philosopher. -수능응용

3. 대시(—)

콜론, 세미콜론을 대신하여 쓰이며 수능에서도 가장 빈번하게 등장한다. 대시가 두 번 쓰여 그 중간의 어구가 '삽입된 정보'임을 나타내는 경우도 있다. 이 삽입어구가 길고 복잡하면 생략하고 읽어도 전반적인 내용 이해에는 지장을 주지 않는 경우가 대부분이다.

03 Ask a friend to cup his hand, palm face up, and close his eyes. Place a small ordinary object in his palm — a ring, an eraser, anything will do — and ask him to identify it without moving any part of his hand. -수능응용

---

01 순록은 인류가 쉽게 이용할 수 있었던 약점이 있다. 즉, 그것은 수영을 잘 못한다는 것이다. **02** 프랭크 하인만 나이트는 경제학자 그 이상이었다. 그리고 그는 사회 철학자이기도 했다. **03** 친구에게 그의 손을 컵 모양으로 감싸 쥐고, 손바닥이 위로 향하게 하고, 눈을 감으라고 요청하라. 그의 손바닥에 작은 평범한 물건을 올려두어라. 반지, 지우개 어떤 것이든 충분할 것이다. 그리고 손바닥 어느 부분도 움직이지 않고 그것이 무엇인지 식별하라고 그에게 요청하라.

4. 콤마(,)

가장 많이 쓰이는 문장부호 중의 하나로서, 대부분 부사구[절]의 앞뒤에 쓰이거나 열거 등을 나타낸다. 그 밖에도 아래와 같은 쓰임이 있다.

04 Workers are united by laughing at shared events, even ones that may initially spark anger or conflict. -수능응용 ((동격))

05 To err is human; to forgive, divine. ((생략된 is를 대신))

5. 따옴표(' ', " ")

인용문 앞뒤뿐 아니라 강조하는 어구 앞뒤에도 많이 사용되는데, 사실 올바른 쓰임은 아니다. (강조하고 싶은 어구는 이탤릭으로 나타내는 것이 표준이다.) 독해에 중요한 쓰임은 어구의 의미를 반어적으로 또는 특별한 의미로 사용하는 것이며, 이는 문맥을 잘 살펴서 이해해야 한다.

* ' '를 사용하느냐 " "를 사용하느냐는 대부분 미국식과 영국식의 차이인데, 미국은 " ", 영국은 ' '가 널리 쓰인다.

06 Many "experts" were called in for consultation, but they didn't even agree with themselves. ((문맥상 실제로는 '전문가들'이 아니라는 뜻이다. 여기서 "experts"를 문맥상 강조되고 있는 것으로 이해하면 안 된다.))

6. 괄호

'삽입된 정보'를 나타내는 대시와 유사한 쓰임으로 생각하면 된다.

07 If resources are very limited, the individuals who live in a particular place cannot all do the exact same thing (for example, if there are few trees, people cannot all live in tree houses, or if mangoes are in short supply, people cannot all live solely on a diet of mangoes). -수능

7. 이탤릭체

대부분 '강조'하는 어구에 쓰인다. 그 외에 신문, 잡지, 책, 영화 등의 제목이나 외래어를 나타낸다.

08 Among hunter-gatherers, animals are not only good to eat, they are also *good to think about*, as Claude Lévi-Strauss has observed. -수능

---

04 근로자는 공유된 사건들, 즉, 심지어 처음에 분노나 갈등을 일으킬지도 모르는 것들을 비웃음으로써 단합된다. **05** 사람은 실수하기 마련이고, 용서는 신이 하는 것이다. **06** 소위 '전문가들'이라는 많은 이들이 상담에 투입되었지만, 그들은 그들끼리도 뜻이 맞지 않았다. **07** 자원이 매우 제한적이라면 특정한 장소에 사는 개인들이 모두 정확히 똑같은 것을 할 수가 없다. (예를 들어, 나무가 거의 없다면 사람들이 모두 나무로 된 집에서만 살 수 없다. 또는 망고가 부족하다면 사람들이 모두 망고 식단만으로는 살 수 없다.) **08** 클라우드 레비스트로스가 말했듯이 수렵 채집인 사이에서 동물은 좋은 먹잇감일 뿐만 아니라 '생각하기에 좋은' 대상이기도 하다.

500 SENTENCES

ESSENTIAL

PART

문장의 구조와 변형

문장은 의미 전달에 꼭 필요한 요소가 하나라도 빠지면 성립하지 않는다.
주어, 동사, 목적어, 보어 등의 문장 요소를 파악하는 방법과
기본 구조가 변형되어 해석에 걸림돌이 되는 경우까지 하나씩 알아보자.

CHAPTER

01

문장의 시작과 주어

Chapter Overview

문장을 올바로 이해하려면 주어, 동사부터 잘 찾아야 한다는 말을 들어본 적이 있을 것이다. 그만큼 문장에서 주어, 동사가 중요하다는 의미인데, 영문을 보다 보면 사실 파악하기가 쉽지 않은 경우가 많다.

이 챕터에서는 문장이 어떤 것들로 시작되는지부터, 주어의 형태, 의미 범위, 해석 등 주어를 찾는 유용한 방법들에 대해 집중적으로 알아보자. 주어에 대해 알면 동사를 찾기도 수월해질 것이다.

Chapter Goals

1 문장의 시작이 주어인지 부사인지를 판단할 수 있다.

2 구나 절 형태의 주어, 수식을 받아 길어진 형태의 주어, 또는 it으로 시작하는 구문 등의 주어를 판단할 수 있다.

3 무생물 주어 등 영어적 특성이 녹아 있는 주어부를 자연스럽게 해석할 수 있다.

Must-know Words & Lexical Phrases

UNIT 01

001 **ensure** 보장하다
003 **blood donation** 헌혈
transfusion 수혈; 주입
medication 약물 (치료)
005 **at the height of** ~이 한창일 때
continent 대륙
006 **narrate** 이야기하다; 내레이션을 하다
firsthand 직접의; 바로 (= direct)
modify 수정하다

UNIT 02

007 **analytically** 분석적으로
009 **recall** 회상하다; 회수하다
010 **in time** 제 시간에, 늦지 않게
ⓘ **on time** 정시에, 정각에

UNIT 03

012 **in the long run** (길게 보면) 결국에
eclipse 일식, 월식; 빛을 잃음
013 **province** 영역, 분야; 지방
014 **millennium** 천 년 ((복수형 millennia))

Wrap up 01

06 **figure out** 알아내다, 이해하다; 계산하다
break into ~에 침입하다; ~하기 시작하다

UNIT 04

018 **found**(-founded-founded) 기반을 두다; 설립하다
overall 전반적인
along[on] the way 그 과정에서, 그동안
minimize 최소화하다

단어를 미리 알면, 구문 학습이 더 쉬워져요!

020 **consumption** (에너지) 소비
alarming 걱정스러운, 두려운, 놀라운
lead to A A로 이어지다
result in (결과적으로) ~을 낳다[일으키다]
ⓘ **result from** ~이 원인이다
021 **devote A to v-ing** A를 v하는 데 바치다
allocation 할당(량)
022 **constructive** 건설적인; 구조적인
excessive 과도한
flexibility 유연함
accelerate 가속화하다
023 **function** 작용하다, 기능하다; 작용, 기능
inappropriate 부적절한 (↔ appropriate 적절한)
sensitive (to) (~에) 민감한
temporary 일시적인
024 **interruption** 방해, 중단
silence ~의 소리를 없애다; 침묵
025 **break the ice** 어색한 분위기를 깨다
026 **commercial** 시장 판매용의; 상업적인
toxic 독성이 있는, 유독한

어법 직결
immune system 면역 체계
malnutrition 영양실조
survive on ~을 먹고 살다
crucial 중요한, 결정적인

UNIT 05

027 **process** 가공하다; 과정, 공정
cf. processed food 가공식품
029 **stressed out** 스트레스로 지친
hold back 참다; 저지하다

UNIT 06

033 **appreciate** 고맙게 생각하다; 인정하다
034 **recess** (학교의) 쉬는 시간
socialize 어울리다, 사귀다 (= get along with)
035 **folk** 민속의, 전통적인; 사람들의
036 **infamous** 악명 높은, 오명이 난
unreasonable 터무니없는, 부당한
measure (꽤 많은) 양; 조치, 정책
dump (쓰레기를) 버리다
037 **soundproof** 방음 장치가 된
ⓘ **waterproof** 방수의

UNIT 07

038 **refine** 다듬다; 불순물을 제거하다, 정제하다
sharpen (기량 등을) 갈고 닦다, 향상시키다; 날카롭게 하다
039 **novelty** 참신함, 새로움
recombination 재조합
040 **ultimate** 근본적인; 결정적인, 최고의; 최종적인
041 **non-verbal** 비언어적인 (↔ verbal 언어적인)
substitute 대체물; 대리자; 대신하다
cf. **substitute A for B** A를 B로 대체하다
supplement 보충(물); 보충하다
enhance 강화하다; 높이다, 향상시키다
042 **misconception** 오해
free of ~이 없는, ~로부터 자유로운
043 **make sense of** ~을 이해하다

Wrap up 02

02 **ban** 금지(법); 금지하다
03 **artificial** 인공적인; 거짓의
orbit 궤도
launch 발사하다; 시작하다
bounce 반사하다; 튀다
04 **wrap up** 마무리하다
05 **before long** 곧, 머지않아

UNIT 01

문장의 시작

대부분의 문장은 크게 주어 또는 부사(구, 절)로 시작한다. (의문문, 명령문, 감탄문, 도치문 제외)

- **S**+V ~ : 주어(S)는 대부분 (대)명사이며, 명사구[절]도 가능하다. (Unit 02,03)
- **부사(구, 절)**+S+V ~

문장의 시작 부분이 주어인지 부사인지부터 먼저 판단하고, 부사라면 뒤에 있는 주어부터 빨리 찾아내는 습관을 들이는 것이 좋다. 대개 문장 맨 앞에 나오는 부사 뒤에는 콤마(,)가 있으나, 없는 경우도 있다.

명사 수식 형용사

001 **Psychological and social well-being** (of children) / must both be ensured // for them to have a healthy childhood. – 모의응용

S / V

심리적 그리고 사회적 행복은 (아이들의) / 둘 다 보장되어야 한다 // 그들이 건강한 어린 시절을 보내려면.

002 Globally, and in most countries, / **the number of deaths (from air pollution)** / has increased.

부사 / S / V

세계적으로, 그리고 대부분의 국가에서 / 사망자의 수는 (대기 오염으로 인한) / 증가해왔다.

003 Many people around the world give blood donations every year. This blood is used in blood transfusions or made into medication.

004 These days mathematics is important in many different types of jobs, including those related to engineering, business, science, medicine and more.

혼동주의 01 명사 형태의 부사

Today Mom was doing her office work at the kitchen table because of the heavy snow. – 수능응용

부사 S V O

▶ 명사 형태의 부사(시간, 장소, 방법, 이유 등의 부사적 의미)가 문장 맨 앞에 온 경우를 유의하자.

005 At the height of the last glacial period, the sea level was so low that dry land joined the continents that are separate today. – 모의응용

*glacial period 빙하기 **sea level 해수면

006 When we narrate our firsthand experiences, we tend to modify what happened in order to make the story more enjoyable for the listeners. – 모의응용

UNIT 02 주어 역할을 하는 명사구

to부정사와 동명사는 명사구를 이끌어 주어 역할을 할 수 있다. 이때 동사는 단수동사로 받는다.

to-v ~ / v-ing ~ (v하는 것은 ~, v하기는 ~) + V

- to부정사구(to-v) 주어: 동사가 be동사인 경우 흔히 가주어 it으로 대신한다. 가주어 it은 형식(상의) 주어라고도 한다.
- 동명사구(v-ing) 주어: 주어 자리에 그대로 쓰며, 대부분 가주어 it으로 대신하지 않는다.

to부정사 주어는 부사적 쓰임과, 그리고 동명사 주어는 분사와 각각 혼동하지 않아야 한다.

007 To read critically (S) / means (V) to read analytically, (O) // which means / to question and think about the written material (in front of you). – 모의

비판적으로 읽는 것은 / 분석적으로 읽는 것을 의미한다. // 이는 의미한다 / 글로 쓰인 자료에 대해 의심하고 생각하는 것을 (당신 앞에 있는).

혼동주의 02 to부정사의 부사적 역할 (v하기 위해)

To read critically (부사구), you (S) should try (V) not to accept everything you read (O).

▶ 〈to-v ~,+S+V〉 구조이고 to-v가 'v하기 위해(목적)'로 해석되면 부사구이다.

008 To pay a lot of money for something can also be expressed as "something costs an arm and a leg."

cf. To prepare for unexpected expenses, you should separate bank accounts.

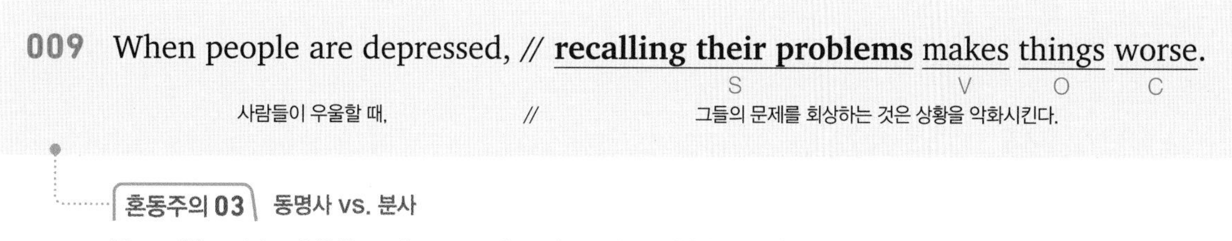

009 When people are depressed, // **recalling their problems** (S) makes (V) things (O) worse (C).

사람들이 우울할 때, // 그들의 문제를 회상하는 것은 상황을 악화시킨다.

혼동주의 03 동명사 vs. 분사

Recalling his childhood memories, he (S) missed (V) his old friends.

▶ 〈v-ing ~+콤마(,)+S+V〉 구조이면 분사구문으로서 '동시 동작, 연속 동작, 시간, 이유 등'을 의미한다.

Boiling water (S) is used (V) to make fruits and nuts loosen their outer skins.

▶ 뒤의 명사를 수식하는 v-ing는 현재분사이며 'v하는[하고 있는] ~'으로 해석한다.

010 Taking unscheduled breaks is an easy way to fall into the procrastination trap. – 모의응용

*procrastination 미루는 버릇; 지연

cf. Taking unscheduled breaks, you cannot finish your work in time.

어법 직결 다음 밑줄 친 부분이 어법상 올바르면 O표, 틀리면 X표 하고 바르게 고치시오.

Building solid relationships are vital for doing business. – 모의응용

UNIT 03

주어 역할을 하는 명사절

접속사, 관계대명사, 의문사 등이 이끄는 명사절도 주어 역할을 할 수 있으며, 단수동사로 받는다.

- that ~: ~라고 하는 것은 / whether ~ (or not): ~인지는, ~인지 아닌지는
- what ~: ~하는 것은 (≪ Unit 44) / who(m)[what, which] ~: 누가[누구를, 무엇이, 어느 쪽이] ~하는지는
- when[where, how, why] ~: 언제[어디서, 어떻게, 왜] ~하는지는
- whoever[whichever, whatever] ~: ~하는 누구든지[~하는 어느 쪽이든지, ~하는 것은 무엇이든지]

명사절 주어는 가주어 it으로 대신하고 문장 뒤에서 진주어로 쓰일 수 있으며, 특히 주어로 쓰인 that절은 대부분 가주어 it으로 대신한다. whether나 복합관계대명사가 이끄는 명사절이 주어로 쓰인 경우, 부사절과 혼동하지 않도록 주의한다.

011 **That climate change will get worse** // is obvious / throughout the world.
S: 기후 변화가 심해질 것은 // V: 명백하다 C / 전 세계에 걸쳐.
(→ ***It*** is obvious throughout the world **that climate change will get worse.**)

012 Children would be comfortable with a good caretaker. It doesn't matter in the long run whether that's a parent, nanny, or day care.

혼동주의 04 whether 부사절 (~이든 아니든)

Whether or not an eclipse occurs, staring at the Sun directly (S) can cause (V) you to go blind. – 모의응용

▶ 〈Whether ~,+S+V〉 구조이며, '~이든 아니든(양보)'으로 해석되면 부사절이다.

013 In the province of the mind, what one believes to be true either is true or becomes true. – John C. Lilly ((美 의사, 작가))

014 Who built the pyramids is a question that has been asked for millennia.

015 How much more you learn when you pause, quiet your mind, and listen to what others say is amazing.

016 Whatever does not destroy me makes me stronger. – Friedrich Nietzsche ((니체, 독일 철학자))

혼동주의 05 복합관계대명사 부사절 (누가[어느 쪽을, 무엇을] ~하더라도)

Whichever path you take, good planning (S) will help (V) ensure success (O).

▶ 〈Whoever[Whichever, Whatever] ~,+S+V〉 구조이며 '누가[어느 쪽을, 무엇을] ~하더라도(양보)'로 해석되면 부사절이다.

어법 직결 다음 밑줄 친 부분이 어법상 올바르면 O표, 틀리면 X표 하고 바르게 고치시오.

Robots are machines designed and created by humans in the laboratory, so whether we have killer robots or friendly robots just <u>depend</u> on the right direction of AI research. – 모의응용

천일비급 p.11

명사절의 구조와 역할

명사절의 구조는 명사절을 이끄는 연결사(접속사 that/whether, 관계대명사 what, 의문대명사, 의문부사, 복합관계대명사)의 특성에 따라 달라질 수 있다. 또한 명사절은 주어 외에도 목적어나 보어 역할을 할 수 있다. (⇐ Unit 10, 12)

1 접속사 that/whether, 의문부사

연결사가 완전한 구조의 절을 이끈다.

01 **That he[S'] lied[V'] to his parents**(S) upset(V) them a lot.

02 For thousands of years humans(S) believed(V) **that Earth[S'] was[V'] at the center of the universe**(O).

03 **When the action[S'] occurred, occurs, or will occur[V']**(S) is expressed(V) by the verb tense.

04 I(S) don't know(V) **when the class[S'] will be[V'] over**(O).

2 관계대명사 what, 의문대명사, 복합관계대명사

연결사가 명사절을 이끌면서 동시에 대명사의 역할도 겸한다. 즉 연결사가 명사절 내에서 주어, 목적어, 보어의 역할을 하며, 때로는 뒤의 명사를 수식하는 형용사 역할도 할 수 있다. (●는 원래 목적어 또는 보어 자리)

1. 명사절 내에서 주어 역할을 하는 경우

05 **What[S'] seems[V'] clear[C']**(S) is that he wants to hear a positive answer.

06 The police couldn't figure out **who[S'] had broken into[V'] the house[O']**(O).

2. 명사절 내에서 목적어 역할을 하는 경우

07 **What[O'] most beginner investors[S'] don't understand[V']●**(S) is that investing in the stock market could be a risk. – 모의응용

3. 명사절 내에서 보어 역할을 하는 경우

08 A man recognized me, but I couldn't remember **who[C'] he[S'] was[V']●**(O).

4. 명사절 내에서 뒤의 명사를 수식하는 형용사 역할을 하는 경우

09 You can choose **whichever *dish*[O'] you[S'] prefer[V']● in this restaurant**(O).

UNIT 04 긴 주어

명사 주어에 수식어구가 덧붙었거나 주어인 명사구[절] 자체가 긴 경우, 문장의 동사는 한참 뒤에 나온다. 이 경우 동사를 찾아 그 앞을 끊어서, 앞쪽은 주부(~은), 뒤쪽은 술부(~이다)로 나누어 해석한다.

주부(~은)	술부(~이다, 하다)
(수식어구) **명사 주어** (수식어구) **~~ 명사구[절] ~~**	동사 ~

주어와 동사 사이의 수식어구는 대부분 주어를 수식하는 형용사구(전명구, to-v구, 분사구)나 관계사절이며, 여러 개가 겹쳐 올 수도 있다. 주어와 동사의 사이가 멀기 때문에 수 일치에 유의한다.

017 Some books (useful for students (preparing for the test)) /
S
몇 권의 책들이 (학생들에게 유용한 (시험을 준비하는)) /
were procured in the school library.
학교 도서관에 구비되었다.
*procure (물품을) 마련하다, 구하다

018 A friendship founded on business is better than a business founded on friendship. – John D. Rockefeller ((美 사업가))

혼동주의 06 주어를 수식하는 과거분사 vs. 동사

If the overall outcome is pleasurable enough, any unpleasantness (S) **suffered** (V(×)) along the way **is minimized** (V). – 모의응용

▶ 주어 뒤에서 수식하는 과거분사(p.p.)를 동사로 착각하지 않도록 주의해야 한다.

019 People who are often in a hurry imagine they are energetic, when in most cases they are simply inefficient. – Sydney J. Harris ((美 언론인))

020 Consumption of fossil fuels at an alarming rate can lead to global warming which can further result in melting of polar ice caps and an increase in sea levels.
*ice cap (극지방의) 만년설

021 Devoting our time and energy to finding what's important to us eventually will bring about much more effective allocation of our spiritual resource.

022 An important way to improve your well-being and manage relationships is learning to deal with conflict in a positive and constructive way, without excessive stress.

혼동주의 07 주어를 수식하는 준동사 vs. 문장 전체의 동사

Giving people flexibility to have good judgment and **use** (V(×)) their talents rapidly **accelerates** (V) progress. – 수능응용

▶ 주부를 이루는 부분에 포함된 준동사를 동사로 착각하지 않아야 한다.

023 What may be normal behavior in one culture functions as inappropriate or even rude behavior in another.

혼동주의 08 명사로 혼동하기 쉬운 동사

People who are sensitive to caffeine sometimes **experience** (V) a temporary **increase** (명사 (V(×))) in energy and mood. – 모의응용

▶ 명사로 쓰이는 경우가 많은 단어가 문장의 동사일 때 동사로 인식하지 못하는 경우가 있다.

024 Whoever has the device that is causing the interruption in class must silence it immediately.

025 When you meet a complete stranger at a party, to introduce yourself and try to be interested in the other person breaks the ice.

026 Choosing natural cleaning products like vinegar and baking soda over commercial cleaning agents can reduce exposure to toxic chemicals.

*vinegar 식초 **cleaning agent 세제

어법 직결 다음 밑줄 친 부분이 어법상 올바르면 O표, 틀리면 X표 하고 바르게 고치시오.

1 People with weakened immune systems such as those suffering from malnutrition <u>are</u> more likely to get sick with flu.

2 Surviving on a few simple foods like bagels, bananas, and energy bars <u>leave</u> you short on fiber, vitamins, and minerals that are crucial for health. – 모의응용

UNIT 05

무생물 주어의 해석

우리말과 달리 영어는 무생물이나 추상적 개념을 주어로 하는 문장이 자주 쓰인다. 이러한 주어는 '~은[는]'으로 해석하면 어색할 때가 많은데, 우리말의 주어는 대부분 살아있는 생물체이기 때문이다. 그러므로 이때는 주어를 '때, 이유, 양보, 조건, 방법' 등의 부사적 의미어구[절]로, 목적어(대체로 사람)를 주어로 해석하는 것이 자연스럽다.

That music makes me happy.

그 음악은 나를 행복하게 한다. → **그 음악을 들으면** 나는 행복하다.

(→ **When I hear that music**, I feel happy.)

027 Processed foods cause younger people / to have different sensations of taste / from the older generation.

(S: Processed foods / V: cause / O: younger people / C: to have different sensations of taste)

가공식품은 젊은이들이 ~하도록 한다 / 다른 미각을 가지도록 / 더 나이 든 세대와.

↳ 가공식품으로 인해 젊은이들이 기성세대와 다른 미각을 가지게 된다.

(→ Because of processed foods, younger people have different sensations of taste from the older generation.) ((이유))

028 A more expensive tennis racket will not make it possible for you to be a better player.

029 Expressing your feelings when you're sad or stressed out will make you feel better than holding them back.

030 Reading allows us to travel to times, places, and situations that we might not otherwise have a chance to experience in reality.

031 The past 50 years have seen the rapid development of the nation's economy.

UNIT 06

의미상의 주어와 멀리 떨어진 to-v/v-ing

문장에 명시된 의미상의 주어 뒤에는 to-v/v-ing가 바로 따라 나오는 것이 대부분이지만, 다음의 경우처럼 멀리 떨어져 있으면 둘의 관계를 파악하기 어려울 수 있다.

- **의미상의 주어**+수식어(구, 절)+**to-v/v-ing**
- **의미상의 주어**+to-v/v-ing ~ and **(to-)v/v-ing**

032 It is necessary / ***for people*** (entering the laboratory) / **to wear** protective clothing.
S(가주어) 의미상 주어 S′(진주어)
필수적이다 / 사람들이 (실험실에 들어가는) / 보호복을 착용하는 것은.

033 I appreciate / ***your*** **counseling** me about my worries / and **giving** me some good advice.
S V 의미상 주어 O_1 O_2
나는 고맙게 생각한다 / 당신이 내 고민에 대해 상담해준 것을 / 그리고 내게 좋은 조언을 준 것을.

034 Recess should be a time for students to have a break between classes, to release energy on their own terms, and socialize with their friends.

혼동주의 09 가짜 의미상의 주어

Lobbyists are hired by companies or citizens *for specific issues* **to influence** elected officials of government.
의미상 주어(×) (to influence 동작의 대상: Lobbyists)

▶ 〈for+O〉가 to-v의 의미상 주어가 되려면 반드시 주어-술어 관계가 성립해야 한다.

035 The opportunity for the native community to sell their artworks to tourists or perform folk dances for them may encourage local artists to preserve traditional art forms. – 모의응용

036 Some developed nations are infamous for their industrial facilities' creating an unreasonable measure of waste and dumping in the seas.

037 This recording studio is soundproof so there is no chance of somebody in the next room hearing any sound from here. – 모의응용

UNIT 07

〈it is 명사 that ~〉의 it

1 **대명사 it**: 앞에 나온 명사, 구, 절을 대신하며 '그것'으로 해석한다.

038 Leadership is an active practice, // which gets refined in motion. **It** is a skill
리더십은 능동적인 실천이다. // (그것은) 실행으로 다듬어진다. 그것(리더십)은 기술이다
[**that** is sharpened with every experience, interaction and decision].
[모든 경험, 상호작용 그리고 결정으로 향상되는].

2 **가주어 it**: 뒤는 that(접속사)+완전한 구조의 절. it을 '그것은'으로 해석하지 않고 진주어(that절)를 주어로 해석한다. 진주어를 it의 자리에 넣었을 때 의미가 통한다.

S(가주어)
039 **It** is an undeniable fact // **that** the primary source of novelty /
= S'(진주어)
(~은) 부정할 수 없는 사실이다 // 참신함의 주요한 원천이 /
lies in the recombination of information / within the individual brain. – 모의
정보를 재조합하는 데에 있다는 것은 / 개인의 뇌 속에서.

3 **강조구문**: 뒤는 that+불완전한 구조의 절. 명사를 강조한다는 것은 '(다른 어떤 것이 아니라) 바로 ~'라는 의미로 '다른 어떤 것'과 대조 관계이다. 강조구문을 이루는 It is[was]와 that을 제외한 나머지 어구만으로 문장이 성립한다.

040 During a famine, / **it**'s the lack (of proteins and the essential amino acids), /
기근 동안, / 바로 부족이다 (단백질과 필수 아미노산의), /
not the lack of calories, // **that** is the ultimate cause of death. – 모의응용
열량 부족이 아니라, // 죽음의 근본적인 원인은.

041 Non-verbal communication is not a substitute for verbal communication. It is a supplement that enhances the richness of the content of the message. – 모의응용

042 It is a common misconception that good writing is merely the production of a written article, free of grammar and spelling errors.

043 While your ears pick up the sound, it is your brain that does the hard work of processing and making sense of it all.

Plus 〈it is 형용사/부사(구, 절) that ~〉

- It is 형용사 that ~: It은 가주어이고, that 이하가 진주어이다.

It is *absurd* **that** a man should rule others, who cannot rule himself. – Latin Proverb
자신도 다스리지 못하는 사람이 남들을 통치하다니 터무니없다.

- It is 부사(구/절) that ~: 강조구문 (≪ Unit 66)

It was *in the early 20th century* **that** passports as we would recognize them today began to be used.
여권이 우리가 오늘날 인식하는 것처럼 사용되기 시작한 것은 바로 20세기 초였다.

Wrap up 02

it의 이해

천일비급 p.18

영문 속의 it은 쓰임이 워낙 다양하기 때문에 이를 곧바로 파악하기는 쉽지 않다. 앞에서 살펴본 〈it is 명사 that ~〉 구문 외에도 it의 쓰임을 혼동하기 쉬운 경우와 그 밖의 추가적인 it의 쓰임에 대해 알아보도록 하자.

1 가주어 it vs. 대명사 it

가주어 it은 that절 외에도 to-v구도 진주어로 자주 쓰이므로 문장이 〈it ~ to-v〉 형태이면 무조건 it을 가주어로 판단하기 쉽다. 하지만, to-v는 진주어가 아니라 형용사나 부사적으로도 많이 쓰인다는 것을 잊지 말자.

01 **It** is difficult **to do** something creative when you are hungry or shaking from cold.

02 In 2002, Ireland was the first country to have an environmental tax for plastic shopping bags, and in 2004, **it** was the first **to introduce** a public smoking ban.

03 A satellite is an artificial object that is sent into orbit in space. Usually **it** is launched **to send, receive or bounce back** information to different areas of Earth.

2 비인칭 주어

시간, 날씨, 거리, 명암 등을 나타낸다. '그것은'이라고 해석하면 어색하므로 억지로 해석하지 않는다.

04 **It**'s getting a bit late now, so let's wrap it up.

05 We had fine weather, but before long **it** clouded over.

3 숙어처럼 알아두는 것이 좋은 표현

굳이 쓰임을 구별하지 말고 숙어처럼 의미를 알아두는 것이 좋다. 단, 대명사 it과 혼동하지 않도록 한다.

- it seems[appears] that ~: ~인 듯하다 (= It seems[looks] like ~)
- it takes (사람)+시간+to-v ~: v하는 데 (~가) …의 시간이 걸리다
- it may be that ~: ~일지도 모른다
- it follows that ~: 따라서 ~하게 되다
- it must be that ~: ~임이 틀림없다
- it happens[chances] that ~: 우연히[마침] ~하다
- it turns out that: ~라고 밝혀지다

06 **It seems that** putting physical stress on your body through exercise can relieve mental stress.

07 **It took me several hours to get** home because of the heavy snow.

08 **It happens that** I have the first edition of the book.

09 **It turns out that** the secret behind our recently extended life span is the improvements to our overall standard of living. – 모의응용

REVIEW: CHAPTER 1

주어 역할을 하는 것들 총정리

	S		+ V ~
명사	명사 대명사		~이다[하다]
명사구	to-v(to부정사) v-ing(동명사)	v하는 것은, v하기는	
명사절	that ~ whether ~ (or not) what ~ who(m) ~ which ~ when ~ where ~ how ~ why ~ whoever ~ whichever ~ whatever ~	~라고 하는 것은 ~인지 (아닌지)는 ~하는 것은; 무엇이 ~인지는 누가[누구를] ~하는지는 어느 쪽이 ~하는지는 언제 ~하는지는 어디서 ~하는지는 어떻게 ~하는지는 왜 ~하는지는 ~하는 누구든지 ~하는 어느 쪽이든지 ~하는 것은 무엇이든지	
가주어-진주어	it + V ~ + to-v[that, whether, 의문사 ~] ~		

목적어와 보어: 구와 절 중심

Chapter Overview

주어 학습에 이어, 이 챕터에서는 명사구와 명사절이 목적어나 보어 역할을 하는 경우에 대해 집중적으로 학습한다. 구나 절이 목적어나 보어를 이룰 때는 그 형태나 의미 범위를 잘 판단하여 해석할 수 있어야 한다.

목적어와 보어는 동사와 함께 문장이나 절의 '술부'를 이루는 외에도, 아래 예문처럼 준동사가 필요로 하는 요소이거나 전치사의 목적어로 쓰이기도 한다.

She wants to buy a new coat.
O
그녀는 **새 코트를 사기를** 원한다.

If your goal is to become healthy, you need to exercise regularly.
C(부사절의 보어)
당신의 목표가 **건강해지는 것**이라면, 규칙적으로 운동을 할 필요가 있다.

He seemed to wonder what happened last night.
준동사(to wonder)의 목적어
그는 **어젯밤에 무슨 일이 일어났는지** 궁금해하는 것 같았다.

I objected to going out in the cold weather.
전치사(to)의 목적어
나는 **그 추운 날씨에 외출하는 것**에 반대했다.

Chapter Goals

1 SVO 문형에서 동사의 대상이 되는 목적어의 다양한 형태와 각 의미를 해석할 수 있다.
2 SVC 문형에서 주어를 보충 설명하는 보어의 다양한 형태를 구분해낼 수 있다.
3 SVOC 문형에서 목적어를 보충 설명하는 목적격보어의 다양한 형태와 각 의미를 해석할 수 있다.

Must-know Words & Lexical Phrases

UNIT 08 동사의 목적어 역할을 하는 to-v/v-ing구 I

UNIT 09 동사의 목적어 역할을 하는 to-v/v-ing구 II

UNIT 10 동사의 목적어 역할을 하는 명사절

UNIT 11 전치사의 목적어 역할을 하는 구와 절

UNIT 12 주어를 보충 설명하는 구와 절

UNIT 13 목적격보어 역할을 하는 준동사구

UNIT 08

044 **approve** 찬성하다; 승인하다
take a step 단계를 밟아나가다
045 **health care** 의료 서비스, 보건
plain 알기 쉬운, 분명한; 무늬가 없는
046 **waste A on B** A를 B에 허비[낭비]하다
guilt 죄책감; 유죄
cf. **guilty** 죄책감이 드는; 책임이 있는
concern 걱정(시키다); 관심사; 관련이 있다
048 **depressed** 우울한
be preoccupied with ~에 몰두하다, 사로잡히다
049 **postpone** 미루다, 연기하다 (= put, defer)
deliver (소식 등을) 전하다; 배달하다; 출산하다; (약속을) 지키다
appreciate ~을 고맙게 여기다; (예술 작품 등을) 감상하다
rejection 거절; 배제

어법 직결
fairly 상당히, 꽤 (= pretty, quite)
assignment 과제, 임무
out loud 소리 내어

UNIT 09

051 **located** ~에 있는, 위치한
054 **inform A (that ~)** A에게 (~라고) 알리다
shipment 수송(품); 선적
055 **be likely to-v** v하기 쉽다
turn down 거절하다; (소리 등을) 낮추다
056 **combat** ~와 싸우다; 싸움 (= fight)
057 **disconnect** 연결[접속]을 끊다
solitude 고독, 외로움
058 **be in debt** 빚을 지다

단어를 미리 알면, 구문 학습이 더 쉬워져요!

UNIT 10

059 **bring out** (색, 성질 등을) 드러내다, 나타내다; (능력을) 끌어내다
060 **eligible for A** A의 자격이 있는
assistance 지원, 원조
063 **reflection** 반영; 반사
cf. reflect 반사하다; 나타내다; 심사숙고하다
upcoming 곧 있을, 다가오는
064 **guarantee** 확신하다; 보장하다; 보증(서)
065 **transportation** 교통수단; 수송, 운송
infrastructure 사회[경제] 기반 시설 ((교통 · 통신망, 수도, 전기 등 시설))
era 시대
068 **typically** 보통, 일반적으로; 전형적으로
confirm 확인해주다, 사실임을 보여주다; 승인하다
contradict 반박하다, 부정[부인]하다
069 **take responsibility for A** A를 책임지다

UNIT 11

070 **conscious** 의식하는, 자각하는
072 **make a living** 생계를 꾸리다
demonstrate 증명하다, 입증하다; (행동으로) 보여주다
commitment (to) (~에 대한) 헌신, 전념
cf. commit to A A에 전념[헌신]하다
073 **relative to A** A에 비해 (= compared with); A와 관련된
cf. relative 비교적인, 상대적인

UNIT 12

074 **minister** 장관
emergency 비상(사태)
075 **accelerate** 가속화되다
078 **slip by** (시간, 기회 등이) 미끄러지다, 빠져나가다
ponder 깊이 생각하다, 숙고하다
079 **surgery** 수술
080 **mayor** 시장; (지방 자치 단체의) 장
attraction 명소, 명물; 끌림, 매력
cf. tourist attraction 관광 명소
081 **sensible** 합리적인; 실용적인
ⓘ **sensitive** 민감한; (감수성이) 예민한
work A's way through A가 (~을) 처음부터 끝까지 다 하다
083 **concentrate (on)** (~에) 집중하다
unnoticed 간과되는, 눈에 띄지 않는
cf. notice 주목하다; 주목; 공고(문)
unattended 주의를 기울이지 않은; 방치된
cf. attend 주의를 기울이다; 참석하다

UNIT 13

084 **perception** 인식; 지각, 자각
085 **diplomatic** 외교의; 외교적 수완이 있는
negotiate 협상하다, 교섭하다
086 **volcanic** 화산의, 화산 작용에 의한
beneath 아래[밑]에
ⓘ **underneath** (다른 것으로 가려지거나 덮이는) 밑[안]에
shelter 피난처; 주거지
087 **marvelous** 굉장한, 놀라운
089 **pour** 쏟아지다; (액체를) 붓다
090 **automatically** 자동으로; 무의식적으로
091 **roll off** 굴러떨어지다
092 **be capable of** (~을) 할 수 있다; 유능하다
093 **investigate** 조사[수사]하다

어법 직결

account 계정; 계좌
reset 재설정하다, 고쳐 놓다
regain 되찾다, 회복하다
outage 정전 (= power outage); (정전에 의한) 기계 정지, 사용 불능
impress 좋은 인상을 남기다, 감동을 주다
presence 있음, 존재(함); 참석 (↔ absence 부재; 결석)

UNIT 08

동사의 목적어 역할을 하는 to-v/v-ing구 I

동사의 목적어로 to-v나 v-ing가 올 수 있다. 다음 동사들은 둘 중 하나만 목적어로 가질 수 있으므로 동사별로 잘 구별하여 알아두어야 한다.

to-v: v할 것을, v하기를	v-ing: v하는 것을, v한 것을
hope / wish / want / plan / expect / arrange / decide / determine / choose / need / learn / pretend / agree / promise / fail 등	finish / quit / give up / admit / deny / practice / enjoy / avoid / mind / consider / put off / postpone / delay 등

to-v나 v-ing가 이루는 어구가 어디까지인지를 파악하면서 문장을 이해해야 한다.

044 Her family did not approve / when she *decided* **to become an artist**, //
V´ O´
그녀의 가족은 찬성하지 않았다 / 그녀가 예술가가 되기로 결심했을 때 //
but she bravely took the steps (to make art her career). – 모의응용
그러나 그녀는 용감하게 단계를 밟아나갔다 (예술을 그녀의 직업으로 만들기 위한).

045 Health care workers should use / plain language (with words [that patients
V_1 O_1
의료 서비스 종사자들은 사용해야 한다 / 알기 쉬운 언어를 (단어로 된 [환자들이
can understand]) / and *avoid* / **using medical and technical jargon**.
V_2 O_2
이해할 수 있는]) / 그리고 피해야 한다 / 의학적이고 전문적인 용어를 사용하는 것을.
*jargon (특정 분야의) 전문 용어

046 Don't choose to waste your life on guilt about the past or concern for the future.

047 Team sports such as basketball and soccer provide an opportunity for students to enjoy working and competing together as a team. – 모의응용

048 Consider talking to a counselor if you are feeling depressed, anxious, or so preoccupied with a problem that you feel it is hard to enjoy life.

049 We don't like to say "no" — and people don't like to hear it. However, we should not postpone delivering bad news, because a quick response is almost always appreciated in rejection. – 모의응용

어법 직결 다음 밑줄 친 부분이 어법상 올바르면 O표, 틀리면 X표 하고 바르게 고치시오.

1 If you plan to go to an American university, you will need to learn how to write fairly well for the many essay assignments.

2 Practice to repeat new words out loud in order to memorize them better.

UNIT 09

동사의 목적어 역할을 하는 to-v/v-ing구 II

목적어로 to-v나 v-ing를 둘 다 가질 수 있는 동사는 의미 차이가 거의 없는 것들(*e.g.* start raining[to rain])과 차이가 있는 것들이 있다. 주로 to-v는 '미래성'을, v-ing는 '과거성 또는 현재성'의 의미를 갖기 때문에 의미 차이가 나타난다.

to-v: 아직 일어나지 않은 일 (미래성)		v-ing: 이미 일어나서 끝난 일 (과거성) 또는 진행되고 있는 일 (현재성)	
remember to-v	(앞으로) v할 것을 기억하다	remember v-ing	(이전에) v한 것을 기억하다
forget to-v	(앞으로) v할 것을 잊어버리다	forget v-ing	(이전에) v한 것을 잊어버리다
regret to-v	(앞으로) v하게 되어 유감이다	regret v-ing	(이전에) v한 것을 후회하다
try to-v	v하려고 노력하다[애쓰다]	try v-ing	시험 삼아 v해보다
*stop to-v	v하려고 멈추다, 멈춰서 v하다	stop v-ing	(지금) v하고 있는 것을 그만두다

*stop to-v의 to-v는 목적어가 아니라 to-v의 부사적 쓰임(~하기 위해)이다. (⇐ Unit 52)

050 Remember / **to keep your thoughts positive**, // for your thoughts will become your life.
V O
기억하라 / 당신의 생각을 긍정적으로 유지할 것을 // 당신의 생각은 당신의 삶이 될 것이기 때문이다.

051 I remember / **staying at the Palm Beach Hotel, (located in South Florida), / during my last vacation.**
V O
나는 기억한다 / 팜 비치 호텔에서 묵었던 것을, (플로리다 남부에 있는,) / 나의 지난 방학 동안에.

052 Don't forget to say thank you to those who help you.

053 Don't forget promising to get back home early in the evening.

054 We regret to inform you that the shipment will be delayed.

055 When offered a new opportunity or challenge, you are much less likely to regret accepting it and more likely to regret turning it down.

056 When you try to combat stress with food, you'll want more and more.

057 If you want to do some serious thinking, you'd better disconnect the Internet and phone and try spending twenty-four hours in absolute solitude. – 모의응용

058 If you are in debt, you should stop buying unnecessary things.
cf. On the way to the station, I stopped to buy a bottle of water at a store.

어법 직결 다음 문장에서 괄호 안에 주어진 단어를 알맞은 형태로 쓰시오.

1 When you are invited for an interview, don't forget (arrive) ________ 10 minutes before.

2 I remember (have) ________ a terrible dream one night that felt so real.

UNIT 10

동사의 목적어 역할을 하는 명사절

명사절(<< Unit 03)은 동사의 목적어(SVO)나 직접목적어(SVOO)로도 쓰일 수 있다. if가 이끄는 명사절은 주어로는 쓰이지 않지만 목적어로는 쓰일 수 있다.

- (that) ~: 목적어절을 이끄는 that은 흔히 생략된다.
- whether (or not) ~ / if ~: ~인지를
- 의문사 ~ / 관계대명사 what ~ / 복합관계대명사 whatever ~ 등

059 More people are realizing // **(that) music videos can bring out / the color of the singers and their songs.**

S: More people / V: are realizing / O: (that) music videos can bring out the color of the singers and their songs

더 많은 사람이 깨닫고 있다 // 뮤직비디오가 드러낼 수 있다는 것을 / 가수와 노래의 색깔(개성)을.

060 The government said it's going to help small businesses financially that didn't know they were eligible for assistance last year.

061 When you tell people you need help, they will give you a hand.

062 People who change do not question whether change is possible. – 수능

063 For more than a century, psychoanalysts have wondered if dreams are a reflection of upcoming realities. *psychoanalyst 정신 분석가

혼동주의 10 if절의 두 가지 해석: ~인지를 vs. 만약 ~라면

I realized **if** I wanted improvements to occur on the outside, they needed to begin on the inside.

(if가 이끄는 조건의 부사절(만약 ~라면))

064 Ask yourself when you learned the most. I guarantee it was when you felt at risk.

– Ginni Rometty ((美 IBM 기업의 전 CEO))

065 While transportation infrastructure may shape where we travel today, in the early eras of travel, it determined whether people could travel or not. – 모의응용

066 People forget how fast you did a job but remember how well you did it.

067 Memorizing the meaning of words is much easier if you wonder what they mean and how they are used in a sentence.

068 We typically look for things that confirm our existing beliefs and ignore information that contradicts what we already think.

069 You can choose whatever you want, at any time; and once you choose it, you have to take responsibility for it.

UNIT 11

전치사의 목적어 역할을 하는 구와 절

목적어라고 하면 동사의 목적어만 생각하기 쉬우나, 전치사도 목적어를 갖는다는 것을 잊지 말아야 한다.
전치사의 목적어로는 (대)명사뿐만 아니라 명사구와 명사절도 올 수 있는데, 명사구로는 반드시 동명사인 v-ing로 써야 하며 to부정사는 불가능하다. 명사절의 경우 that절과 if절은 원칙적으로 불가능하다. (단, in that(<< Unit 56)과 except that은 가능)

070 Green marketing and environmentally conscious communications / can play a role / in **building a positive image for the company.**

(Green marketing and environmentally conscious communications: S / can play: V / a role: O / in: 전치사 / building a positive image for the company: O´)

친환경적 마케팅과 환경 문제를 의식하는 의사소통은 / 어떤 역할을 할 수 있다 / 기업의 긍정적인 이미지를 형성하는 데.

071 Do what you can / with **what you've got** // where you are. – Theodore Roosevelt ((美 26대 대통령))

(Do: V / what you can: O / with: 전치사 / what you've got: O´)

당신이 할 수 있는 것을 하라 / 당신이 가진 것으로 // 당신이 있는 곳에서.

↳ 비현실적이고 거창한 계획을 세우기보다는 지금 있는 장소에서 가지고 있는 것으로 실천할 수 있는 행동부터 하라.

072 He gave up the idea of making a living as a lawyer in order to devote himself to acting and thus demonstrated his strong commitment to films and plays.

073 The way that we behave in a given situation is often influenced by how important one value is to us relative to others. – 모의

어법 직결 다음 밑줄 친 부분이 어법상 올바르면 O표, 틀리면 X표 하고 바르게 고치시오.

A sudden change in diet makes the cows lose a lot of weight. Therefore, a farmer should change a cow's diet slowly, so that it can get used to <u>eat</u> the new food.

Plus 전치사 to+v-ing

- object to v-ing — v하는 것에 반대하다
- be opposed to v-ing — v하는 것에 반대하다
- look forward to v-ing — v하기를 고대하다
- commit oneself to v-ing — v하는 데 헌신[전념]하다 (= be committed to v-ing)
- dedicate[devote] oneself to v-ing — v하는 데 헌신[전념]하다 (= be dedicated[devoted] to v-ing)
- be[get] used[accustomed] to v-ing — v하는 것에 익숙하다[익숙해지다]
- adjust to v-ing — v하는 것에 적응하다
- be addicted to v-ing — v하는 것에 중독되다
- when it comes to v-ing — v에 관한 한

UNIT 12

주어를 보충 설명하는 구와 절

be동사로 대표되는 SVC 문형 동사들(≪ 권두부록 02. SVC)은 주어를 보충 설명하는 보어(C)가 필요하며, 보어 자리에는 명사나 형용사 외에도 부정사/동명사/분사가 이끄는 구와 명사절이 쓰일 수 있다. 구와 절이 보어일 경우 주어와의 의미 관계는 대부분 동격이다.

- 주어와 동격 관계: S는 C이다[C하는 것이다] ((S=C))

074 Your work is going to fill / a large part of your life, // and the only way (S)
당신의 일은 채울 것이다 / 당신 삶의 큰 부분을, // 그리고 유일한 방법은
(to be truly satisfied) / is **to do what (you believe) is great work.** (C)
(진정으로 만족할) / (당신이 믿기에) 위대한 일을 하는 것이다.
– Steve Jobs ((美 Stanford大 졸업식 연설 中))

혼동주의 11 〈be동사+to-v 보어〉 vs. 〈be to-v〉 구문

The minister **is to announce** an emergency plan on climate change.
(The minister ≠ to announce an emergency plan ~)
▶ '주어≠be동사 뒤의 to-v'인 경우 〈be to-v〉 구문으로 해석해본다. (예정, 의무, 가능, 의도 등)

075 Leadership is getting someone to do what they don't want to do, to achieve what they want to achieve. – Tom Landry ((美 미식축구팀 감독))

혼동주의 12 동명사 보어 vs. 현재분사(진행형)

Leadership **is getting** (V) harder as the speed of innovation across all industries accelerates.
(Leadership ≠ getting harder as the speed ~ accelerates)
▶ 〈be동사+현재분사(v-ing)〉는 문장의 동사로 쓰여 '진행'의 의미를 나타낸다.

076 One thing most language learning experts can agree on is that language is best learned through regular exposure.

077 After a car accident, one of the questions the police ask is whether the driver was using a cell phone while driving.

078 The present is what slips by us while we're pondering the past and worrying about the future.

보어로 to부정사 대신 원형부정사(v)가 쓰인 구문에 주의하자. that이 생략된 관계대명사절이 앞의 주어를 수식하고, 관계대명사절 내에 do동사가 쓰인 것들이 이런 구문에 해당한다.

All (that) S have to **do** is (to-)v

079 Until the patient recovers from the surgery, // all [you have to *do*] / **is (to) wait and see.**

S V C

환자가 수술에서 회복할 때까지 // 당신이 해야 할 모든 일은 / 두고 보는 것이다.

080 The first thing a new mayor wants to do is make the city a tourist attraction that many people visit.

081 You cannot do everything at once, but what you can do is write down everything that needs to be done in a sensible order and work your way through it.

v-ing(현재분사)나 p.p.(과거분사)는 주어와 아래와 같은 의미 관계를 만들어 보어로 쓰일 수 있다.

- v-ing 보어는 주어가 하는 동작: S는 C하다 ((능동))
- p.p. 보어는 주어가 받는 동작: S는 C되다 ((수동))

082 It took me several days / to read this book // because **I kept crying.**

S′ V′ C′

나는 며칠이 걸렸다 / 이 책을 읽는 데 // 내가 계속 울었기 때문에.

083 When we choose to concentrate on one thing, // **other things** go **unnoticed and unattended.**

S V C

우리가 한 가지에 집중하기로 선택할 때, // 다른 것들은 간과되고 주의를 기울이지 않게 된다.

Plus SVC(to-v) 구조를 이루는 동사

be동사 외에도 SVC 문형의 C(보어)로 to-v를 갖는 동사는 숙어처럼 의미를 잘 알아두자. to-v가 to be일 때는 생략되는 경우가 많다.

- seem[appear] to-v: v인[v하는] 것 같다
- prove[turn out] to-v: v로 판명되다
- come[get, grow] to-v: v하게 되다
- happen to-v: 우연히[마침] v하게 되다

You **seem (to be)** very sociable. 너는 매우 사교적**인 것 같다**.
No one **appeared to know** the truth. 누구도 진실을 **아는 것 같지** 않았다.
The experiment **proved (to be)** too costly. 그 실험은 비용이 너무 많이 드는 것**으로 판명되었다**.
I **came to like** biology very much. 나는 생물 (과목)을 아주 많이 **좋아하게 되었다**.
She **happened to meet** an old friend in town. 그녀는 우연히 옛 친구를 시내에서 **만나게 되었다**.

UNIT 13

목적격보어 역할을 하는 준동사구

목적어와 목적격보어(to-v, v, v-ing, p.p.)는 주어-술어(S´V´) 관계를 이루어 'O가 v하다[되다]'라는 의미를 나타낸다. 목적격보어로 어느 준동사를 쓰는지는 대개 문장의 동사에, 또는 목적어와 목적격보어와의 의미 관계에 달려 있다.

- to-v를 사용하는 동사: want, expect, force, ask, order, persuade, encourage, get, cause, lead, allow, enable, tell, advise 등 (모두 '목적어가 to-v하도록 바라거나 유도하는' 의미이다.)

SV**O+to-v**: S는 **O가**(S´) **v하기를[v하도록]**(V´) V하다

084 Painters(S) cannot **expect**(V) / viewers(O) **to appreciate their work**(C) / **with exactly the same perceptions and emotions [that went into their creation].**

expect+O+to-v: O가 v하기를 기대하다

화가들은 기대할 수 없다 / 그림을 보는 사람이 그들의 작품을 감상하는 것을 / 정확히 같은 인식과 감정을 가지고 [그들의 창작물에 들어간].

085 Diplomatic discussions were planned to persuade the rival nations to return to the negotiating table.

086 Volcanic activity caused an island in the northern oceans to sink completely beneath the waves, and the survivors had to find shelter elsewhere. – 모의응용

087 Experience is that marvelous thing that enables you to recognize a mistake when you make it again. – Franklin P. Jones ((美 언론인))

- v를 사용하는 동사: 사역동사 have, make, let (S는 **O가 v하도록[v하게]** 시키다, 만들다, 내버려 두다)
  지각동사 see, hear, feel 등 (S는 **O가 v하는 것을** 보다, 듣다, 느끼다 등)
  help+O+(to-)v: O가 v하는 것을 돕다 (목적격보어로 to-v와 v 모두 사용할 수 있다.)
- v-ing를 사용할 수 있는 동사: 지각동사 외에 keep, leave, find, catch, get, have 등
  to-v나 v를 사용하는 경우에 비해 동작(v)이 진행 중(아직 끝나지 않음)임을 나타낸다.

088 One easy way (to start with teaching kids responsibility) / is / by **having**(V´) them(O´) **clean up**(C´) their own stuff, / such as their toys or laundry.

한 가지 쉬운 방법은 (아이들에게 책임감을 가르치기 시작하는) /~이다/ 그들이 자기 물건을 치우게 함으로써 / 그들의 장난감이나 세탁물 같은.

089 I **heard**(V_1) the bell(O_1) **ring**(C_1) / and **saw**(V_2) everyone(O_2) **pour**(C_2) into the halls.

나는 벨이 울리는 것을 들었다 / 그리고 모두가 복도로 쏟아져 나오는 것을 보았다.

cf. I heard the bell **ringing** / and saw everyone **pouring** into the halls.

나는 벨이 울리고 있는 것을 들었다 / 그리고 모두가 복도로 쏟아져 나오고 있는 것을 보았다.

090 Drinking water about half an hour before each meal can make you automatically eat fewer calories.

091 Some people just ooze happiness: They always seem to be smiling and having fun and let negative emotions and experiences roll off their backs.

*ooze (특정 자질 등을) 내뿜다

092 Treat people as if they were what they ought to be and you help them become what they are capable of being. – Johann Wolfgang von Goethe ((괴테))

- p.p.를 사용할 수 있는 동사: 사역동사, 지각동사 외에 keep, leave, find, want, get 등

O가 C의 동작을 받는 '수동'의 의미를 나타낸다. 단, 사역동사 let은 목적격보어로 be p.p.를 쓴다.

SV**O+p.p.**: S는 **O가** **v되도록[v되는 것을]** V하다 (O가 = S´, v되도록 = V´)

093 The mayor **had** the recent bank heist / properly **investigated** by the police.

S: The mayor / V: had / O: the recent bank heist / C: properly investigated by the police

시장은 최근의 은행 강도 사건이 ~하도록 했다 / 경찰에 의해 제대로 조사받도록.

*heist 강도 (행위) (= robbery)

094 When the kitten saw her face reflected in the mirror, she immediately jumped on it.

095 The superstar kept her head hidden underneath her hat and a pair of sunglasses as she chatted on her mobile phone.

어법 직결 다음 밑줄 친 부분이 어법상 올바르면 O표, 틀리면 X표 하고 바르게 고치시오.

1 I had my account broken into. So, I had to reset the password and regain access to my account.

2 Homemade meals can be healthy because they allow you controlling the amount of salt and oils you use. – 모의응용

3 During a power outage, turn off and unplug all unnecessary electrical equipment and leave one light turned on so you'll know when the power comes back on.

4 When we want to impress someone or make them to think a certain way about us, we tend to eat less in their presence. – 모의응용

Plus **have+O+p.p.의 문맥에 따른 여러 의미**

1. 사역: (O가) v되도록 (남을) 시키다	*have* my hair **cut** 내 머리를 **자르다**
2. 수동: (O가) v되다[당하다]	*have* her short story **published** 그녀의 단편 소설이 **출간되다**
	have my car **stolen** 내 차를 **도둑맞다**
3. 상태: (O가) v된 상태이다	*have* no money **left** 돈이 **남지 않다**

GOLDEN SAYING

Don't tell me the sky's the limit, there are footprints on the moon.

-Paul Brandt ((캐나다 뮤직 아티스트))

나에게 하늘이 한계라고 말하지 말라. 달에도 발자국이 있다

영어에는 The sky is the limit라는 표현이 있는데, 직역하면 '하늘이 한계가 된다'지만 한계가 하늘이라는 말뜻을 조금만 생각해보면 즉 '한계란 없다, 하지 못할 것은 없다'라는 의미를 나타냄을 알 수 있다.

위의 문장은 이 표현을 한 단계 더 응용한 것으로, 이미 인류가 하늘을 넘어 달까지 도달해 발자국을 찍었으므로 하늘도 더 이상 한계가 아니다, 즉, '한계란 없다'를 더욱 강조한 표현으로 이해하면 된다.

CHAPTER 03

같은 형태, 다른 역할

Chapter Overview

영문을 올바로 이해하고 해석하기 위해서는 아래와 같이 여러 역할이 가능한 단어나 구가 문장에서 정확히 어느 역할을 하고 있는지를 가려낼 줄 아는 능력이 필요하다.

1. 명사: 목적어 / 보어 / 간혹 부사로도 쓰임.
2. 전명구(전치사+명사): 수식어구(형용사구, 부사구) / 보어
3. to-v: 명사 / 형용사 / 부사
4. v-ing(동명사, 현재분사): 명사 / 형용사 / 부사(분사구문)

구문을 열심히 학습해도 실전에서 위의 역할들을 척척 가려내기란 쉬운 일이 아니다. 대부분의 구문 학습은 미리 구성된 목차와 틀 안에서 이루어지기 때문에 다 아는 것으로 착각할 수 있지만 실전에 맞닥뜨리면 적용이 그리 쉽지 않다.

이 챕터에서는 대표적인 형태들을 모아 정확히 가려내는 구별법을 소개한다.

Chapter Goals

명사, 전명구, to부정사, v-ing가 등장하는 문형을 한데 모아 학습함으로써, 문형별 판별 팁과 해석 방법을 익힌다.

Must-know Words & Lexical Phrases

UNIT 14 SV 뒤의 '명사'

UNIT 15 SV 뒤의 '전명구'

UNIT 16 SVO 뒤의 '전명구'

UNIT 17 SV 뒤의 '명사[1]+명사[2]'

UNIT 18 SVO 뒤의 'to-v'

UNIT 19 SV 뒤의 '명사+v-ing'

UNIT 14

096 **preference** 선호(도)
cf. prefer 선호하다
098 **generation** 세대, 시대; 발생
cf. generate 발생시키다, 만들어내다
slavery 노예 제도
cf. slave 노예
racism 인종 차별
cf. race 인종, 민족; 경주(하다)
ongoing 진행 중인
100 **fool** 바보 (취급을 받는 사람)
101 **involve** 포함하다; 관련시키다

UNIT 15

105 **repetitive** 반복적인
107 **of the essence** 아주 중요한
cf. essence 본질, 핵심
cf. essential 필수적인 (= vital); 본질적인

UNIT 16

108 **persuasiveness** 설득력 (있음)
cf. persuasive 설득력 있는
cf. persuade 설득하다; (다른 사람에게) 믿게 만들다
concern 관계가 있다, 관련되다; ~을 걱정시키다; 걱정거리
credibility 신뢰성
cf. credible 믿을 수 있는
109 **appeal to A** A에 호소하다; A의 관심을 끌다; A에 항소하다
111 **overconfidence** 지나친 자신감, 과신
mistaken 잘못된, 틀린
impression 생각, 느낌; 인상; 감명
112 **lack** ~이 없다, 부족하다; 부족, 결핍 (= shortage, deficiency)
reveal 드러내다, 밝히다 (↔ conceal 숨기다, 감추다)
significance 중요도, 중요성
cf. significant 중요한

113 **capital** 자본; 수도; 대문자

intention 의도

cf. with the intention of ~의 의도로

cf. intend 의도[작정]하다

prospect 기대, 전망; 가능성

repay 갚다, 상환하다

114 **perceive A as B** A를 B로 인식하다

cease to-v v를 멈추다

pollination ((식물)) 수분 작용 ((수술의 꽃가루가 암술머리에 붙는 일))

UNIT 17

115 **promote** 홍보하다; 촉진하다; 승진시키다

116 **rectangle** 직사각형

ⓘ square 정사각형

118 **confront** 맞서다, 직면하다

cf. confrontation 직면, 대립

paradoxically 역설적으로

cf. paradox 역설

productive 생산적인

119 **librarian** (도서관) 사서

120 **sincere** 성실한; 진실한

stick by (약속 등을) 지키다

122 **determination** 결단력; 결정 (↔ indecision 망설임)

win A B A에게 B를 얻게 하다

123 **integral** 필수적인; 완전한

democracy 민주주의; 민주 국가

politician 정치인

public 대중, 일반인; 공공의

UNIT 18

124 **start-up** 신생의; 신규 업체

125 **enforcement** (법률의) 집행[시행]

cf. enforce (법률 등을) 집행[시행]하다; 강요하다

agency 기관; 대리(점)

prosecute 기소하다, 고발하다

criminal 범죄자; 범죄의

126 **expand** 확장[확대]하다, 넓히다

ⓘ expend (돈, 시간 등을) 쓰다, 소비하다

128 **navigation** 내비게이션; 항해, 운항

cf. navigate 길을 찾다; 항해하다

track 추적하다, 쫓다; 길

129 **discipline** 훈련[훈육](하다); 규율

pause 멈추다

potential 잠재력

UNIT 19

130 **gravitational** 중력의

cf. gravity 중력

Jupiter 목성

grab 붙잡다, 움켜잡다

asteroid 소행성

131 **notice** 알아차리다, 발견하다; 안내문; 주목

cf. notify 알리다, 통지하다

switch 전환하다, 바꾸다

cf. switch A around A의 위치를 바꾸다

be grateful for ~에 대해 감사하게 생각하다

132 **atomic** ((화학)) 원자의; 원자력의

cf. atom 원자 ((물질을 구성하는 기본 단위))

oxygen 산소

represent 나타내다

element ((화학)) 원소; 요소, 성분

UNIT 14 SV 뒤의 '명사'

SV 뒤의 '명사'는 대부분 1. 목적어(SVO 문형)이며, 때로 2. 보어(SVC 문형)로, 드물게는 3. 부사(SV 문형)로 쓰인다. 그러므로 우선 '목적어'로 해석하고, 어색한 경우 주어와의 의미 관계나 명사의 의미를 주의 깊게 살피면 된다.

1 목적어 : 주어≠명사. 동사는 '명사를 V하다'란 의미로 SVO 문형을 만드는 타동사이다.

096 Humans(S) have(V) **a strong preference**(O) (for immediate reward / over delayed reward). – 모의응용

인간은 강한 선호도를 갖는다 (즉각적인 보상에 대한 / 지연된 보상보다).

2 보어 : 주어=명사. 동사는 SVC 문형을 만드는 be동사 계열(be, become, look, feel 등)이다. (<< Unit 12)

097 There's a saying: // Yesterday(S_1) is(V_1) **history**(C_1), // tomorrow(S_2) is(V_2) **a mystery**(C_2), // but today(S_3) is(V_3) **a gift**(C_3). That is // why it is called the "present."

어떤 격언이 있다 // 어제는 역사다. // 내일은 미스터리다. // 그러나 오늘은 선물이다. 그것은 ~이다 // 그것(오늘)이 'present'라고 불리는 이유. – Kung Fu Panda ((애니메이션))

3 부사 : 주어≠명사. 명사는 '때, 장소, 정도, 방법' 등의 의미로서 SV 문형 동사 뒤에 온다.

098 The U.S.(S) is(V) **a few generations** away(A) / from slavery; // racism is still ongoing.

미국은 몇 세대만 떨어져 있다 / 노예 제도로부터 // 인종 차별은 여전히 진행 중이다.
(→ 노예 제도가 사라진 지 얼마 되지 않았다)

099 It's been so long since we talked that I can feel the distance between us.

100 I felt a fool when I dropped my phone from the building while taking a selfie.

*selfie 셀피 ((스마트폰 등으로 찍은 자신의 사진))

101 The biggest tomato fight festival, La Tomatina, happens each year in Spain, involving some 40,000 people throwing 150,000 tomatoes at each other.

Plus 문형에 따라 의미가 달라지는 동사들

Buses to Oxford **run** every half-hour. (SV) 옥스퍼드행 버스는 30분마다 **다닌다**.
The college **runs** summer courses for foreign students. (SVO) 그 대학은 외국인 학생들을 위한 여름 강좌를 **운영한다**.
You must **stand** a few steps away from the artwork. (SV) 미술품에서 몇 걸음 떨어져 **서야** 한다.
I can't **stand** the noise of heavy traffic. (SVO) 나는 극심한 교통량의 소음을 **견딜** 수 없다.

UNIT 15

SV 뒤의 '전명구'

전명구(전치사+명사)는 문장에서 형용사나 부사 역할을 하는데, 동사를 수식하는 1. 부사(SV 문형) 역할을 하거나, 주어의 성질이나 상태를 보충 설명하는 2. 보어(SVC 문형)로 쓰일 수 있다. 따라서 주어와의 의미 관계를 살핀다.

1 **부사**: 주어≠전명구. SV 문형 동사 뒤에 쓰인다.

102 If you don't have the power (to change yourself), // then
만약 힘을 가지고 있지 않다면 (스스로를 바꿀), // 그러면
nothing will change[V] **around you.** – Anwar Sadat ((前 이집트 대통령, 노벨 평화상 수상자))
S ≠ M
당신 주위에서 아무것도 바뀌지 않을 것이다.

103 A journey (of a thousand miles) / must begin[V] **with a single step.** – Proverb
S ≠ A
여정은 (천 마일의) / 하나의 걸음으로 시작되어야 한다.
↘ 천 리 길도 한 걸음부터.

2 **보어**: 주어의 성질, 상태=전명구. 동사는 SVC 문형을 만드는 be동사 계열(be, become, look, feel 등)이다.

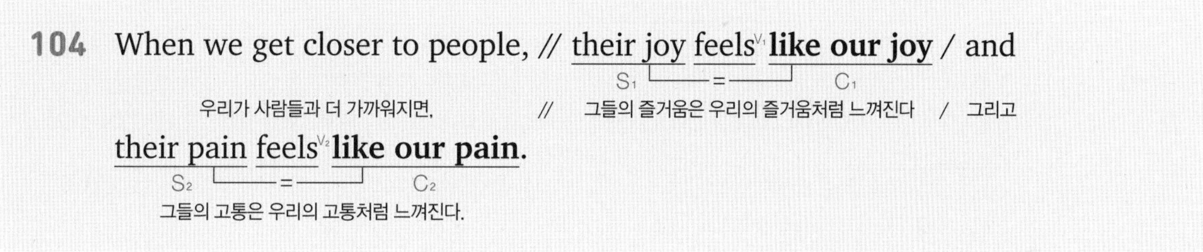

104 When we get closer to people, // their joy feels[V1] **like our joy** / and
S_1 = C_1
우리가 사람들과 더 가까워지면, // 그들의 즐거움은 우리의 즐거움처럼 느껴진다 / 그리고
their pain feels[V2] **like our pain.**
S_2 = C_2
그들의 고통은 우리의 고통처럼 느껴진다.

105 Repetitive training makes you more comfortable because confidence grows over time.

106 People behave in a different way in a big crowd than they do when they are alone or with a smaller group.

107 Time is of the essence. Live as though life is short — because it is.

UNIT 16 SVO 뒤의 '전명구'

전명구(전치사+명사)는 문장에서 형용사나 부사 역할을 하므로, SVO 뒤의 전명구는 대부분 1. 바로 앞 O(목적어)를 수식하는 **형용사**(M)(SVO 문형)이거나 2. V(동사)를 수식하는 **부사**(M/A)(SVO 문형)이다. 또한, 목적어의 성질이나 상태를 보충 설명하는 3. **목적격보어**(SVOC 문형)로도 쓰인다. 전명구가 어떤 요소를 수식하는지, 목적어와 어떤 의미 관계인지를 살피면 된다.

1 **형용사**: 목적어 수식. 전명구의 의미를 목적어와 연결하면 자연스럽다. 전명구를 삭제해도 문장의 의미가 크게 달라지지 않는다.

108 A message's persuasiveness concerns the credibility (**of the sender of the message**). – 모의응용

S V O

메시지의 설득력은 신뢰성과 관계가 있다 (메시지 전달자의).

2 **부사**: 동사 수식. 전명구의 의미를 동사와 연결해야 자연스럽다.

109 Advertisements change people's thinking / **by using language** [which appeals to emotions].

S V O M

광고는 사람들의 생각을 바꾼다 / 언어를 사용함으로써 [감정에 호소하는].

110 We're not perfect. But that doesn't mean // we can lay some of our baggage / **on someone else.**

S V′ O′ A′

우리는 완벽하지 않다. 하지만 그것이 의미하지는 않는다 // 우리가 우리 짐의 일부를 맡겨도 된다는 것을 / 다른 누군가에게.

3 **목적격보어**: 목적어의 성질, 상태=전명구. 전명구를 삭제하면 문장의 의미가 완전하지 않다.

111 Overconfidence can leave students / **with mistaken impressions** [that they are fully prepared for tests / and no longer need to study]. – 모의응용

S V O = C

지나친 자신감은 학생들을 ~한 상태로 두게 할 수 있다 / 잘못된 생각을 가지고 있는 [자신들이 시험 준비를 충분히 했고 / 더는 공부할 필요가 없다는].

112 Children's drawings lack the expression of depth, and the size of an object in a drawing reveals its significance in a child's mind. – 모의응용

113 We borrow environmental capital from future generations with no intention or prospect of repaying it. – 수능응용

114 While many of us perceive insects as harmful pests, in reality, humankind might cease to exist without their service of pollination. – 모의응용

UNIT 17

SV 뒤의 '명사[1]+명사[2]'

SV 뒤에 명사가 두 개 연달아 나오는 것은 1. 간접목적어+직접목적어(SVOO 문형)이거나 2. 목적어+목적격보어(SVOC 문형)인 경우이다. 두 문형이 모두 가능한 동사라면 명사[1]+명사[2]의 의미 관계를 통해 명확히 구별할 수 있다.

1 **간접목적어+직접목적어** : 명사[1](A)≠명사[2](B). 동사가 'A에게 B를 (~해)주다'라는 의미이다.

115 Many businesses(S) send(V) **future customers**(IO) ≠ **free gifts or samples**(DO) / (send A B: A에게 B를 보내다)
많은 기업은 미래의 고객들에게 무료 선물이나 샘플을 보낸다 /
in order to promote their products. – 모의응용
자신들의 제품을 홍보하기 위해.

2 **목적어+목적격보어** : 명사[1](A)=명사[2](B). 동사가 'A를 B로 ~하다'라는 의미이다. 목적격보어로 명사를 주로 취하는 동사(name, call, make, find, elect, think, believe, consider, suppose 등)를 알아두면 유용하다. (≪ 권두부록 05. SVOC)

116 If all sides of a rectangle have the same length, // we(S) call(V) **it**(O) = **a square**(C). (call A B: A를 B라고 부르다)
직사각형의 모든 변이 동일한 길이면, // 우리는 그것을 정사각형이라고 부른다.

117 The friendly owner of the restaurant made us a nice dinner despite the very late hour.

118 Confronting your fears, paradoxically, makes you a far happier and more productive person. – Dr. David M. Burns ((美 정신의학자))

119 He had some trouble finding a book he wanted, so a librarian found him the book.

120 I always found him a sincere person who would stick by his word and always do his work.

121 Roles are like a fence. They allow us a certain amount of freedom, but that freedom doesn't go very far. – 모의

122 His calm determination won him the respect of his teammates who elected him captain.

123 The government considered the airwaves such an integral part of our democracy that politicians decided the public should own and control them.

*airwaves (라디오, TV 등) 방송 매체

UNIT 18

SVO 뒤의 'to-v'

to-v는 명사, 형용사, 부사 역할을 하므로 SVO 뒤에서는 1. 앞의 **목적어를 수식**(SVO 문형)하거나 2. '~하기 위하여(목적)'를 의미하는 **부사** 역할(SVO 문형) 또는 3. 목적어와 주술 관계를 이루는 **목적격보어**(SVOC 문형)로 쓰인다.
문장에 따라 1과 2의 해석이 모두 자연스러운 경우가 있다는 것도 알아두자.
I bought some sweets **to give** to my friend. 나는 친구에게 **줄[주기 위해]** 사탕을 좀 샀다.

1 **목적어 수식**: 동사가 SVO 문형 동사이며, 〈O+to-v〉는 'v할 O, v하는 O'로 해석된다.

124 A start-up company can lack the resources (**to compete** in areas (such as product development and advertising)).
S / V / O
신생 기업은 자원이 부족할 수 있다 (분야에서 경쟁할 (제품 개발과 홍보와 같은)).

2 **'목적'을 의미하는 부사**: 동사가 SVO 문형 동사이며, 'v하기 위해, v하도록'으로 해석된다.

125 These days, / law enforcement agencies (like the FBI) / use various forms of digital technology / **to catch** and **prosecute** criminals.
S / V / O / ~하기 위해(부사적)
오늘날, / (FBI 같은 법) 집행 기관은 / 다양한 종류의 디지털 기술을 사용한다 / 범죄자를 잡고 기소하기 위해.

3 **목적격보어**: 동사가 SVOC 문형 동사이며, to-v는 '(O가) v하기를'로 해석된다. 문장에서 to-v를 삭제하면 의미가 완전하지 않다.

126 Gap years allow / newly graduated high school students / **to expand** their educational experience / outside of a classroom setting, / before starting college.
S / V / O / C — allow A to-v: A가 v하게 (허락)하다
갭이어는 ~하게 한다 / 최근 졸업한 고등학생들이 / 그들의 교육적 경험을 확장하도록 / 교실 환경 밖으로, / 대학 과정을 시작하기 전에.

127 The International Space Station (ISS) provides valuable opportunities to test spacecraft systems and equipment for future missions.

128 Navigation systems are tracking the cell phones of other users to see how quickly those cell phones move through traffic. – 모의응용

129 I strongly encourage you to find a place to think and to discipline yourself to pause because time alone has the potential to change your life. – 모의응용

UNIT 19

SV 뒤의 '명사+v-ing'

SV 뒤의 〈명사+v-ing〉는 대부분 1. 목적어와 이를 수식하는 현재분사(SVO 문형), 또는 2. 목적어+목적격보어(SVOC 문형)이다.

1 **목적어+현재분사**: 동사가 SVO 문형 동사이며, 'v하는 O'로 해석된다. 현재분사는 수식어이므로 문장에서 v-ing를 삭제해도 문장의 의미가 완전하다.

130 The gravitational pull of Jupiter / grabs asteroids (**passing** the planet) /
S V O
목성의 중력이 / 소행성을 붙잡는다 (그 행성(목성)을 지나가는) /
and pulls them to its surface. – 모의응용
그리고 그것들(소행성)을 표면으로 끌어당긴다.

2 **목적어+목적격보어**: 동사가 SVOC 문형 동사이며, 목적어인 명사와 v-ing는 주어–술어 관계이다. 즉 〈O+v-ing〉는 'O가 v하기를[v하도록]'로 해석되고, 문장에서 v-ing를 삭제하면 문장의 의미가 완전하지 않다.

131 When you notice yourself **thinking** of something negative, // switch it around /
S′ V′ O′ C′ V
자신이 부정적인 어떤 것을 생각하는 것을 알아차릴 때, // 그것을 전환하라 /
to what you are grateful for / about the situation.
당신이 감사하게 생각하는 것으로 / 그 상황에 대해.

132 The atomic symbol, such as O for oxygen, means the letter representing each element on the periodic table.
*periodic table 주기율표

133 Once you get people laughing, they're listening and you can tell them almost anything. – Herbert Gardner ((美 예술가))

Plus 〈명사+v-ing〉 형태가 쓰이는 다른 경우

• spend[waste]+돈[시간, 노력 등]+v-ing: v-ing 앞에 전치사 in 생략

The company has spent **thousands of dollars updating** their computer systems.
그 회사는 컴퓨터 시스템을 **업데이트하는 데 수천 달러를** 썼다.

Don't waste **time preparing**. Just do it. **준비하는 데 시간을** 낭비하지 마라. 그냥 해라.

• 의미상의 주어+동명사

I can't imagine **my sister crying**. 나는 **언니가 우는 것을** 상상할 수 없다.

REVIEW: CHAPTER 3

SV 문형	S+V+부사(명사) S+V+부사(전명구)	⇐ Unit 14 ⇐ Unit 15
SVC 문형	S+V+C(명사) S+V+C(전명구)	⇐ Unit 14 ⇐ Unit 15
SVO 문형	S+V+O(명사) S+V+O(+형용사 수식) S+V+O+부사(전명구) S+V+O(+to-v 수식) S+V+O+부사(to-v) S+V+O(+v-ing 수식)	⇐ Unit 14 ⇐ Unit 16 ⇐ Unit 16 ⇐ Unit 18 ⇐ Unit 18 ⇐ Unit 19
SVOO 문형	S+V+O(명사)+O(명사)	⇐ Unit 17
SVOC 문형	S+V+O+C(전명구) S+V+O+C(명사) S+V+O+C(to-v) S+V+O+C(v-ing)	⇐ Unit 16 ⇐ Unit 17 ⇐ Unit 18 ⇐ Unit 19

기본 문장 구조의 변형

Chapter Overview

지금까지 학습한 문장 구조들은 우리가 많이 접하는 가장 '기본적인' 것들이다. 영어 문장은 이와는 다른 형태의 것들도 있으며, 변형된 형태들은 주로 있어야 할 자리가 아닌 다른 자리에 있거나, 있어야 하는 데 없는 것, 원래 없던 것이 자리하는 것 등이다.

기본 문장 구조는 원칙 없이 변형되는 것은 아니고 마땅한 이유들이 있다. 이를 이해하면서 학습해나가면 좀 더 수월할 것이다. 이렇게 변형된 형태의 문장에도 익숙해져야 한다.

Chapter Goals

1 주어와 동사의 순서가 도치된 구문의 구조를 파악하고 올바른 해석을 할 수 있다.
2 강조를 위해 보어, 목적어가 맨 뒤 또는 맨 앞으로 이동한 변형 구조를 파악할 수 있다.
3 반복된 부분이 생략된 구문, 또는 의미 보충을 위한 삽입구문 또는 동격구문을 파악할 수 있다.

Must-know Words & Lexical Phrases

UNIT 20

134 **companion** 동반자; 동행
cf. companion animal 반려동물
accompany 동행하다; 함께 하다
company 친구; 동반, 동석; 회사
feed(-fed-fed) 먹이다
136 **instantly** 즉각적으로, 즉시
cf. instant 즉각적인 (= immediate); (식품이) 인스턴트의
recall 기억해 내다; 회수(하다)
mastery 숙련, 숙달
138 **photosynthesis** 광합성
cf. photo- '빛'과 관련된 접두사
synthesis (물질의) 합성; 인조
139 **be all about A** A가 가장 중요하다

어법 직결

grateful 고마워하는 (= thankful)

UNIT 21

140 **faint** 희미한
141 **glow** (불)빛; 감정; 빛나다
142 **resistant** ~에 잘 견디는; 저항력 있는
distress (정신적) 고통; 곤경; 괴롭히다
143 **fundamental** 기본 원칙; 근본, 핵심; 기본적인; 필수적인 (= essential)
dignity 존엄(성); 자존심
worth v-ing v할 가치가 있는
preserve 보존[보호]하다 (= conserve)
at the expense of ~을 희생하면서
144 **obligation** 의무; 책무 (= commitment)
favor 호의, 친절 (= goodwill)
145 **dull** 흐린; 지루한; 둔한
147 **presence** 존재, 있음
adolescent 청소년
take a risk 위험을 감수하다

UNIT 22

148 **fortune** 재산, 부(富); 행운

150 **contribution** 기여; 기부금

cf. contribute A to B A를 B에 기부하다

quest 탐구(하다), 탐색(하다)

152 **put up with** ~을 참다 (= endure, tolerate)

as[so] long as ~하는 한; ~하기만 하면

153 **appreciation** 공감; 감사; 인정 (= recognition)

otherwise 그렇지 않으면

155 **transnational** 다국적의

cf. national 국가의

corporation 기업, 회사 ((약어 Corp.))

noncommercial 비상업적인, 비영리적인 (↔ commercial 상업적인; 광고)

156 **molecular** ((화학)) 분자의

cf. molecule 분자

genetics 유전학

cf. gene 유전자

genetic 유전의, 유전적인

microscopic 초소형의, 미세한; 현미경으로만 보이는

tumor 종양

158 **mistaken (about)** (~에 대해) 잘못 판단하고 있는

159 **keep A to oneself** A를 비밀로 간직하다

ease 완화하다; 덜어주다; 쉬움

cf. at ease 걱정 없이; 편히

drift into A A에 빠지다

cf. drift 이동하다 (= move slowly); 표류(하다)

UNIT 23

160 **thoughtful** 생각이 깊은; 사려 깊은, 친절한 (= considerate)

indeed 사실상, 정말

161 **reap** 거두다, 수확하다 (= harvest)

162 **bother to-v[v-ing]** v하려고 애쓰다; 일부러 v하다

be involved with[in] ~와 관련이 있다

improvisation 즉흥 연주

163 **imply** (필연적으로) 포함하다; 함축하다, 암시하다

possession 소유; 소지품

167 **identify** (신원 등을) 확인[식별]하다; ((with)) (~와) 동일시하다

UNIT 24

169 **fluent** (언어가) 유창한; 능수능란한

170 **repetitious** 자꾸 반복되는

engage in ~에 관여하다

171 **temper** (화내는) 성질; 기분

logic 논리; 타당성

172 **restrain** 억제하다 (= inhibit, constrain, contain); 저지하다

hurtful 고통을 주는; 해로운

provoke 유발하다; 도발하다

UNIT 25

173 **term** 용어, 말; 기간; 기한

174 **disposition** (타고난) 기질, 성향; 배치

manipulate 조종하다; 다루다

176 **censor** 검열하다; 검열관

177 **diversity** 다양성 (= variety); 차이

inherit 상속받다, 물려받다 (= succeed)

trait 특성, 특징

evolution 진화, 발전

어법 직결

notion 생각, 개념 (= idea)

rob A of B A에게서 B를 박탈하다 (= steal B from A)

cf. rob (사람에게서) 빼앗다

(!) **steal** (물건을) 빼앗다

extraordinary 비범한, 특별한; 임시의 (↔ ordinary 평범한)

mediocre 평범한, 보통의

UNIT 20

주어의 위치 이동

〈주어+(조)동사 ~〉의 문장에서 '강조' 등의 이유로 특정 어구가 문장 맨 앞으로 나간 경우 〈(조)동사+주어〉의 어순이 될 때가 있다. 이를 '도치(거꾸로(倒)+두다(置))'라 한다. 부정어(not, no, never 등)를 포함한 어구가 문장 앞으로 나가면 도치는 반드시 일어나고, 부사(구)나 보어가 문장 앞에 올 때도 도치가 일어날 수 있다.

- 부정어(구) + **조동사** + **S** + **V** / 부정어(구) + **be동사** + **S** ~: 부정어 not, no, never, little, few, hardly, scarcely, rarely, seldom, only 등
- 부사(구)/보어 + **V** + **S** [또는 S + V] (주어가 대명사일 경우 S + V)
- 〈so[neither, nor] + **조동사** + **S** + **V** (S도 역시 그렇다[그렇지 않다])〉, 〈There + **V** + **S**〉
- 가정법 if절에서의 도치 (≪ Unit 29, 30)

134 Not only does a companion animal *provide* company, // but it has to be fed,
부정어구 조동사 S V
반려동물은 친구가 되어줄 뿐만 아니라, // 또한 먹게 되고,
exercised, and cleaned; // owners feel needed / by their companion animals.
운동하게 되고, 목욕하게 되어야 한다 // (따라서) 주인들은 (자신이) 필요하다고 느낀다 / 반려동물에게.

135 Little did the writer, the director, and the producer know that the drama would become a major success.

136 Understanding doesn't create use: only when you can instantly recall what you understand and practice using your remembered understanding do you achieve mastery. – 모의

137 With great power comes great responsibility. – Spider-Man ((만화))

138 When the tree's leaves die, so does its ability to produce food through photosynthesis.

139 Neither can you hug yourself nor can you cry on your own shoulder. Life is all about sharing and communicating.

어법 직결 다음 문장의 주어에 밑줄을 긋고, 네모 안에서 어법상 알맞은 것을 고르시오.

1 Under no circumstances [is / are] a user of this website allowed to have more than one account.

2 Among the things you can give and still keep [is / are] your word, a smile, and a grateful heart. – Zig Ziglar ((美 작가))

UNIT 21

보어의 위치 이동

Unit 20 '주어의 위치 이동'에서 잠깐 살펴보았듯이, 보어를 '강조'하기 위해 문장 맨 앞에 둘 수 있다.

- **C**VS 또는 **C**SV: SVC 문형에서 주어가 명사일 때 동사와 도치가 일어나고 대명사일 때는 도치되지 않는다.
- SV**MC** 또는 SVO**MC**: 보어(C)가 뒤의 수식어구(M)보다 상대적으로 길고 중요한 정보인 경우, 서로 위치가 바뀌기도 한다. 영어에서는 길고 중요한 정보를 문장 뒤에 놓으려는 특성이 있다.

SV**CM** → SV**MC**　　　　SVO**CM** → SVO**MC**

140 **Faint** grew / the shape of the tall building / in heavy fog.
C　V　S
희미해졌다 / 높은 건물의 형체가 / 심한 안개 속에서.

141 The glow of one warm thought / is **to me** / **worth more than money**.
S　V　M　C
– Thomas Jefferson ((美 3대 대통령))
따뜻한 생각의 빛이 / 나에게는 ~이다 / 돈보다 더 가치가 있는.
↳ 온화하고 행복한 사고는 나에게 물질적인 것(돈)보다 가치 있다.

142 Certain personality characteristics, (such as expecting the best from life), /
S
어떤 성격상의 특성들은, (삶에서 가장 최고를 기대하는 것과 같은), /
make some people, // **as their stressors occur**, // **more resistant to distress**.
V　O　M　C
– 모의응용
일부 사람들을 (~하게) 만든다 // 스트레스 요인들이 발생할 때 // (정신적) 고통을 더 잘 견디게.
↳ 삶에서 최고를 기대하는 성격을 지닌 사람들은 스트레스가 발생할 때, 고통을 더 잘 견딘다.

143 Fundamental to most moral approaches is the idea that human life has a special dignity and value that is worth preserving even at the expense of self-interest. – 모의

144 So powerful is the sense of obligation to return a favor that it affects our daily lives very much. – 모의응용

145 A dull, long rainy season it has been, different from the year before. It gets humid easily, and it's hard to see the sunshine.

146 We should attempt to become within our limitations the best we can be.
– 모의응용

147 The presence of peers makes adolescents, more than adults, according to various studies, more likely to take risks. – 모의응용

UNIT 22

목적어의 위치 이동

목적어는 기본적으로 동사 바로 뒤에 위치하지만, 목적어도 '강조'하기 위해 문장 맨 앞에 둘 수 있고, 길거나 중요한 목적어는 문장 뒤로 보낼 수 있다.

• **O**SV 또는 **O**SVC: 목적어에 부정어가 포함되어 있지 않는 한, 주어와 동사의 도치는 거의 일어나지 않는다.
문장 맨 앞에 있는 명사 뒤에 따로 〈주어+동사 ~〉가 이어질 경우, 문장의 목적어가 앞으로 나온 구문인지를 염두에 두고 뒤에 목적어가 빠진 곳이 있는지를 찾아서 확인한다.

동사뿐만 아니라 준동사, 전치사도 목적어를 가질 수 있으므로, 목적어가 빠진 곳을 찾을 때는 동사의 목적어 자리뿐 아니라 준동사나 전치사 뒤도 잊지 말고 살펴야 한다. (●는 목적어의 원래 자리)

1. **What he is studying** I find ● interesting. 나는 **그가 하고 있는 공부가** 흥미롭다고 생각한다. ((동사의 목적어))
2. **Excellent decision** she seems to make ●. 그녀는 **훌륭한 결정을** 내리는 것 같다. ((to부정사의 목적어))
3. **Those people** I can try asking ●. 나는 **저 사람들에게** 물어보는 것을 시도할 수 있다. ((동명사의 목적어))
4. **Difficult customers** he dealt with ● yesterday. 그는 어제 **까다로운 고객들을** 다뤘다. ((전치사의 목적어))

148 One thing(O) my father(S) left(V) ● to me(M), // and it was more valuable than a fortune / — his diary.
아버지께서 내게 한 가지를 남겨주셨다, // 그리고 그것은 더 귀중했다 재산보다 / (바로) 아버지의 일기이다.

혼동주의 13 주어+[관계사가 생략된 관계사절]+V ~

One thing(S) [my father would say] is(V) that the records are to be broken.

▶ 명사 뒤의 〈주어+동사 ~〉가 〈주어+[관계사절 S′+V′]+동사〉 구조일 수도 있다. 뒤에 문장의 동사가 따로 있는지 살펴본다.

149 What one has not experienced, one will never understand in print.
– Isadora Duncan ((美 현대 무용가))

150 Those books which have made a lasting contribution to humans' quest for truth, we call great books.

151 Due to the time limit, you have to know when and how to start solving each question in the test. When and how to stop you also have to know. – 모의응용

152 Hard work people can put up with, as long as there are good results.

목적어가 목적어 뒤에 오는 어구보다 상대적으로 길고 중요한 정보인 경우, 서로 위치가 바뀌기도 한다.

- SV**OM** → SV**MO**: 동사(V)와 목적어(O) 사이에 수식어구(M)가 있는 경우.
- SV**OC** → SV**CO**: 목적어(O)가 상대적으로 길고 보어(C)가 짧거나, 목적어 내용이 보어보다 더 중요한 경우. 주로 〈make+보어(easy, possible, known 등)+목적어〉의 구조로 나타난다.

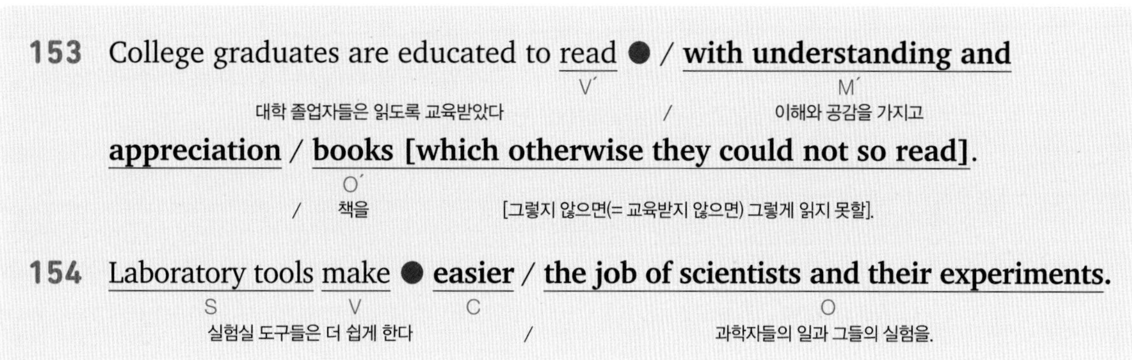

153 College graduates are educated to read ● / **with understanding and appreciation** / **books [which otherwise they could not so read]**.
V´ M´ O´
대학 졸업자들은 읽도록 교육받았다 / 이해와 공감을 가지고 / 책을 [그렇지 않으면(= 교육받지 않으면) 그렇게 읽지 못할].

154 Laboratory tools make ● **easier** / **the job of scientists and their experiments.**
S V C O
실험실 도구들은 더 쉽게 한다 / 과학자들의 일과 그들의 실험을.

155 We must create and maintain against transnational corporations and advertisers a noncommercial public media system.

156 Nearly every advance in molecular genetics makes possible some new tests for finding microscopic tumors.

일부 SVOC 문형 동사들(find, think, consider, believe, make 등)은 목적어 자리에 가목적어 it을 쓰고 진목적어인 to부정사나 that절을 문장 뒤로 보낸다.

- S+V+it+C+O(to-v[that] ~)

157 Motivation is important for good studying. When you are motivated, //
동기 부여는 좋은 학습을 위해서 중요하다. 동기 부여가 되면, //
you will find **it** simple / **to stay focused over a period of time.**
S V O C O´(진목적어)
여러분은 (~이) 쉽다는 것을 알게 될 것이다 / 일정 시간 동안 계속 집중하는 것이.

158 Few people think it likely that they may be mistaken.

159 Although keeping your aims to yourself helps ease the fear of failure, it also makes it easy to avoid changing your life and drift back into old habits. - 모의응용

Plus **가목적어 it이 쓰이는 관용적 표현**

- make it a rule to-v: v하는 것을 규칙으로 하다
- see to it that: 꼭 ~하게 하다, ~하도록 마음 쓰다
- take it for granted (that): ~을 당연하게 여기다
- ~ has it that S´+V´: ~에 따르면 …이다 (= according to ~, S´+V´)

UNIT 23

생략구문

영어에서 생략은 매우 자주 일어나는데, 주로 같은 표현을 반복하지 않으려는 영어의 특성 때문이다. 문장을 이루기 위해 필요한 요소가 없거나 갑자기 의미 흐름이 어색하게 느껴진다면 '생략'이 일어난 것인지 살펴보아야 한다.

다음과 같이 생략이 자주 일어나는 곳들에 대해서도 알아두도록 하자.

- 앞에 나온 어구와 반복어구: 특히, 등위접속사 뒤, 콤마(,)가 있는 자리, be동사나 조동사 뒤, to-v구의 to 뒤
- 부사절과 주절의 주어가 같은 경우 부사절에서 〈S′+be〉를 생략한다.

160 Never doubt // that a small group of thoughtful citizens / can *change the world*; // indeed, it's the only thing [that ever has **(changed the world)**].

의심하지 마라 // 생각이 깊은 시민들의 작은 집단이 / 세상을 바꿀 수 있다는 것을 // 사실상, 그것이 유일한 것이다 [이제까지 (세상을 바꾼)]. (has: 조동사) – 모의응용

161 Don't *judge each day* / by the harvest [you reap], // but **(judge each day)** / by the seeds [you plant].

하루를 판단하지 말고 / 수확물로 [당신이 거두는], // (하루를 판단하라) / 씨앗으로 [당신이 심은].

– Robert Louis Stevenson ((스코틀랜드 작가))

→ 당장 눈에 보이는 수확이 없더라도, 미래를 위해 노력하는 것은 가치 있다.

162 Most jazz musicians can read music but often don't bother, and their art is much involved with improvisation. – 모의

*read music 악보를 읽다

163 I believe that every right implies a responsibility; every opportunity, an obligation; every possession, a duty. – John D. Rockefeller ((美 사업가))

164 In general, people who are confident in cooking are more likely to enjoy various foods than those who are not. – 모의

165 Do your best to complete a task on time even when it is impossible to.

166 This is a safety announcement. Due to today's wet weather, please take extra care while on the platform. Surfaces may be slippery.

167 Words are easily identified when part of a conversation but harder to recognize if presented alone.

UNIT 24

삽입구문

말을 덧붙이거나 의미를 보충하기 위해 어구나 절이 문장 중간에 삽입되기도 한다. 대개 앞뒤에 콤마(,)나 대시(—)가 있으므로 삽입구문임을 어렵지 않게 알 수 있다. 삽입어구가 포함되어 복잡해 보이는 문장에서 삽입어구를 (　)로 묶어 보면 문장 구조나 내용이 더 쉽게 파악되기도 한다.

다음과 같이 자주 삽입되는 관용 표현들에 대해서도 알아두도록 하자.

- if any: 만약 있다고 해도, 만약 조금이라도 있다면
- if ever: 만약 ~ 한다고 해도
- if not: 만약 (~이) 아니라면
- if possible: 가능하다면
- if necessary: 필요하다면

168 A good name, **(like goodwill)**, is got by many actions / and lost by one.
(S: A good name / V_1: is got / V_2: lost)
– Lord Jeffery ((英 군인))

명성은, (호의와 마찬가지로), 많은 행위로 얻어진다 / 그리고 하나(의 행위)로 잃게 된다.

↳ 명성을 쌓기는 어렵지만 잃는 것은 순간이다.

169 Writing English, not only reading it, helps you become a fluent speaker of the language.

170 Robots can do work which, while not physically dangerous, is so repetitious and dull that it debases any human mind that must engage in it for long periods of time.

*debase 저하시키다 (= devalue)

171 If you go in for an argument, take care of your temper. Your logic, if any, will take care of itself. – Joseph Farrell ((美 신학자))

*go in for A A를 하고자 마음먹다; A에 참가하다

172 Anger, if not restrained, is frequently more hurtful to us than the injury that provokes it. – Seneca ((고대 로마 철학자))

UNIT 25

동격구문

명사, 대명사를 달리 말하거나 그 의미를 보충하는 어구가 명사 형태로 덧붙은 것을 동격구문이라 한다. 대개 아래와 같은 형태로 나타나며, [ ] 안의 어구를 동격어구라 한다. 명사와 동격어구는 서로 떨어져 있을 수도 있다.

- 명사(,) [명사]
- 명사 [to부정사구]
- 명사 of [~]
- 명사 or [~]
- 명사 [that절]
- 명사(question[doubt]) [whether절]

173 *The term* "**Blue Chip**" comes / from *the color of the poker chip (with the highest value)*, **blue**.

'블루칩'이라는 용어는 유래한다 / 포커 칩의 색상에서 (가장 높은 가치를 지닌), 파란색인.

*blue chip 블루칩 ((안정성 있고 수익이 높은 주식))

174 Attitude is your psychological disposition, a personal predetermination not to let anything or anyone take control of your life or manipulate your mood.

– 모의응용

175 There are two ways of spreading light, to be the candle or to be the mirror that reflects it. – Edith Wharton ((美 소설가))

176 The fear of saying something stupid which stupid people never have has censored far more good ideas than bad ones. – Alain de Botton ((스위스 작가))

177 Genetic diversity, or the range of different inherited traits among individuals within species, provides the basis for evolution.

178 You shouldn't miss the fact that first impressions do not have a lasting effect on relationships between people.

179 The question whether science is to be praised or blamed depends upon the use that is made of the technique.

어법 직결 다음 문장에서 밑줄 친 부분과 동격을 이루는 부분을 찾아 밑줄을 그으시오.

The notion must be overcome that we must be regular, because it robs you of the chance to be extraordinary and leads you to the mediocre. – Uta Hagen ((美 배우))

GOLDEN SAYING

If you wait for the perfect moment when all is safe and assured, it may never arrive. Mountains will not be climbed, races won, or lasting happiness achieved.

-Maurice Chevalier ((프랑스 배우))

모든 것이 안전하고 확실한 완벽한 순간을 기다린다면, 그런 순간은 절대 오지 않을 것이다.
산을 오르지 못하거나, 경주에서 이기지도 못하거나, 영원한 행복을 얻지 못할 것이다.

PART

동사의 이해

동사는 형태 변화를 통해 '때'를 나타내거나, 내용이 '사실'인지, '가정·상상'인지, 주어가 동작을 행하는지 받는지(태)를 나타낸다. 조동사를 덧붙여 추가적인 의미를 표현할 수도 있다.

시제와 시간

Chapter Overview

동사는 주어의 상태나 동작을 나타내면서 형태 변화(시제)를 통해 그 상태나 동작이 일어난 '때'를 나타낸다. 기본적으로 현재시제는 '현재의 때', 과거시제는 '과거의 때', 미래시제(미래 조동사(will)+동사원형)는 '미래의 때'를 나타내지만, '시제'와 '때'가 반드시 일치하지는 않는 경우도 있음을 유의해야 한다.

Chapter Goals

1 동사의 시제를 통해 제시되는 내용이 현재인지, 진행 중인지, 또는 과거부터 특정 시점까지 계속되는지를 알 수 있다.

2 영어에 자주 쓰이는 가정법 구문의 다양한 형태와 의미를 학습하여, 사실이 아닌 것을 가정하여 표현한 문장의 숨은 의미를 파악할 수 있다.

3 동사를 변형한 준동사(부정사, 동명사)가 나타내는 때를 이해할 수 있다.

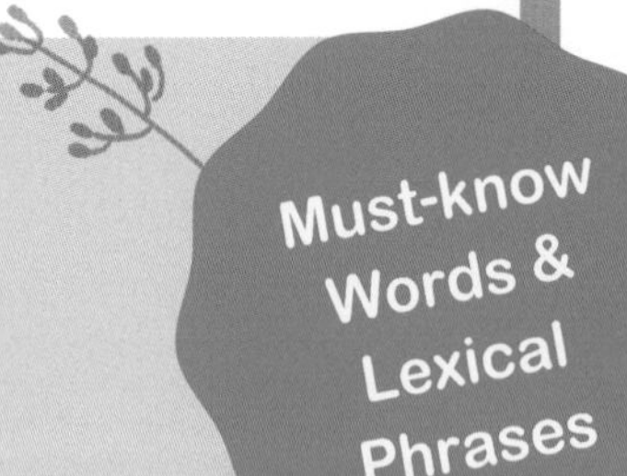

Must-know Words & Lexical Phrases

UNIT 26

180 brainy 아주 똑똑한
animated 애니메이션으로 된; 활기찬 (= lively)
lecture 훈계하다, 잔소리(하다); 강연(하다)
181 dense 밀도가 높은; 빽빽한, 밀집한
182 reconstruction 복구, 재건
run 계속되다, 진행되다; 운영하다

UNIT 27

185 induce 유도하다; 설득하다
186 plot (소설 등의) 구성, 줄거리; 모의(하다)
device 장치, 기구
187 clear out 청소하다; 떠나다
attic 다락방
189 structure 구조; 건축물; 조직하다, 구조화하다
specialized 특화된; 전문적인

UNIT 28

190 explode 폭발하다, 터지다
actuality 실제
cf. in actuality 실제로, 현실로
191 absence 부재; 결석; 결핍 (↔ presence 있음; 참석)
192 coal 석탄
consume 소비하다; 먹다, 마시다
reserve (천연자원의) 매장량; (동식물 등의) 보호구역; 남겨두다; 예약하다 (= book)
194 resistance 저항(력); 반대
cf. fire-resistance 불에 타지 않고 잘 견디는 성질
prevent A from v-ing A가 v하는 것을 막다
burn down 전소되다, (화재로) 소실되다
195 out of breath 숨이 차는
196 sibling 형제자매
long-lasting 오래 지속되는

단어를 미리 알면, 구문 학습이 더 쉬워져요!

UNIT 29

199 **distract** 산만하게 하다, 주의를 딴 데로 돌리다
200 **intelligent** 지능이 있는; 지적인, 똑똑한
cf. intelligent life 지적 생명체
literally 문자 그대로, 정말로
(↔ figuratively 비유적으로, 상징적으로)
civilization 문명사회

어법 직결

sea-level 해수면
rise(-rose-risen) 상승, 증가; 오르다, 증가하다
ⓘ raise(-raised-raised) 증가; 올리다, 증가시키다
take place 발생하다, 일어나다 (= happen)
coastal 해안의
201 **win the lottery** 복권에 당첨되다
other than A A 외에
203 **physical** 신체적인; 물리적인
abnormality 이상, 비정상적인 것
discontinue (계속하던 것을) 중단하다
consult 상담하다, 상의하다
physician (내과) 의사
204 **grown-up** 어른; 어른이 된 (= adult)
ⓘ adolescent, juvenile 청소년
205 **philosopher** 철학자
cf. philosophy 철학
207 **announcement** 발표, 소식
cf. announce (that) (~을) 발표하다, 알리다

UNIT 30

211 **make a difference** 변화를 가져오다, 영향이 있다 (= have an effect); 차이를 두다
214 **blender** 믹서, 분쇄기

어법 직결

calculate 계산하다, 추산하다 (= estimate)

UNIT 31

216 **awkward** 어색한
talkative 수다스러운, 말하기를 좋아하는
nature 기질, 본성; 자연; 본질
217 **encouragement** 격려; 자극
cf. encourage A to-v A가 v하도록 격려하다[자극하다]
218 **atmosphere** 대기; 공기; 분위기
219 **mass** 질량; 덩어리; 대량의
220 **allocate** 할당하다 (= assign)
budget 예산; 예산을 세우다
decent (수준이) 괜찮은; 예의 바른
222 **dare (to-)v** 감히 v하다, v할 용기가 있다
in public (특히 자기가 알지 못하는) 사람들 앞에서
(↔ in private 다른 사람이 없는 데서; 은밀히)
223 **intensive** 집중적인 (↔ extensive 폭넓은)
cf. intensive reading 정독 ((뜻을 새겨가며 자세히 읽기))

UNIT 32

224 **originate** 유래하다; 발명하다
227 **accomplish** 해내다, 완수하다
tiresome 지루한; 성가신 (= annoying)
immense 엄청난 (= enormous, tremendous)

UNIT 26

현재(진행)시제와 시간

- 현재시제: '현재의 상태[동작], 현재 습관, 반복적 행동, 진리' 등을 나타낸다. 가까운 미래를 나타내는 부사구가 있는 문장이나 시간 · 조건의 부사절에서는 현재시제가 '미래'를 나타내기도 한다.
  If it **rains** tomorrow, the tennis match will be delayed. 내일 **비가 오면**, 테니스 경기는 연기될 것이다.
- 현재진행시제: 대개 '현재 진행 중인 동작'을 말하지만, '가까운 미래'를 나타내기도 한다.

현재시제 vs. 현재진행시제: 현재진행시제는 지금 일어나고 있는 '일시적인 것'을 나타내는 데 반해, 현재시제는 더 '장기적인' 개념으로 사용된다. 과거–현재–미래에 걸쳐 상당 기간 지속되는 느낌이다.
The river **flows** slowly. 그 강은 천천히 **흐른다**.
The river **is flowing** faster after the rain. 그 강은 비가 내린 후 더 빠르게 **흐르고 있다**.

180 Brainy Smurf (in the animated movie *The Smurfs*) / **wears** glasses /
S (똑똑이 스머프는) (애니메이션 영화 '스머프'의) / V_1 안경을 쓴다 /
and often **lectures** the rest of the Smurfs / without really knowing //
V_2 그리고 나머지 스머프들을 자주 훈계한다 / 사실 알지도 못하면서 //
what he is talking about.
자신이 무슨 말을 하고 있는지를.

181 The reason oil floats on water is that it is less dense than water.

182 Reconstruction of the bridge finally begins next weekend and runs through April.

183 The secret of success in life is for a man to be ready for his opportunity when it comes. – Ben jamin Disraeli ((英 정치인))

184 She is attending a dinner party hosted by her friend this evening.

어법 직결 다음 문장의 네모 안에서 어법상 알맞은 것을 고르시오.

None of your ideas will change the world if you [keep / will keep] them inside of your head. – 모의

Plus 현재시제/현재진행시제와 잘 쓰이는 부사

1. 현재시제: always, often, usually, rarely, never, every day/week/year, sometimes, once a week, seldom, on the weekends, all the time, three times a year 등
2. 현재진행시제: (right) now, today, at the moment, this week, this evening, this year, this month, these days, nowadays 등

UNIT 27

현재완료시제와 시간

현재완료시제(have p.p.)는 과거의 일을 현재의 일과 연결시켜 그 두 사건을 '현재' 기준으로 표현한 것이다.

현재 완료는 주로 같이 쓰이는 부사를 통해 해석이 분명해진다.

- 계속: (지금까지 죽) ~해왔다 / for, since, how long, all day, so far 등
- 경험: (지금까지) ~해 본 일이 있다 / ever, never, before, once, twice, many times 등
- 완료: (지금 막) ~했다 / just, recently, already(긍정문), yet(부정문) 등

현재완료진행(have been v-ing)은 과거에 시작한 동작이 현재까지 계속 진행됨을 의미하며, 주로 그 동작이 지속되고 있었음을 강조한다.

185 Research **has** recently **found** // that lavender is among the best smells

S V O

연구는 최근에 발견했다 ((완료)) // 라벤더가 최고의 향 중 하나라는 것을

(to help lower anxiety and induce sleep). - 모의응용

(불안을 줄이고 잠을 유도하는 데 도움이 되는).

186 Time travel has been a common plot device in science fiction since the late 19th century.

187 I have been clearing out my attic all evening and just discovered my old album.

188 Anyone who has never made a mistake has never tried anything new.

- Albert Einstein

또한, 현재완료시제는 과거에 이미 끝난 일이지만 현재에 큰 영향을 미친 것을 나타낼 때도 쓰인다. 따라서 '과거 사실'만 전달하고 현재 상황에 대한 아무런 정보가 없는 과거시제와는 의미가 다르다.

I **hurt** my leg. (과거에 다쳤던 사실만 말하는 것, 현재의 상태는 알 수 없음)

I**'ve hurt** my leg. (과거에 다리를 다쳐서 현재 걸을 수 없다거나 다리가 아프다는 등의 의미)

즉, 현재 어떤 '결과'를 낳은 것이므로, 다음과 같이 해석한다.

- 결과: ~했다 (그 결과 지금 …인 상태이다) ***e.g.*** have lost(잃어버렸다), have gone(가 버렸다) 등

189 Some birds, such as ostriches and penguins, have lost their ability to fly, so their body structure is specialized for running or swimming today.

*ostrich 타조

UNIT 28

과거[미래]완료시제와 시간

과거완료(had p.p.)와 미래완료(will have p.p.)의 의미는 현재완료가 나타내는 네 가지 의미를 '과거[미래]의 어느 때'로 옮겨 생각하면 된다. 주로 같이 쓰이는 부사도 현재완료와 유사하다.

- 계속: (그때까지 죽) ~하고 있었다 / (그때까지 죽) ~하고 있을 것이다
- 경험: (그때까지) ~해본 일이 있었다 / (그때까지는) ~해본 일이 있을 것이다
- 완료: (그때 막) ~했다 / (그때까지는) ~하게 될 것이다
- 결과: ~했다 (그 결과 그때 …인 상태였다) / (~해서 그 결과 그때까지는) …인 상태일 것이다

또한, 과거완료(had p.p.)는 과거에 일어난 두 가지 일 중 '먼저 일어난 일'을 나타내기도 한다. (대과거)

과거완료진행(had been v-ing)은 과거의 어느 때를 기준으로 그 이전에 시작한 동작이 그때까지 계속 진행되었음을 강조하며, 미래완료진행(will have been v-ing)은 거의 사용되지 않는다.

190 Supernovas may appear to be stars [which have just exploded], // but in actuality / they **had** already **exploded** / millions of years before.

(S_1 Supernovas / V_1 may appear / C_1 to be stars; S_2 they / V_2 had exploded)

초신성은 별처럼 보일지 모른다 [방금 폭발한], // 하지만 실제로 / 그것들은 이미 폭발했다 ((완료)) / 수백만 년 전에.

*supernova ((천문)) 초신성 (폭발로 인해 일시적으로 매우 밝게 빛나는 별)

191 When he returned to his country / after a twenty-year absence, // he realized / that everything **had changed** completely.

(S he / V realized / S′ everything / V′ had changed)

그가 귀국했을 때 / 20년의 부재 후에, // 그는 깨달았다 / 모든 것이 완전히 바뀌었다는 것을. ((대과거))

192 If China's coal use continues to increase / as predicted, // by 2040 / China **will have consumed** / more than a third of global reserves.

중국의 석탄 사용이 계속 증가한다면 / 예상한 대로, // 2040년까지 / 중국은 소비하게 될 것이다 ((완료)) / 전 세계 매장량의 3분의 1보다 많은 양을.

193 Starting a clothing store had always been one of my dreams, but I'd never told anyone about it.

194 They had put plaster on the wall for fire-resistance, and it prevented the building from burning down when there was a fire. *plaster 회반죽 ((석고와 모래 반죽))

195 The marathoner was out of breath when he reached the finish line because he had been running for two hours straight.

196 The relationships people share with siblings are often the longest-lasting ones they will ever have experienced.

197 When the rescued mountaineers get back to the base camp, they'll have been in the snowstorm for two days.

198 All the leaves will have fallen before you come here, so you won't be able to see the leaves turning red.

Wrap up **03**

직설법 vs. 가정법

Unit 29, 30에서 가정법을 학습하기 전에, 직설법과 가정법의 개념과 그 차이에 대해 먼저 정리해 보자.
'사실'을 그대로 말할 때(직설법)와 '사실이 아닌 것'을 가정·상상·소망하여 말할 때(가정법)는 서로 사용되는 시제가 다르다.

1 직설법 (indicative mood, fact-mood)

'사실 그대로' 또는 '일어날 가능성이 상당히 있다고 보는 일'을 말한다.

I **know** that he **is** honest.

나는 그가 정직한 것을 안다. → 그는 정직함.

I **will** employ him if he **is** honest.

그가 정직하다면, 나는 그를 고용할 것이다. → 그가 정직할 가능성이 상당히 있다고 봄.

2 가정법 (subjunctive mood, thought-mood)

'사실이 아니거나 그 반대' 또는 '실현이 불가능하다고 보는 일'을 가정·상상·소망하여 말하는 것으로, 직설법과는 다른 시제를 사용한다.

I **would** employ him if he **were** honest.

그가 정직하다면, 나는 그를 고용할 텐데. → 그가 정직하지 않다고 봄.

직설법(he is honest: 그는 정직하다)과 가정법(if he were honest: 그는 정직하지 않다)은 '같은 때'를 나타내지만 '다른 의미' 임을 아는 것이 무엇보다 중요하다.

'현재 사실이 아닌 일'을 전달하기 위해 가정법에서 '과거시제'를 사용하는 것은 '현재와 동떨어진 일'의 느낌을 주기 때문이다. 더 나아가서는, 그 일이 일어날 것 같지 않다, 즉 실현이 불가능하다고 보고 있음도 뜻한다.

가정법은 '가정·상상·소망' 외에도 정중하게 예의를 갖춰 말할 때, 직접적으로 말하기 힘든 것을 간접적으로 돌려서 말할 때 등에 매우 흔하게 사용된다.

UNIT 29

가정법 과거시제와 시간

현재의 사실과 반대로 가정·상상하거나 현재나 미래에 일어날 가능성이 없다고 보는 일을 가정·상상·소망할 때 가정법 과거시제로 표현한다. 〈if절 + 주절〉 구조의 문장은 가정법 시제로 많이 쓰인다.

- If + S´ + 동사의 과거형[were to-v] ~, S + 조동사 과거형 + 동사원형 ... (만약 ~라면, …할 텐데)

If she **had** time, she **would take** complete notes. (시간이 없음: 현재)
그녀가 시간이 있다면 빠짐없이 필기할 텐데.

cf 1. If she **has** time, she **takes** complete notes. (시간이 있음: 현재)
그녀는 시간이 있으면 빠짐없이 필기한다.

cf 2. If she **had** time, she **took** complete notes. (시간이 있었음: 과거)
그녀는 시간이 있었다면 빠짐없이 필기했다.

199 People(S) **would worry**(V) less / about what others think of them //
사람들은 덜 걱정할 텐데 / 다른 사람들이 자신을 어떻게 생각할지에 대해 //
if they(S´) only **realized**(V´) / how seldom they do.
자신이 깨닫기만 한다면 / 얼마나 드물게 그들(다른 사람들)이 그러는지.
↳ 다른 사람이 남들에 대해 생각하는 일이 얼마나 드문지 알게 된다면, 남들이 자신을 어떻게 생각할지를 덜 걱정할 텐데.

혼동주의 14 if + 직설법 과거시제 ~, 과거 습관의 would

If I **got**(직설법 과거) distracted when I was studying, I **would write**(과거 습관) my thoughts in a notebook.
▶ if절이 과거의 사실(조건), 주절이 과거 습관의 〈would + 동사원형〉인 경우를 주의한다.
즉, 가정법이 쓰였는지 아닌지는 구문의 형태와 의미를 동시에 고려해야 한다.

200 There are 400 billion stars in our galaxy alone. If only one out of a million of those stars had intelligent life, there would be literally millions of civilizations out there. – Contact ((영화))

어법 직결 다음 문장의 네모 안에서 어법상 알맞은 것을 고르시오.

If a one-meter sea level rise were to take place today, it [will / would] destroy many coastal cities.

if절에 should가 쓰이는 경우, 주절에 조동사 현재형이 쓰이면 일어날 가능성이 크다(= likely, possible)고 보는 것으로서, 직설법 현재시제와 거의 같은 의미이다.
If anyone **should** arrive late, admission **can** be refused. 누구든 늦게 도착하면, 입장이 거부될 수 있다.
그러나 조동사 과거형이 쓰이면 일어날 법하지 않다(= unlikely, impossible)고 보는 것으로서, 가정법 과거시제와 의미 차이가 거의 없다.

201 If I should win the lottery, I wouldn't tell anyone other than my family.

if절의 (조)동사가 were, should인 경우, if를 생략하고 ⟨(조)동사 + 주어⟩의 도치된 어순으로 표현할 수 있다.

202 Were life easy, // then it **would be** boring. – Charles Beck ((美 고전학자))
V′ S′ C′
인생이 평안하다면, // 그러면 그것은 지루할 텐데.
(→ If life were easy, ~)

203 Should you experience any physical abnormality with this medicine, discontinue use and consult a physician.

주절에는 직설법, 종속절에는 가정법이 쓰인 구문에 대해 알아보자. 가정법 과거시제는 주절의 시제와 동일한 때를 나타낸다.

주절(직설법)	종속절(가정법)	의미
S + wish	S′ + [동사의 과거형/were ~ / 조동사의 과거형 + V′ ~]	(지금) ~라면 좋을 텐데
S + wished		(그때) ~였다면 좋았을 텐데
현재시제	as if[though] + S′ + 동사의 과거형/were ~	마치 ~인 것처럼 …한다
과거시제		마치 ~였던 것처럼 …했다
It's (high/about) time	(that +)S′ + 동사의 과거형[should + v] ~	~해야 할 때다, ~할 시간이다

204 Children **wish** // they **were** grown-ups [who do anything [they want]].
S V // S′ V′ C′
아이들은 바란다 // 그들이 어른이기를 [무엇이든 하는 [자신이 원하는]].
Grown-ups **wish** // they **were** children (with no responsibilities).
어른들은 바란다 // 그들이 아이이기를 (어떤 책임도 없는).

205 The philosopher wished more young people made time for thinking about the meaning of life.

206 Most of us spend our lives as if we had another one in the bank.

207 After hearing the announcement of her university acceptance, she felt as though she were in a wonderful dream.

208 Camera phones don't understand privacy, and don't forget either. It's time we developed a new etiquette for the digital age.

Plus+ as if[though] 뒤의 시제

as if[though]가 이끄는 절에는 직설법이 사용되는 경우도 많다. 말하는 사람이 생각하기에 사실일 가능성이 상당히 있을 때(= likely, possible) 사용된다.

Dream *as if* you'**ll live** forever, **live** *as if* you'**ll die** today. – James Dean ((美 배우))
평생을 살 것처럼 꿈꾸고, 오늘 죽을 것처럼 살아라.

UNIT 30

가정법 과거완료시제와 시간

과거의 사실과 반대로 가정·상상·소망하거나, 과거에 실현 가능성이 희박했던 일을 가정·상상·소망할 때 가정법 과거완료로 표현한다. if를 생략하면 조동사 had와 주어가 도치되는데, 이는 문어체 표현이다.

- If+S′+had p.p. ~, S+조동사 과거형+have p.p. ...: 만약 ~했더라면, …했을 텐데

I wish나 as if가 이끄는 절이 가정법 완료시제이면 주절의 시제보다 이전의 때를 나타낸다.

주절(직설법)	종속절(가정법)	의미
S+wish	S′+ had p.p. ~ / 조동사의 과거형+have p.p. ~	(그때) ~였다면 (지금) 좋을 텐데
S+wished		(그전에) ~였었다면 (그때) 좋았을 텐데
현재시제	as if[though]+S′+had p.p. ~	(그때) 마치 ~였던 것처럼 (지금) …한다
과거시제		(그전에) 마치 ~였었던 것처럼 (그때) …했다

209 They used to say // I **could have been** a professional ballet dancer / if I'**d had** the training. – Billy Elliot ((영화))

(I: S′, could have been: V′; I: S″, 'd had: V″)

그들은 말하곤 했다 // 내가 프로 발레 무용수가 될 수 있었을 거라고 / 만약 내가 훈련을 받았더라면.

210 They would have won the shooting game had he succeeded at the last shot.

211 Many people wish they had been born with leadership abilities because we all have dreams to make a difference in this world.

212 I listened to my kids talking about me as a parent, and I learned about things they wished I'd done and said. And I wished that I had done more of those things. – Jim Brown ((美 미식축구 선수))

213 He is telling me about the accident as if he had seen it with his own eyes.

214 When we opened the door, everything was all over the place as if a blender had been turned on in the room.

어법 직결 다음 문장의 네모 안에서 어법상 알맞은 것을 고르시오.

Had Christopher Columbus correctly calculated the actual size of the Earth, he [would never try / would never have tried] to reach Asia by sailing west from Europe.

UNIT 31

if절을 대신하는 여러 구문

다음과 같은 구문에서도 가정법이 쓰일 수 있다.

- without, but for: (지금) ~이 없다면 (= if it were not for, were it not for)
  (그때) ~이 없었더라면 (= if it had not been for, had it not been for)
- otherwise: 만약 그렇지 않다면 (= if ~ not)
- suppose, supposing, provided, providing (that): 만일 ~라면 (= if)

215 **Without** the dark, / we **would** never **see** the stars. – Twilight ((영화))
S V
어둠이 없다면, / 우리는 절대 별을 보지 못할 텐데.
(→ If it were not for the dark, ~ / Were it not for the dark, ~)

216 Their silence would have been awkward but for her talkative nature, as she talked enough for all the people.

217 I would not be where I am today if it had not been for his support, advice, and encouragement.

218 The atmosphere plays an important role; otherwise, millions of meteoroids would fall to the Earth. *meteoroid ((천문)) 유성체, 운석

219 Supposing you visited another planet, your mass would be the same as on Earth, but your weight would be different.

분사구문, to부정사, 부사(구)나 주어 등에 '가정'의 의미가 포함되고 가정법 시제가 쓰이는 경우도 있다. 가정법임을 미처 판단하지 못하기 쉬우므로 주의해야 한다.

220 Allocated a larger budget, the film could have been much better than it was, but it does provide decent entertainment.

221 To hear him talk about our childhoods, you'd think he was my brother.

222 People say stupid things on the Internet but wouldn't dare say those things out loud in public.

223 Intensive reading might have helped the concept to be more easily understood.

UNIT 32

부정사/동명사가 나타내는 때

부정사와 동명사는 본질적으로 동사의 성질을 가지고 있어서 그 동작이나 상태가 일어난 다양한 때를 나타낼 수 있으며, 대부분 문맥으로 판단이 가능하다.

- 동사와 같은 때
  He ***appears*** **to be** nervous. 그는 초조한 것 같다.
  I ***enjoy*** **watching** movies. 나는 영화 보는 것을 즐긴다.

- 동사보다 이후
  I ***hope*** **to visit** Seoul again. 나는 서울을 다시 방문하고 싶다.
  He ***was*** sure of his **passing** the test. 그는 자신이 시험에 합격하리라고 확신했다.

- 동사보다 이전
  She ***denied*** **cheating** on the test. 그녀는 시험에서 부정행위를 한 것을 부인했다.

to have p.p., having p.p. 형태는 문장의 동사보다 앞선 때임을 확실히 나타낼 때 사용한다.

224 The game of chess(S) / is believed(V) **to have originated** in northern India(C) / around the 6th century.
체스 경기는 / 인도 북부에서 유래한 것으로 여겨진다 / 6세기쯤에.

225 A good book challenges us / and changes us // — we(S) are(V) never quite the same(C) / after **having read** it.
좋은 책은 우리에게 도전 의식을 북돋우고 / 우리를 변화시킨다 // 우리는 전혀 같은 사람이 아니다 / 그것을 읽고 난 후에는.

226 So many people seem to have forgotten what it feels like to have fun or what they should even do if they have time for fun.

227 The gain in self-confidence from having accomplished a tiresome labor is immense. – Thomas A. Bennett ((아일랜드 성직자))

Plus 과거에 이루지 못한 일을 나타내는 to have p.p.

⟨wanted[hoped, wished, expected, meant]+to have p.p.(완료부정사)⟩는 단순히 더 이전의 일만을 언급하는 것이 아니라, 과거에 원했지만 실제로는 하지 못한 일을 뜻한다.
I wanted **to have written** a book review worthy of his work.
= I wanted to write a book review worthy of his work, but I couldn't.
나는 그의 작품에 걸맞은 서평을 쓰고 싶었는데 (못 썼다).

동사에 담긴 의미 정보

Chapter Overview

동사는 태의 변화로 주어가 동작을 행하는지 또는 당하는지를 나타낼 수 있다. 또한, 조동사의 도움을 받아 동사가 전달하는 기본 의미만으로 표현할 수 없는 것들을 나타낼 수도 있다.

Chapter Goals

1 수동태 표현은 주어가 동사의 동작을 받는 것으로 해석한다.

2 동사 앞의 조동사를 통해 특정 의미를 더하여 문맥에 맞게 해석할 수 있다. 대부분의 조동사는 확신의 차이는 있지만 '추측'의 의미를 나타낸다.

Must-know Words & Lexical Phrases

UNIT 33

228 **intransitive** ((문법)) 자동사의 (↔ transitive 타동사의)
passive ((문법)) 수동태(인) (↔ active 능동태(인)); 소극적인, 수동적인
229 **ingredient** 재료, 성분, 구성 요소
cuisine 요리(법)
231 **radioactive** 방사성[능]의
disposal (없애기 위한) 처리, 폐기; 배치
cf. dispose of ~을 처리[처분]하다
lacking 부족한, (~이) 없는
232 **awareness** 인지(도), 인식; 관심
cf. be aware of[that] ~을 알다
233 **favorable** (형편이) 좋은; 호의적인; 유리한
234 **pay attention to A** A에 관심을 기울이다
236 **predator** 포식자, 포식 동물; 약탈자
thereby 그렇게 함으로써, 그것 때문에
237 **extent** (중요성 등의) 한도, 정도; (지역의) 크기
cf. extend 연장[확장]하다
238 **mass** 질량; 덩어리; ((복수형)) 일반 대중
cf. volume 부피
composition 성분; 구성(요소); 작곡
cf. compose 구성하다; 작곡하다
239 **absurdity** 부조리함, 불합리; 모순
cf. absurd 불합리한; 어리석은
rational 이성적인 (↔ irrational 비이성적인)
241 **importer** 수입업자
cf. import 수입하다; 수입(품) (↔ export 수출하다)
wholesaler 도매업자
cf. retailer 소매업자
242 **ashore** 해변으로, 물가로

UNIT 34

244 **paralyze** 마비시키다
245 **bully** (약자를) 괴롭히다
246 **temple** 사찰, 절

어법 직결

put down 비하하다; 진압하다; 내려놓다

ridicule 조롱하다 (= mock, deride); 조롱

cf. ridiculous 웃기는; 터무니없는

Wrap up 04

10 be to blame (for) (~에 대해) 책임이 있다 (= be responsible for)

UNIT 35

247 hang around with ~와 어울리다

248 lessen 덜다, 줄이다; 줄다

severity 괴로움; 엄격; 가혹

cf. severe 심각한; 엄격한; 가혹한

249 cautious 조심하는, 신중한

250 extensive 대대적인, 광범위한

251 encounter 마주치다 (= confront); 마주침

unfamiliar 낯선

cf. familiarity 친숙함, 친근함

contextual 문맥상의, 맥락과 관련된

cf. context 문맥, 맥락, 전후 사정

252 guilt 죄책감; 유죄 (↔ innocence 결백, 무죄)

cf. guilty 죄책감이 드는; 유죄의 (↔ innocent 결백한, 무죄의; 순진한)

253 like-minded 생각[뜻]이 비슷한

254 breed (새끼를) 낳다; 불러오다; 품종

contempt 무례, 멸시, 경멸 (= scorn)

acquaintance 친분; 지인

UNIT 36

255 date back (~까지) 거슬러 올라가다

snack on A A를 간식으로 먹다

257 eye-catching (단번에) 눈길을 끄는

issue (잡지 등의) 호; 발행; 문제, 쟁점

어법 직결

misuse 남용, 오용, 악용

death rate 사망률

pandemic 전 세계적[전국적] 유행병(의)

cf. epidemic (급속한) 유행병의; 유행(병)

258 inaccurate 오류가 있는; 부정확한 (↔ accurate 정확한)

insist on ~을 고집하다[주장하다]

259 imprudent 경솔한; 현명하지 못한

statement 발언, 말

cf. state 말하다, 진술하다; 국가; 상태

UNIT 37

260 acknowledge 인정하다 (= admit, recognize)

261 be in good shape 건강 상태가 좋다

262 fundamental 기본적인, 핵심적인

principle 원칙

master 숙달하다, 완전히 익히다

어법 직결

attempt to-v v하려고 시도하다

withdrawal (약물 등의) 금단, 사용 중지; 철회; (계좌) 인출

264 reputable 평판이 좋은

childish 유치한, 어린애 같은

cf. childlike 아이다운, 순진한

UNIT 38

265 fragrance 향; 향수

-free ((합성어)) ~가 없는

cf. sugar-free 무설탕의

266 mentor 멘토, 스승

cf. mentee 멘티 ((멘토에게서 상담이나 조언을 받는 사람))

doer 실천하는 사람, 행동가

267 adapt 적응하다; ~에 맞추다 (= adjust, modify)

UNIT 33

주어가 동작을 하는가, 받는가

동사가 수동태인 ⟨be p.p.⟩의 형태면 주어가 동작을 하는 것이 아니라 '당하거나 받는 것'을 의미한다. ⟨be p.p.⟩를 하나의 동사로 취급하여 '~당하다, ~되다'로 해석하는데, 우리말로 해석이 어색할 경우 능동의 의미로 바꿔 해석해도 좋다.
The news **was told** by my brother. 그 소식은 남동생에 의해 말해졌다. → 남동생이 그 소식을 **말했다**.

완료시제와 진행시제의 수동태 형태는 다음과 같다.
- have[has] been p.p.: ~되어 왔다 ((완료시제))
- be being p.p.: ~되고 있다 ((진행시제))

228 An intransitive verb (S: 자동사는) / **is not followed** by an object (V₁: 목적어가 뒤따르지 않는다) / and can never **be used** in the passive. (V₂: 그래서 수동태에 절대 쓰일 수 없다.)

229 The mushroom is a popular ingredient in many cuisines throughout the world and it is known as the "meat" of the vegetable world.

230 The increased demand of books was driven by a huge decrease in the price of books since the invention of the printing press around 1440.

231 The environmental impact of radioactive waste disposal has not been fully evaluated, and waste management is lacking.

232 Social media is being used to promote companies' products and raise brand awareness.

두 단어 이상이 모여 하나의 타동사 역할을 하는 구동사는 수동태에서도 하나의 덩어리로 움직인다.
구동사가 ⟨타동사 + 목적어 + 전치사⟩인 경우, 구동사 내의 목적어를 주어로 보내고 수동태로 표현할 수도 있다.

233 As I was raised in favorable circumstances, I was taken good care of by my parents.

234 Believe it or not, so much attention was paid to making cars faster or lighter in the past that little or no attention was paid to the safety of the driver.

동사 say, believe, think, consider, report 등의 목적어가 that절인 경우, 두 가지 수동태가 가능하다.
People say that he is funny. (→ That he is funny is said ~~by people~~.) 사람들은 그가 재미있다고 말한다.
→ 1. *It* **is said that** he is funny. (가주어 it을 두고 진주어 that절은 문장 끝으로 감.) 그는 재미있다고 말해진다.
→ 2. *He* **is said to** be funny. (that절의 주어 he를 문장의 주어로 하여 수동태로 표현함.)

235 It has been said that the love of money is the root of all evil. – Samuel Butler ((英 소설가))
(= The love of money has been said to be the root of all evil.)

236 It is believed that small fish cluster together in order to confuse their predators and thereby protect themselves from harm. *cluster 무리(를 이루다)
(= Small fish are believed to cluster together ~.)

SVOO, SVOC 문형을 수동태로 표현하면 목적어가 주어로 이동하고 남은 목적어나 보어를 수동태 뒤에 그대로 쓰므로 〈be p.p. + O/C〉의 형태가 된다. 단, 목적격보어가 원형부정사일 때 수동태에서는 to부정사로 표현하는 것에 주의해야 한다.

237 We believe // that each individual (S′) should **be given** (V′) ***the chance*** (O′) (***to develop and achieve***) / **to the maximum extent possible** (M′).
우리는 믿는다 // 각각의 개인에게 기회가 주어져야 한다고 (개발하고 성취할) / 가능한 최대한으로.

238 Venus (S) **is called** (V) ***Earth's twin*** (C) // because Venus and Earth are very similar / in size, mass, and composition.
금성은 '지구의 쌍둥이'라고 불린다 // 금성과 지구는 매우 유사하기 때문에 / 크기, 질량, 그리고 성분이.

239 Despite all the absurdity of war and genocide, / we believe // that human beings (S′) are (V'_1) rational (C'_1) / and **are made** (V'_2) ***to seek the truth*** (C'_2). – Timothy Radcliffe ((英 가톨릭 신부))
전쟁과 대량 학살의 모든 부조리함에도 불구하고, / 우리는 믿는다 // 인간은 이성적이고 / 진실을 추구하게 된다고.
*genocide (특정 인종·민족의) 대량 학살

240 We must remember that when traveling is made too easy and comfortable, its spiritual meaning is lost.

241 One importer was recently caught selling 442 tons of Chinese rice as Korean-grown to wholesalers and retailers across the nation.

242 More than 260 dolphins were found washed ashore on the coast of Peru.

어법 직결 다음 문장의 네모 안에서 어법상 알맞은 것을 고르시오.

In one study, children were seen [show / to show] improved self-confidence after a 10 week creative arts program.

UNIT 34

의미상 주어가 동작을 하는가, 받는가

to부정사와 동명사는 의미상 주어가 'v당하다, v되다'의 의미일 때 수동형으로 쓴다.

능동형	수동형
to-v	to be p.p.
to have p.p.	to have been p.p.
v-ing	being p.p.
having p.p.	having been p.p.

243 It is not always enough / **to be forgiven** / by others.
S(가주어) V C S'(진주어)
(~은) 항상 충분하지는 않다 / 용서받는 것은 / 다른 사람들에 의해.
Sometimes / you have to learn / to forgive yourself.
때로는 / 배워야 한다 / 자신을 용서하는 것을.

244 We should look for the opportunity / in every difficulty / instead of **being paralyzed** / at the thought of the difficulty / in every opportunity.
S V O 부사구
우리는 기회를 찾아야 한다 / 모든 어려움에서 / 마비되기보다는 / 어려움에 대한 생각으로 / 모든 기회에서.
↳ 기회가 올 때마다 어려움을 생각하며 마비될 것이 아니라, 어려움이 있을 때마다 기회를 찾을 수 있어야 한다.

245 A study of 1,000 American teenagers aged between 12 and 17 years found that one in five teenagers claimed to have been bullied online.

246 Despite having been built in 802 AD, the temple shines brightly due to several renovations.

어법 직결 다음 문장의 네모 안에서 어법상 알맞은 것을 고르시오.

Every person has the right to his point of view — even if it seems strange or totally absurd to you — without [being put down / having put down] or ridiculed.

Wrap up 04

천일비급 p.66

능동태지만 수동으로 해석되는 경우

형태는 능동이지만 주어가 동작을 받아 수동의 의미를 갖는 일부 동사들과 to-v, v-ing 표현들을 잘 알아두자.

• clean(깨끗하게 되다)

01 The floor of this house **cleans** easily. (이 집의 마룻바닥은 쉽게 **청소된다**.)

• wash(씻기다)

02 This fabric doesn't **wash** well. (이 천은 잘 **세탁이 되지** 않는다.)

• sell(팔리다)

03 All our sale items **sell** quickly. (우리의 모든 세일 상품들은 빠르게 **팔린다**.)

• show(상영되다)

04 What's **showing** at the cinema this week? (이번 주에 영화관에서 무엇이 **상영되고 있나요**?)

• read(~라고 쓰여 있다)

05 The placard **reads** "Congratulations on your graduation." (그 현수막에 "졸업을 축하합니다"**라고 쓰여 있다**.)

• compare(비교되다)

06 Nothing **compares** with the thrill of surfing for me. (나에게 서핑하는 스릴과 **비교되는** 것은 없다.)

• cut(잘리다)

07 The cheese I bought **cuts** best when cold. (내가 산 치즈는 차가울 때 가장 잘 **썰린다**.)

• open(열리다)

08 The window **opened** due to a strong wind. (강한 바람에 창문이 **열렸다**.)

• to let(임대되다, 세 놓이다)

09 This housing is **to let**, not for sale. (이 주택은 **임대용**이며, 매매용이 아니다.)

• to blame(비난을 받다, 책임이 있다)

10 Who is **to blame** for the mistake? (누가 그 실수에 대해 **비난을 받아야** 하나요?)

• need[want] + v-ing(v될 필요가 있다)

11 Your bicycle **needs repairing**. (당신의 자전거는 **수리되어야 합니다**.)

• deserve + v-ing(마땅히 v되어야 한다)

12 The start of a new school year **deserves celebrating**. (새 학년의 시작은 **마땅히 축하받아야 한다**.)

UNIT 35

가능성, 추측의 의미를 더하는 조동사 I

아래 조동사들은 모두 '가능성·추측'의 의미가 있는데, 그 확신의 정도에는 차이가 있다. might, could, should, would는 과거형 조동사이지만 과거의 일이 아닌 '현재나 미래'의 일에 대한 가능성·추측을 나타내며 각각의 현재형보다 확신의 정도가 약하다.

might/may/could	can	should/ought to/would/will	must/can't
(~일지도 모른다)	(~일 수도 있다)	(~일 것이다)	(~임이 틀림없다/~일 리가 없다)

less certain ←→ almost certain

247 She **can't** be hanging around with her friends / this late at night.
S V
그녀는 친구들과 어울리고 있을 리가 없다 / 이렇게 밤늦게.

She **must** be at home sleeping.
S V A M
그녀는 틀림없이 집에서 자고 있을 것이다.

248 If you take this pill, it might cure your cold or at least lessen the severity.

249 The brave may not live forever but the cautious do not live at all.

250 You could hardly make a friend in a year, but you could lose one in an hour.
– Chinese Proverb

혼동주의 15 could(~할 수 있었다)
The extensive repairs were completed at the swimming pool so it **could** be used by all guests last weekend. – 모의응용
▶ 조동사 과거형이 '현재의 추측'의 의미인지, '과거의 가능성'의 의미인지는 문맥에 따라 구별해야 한다.

251 When you encounter an unfamiliar word, contextual clues should help you make a guess about the word's meaning.

혼동주의 16 should(~해야 한다)
If you cannot explain to yourself the contents you studied, that's a signal you **should** spend more time studying that section.
▶ should/ought to는 '가능성·추측'보다는 '의무·당연'의 의미로 쓰이는 경우가 많다.

252 A wise person ought to try to avoid feelings of guilt by avoiding the acts that cause them.

253 Sharing concerns with like-minded people would help you to feel less alone.

254 Familiarity breeds contempt. This proverb suggests that a closer acquaintance with someone will result in a lessening of respect.

UNIT 36

가능성, 추측의 의미를 더하는 조동사 II

'과거'의 일에 대한 가능성·추측은 〈조동사 + have p.p.〉로 표현한다.

might have p.p. (어쩌면 ~했을지도 모른다)	may have p.p. (~했을지도 모른다)	must have p.p. (~했음이 틀림없다) ↔ can't have p.p. (~했을 리가 없다)
← less certain		almost certain →

255 The history of candy dates back to ancient peoples
S: The history of candy / V: dates back
사탕의 역사는 고대 사람들까지 거슬러 올라간다
[who **must have snacked** on sweet honey (straight from beehives)].
V′: must have snacked
[달콤한 꿀을 간식으로 먹은 것이 틀림없는 (벌집에서 바로 가져온)].

256 Our backgrounds and circumstances may have influenced who we are, but we are responsible for who we become.

257 Readers of the magazine cannot have failed to notice the eye-catching advertisement in the last issue.

어법 직결 다음 문장의 네모 안에서 어법상 알맞은 것을 고르시오.

A new article suggests that misuse of aspirin might [cause / have caused] the high death rate during the 1918-1919 influenza pandemic.

*influenza 유행성 독감 (= flu)

should[ought to] have p.p.는 '과거의 일에 대한 추측'의 의미로는 거의 쓰이지 않고, 대부분 '과거의 일에 대한 후회·유감'을 의미한다.

- should[ought to] have p.p.: ~했어야 하는데 (하지 않았다)
- should not[ought not to] have p.p.: ~하지 않았어야 하는데 (했다)

258 The slogan "Think different" is grammatically inaccurate; "different" should have been "differently." But Steve Jobs insisted on "different," as well as the expression "think big."

259 He is in an official position, and he should not have made such an imprudent statement.

UNIT 37

should의 특별한 쓰임

요구·주장·제안·필요·명령 등을 나타내는 동사, 형용사, 명사 뒤의 that절이 마땅히 그래야 한다는 '당위성'을 의미하는 경우에 that절의 동사는 〈(should +)동사원형〉으로 나타낸다.

- 동사: ask(~을 요구하다) / demand / require / request / insist / suggest(~을 제안하다) / propose / recommend / order(~을 명령하다) / command 등
- 형용사: necessary / essential / important / desirable / urgent / imperative(매우 중요한) 등
- 명사: wish / suggestion / proposal / recommendation 등

260 Animal protection groups *insist* // that the rights of animals (S′) **(should)** be acknowledged and respected. (V′)

동물 보호 단체는 주장한다 // 동물의 권리가 인정되어야 하고 존중받아야 한다고.

혼동주의 17 that절 = 사실 (당위성 ×)

The zoo keeper *insisted* that the rights of animals **were ignored** in the zoo.

Many findings *suggest* that a name **has** a powerful effect upon personal behavior.

▶ that절이 '당위성'을 의미하지 않고 '사실'을 말하는 것일 때는 that절의 동사를 인칭, 수, 시제에 일치시킨다.

261 It is necessary that you exercise frequently in order to be in good shape.

262 In order to speak and write the English language correctly, it is imperative that the fundamental principles of the grammar be mastered.

263 The doctor gave the suggestion that the child not eat too much sugar.

어법 직결 다음 문장의 네모 안에서 어법상 알맞은 것을 고르시오.

If a person is attempting to give up caffeine, it is recommended that he [do / does] so gradually to reduce the symptoms of withdrawal like headaches.

surprising, strange, odd(이상한), a pity[shame](유감인 일) 등의 '감정'을 나타내는 형용사, 명사 뒤 that절의 동사는 '~하다니'의 의미로 〈should + 동사원형〉을 쓰기도 한다. 〈should + 동사원형〉 대신 현재, 과거시제로 표현할 수도 있는데, 이때는 '감정'보다는 that절의 내용을 좀 더 객관적으로 표현하는 것이다.

264 It is certainly surprising that such a highly reputable magazine should print such a childish article.

UNIT 38

구를 이루는 조동사들의 의미

- used to ((과거의 습관)) ~하곤 했다 (= would); ((과거의 상태)) 과거 한때는 ~였다[했다]
- cannot help v-ing v하지 않을 수 없다 (= cannot (help) but + 동사원형)
- cannot ~ too + 형용사/부사 아무리 ~해도 지나치지 않다
- may well ~ ((추측)) 아마 ~일 것이다 (= be likely to-v); ~하는 것도 당연하다
- may as well ~ (as ...) (…하느니) ~하는 게 더 낫다 *cf.* had better: ~하는 것이 더 낫다
- would rather ~ (than ...) (…하느니) 차라리 ~하고 싶다

265 Shampoo and other hair products / **used to** cause trouble for my skin, //
S V O
샴푸와 다른 헤어 제품들은 / 내 피부에 문제를 일으키곤 했다. //
so I use fragrance-free items.
그래서 나는 향이 없는 제품을 사용한다.

cf. The old Chinese city **used to** be surrounded / by a wall /
S V
그 중국의 옛 도시는 둘러싸여 있었다 ((과거의 상태)) / 성벽으로 /
to defend against the enemy.
적으로부터 방어하기 위해서.

혼동주의 18 used to / be used to N[v-ing](~에 익숙하다) / be used to-v(v하는 데 사용되다)

If you **are used to eating** a very late dinner, it may be impacting your ability to fall asleep.
Stretching and jogging to warm up **are** often **used to reduce** the risk of injury.

266 My mentor would often tell me, "The difference between a dreamer and a doer is a decision."

267 Organisms cannot help adapting to change in order to survive.

268 There were many volunteers at the disaster and they cannot be praised too highly.

269 What we think we know today may well be wrong tomorrow.

270 You may as well borrow a person's money as his time.

271 I would rather walk with a friend in the dark, than alone in the light.

– Helen Keller

PART

수식어의 이해

문장이 복잡해지는 이유 중 하나는 여러 수식어(구)들이 덧붙어서이다.
문장의 뼈대가 되는 주어, 동사에 대해 이해를 했다면
이제 수식어를 알아볼 차례이다.
수식어는 크게 형용사적 수식어와 부사적 수식어로 나눈다.

CHAPTER 07

형용사(구) / 관계사절 I

Chapter Overview

형용사(구)와 관계사절은 명사의 앞이나 뒤에서 그 명사를 설명하여 의미를 더 명확하게 해준다.

1. I bought shirts.
2. I bought **two nice white** shirts.

2의 문장에서 two, nice, white는 명사 shirts를 수식해주는 형용사로서, 그냥 shirts라고 표현한 1에 비해 shirts의 의미를 더 명확하게 해준다. 세상에 존재하는 수많은 shirts 중에서 어떤 것을 말하는지 형용사를 통해 그 의미가 제한[한정]된다.

Chapter Goals

1 명사를 수식하는 다양한 요소들의 위치와 범위를 파악하고 해석할 수 있다.
2 관계대명사, 관계부사의 종류 및 역할에 따라 주어진 문장 구조를 분석할 수 있다.
3 선행사를 보충 설명하는 계속적 용법의 관계사절을 적절하게 해석할 수 있다.

Must-know Words & Lexical Phrases

UNIT 39

272 **core** 핵심적인; 핵심; (사물의) 중심부
key to A A의 비결
273 **prioritize** 우선순위를 매기다
cf. priority 우선순위
urgency 긴급(성), 위급
274 **refer to A** A를 가리키다[나타내다]; A와 관련 있다
analysis 분석
exploration 탐구; 탐사
comprehension 이해(력)
275 **ultimately** 궁극적으로, 결국(= in the end); 근본적으로(= primarily)
276 **sacrifice** 희생하다; 희생(물)

UNIT 40

277 **aspiring** 야심이 있는, 열망이 있는
cf. **aspire to-v** v하기를 열망하다
retain 유지하다
distinct 분명한, 뚜렷한; 별개의
279 **struggle (with)** ((~로)) 고심하다
281 **stereotype** 고정 관념
impose A on[upon] B A를 B에 부여하다[강요하다]

어법 직결

hydroelectricity 수력 전기
renewable (에너지, 자원이) 재생 가능한
facility 시설, 기관; 기능

UNIT 41

282 **ignorant** 무지한, 무식한
286 **constellation** 별자리, 성좌

어법 직결

modify 수정하다, 조정하다
anxiety 불안(감), 걱정거리
interfere 지장을 주다, 방해하다

imperfection 결함; 불완전

visible (눈에) 보이는 (↔ invisible 보이지 않는), 알아볼 수 있는; 뚜렷한

naked eye ((the-)) 맨눈, 육안

internal 내부의 (↔ external 외부의)

capacity 능력; 용량, 수용력

significance 의미, 의의; 중요성

UNIT 42

289 **adoption** 채택; 입양

cf. adopt 채택하다; 입양하다

291 **credit** 공로; 신용; 칭찬, 인정 (= approval)

cf. credit A with B B를 A의 공으로 믿다

convince 납득시키다; 설득하다 (= persuade)

292 **exercise[wield] power over** ~에게 힘을 행사하다

293 **go through** ~을 겪다; ~을 살펴보다

UNIT 43

294 **flexible** 유연한; 융통성 있는 (↔ inflexible, rigid 신축성 없는; 완강한)

298 **instruction** ((복수형)) 지시, 명령; 가르침, 교육

cf. instruct 지시하다; 가르치다

instructive 유익한

instructional 교육용의

299 **prey** 먹이, 사냥감; 피해자

forage 먹이를 찾다

devote time to A A하는 데 시간을 들이다

어법 직결

breakthrough 돌파구

populate 살다, 거주하다; 이주시키다

cf. population 인구

make up 구성하다; 화장하다; (~을) 보상하다

era 시대

smash 분해하다; 부수다, 깨뜨리다

atom 원자

prejudice 편견

UNIT 44

301 **gossip** 험담하다; 소문, 험담

302 **disgusting** 혐오감을 일으키는, 역겨운

304 **sculpt** 형태를 만들다; 조각하다

cf. sculpture 조각품

be suited for ~에 적합하다[맞다]

ecosystem 생태계

inhabit 서식하다, 살다

305 **nonexistent** 존재[실재]하지 않는 (것) (↔ existent 실재하는 (것))

어법 직결

synchronize 시간을 맞추다; 동시에 발생하다

somewhat 어느 정도, 다소

UNIT 45

306 **utilize** 활용[이용]하다

307 **drain** 유출, 고갈; 배수(구); (물을) 빼내다

lose A to B A를 B에게 빼앗기다

309 **enthusiasm** 열정 (= passion, zeal, zest); 열광

cf. enthusiastic 열렬한

310 **ingenuity** 독창성 (= originality)

cf. ingenious 기발한

reform 개혁(하다), 개선(하다)

311 **contemporary** 현대의; 동시대의; 동년배

trace A back (to B) A(기원, 원인)를 (B까지) 추적하다

foundation 토대, 기초; 근거; 설립

Wrap up 05

charity 자선 (단체)

in need 어려움에 처한; 가난한

UNIT 39

명사를 뒤에서 수식하는 형용사(구)

명사를 수식하는 형용사는 〈형용사 + 명사〉의 어순이 원칙이지만 아래와 같은 경우 명사 뒤에 온다.

- 명사 + 전명구
- 명사 + to-v ~: 수식받는 명사는 to-v의 의미상 주어나 목적어일 수 있다. (v할 명사)
- 명사 + 형용사 + 전명구: 형용사가 전명구 등의 다른 어구와 함께 긴 형용사구를 만드는 경우
- -thing, -one, -body 등으로 끝나는 명사 + 형용사(구)
- 최상급, every, any, all, the only, the one 등이 있는 명사 + available, possible 등

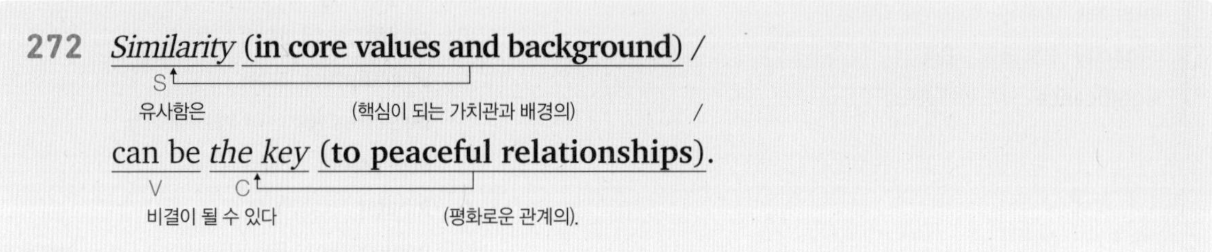

272 *Similarity* (in core values and background) / can be *the key* (to peaceful relationships).

S 유사함은 (핵심이 되는 가치관과 배경의) / V C 비결이 될 수 있다 (평화로운 관계의).

273 We pick our friends not only because they are enjoyable company to spend time with, but because they understand us for who we are.

혼동주의 19 to-v: ~하기 위하여

We should prioritize tasks based on importance and urgency **to manage** our time.

▶ 명사 뒤의 to-v가 부사적 용법인 경우를 주의한다.

274 Visualization refers to using images or diagrams to express ideas. It is a tool useful for aiding analysis, exploration, comprehension, and understanding.

275 Doing something meaningful is what we are all ultimately searching for.

276 Parents sacrifice whatever is necessary to spend the maximum amount of time possible with their children.

Plus 수식받는 명사와 to-v의 관계

1. 명사가 to-v의 의미상 주어: I need *a good friend* **to give me advice**. 나는 **내게 조언을 줄** 좋은 친구가 필요하다.
2. 명사가 to-v의 의미상 목적어: Do you need *more time* **to prepare**? **준비할** 시간이 더 필요하세요?
3. 명사와 to-v가 동격: She didn't keep *the promise* **to help me**. 그녀는 **나를 도와주기로 한** 약속을 지키지 않았다.
4. to-v가 명사의 의미를 제한[한정]: I have no *time* **to watch TV** this week. 나는 이번 주에 **TV를 볼** 시간이 없다.

UNIT 40

형용사 역할을 하는 v-ing/p.p.

대개 분사가 단독일 때는 명사 앞에서, 다른 어구(목적어, 보어, 부사 등)를 동반할 때는 명사 뒤에서 수식한다.

- v-ing + 명사 / 명사 + v-ing ~: v하는[v하고 있는] ~ ((능동, 진행))
- p.p. + 명사 / 명사 + p.p. ~: v된[v한] ~ ((수동, 완료))

*감정을 나타내는 동사(surprise, excite 등)에서 나온 v-ing(v하게 하는), p.p.(v하게 된)는 동사의 뜻 '~하게 하다'가 변형되어 형용사로 굳어져 쓰이는 것들로서 다음과 같이 자연스럽게 해석하도록 한다.

surprising news (**놀라게 하는 → 놀라운** 뉴스)
exciting stories (**흥분시키는 → 흥미진진한** 이야기)
surprised people (**놀라게 된 → 놀란** 사람들)
excited child (**흥분하게 된 → 흥분한[신난]** 아이)

277 Many **aspiring** *hanbok designers* / have altered hanbok for everyday wear / while still retaining some traditional elements / but keeping a distinct modern feel.

야심찬 많은 한복 디자이너들은 / 한복을 일상복으로 바꿔왔다 / 몇몇 전통적인 요소를 여전히 유지하며 / 하지만 분명한 현대적 감각을 보유하며.

278 A **closed** *mind* is like a **closed** *book*; // just a block of wood. - Chinese Proverb

닫힌 마음은 덮인 책과 같다 // 단지 하나의 나무토막일 뿐인.

↳ 덮인 책은 읽을 수 없어 나무토막처럼 쓸모가 없고, 마찬가지로 닫힌 마음으로는 배움을 얻을 수 없다.

279 Downtown city areas struggling with traffic jams and lack of parking lots are driving the growing popularity of car sharing. - 모의

혼동주의 20 v-ing(동명사) + 명사

Don't be afraid of **making mistakes**, being corrected, and trying again.
I have been sitting in the hospital **waiting room** for thirty minutes.

▶ 명사 앞의 v-ing가 수식하는 현재분사가 아니라 동명사인 경우 해석에 주의한다.

280 A surprising result from the marketing report shows that nearly two out of every three college students never scan the QR codes found on ads.

281 Stereotypes are characteristics imposed upon groups of people because of their race, nationality, gender and culture.

어법 직결 다음 문장의 네모 안에서 어법상 알맞은 것을 고르시오.

1 There were long lines of people [waiting / waited] for hours in front of a new shopping mall.

2 Hydroelectricity is a renewable energy, but the building of the large facilities [requiring / required] to make it can have negative effects on the environment.

UNIT 41

명사를 수식하는 관계대명사절 I

〈접속사 + 대명사〉의 역할을 하는 관계대명사는 형용사절을 이끌어 그 앞의 명사(선행사)를 수식(제한[한정]적 용법)한다.

명사(선행사) + 관계대명사 ~ ... a girl **who** survived the accident

명사(선행사)가 주어일 경우, 관계대명사절이 주어와 동사 사이에 위치하므로 해석 및 주어-동사 수 일치에 주의한다.

아래 표와 같이, 선행사의 종류나 관계대명사절에서의 역할에 따라 적절한 관계대명사가 사용된다.

선행사의 종류	관계대명사절에서의 역할		
	주어(주격 관계대명사)	소유형용사(소유격 관계대명사)	목적어(목적격 관계대명사)
사람	who / that	whose	who(m) / that
동물, 사물	which / that	whose / of which	which / that

282 *A man* [**who does not know a foreign language**] / is ignorant of his own.
S V
사람은 [외국어를 모르는] / 자신의 것(언어)에도 무지하다.
– Johann Wolfgang von Goethe ((괴테))

283 Those who dream by day are cognizant of many things which escape those who dream only by night. – Edgar Allan Poe ((美 작가)) *cognizant of ~을 알고 있는

284 The heart of a mother is a deep abyss at the bottom of which you will always find forgiveness. – Honore de Balzac ((프랑스 작가)) *abyss ((문예)) 심연, 깊은 구렁

285 *Hygge*, a term that comes from Danish, is a mental state of well-being and togetherness. During Hygge, people light candles, drink wine and meet close friends whom they haven't seen in a while. – 모의응용

286 A constellation is a group of stars that appear to make a particular pattern in the sky and have a name.

어법 직결 다음 문장의 네모 안에서 어법상 알맞은 것을 고르시오.

1 Genetically modified (GM) foods are derived from organisms [whose / which] genetic material (DNA) has been modified in a way that does not occur naturally.

2 The anxiety that we get from tests [interfere / interferes] with performance.

3 When grading diamonds, ones with imperfections that are not obviously visible to the naked eye [is / are] called "eye-clean."

4 The body has internal "clocks" that [controls / control] the sleep-wake cycle and energy levels throughout the day.

5 I feel the capacity to care is the thing which [gives / give] life its deepest significance.
– Pablo Casals ((스페인 음악가))

UNIT 42

명사를 수식하는 관계대명사절 II

관계대명사가 관계대명사절 내의 동사, 준동사, 또는 전치사의 목적어 역할을 할 때(목적격), 관계대명사(목적어)가 절의 맨 앞으로 이동하므로 원래 목적어(●) 자리는 비어 있게 된다. 목적어가 빈 자리를 제대로 파악한 뒤 해석해야 한다.

To feel the love of *people* is a fire that feeds our life. + We love **them**(= the people).

To feel the love of *people* [**whom** we love ●] / is a fire that feeds our life.
love의 목적어가 없는 불완전한 구조

사람들의 사랑을 느끼는 것은 [우리가 사랑하는] / 우리 삶에 연료를 공급해주는 불이다.

287 Brainstorming is a useful way (to let *ideas* [**which you didn't know you had ●**] come to the surface).
V´ O´ C´
브레인스토밍은 유용한 방법이다 (생각이 ~하도록 하는 [당신이 가지고 있는지 몰랐던] 표면에 나오도록).

288 I have noticed that fortune cookies say the most obvious things that people may just want to hear about themselves.

289 The adoption of farming was the most fundamental change in human history and led to all that we call civilization and recorded human history.

290 The goal in anger management is to increase the options which you have to express anger in a healthy way. – 모의

관계대명사가 전치사의 목적어일 때, 전치사는 대개 관계대명사 바로 앞에 둔다. 구어체에서는 전치사를 관계대명사절의 끝에 두기도 하는데, 이때 선행사가 사람인 경우 whom 대신에 who를 쓰거나 관계대명사 자체를 생략할 수 있다.

... *the girl*. + I told you ***about*** *her*. = ... the girl ***about*** **whom** I told you. 내가 네게 말했던 소녀
= ... the girl (**who(m)**) I told you ***about***.

291 In science, / the credit goes to *the man* [who convinces the world], / not *the man* [**to whom the idea first occurs**]. – Francis Darwin ((英 식물학자))
과학에서 / 공로는 사람에게 주어진다 [세상을 납득시키는]. / 사람이 아니라 [아이디어가 처음 ~에게 떠오르는].

292 Ultimately, the only power to which man should aspire is that which he exercises over himself. – Elie Wiesel ((美 작가))

293 When someone you care about is going through a hard time, you can help them by giving them a safe place to share their feelings.

UNIT 43

명사를 수식하는 관계부사절

〈접속사 + 부사〉의 역할을 하는 관계부사는 형용사절을 이끌어 그 앞의 명사(선행사)를 수식(제한[한정적 용법])한다.

명사(선행사) + 관계부사 ~ ... the time **when** we went home

아래 표와 같이, 선행사의 종류에 따라 적절한 관계부사가 사용된다.

선행사	관계부사	선행사	관계부사
시간(the time 등)	when[that]	이유(the reason)	why[that]
장소(the place 등)	where[that]	방법(the way)	*how[that]

*how와 그 선행사 the way는 둘 중 하나가 반드시 생략되며 the way that, the way in which 등으로 대신한다.

294 There will be *times* **[when you are very busy]** / and *other times* **[when it is quieter]**, // so please be prepared to be flexible.

(V: will be, S_1: times, S_2: other times)

때가 있을 것이다 [당신이 아주 바쁠] / 그리고 다른 때도 [더 한산할], // 그러므로 부디 유연할 수 있도록 준비하라.

295 Home is the safe place where we can express our feelings and enjoy some of the most meaningful events in our lives. – 모의응용

296 One reason why you can do something is worth 100 reasons why you can't.

297 There are many differences between how grammar is used in written English and how it is used in spoken English.

298 When an actor plays a scene exactly the way a director orders, it isn't acting. It's following instructions. – James Dean ((美 배우))

299 There is a reason that prey animals form foraging groups, and that is increased vigilance. The larger the group of prey animals, the less time the individual animal devotes to vigilance. – 모의응용

*vigilance 경계, 조심

어법 직결 다음 문장의 네모 안에서 어법상 알맞은 것을 고르시오.

1 We need a new breakthrough because we're in a situation [how / where] the current solutions are not good enough.

2 England is the most populated country in the United Kingdom. The other countries [that / where] make up the United Kingdom are Wales, Scotland and Northern Ireland.

3 What a sad era [which / when] it is easier to smash an atom than a prejudice.

– Albert Einstein

관계대명사 what, whoever 등

다음과 같은 관계대명사들은 〈명사(선행사) + 관계대명사〉의 의미를 가지는 것들로서, 선행사인 명사를 포함하므로 문장에서 주어, 목적어, 보어가 되는 명사절을 이끈다.

- what ~ ~하는 것 (= the thing(s) which[that] ~)
- who(m)ever ~ ~하는 누구든지 (= anyone who(m) ~) (<< Unit 57 양보의 부사절을 이끄는 용법)
- whichever ~ ~하는 어느 쪽이든지 (= anything that ~); ~하는 어느 …이든지 (= any ... that ~)
- whatever ~ ~하는 것은 무엇이든지 (= anything that ~); ~하는 무슨 …이든지 (= any ... that ~)

whichever와 whatever는 명사 앞에 쓰여 명사를 수식할 수도 있다.

300 Everyone sees **what you appear to be** (O_1), // but few experience **what you really are** (O_2). – Machiavelli ((이탈리아 사상가))

모든 사람은 당신이 겉으로 보이는 것을 본다 // 그러나 당신의 진짜 모습을 경험하는 사람은 거의 없다.

301 **Whoever**(s) **gossips**(v) **to you** (S) // will gossip (V) about you. – Spanish Proverb

당신에게 험담하는 누구든지 // 당신에 대해 험담할 것이다.

302 What in one era is judged positively, in another can change meaning; what in one locale is considered tasty, in another can be rejected as disgusting. – 모의

*locale 장소, 현장

303 Parenting is not just about you and your kid; it's also about whomever you're parenting your child with. – Anna Getty ((독일 배우))

304 Sharks have been sculpted by evolution and ideally suited for whichever ecosystem they inhabit, from coral reefs to the open ocean. – Brian Skerry ((美 사진가))

*coral reef 산호초

305 By believing passionately in something that still does not exist, we create it. The nonexistent is whatever we have not sufficiently desired.

– Franz Kafka ((카프카, 소설가))

어법 직결 다음 문장의 네모 안에서 어법상 알맞은 것을 고르시오.

Brain waves actually synchronize somewhat to the pace of (A) [that / what] you're listening to. This means (B) [that / what] more lively songs help the brain to be in a more active state.

UNIT 45

선행사를 보충 설명하는 관계사절

관계사 앞에 콤마(,)가 있으면 선행사를 수식하여 의미를 제한[한정]하는 것이 아니라 추가적인 설명을 이끄는 것(계속적 용법)이다. 앞에서부터 차례대로 해석하며 선행사를 보충 설명하듯이 〈접속사 + 대명사〉로 풀어서 해석하는 것이 자연스럽다.

선행사, **who(m) / which / whose** ~
그리고[그런데, 왜냐하면] 그 사람/그것 ~

선행사, **when / where** ~
그리고[그런데, 왜냐하면] 그때/거기서 ~

which는 앞에 나온 단어뿐 아니라 어구나 절도 선행사로 할 수 있다.

*관계대명사 that과 what은 이런 역할로 쓰이지 않으며, 관계부사도 when, where만 가능하다. 또한, 목적격 관계대명사를 생략하고 쓰지 않는다.

306 Unlike *lawyers*, // **who utilize information selectively / to support their arguments,** / scientists must include all information // even if some of it is unlikely to strengthen their arguments. – 모의

(utilize: V′, information: O′)

변호사들과는 달리, // (그런데) 그들은 정보를 선택적으로 활용하는데 / 자신들의 주장을 뒷받침하기 위해 / 과학자들은 모든 정보를 포함해야 한다 // 정보 중 일부가 자신들의 주장을 강화시키지 않을 것 같다 하더라도.

307 Globalization has resulted in a global brain drain, which refers to the situation in which countries lose their best educated workers to other countries. – 모의응용

308 The more you like yourself, the less you are like anyone else, which makes you unique. – Walt Disney Company

309 The secret of genius is to carry the spirit of the child into old age, which means never losing your enthusiasm. – Aldous Huxley ((英 소설가))

310 The motor of our ingenuity is the question "Does it have to be like this?," from which arise political reforms, scientific developments, improved relationships, and better books. – 모의

311 The origins of contemporary Western thought can be traced back to the golden age of ancient Greece, when Greek thinkers laid the foundations for modern Western politics, philosophy, science, and law. – 모의

312 Many universities offer online courses, where students work closely with professors, using state-of-the-art e-learning technology. *state-of-the-art 최첨단의, 최신식의

Wrap up 05

선행사의 수식과 보충 설명 간의 차이

천일비급 p.84

선행사를 수식하는 콤마가 없는 관계사절과, 선행사를 보충 설명하는 콤마가 있는 관계사절의 의미 차이를 확실하게 알아 두어야 한다.

1 콤마(,)가 없는 관계사절

선행사의 의미를 제한[한정]하며 선행사 이해에 필수적인 정보를 제공한다. 즉 선행사가 누구 또는 무엇인지 등을 이해하기 위해 반드시 그 정보가 필요하다.

He is the man. (?) (그는 그 남자이다.)

He is the man **who** lives next door. (○) (그는 옆집에 사는 남자이다.)

2 콤마(,)가 있는 관계사절

추가적인 의미로서 선행사 이해에 필수적인 정보는 아니다. 즉 선행사가 누구 또는 무엇인지 등을 이해하기 위해 그 정보가 필요하지 않다.

He is an old friend of mine, **who** didn't recognize me. (그는 내 오랜 친구인데, 나를 알아보지 못했다.)

그러므로 선행사만으로도 그것이 무엇을 뜻하는지 명백한 고유명사 등은 콤마 없는 관계사절과 같이 쓸 수 없다.

❶ I have seen the Eiffel Tower, **which** was built in 1889. (○) (나는 에펠탑을 봤는데, 그것은 1889년에 세워졌다.)

❷ I have seen the Eiffel Tower **which** was built in 1889. (×) (나는 (여러 에펠탑 중) 1889년에 세워진 에펠탑을 보았다.)

즉, ❷는 여러 개의 에펠탑이 있다는 전제 하에 그중에서 1889년에 세워진 것을 보았다고 하는 의미가 되므로 쓸 수 없다.

또한, 콤마가 있고 없고에 따라 뜻이 달라지기도 한다는 것을 유의하자.

❶ His brother, **who** works at the supermarket, is a friend of mine.
(그의 남동생은 슈퍼마켓에서 일하는데, 내 친구이다.)
→ 그는 남동생이 한 명이고, 그 남동생이 슈퍼마켓에서 일한다.

❷ His brother **who** works at the supermarket is a friend of mine.
(슈퍼마켓에서 일하는 그의 남동생이 내 친구이다.)
→ 그는 남동생이 둘 이상이고, 내 친구는 그중에 슈퍼마켓에서 일하는 남동생이다.

※ 다음 1, 2 문장의 의미와 연결되는 것을 〈보기〉에서 고르시오.

〈보기〉
a. All the local charities help those in need.
b. Some of the local charities help those in need. There are other local charities as well as these.

1 We will raise 1,000,000 won for local charities, which help those in need. ________

2 We will raise 1,000,000 won for local charities which help those in need. ________

GOLDEN SAYING

I'm convinced that the only thing that kept me going was that I loved what I did. You've got to find what you love.

-Steve Jobs ((美 Stanford大 졸업식 연설 중))

나를 계속 나아가게 한 유일한 것은 내가 하는 일을 사랑한 것이었다고 확신합니다. 여러분은 여러분이 사랑하는 것을 찾아야 합니다.

형용사(구) / 관계사절 II

Chapter Overview

이 챕터에서는 형용사구나 관계사절이 독해에서 걸림돌이 되는 여러 경우에 대해 알아본다. 주로 생략이나 생소한 형태, 수식어구가 여러 개 겹쳐 오는 경우, 수식받는 명사의 위치, 수식어구 내 삽입어구 등이 원인이 된다. 이러한 구문들의 성립 배경이나 판단 근거를 이해하면서 학습하면, 어려움 없이 해결할 수 있을 것이다.

Chapter Goals

1 복잡한 관계사절을 포함한 문장의 구조와 수식 관계를 분석할 수 있다.
2 하나의 명사를 수식하는 두 개 이상의 형용사구[절]의 범위를 파악할 수 있다.
3 명사를 수식하는 구[절] 안에 다른 내용이 삽입되어 있는 경우에 대비할 수 있다.

Must-know Words & Lexical Phrases

UNIT 46

313 **cite** 언급하다; 인용하다

quote 인용하다; 인용구

paraphrase (쉽게) 바꾸어 쓰다

314 **be immune to A** A에 면역이 되다; A의 영향을 받지 않다

cf. immune 면역성이 있는; ~에 면역된

immunity 면역력; 면제

어법 직결

make or break 운명[성패]을 좌우하다

317 **divert** 방향을 바꾸게 하다, 우회시키다; (생각, 관심을) 다른 데로 돌리다 (= distract)

end up (v-ing) 결국 (어떤 상황에) 처하게 되다[v하게 되다]

318 **comfort** 안락, 편안

cf. comfort zone 안전지대; (일을) 적당히 함, 요령을 피움

addictive 중독성이 있는

UNIT 47

319 **deadly** 치명적인; 극도의

toxin 독소

cf. toxic 유독성의; 치명적인

compel A to-v A가 v하도록 만들다[강요하다]

320 **tribe** 집단, 무리; 종족, 부족

322 **preserve** 보존하다

어법 직결

govern 운영하다, 관리하다; 지배하다

UNIT 48

324 **cultivate** (관계를) 쌓다[구축하다]; 재배하다, 기르다

325 **detect** 감지하다, 발견하다

sensory 감각의

327 **refer to A** A를 말하다, 나타내다; A와 관련 있다

328 **carry out** 수행하다

population 인원수; 모집단 ((통계 대상이 되는 집단 전체)); 인구

단어를 미리 알면, 구문 학습이 더 쉬워져요!

authority 관계자, 관계 기관; 권한, 권위(자)

329 clockwise 시계 방향으로 (↔ counterclockwise 반시계 방향으로)

rotate 회전하다; 교대하다

330 intellectual 지적인

humility 겸손

display 보이다, 드러내다; 전시(하다)

receptive (새로운 것, 제안을) 잘 받아들이는, 수용하는

cf. receive 받다, 받아들이다

UNIT 49

331 second-hand 간접적인

cf. second-hand smoke 간접흡연

inhale (숨을) 들이마시다 (↔ exhale 내쉬다)

332 regard A as B A를 B로 여기다

instrument 도구; 악기

bring about ~을 가져오다[초래하다]

333 stand[be] in awe of A A에 대해 경외심을 갖다

cf. awe 경외심 ((장엄한 것 앞에서 느끼는 두려움))

proper 참된; 적절한; 올바른 (↔ improper 부적당한; 잘못된)

height 높은 곳; 높이; 최고조

measure 평가하다, 측정하다; 단위; 조치

reasoning 추론, 추리

cf. reason 추론하다; 이유; 이성, 사고력

conclusion 결론, 결말

cf. conclude 결론짓다, 끝내다

335 sound 건강한; (잠이) 깊은; 소리; ~처럼 들리다

cf. be of sound mind 정신이 건강하다

어법 직결

emit 발산하다, 내뿜다

state 상태; 국가; 말하다

bossy 위세를 부리는, 권위적인

morality 도덕성

advance 증진시키다; 나아가다; 전진

UNIT 50

337 highlight 강조하다

run out 다 되다[떨어지다], 다 쓰다

338 adapt 각색하다; 맞추다; 적응하다

narrative 서술, 묘사, 이야기

restructure 재구성하다; 개혁하다

339 take place 일어나다; 개최되다

attendance 출석, 참석(자)

cf. attend (~을) 참석하다

341 stand for ~을 옹호하다, 지지하다; ~을 나타내다, 상징하다

push forward (힘든 길을) 계속 나아가다

어법 직결

stamina 체력, 끈기, 지구력

see A through (포기하지 않고) ~을 끝까지 해내다

(!) see through 꿰뚫어 보다, 간파하다

UNIT 51

342 represent 대변[변호]하다; 대표[대신]하다; ~을 표현하다[나타내다]

344 plot twist (줄거리) 반전

revelation 뜻밖의 새 사실; 폭로

cf. reveal 폭로하다, 드러내다 (= disclose)

force A to-v A가 v하게 만들다[강요하다]

345 desirable 바람직한; 호감이 가는

UNIT 46

관계사와 선행사의 생략

목적격 관계대명사 who(m), which, that은 자주 생략된다.
(대)명사 뒤에 〈S´+V´ ~〉의 형태가 바로 이어지면, 제일 먼저 생각해야 하는 것이 목적격 관계대명사의 생략이다.
관계대명사절에서 원래 목적어가 빠진 자리(●)까지 확인하면 이 구문임을 확신할 수 있다.
(대)명사 + (관계대명사) + S´ + V´ ● ~

313 You must cite / *the author* **[(*whom*) you are quoting ●]** //
반드시 언급해야 한다 / 저자를 [인용하고 있는 (문구의)] //
whether you are directly quoting the author / or paraphrasing the quote.
저자(의 문구)를 직접적으로 인용하고 있든지 / 인용구를 다른 말로 바꾸어 쓰고 있든지.

314 Newborn babies are immune to many diseases because they have antibodies they received from their mothers, although this immunity only lasts about a year. *antibody 항체 ((세균, 독소에 대항하기 위해 생성되는 물질))

315 Twenty years from now, you will be more disappointed by the things you did not do than by the ones you did. – Mark Twain ((美 소설가))

어법 직결 다음 밑줄 친 부분이 어법상 올바르면 O표, 틀리면 X표 하고 바르게 고치시오.

The words you say to someone have the potential to make or break that person, so it is important to choose words carefully. – 모의응용

관계부사의 경우, the reason과 why처럼 같이 짝을 이루는 것이 너무 당연할 때 둘 중 하나를 생략하는 경우가 많다.
This is **the reason (why)** I was late. = This is **(the reason) why** I was late. 이것이 내가 늦었던 이유이다.
- 선행사 the time, the day 등과 when
- 선행사 the place 등과 where

316 The time you should repair the roof is when the sun is shining.
– John F. Kennedy ((美 제35대 대통령))

317 Without clear goals, it's easy to get diverted, heading in multiple directions and years later ending up in the place you really never intended.

318 Comfort becomes addictive. The comfort zone is where dreams go to die.

UNIT 47

many of + 관계대명사

관계대명사절의 시작은 관계대명사라고 생각하기 쉽지만 〈명사 + 전치사 + 관계대명사〉가 관계대명사절을 이끄는 경우도 있다.

The author wrote *two famous novels*. + **Both of them(= two famous novels)** earned awards.
선행사

→ The author wrote two famous novels, **both of which** earned awards.
그 작가는 유명한 소설 두 편을 썼는데, 둘 다 상을 받았다.

특히, 다음과 같은 어구들이 관계대명사 앞에 자주 놓인다.
many of / most of / all of / both of / some of / one of / none of 등

319 Deadly poisons, foul flavors, and toxins of plants / are *chemicals*, //
식물의 치명적인 독, 역겨운 맛, 독소는 / 화학 물질이다. //
a great many of which are designed to compel other creatures /
(그리고) 그것들 중 대부분이 다른 생물들을 (~하도록) 만들기 위해 고안된다 /
to leave them alone. – 모의응용
그것들(식물들)을 내버려 두도록.

*foul 역겨운, 악취 나는; 파울[반칙]을 범하다

320 Social media has given voice and organizational ability to new cyber tribes, some of whom spend their time spreading blame and division across the World Wide Web. – 모의응용

321 Life is a series of experiences, each one of which makes us bigger, even though sometimes it is hard to realize this. – Henry Ford ((자동차 회사 Ford 설립자))

322 Indeed, all the coal, natural gas, and oil we use today is just solar energy from millions of years ago, a very tiny part of which was preserved deep underground. – 모의

어법 직결 다음 문장의 네모 안에서 어법상 알맞은 것을 고르시오.

The orchestra is governed by the musicians themselves, most of [them / whom] remain with the philharmonic for a lifetime, closely protecting its artistic values.

*philharmonic 교향악단

UNIT 48

명사 + 형용사구 + 관계사절

형용사구나 관계사절(형용사절)은 수식하는 명사 바로 뒤에 위치하는 경우가 대부분이어서, 여러 개 이어져도 독해에 그리 큰 지장을 주지는 않는다.

a book **on the country** **which is rapidly developing** 빠르게 발전하고 있는 그 나라에 대한 책
(형용사구인 전명구는 a book을, 관계사절은 the country를 수식)

그러나 이어진 여러 형용사구[절]가 하나의 명사[선행사]를 수식하는 경우에는, 수식하는 명사와 떨어진 형용사구[절]를 문맥으로 정확히 파악해야 한다.

a book **on China** **which I am reading** 내가 읽고 있는 중국에 대한 책
(형용사구인 전명구와 관계사절이 모두 a book을 수식)

323 The heel is / *the part* **(of the body)** **[that receives the most shock upon impact, / especially when walking and running]**.
발뒤꿈치는 ~이다 / (신체의) 부분 [충격에 대해 가장 많은 타격을 받는, / 특히 걷고 뛸 때].

324 We can cultivate a relationship of understanding between two individuals by allowing the other person to express themselves freely.

325 The taste of food is detected by sensory cells called taste buds located on top of the tongue. There are five basic tastes: sweet, bitter, sour, salty and savory.
*taste bud (혀의) 미뢰 **savory 감칠맛의, 풍미 있는

326 New Zealand became the first country in the world to recognize the national rights of women to vote.

327 Fast fashion refers to trendy clothes of low prices designed, created, and sold to consumers as quickly as possible. – 모의응용

328 Methods for carrying out surveys depend on the population and decisions made by the authorities on size of sample.

329 Venus spins in a clockwise direction unlike all other planets including Earth that rotate in a counterclockwise direction.

330 Intellectual humility is admitting there are limits to the knowledge you have of certain issues. People who display intellectual humility are more likely to be receptive to learning from others. – 모의응용

UNIT 49

명사 + 관계사절 + 관계사절

하나의 문장 안에 두 개 이상의 관계사절이 사용된 경우, 관계사절의 선행사는 같을 수도 있고 각각 다를 수도 있다.

- 선행사[1] [관계사절[1] (선행사)[2] [관계사절[2]]]

(각 선행사 바로 뒤에 관계사절이 위치하므로 독해에 큰 지장을 주지 않는다.)

독해에 지장을 줄 수 있는 것은 하나의 선행사를 두 개 이상의 관계사절이 수식하는 경우이다. 선행사와 멀리 떨어진 관계사절을 문맥으로 정확히 파악해야 한다.

- 선행사 [관계사절[1]] [관계사절[2]]

이 경우 두 관계사절은 등위접속사나 콤마(,)로 연결되기도 한다. 해석은 첫 번째 관계사절부터 순서대로 하는 것이 좋다.

331 Second-hand smoke is the smoke (inhaled by *people* **[who are not themselves smoking]** / but **[who are near *others* [who are smoking]]**).

간접흡연은 흡연이다 (사람들에 의해 들이마셔지는 [그들 자신은 담배를 피우고 있지 않은] / 하지만 [다른 사람들 근처에 있는 [담배를 피우고 있는]]).

332 Most modern people regard technology as an instrument that makes things or people's lives easier and that can bring about contributions to our society.

333 We stand in proper awe of a man whose thoughts move on heights far beyond our range, whose achievements can be measured only by the few who are able to follow his reasoning and challenge his conclusions. – 모의

334 Every single person we know who is successful at what they do is successful because they love doing it. – Joe Penna ((브라질 영화감독))

335 Start something you can do with pleasure that requires active body movements for your sound body and mind.

어법 직결 다음 문장의 네모 안에서 어법상 알맞은 것을 고르시오.

1 Leaders who emit negative emotional states of mind, [who / which] are rude and bossy, upset people and have few followers. – 모의응용

2 Morality often expresses itself as a duty to perform an action that advances the interests of others but that [harm / harms] one's own. – 모의응용

UNIT 50

주어와 멀리 떨어진 주어 수식 형용사구 / 관계사절

주어를 수식하는 형용사구/관계사절은 주어 바로 뒤에 위치하는 것이 일반적이지만, 술부 뒤에 위치하는 경우도 있다. 대개 주어 뒤의 술어 부분이 상대적으로 짧거나 수식어구[절] 내용이 더 중요한 경우인데, 주어를 수식한다는 것을 문맥으로 정확히 판단할 수 있어야 한다.

S(선행사) + V ~ + 수식어구[절]

336 If *technology* is created **[that uses less energy]**, // that should have / the same basic effect / as increasing the total amount of energy available.

(S´ = technology, V´ = is created, S = that, V = should have, O = the same basic effect)

기술이 만들어진다면 [더 적은 에너지를 사용하는], // 그것은 가질 것이다 / 같은 기본 효과를 / 사용 가능한 에너지의 총량을 증가시키는 것과.

↘ 더 적은 에너지를 사용하는 기술의 개발은 사용 가능한 에너지의 총량을 증가시키는 것과 같은 효과가 있다.

337 The teacher highlighted the importance of working as a team, especially when time was running out to complete an activity.

338 When adapting novels for movies or dramas, some differences are noticeable between the "original" narrative and the restructured version on screen.

339 Major discussion took place on whether online education can be as effective as physical attendance of school.

340 The thing always happens that you really believe in; and the belief in a thing makes it happen. – Frank Lloyd Wright ((美 건축가))

341 The time will come when you will doubt everything you stand for, but you must push forward and never stop. – S. M. Boyce ((판타지 소설 작가))

어법 직결 다음 문장의 네모 안에서 어법상 알맞은 것을 고르시오.

Businesspeople will tell you that the individual wins in negotiations [who / which] is in the best physical shape and has the physical stamina to see the deal through. – 모의응용

UNIT 51

관계대명사 뒤의 I think류

관계대명사 뒤에 I think 등의 ⟨S + V⟩가 삽입되는 경우가 있다.
이와 같은 구조를 취하는 ⟨S + V⟩는 다른 삽입절들과는 달리 앞뒤에 콤마(,)를 두지 않는 경우가 많다. ⟨S + V⟩를 괄호로 묶으면, 문장 구조를 좀 더 쉽게 파악할 수 있다.

I have *a friend*. + **I think** (that) **he** has a unique personality.
선행사

= I have a friend **who (I think)** has a unique personality.
나에게는 **내가 생각하기에** 독특한 성격을 가진 한 친구가 있다.

자주 사용되는 ⟨S + V⟩는 아래와 같다.
I think[believe, suppose], it seems (to me), I'm sure[certain], I'm afraid, they said 등

342 We vote for *the person* [who (**we think**) represents our interests best].
우리는 (~한) 사람에게 투표한다 [(우리가 생각하기에) 우리의 이익을 가장 잘 대변하는].

343 My father always did what he supposed was morally right and always voted in the way that he believed was right for society as a whole.

344 A plot twist is a shocking or unexpected revelation in a work of fiction, forcing the reader to reconsider what they thought they knew about the story.

345 Knowing they are being observed may cause people to behave differently. Subjects of research may give answers that they feel are more socially desirable than their true feelings. – 수능응용

어법 직결 다음 밑줄 친 부분이 어법상 올바르면 O표, 틀리면 X표 하고 바르게 고치시오.

Every time you state what you want or believe, you're the first to hear it. It's a message to both you and others about what you think is possible. – Oprah Winfrey ((美 방송인))

GOLDEN SAYING

I see young men, my townsmen, whose misfortune it is to have inherited farms, houses, barns, cattle, and farming tools; for these are more easily acquired than got rid of.

-Henry David Thoreau ((美 철학자, 작가))

나는 젊은이들, 우리 마을 사람들이 농장, 집, 헛간, 가축, 그리고 농기구 등을 물려받는 불행을 본다. 이것들은 없애기보다 얻기가 더 쉽기 때문이다.

헨리 데이비드 소로는 세속적인 부에 집착하기보다는 자연과 함께 하는 소박한 삶을 지향하였다. 실제로 월든 호숫가 작은 오두막에 거주하며 자급자족하는 생활을 실현하였는데, 당시의 경험으로 〈월든〉을 집필하였다.

사용된 구문을 살펴보면, 소유격(whose) 관계사절 내에 가주어(it)–진주어(to-v) 구문인 〈it is ~ to-v〉가 포함된 것을 알 수 있다.
(← I see young men, my townsmen. + *It is* **their** misfortune to have inherited farms, houses ~.)

부사적 수식어: to부정사, 부사절

Chapter Overview

부사가 수식할 수 있는 것은 동사, 형용사, 다른 부사, 구, 절 또는 문장 전체로서, 형용사처럼 무엇을 수식하는지보다는 의미를 우선 파악하는 것이 독해에 더 도움이 된다. 부사류는 시간, 장소, 원인, 조건 등의 의미를 기준으로 분류한다.

부사적 용법의 to부정사와 부사절을 이끄는 접속사는 여러 의미를 나타낼 수 있는 것이 많기 때문에 문맥을 잘 살펴야 한다.

Chapter Goals

1 부사적 to부정사의 형태별 의미를 알고 올바른 해석을 할 수 있다.
2 접속사는 하나의 의미만 갖지 않으므로, 문맥상 어떤 의미로 해석해야 하는지를 파악할 수 있다.
3 so that과 so ~ that처럼 형태는 비슷하지만 의미가 다른 접속사를 구별하여 해석할 수 있다.

Must-know Words & Lexical Phrases

UNIT 52

346 **afresh** 새롭게, 새로 (= anew)
take A for granted A를 당연하게 여기다
347 **relieve** 안도하게 하다; 덜어주다; 완화하다
cf. relieved 안도하는, 다행으로 여기는
348 **mood** 기분; 분위기
cf. a man of moods 변덕쟁이
349 **take chances** 모험을 하다 (= take risks)
350 **lit** 불이 밝혀진 ((light(불을 밝히다)의 과거[분사]형))
351 **somewhat** 약간, 다소
opponent 상대 (= rival); 반대자
cf. oppose ~와 겨루다, 반대하다
what ~ for ((목적, 이유를 묻는 표현)) 무엇 때문에 ~, 왜 ~
353 **considerate** 사려 깊은 (= thoughtful)
(!) considerable 상당한, 많은 (= significant)
user-friendly 사용자에게 적합한
354 **developed country** 선진국
cf. developing country 개발도상국
life expectancy 기대 수명
355 **leading** 주연의; 주요한; 선도하는; 뛰어난
cf. leading actor 주연 배우
356 **celebrity** 유명인; 명성 (= fame)
357 **end up v-ing** 결국 v하게 되다
confess (to) (~을) 실토하다, 털어놓다
fault 잘못; 결함
358 **severe** 극심한, 혹독한
drought 가뭄
360 **commodity** 상품; 원자재
beneficial 이로운, 유익한 (= profitable)
ensure 보장하다, 반드시 ~하게 하다 (= guarantee)

UNIT 53

361 **exhausted** 지친, 탈진한; 고갈된
362 **remarkable** 놀라운, 주목할 만한
363 **reckless** 무모한, 신중하지 못한 (= careless)

단어를 미리 알면, 구문 학습이 더 쉬워져요!

364 **apparent** 명백한, 분명한 (= obvious); ~인 것처럼 보이는

366 **mature** 다 자라다; 성숙해지다; 성숙한 (↔ immature 미숙한)

367 **diverge** 다르다; 갈라지다, 나뉘다

368 **interference** 간섭, 방해 (= obstruction)

cf. interfere (in) (~에) 간섭하다

out of place 부적절한; 제자리에 있지 않은

UNIT 54

370 **portable** 휴대용의, 들고 다닐 수 있는

372 **inferior** 열등한; 하위의 (↔ superior 우수한; 상급의)

375 **fitness** 건강; 적합함

utilize 이용하다, 활용하다 (= use)

377 **pressure** 압력, 압박

cf. high blood pressure 고혈압 (= hypertension)

accelerate 가속하다 (↔ decelerate 속도를 줄이다)

shrink 줄어들다

cf. shrinkage 수축, 줄어듦

UNIT 55

381 **locate** 위치를 찾아내다; (특정 위치에) 두다

wounded 부상당한, 다친

cf. wound 상처, 부상; 상처를 입히다

digestive 소화의

break down 분해하다; 부수다

discard 버리다, 폐기하다

383 **department** 부서

taboo 금기, 금기시되는 것

norm 규범; 표준

violation 위반; 침해

cf. violate 위반하다; 침해하다

disgust 혐오(감)

384 **brilliantly** 훌륭하게, 뛰어나게; 눈부시게

quarter 15분; 4분의 1

385 **spy on** ~을 염탐하다; ~을 감시하다

387 **employ** 쓰다, 이용하다; 고용하다

389 **account for** (비율을) 차지하다; 설명하다

UNIT 56

390 **expiry date** 만기일; 유효 기간

cf. expiry 만료, 만기 (= expiration)

expire 만료되다

blame A for B A를 B에 대해 탓하다

steer 이끌다; (차량을) 조종하다; 나아가다

take the wheel 운전대를 잡다

391 **of all time** 역대, 지금껏

cf. all-time 시대를 초월한, 전무후무의

393 **excess** 초과(량); 과잉

cf. in excess of ~을 초과하여

395 **be eager to-v** 간절히 v하고 싶어 하다, v하기를 갈망하다

UNIT 57

399 **give A a big hand** A에게 큰 박수를 보내다

401 **excel** 뛰어나다 (= surpass, outshine)

profession (일반적으로) 직업, 직종; 전문직

labor 노력(하다); 일(하다)

402 **carry out** 달성[성취]하다; 실행하다

put A into action A를 실행에 옮기다

403 **pile** 무더기, 쌓아 놓은 것; 쌓다

406 **point out** 지적하다, 가리키다

workforce (한 국가 내의) 노동 인구; 직원

410 **keep A to oneself** A를 비밀로 지키다; A를 마음속에 담아두다

411 **keep up** ~을 유지하다; ~을 떨어지지 않게 하다

412 **be bound to-v** 반드시 v하다, v할 가능성이 크다

414 **vibrate** 진동하다, 떨다

Wrap up 06

06 **childish** 유치한

07 **indicate** 보여주다, 나타내다

UNIT 52

부사적 to-v의 의미

to-v는 대부분 'v하기 위해서'라는 목적(purpose)의 의미를 나타내며, 의미를 분명히 하기 위해 in order to-v나 so as to-v로 쓰기도 한다.

하지만, to-v가 다음과 같은 어구와 같이 쓰일 때는 '감정의 원인' 혹은 '판단의 근거'를 뜻한다.

- 감정을 나타내는 어구 + to-v: 감정의 원인 (v해서)
  I was shocked + **to hear** the news. 그 뉴스를 **듣고서** 나는 충격 받았다.
- 판단이나 추측의 내용 + to-v: 판단의 근거 (v하다니, v하는 것을 보니)
  He was selfish + **to leave** without telling us. 우리에게 말하지 않고 **떠나다니** 그는 제멋대로였다.

346 **To think creatively,** / we must be able to look afresh at //
창의적으로 생각하기 위해서, / 우리는 (~을) 새롭게 볼 수 있어야 한다 //
what we normally take for granted. – George Kneller ((美 건축가))
우리가 보통은 당연하게 여기는 것을.

347 Students were relieved / **to find out** // **that it was the last subject of the lecture.**
학생들은 안도했다 / 알고서 // 그것이 그 강의의 마지막 주제라는 것을.

348 He must be a man of moods / **to change his appointments** / **all the time.**
그는 변덕쟁이임이 틀림없다 / 약속을 바꾸는 것을 보니 / 자주.

349 Sometimes in life we have to take chances in order to achieve a goal. It certainly takes courage to take risks. – 모의응용

350 So as to prevent any injuries at night, it is necessary that your children should stay in well-lit areas.

351 The speaker felt somewhat sorry to ask a barrage of questions to his opponent, but that was what these debates were for. *barrage (질문 등의) 세례; 연발 사격

352 I was careless to allow him to see my plan and foolish to think he would not use it.

353 You were considerate to provide help. If it had not been for the help, I wouldn't have been able to create a user-friendly website.

주로 아래와 같은 어구와 함께 쓰이는 to-v는 '앞에 나온 행위에 대한 결과(~해서 v하다)'를 나타낸다.

- live to-v 살아서 v하다
- wake up[awake(n)] to-v 깨어나서 v하다
- grow up to-v 자라서 v하다
- ~, only to-v (= ~, but) (~하지만) 결국 v하다
- ~, never to-v (= ~, and never) (~하지만[~해서]) 결코 v하지 못하다

354 Most people in developed countries / are expected to live **to be about 80**, //
선진국 국민들의 대부분은 / 약 80세까지 살 것으로 예상된다. //
and life expectancies are rising every year.
그리고 기대 수명은 매년 증가하고 있다.

355 The film starts with a scene where the leading actor awakens to find himself in a dark wood.

356 He was the director of many plays, and both of his kids grew up to be movie stars and TV show celebrities.

357 Doing things quickly actually ends up slowing you down, such as when you rush out of your house only to realize you forgot your keys, phone, or wallet on the kitchen table. – 모의

혼동주의 21 only to-v: 단지 v하기 위해 (강조)

We confess to little faults **only to persuade** ourselves that we have no great ones.

– La Rochefoucauld ((프랑스 작가))

358 Due to forest decline and severe drought, the villagers left their homeland, never to return.

to-v는 형용사를 뒤에서 수식하기도 한다. 'v하기에[v하는 데] ~한'의 의미로 막연한 형용사의 의미를 좀 더 명확하게 한다.

Your writing is really **difficult**. (?) 네 글씨는 정말 어렵다. (?)

Your writing is really **difficult to read**. (○) 네 글씨는 정말 **읽기 어렵다**.

359 E-publishing companies say e-books are more convenient to use than paper books.

360 No country has the potential to produce all commodities at the least cost. Trade is therefore beneficial for countries to ensure the supply of their needs.

UNIT 53

부사적 to-v 구문

- too ~ to-v 너무 ~해서 v할 수 없는 ((결과)), v하기에는 너무 ~한 ((정도))
- so ~ as to-v v할 만큼 ~한, 매우 ~해서 v하는
- ~ enough to-v v할 만큼 충분히 ~한, 충분히 ~하여 v한

361 After becoming exhausted from work, / she recognized //
일로 지쳐버린 후, / 그녀는 깨달았다 //
that life is **too** short / **to do** something [you don't love].
인생은 너무나 짧다는 것을 / [좋아하지 않는] 것을 하기에는.

362 Her success has been **so** remarkable / **as to** deserve praise.
그녀의 성공은 매우 놀라웠다 / 칭찬을 받을 자격이 있을 만큼.

363 Be wise **enough** / **not to be** reckless, // but brave **enough** /
충분히 현명해져라 / 무모하지 않을 만큼, // 그러나 충분히 용감해져라 /
to take great risks.
큰 위험을 감수할 만큼.

364 It is apparent that the economy is growing much too slowly to put people back to work.

혼동주의 22 형용사를 강조하는 too

Don't be **too** quick **to judge** others.

▶ 여기서는 too가 형용사 quick을 강조하여 수식하는 것이므로 〈too ~ to-v〉 구문으로 해석하면 어색하다.

365 Red meat may be harmful, but I can't go so far as to say it causes cancer.

366 It takes most fruit trees about 7 years before they are mature enough to produce good fruit.

to-v는 문장의 앞이나 중간에 위치하여 문장 전체를 수식하기도 한다. 어구처럼 익혀두자.

- to tell[speak] the truth 진실을 말하자면
- to make matters worse 설상가상으로 (= what is worse)
- not to mention ~은 말할 것도 없이 (= not to speak of, to say nothing of)
- needless to say 말할 것도 없이
- to say the least (of it) 조금도 과장하지 않고

367 Needless to say, theory and practice sometimes diverge.

368 Your interference is, to say the least of it, out of place.

UNIT 54 여러 의미의 접속사

- when: ① ~할 때 ② ~인 경우에, ~이라면 (= if) ③ 비록 ~일지라도, ~에도 불구하고 (= although); ~인데
- while: ① ~하는 동안 ② ~인 반면에 (= whereas) ③ 비록 ~일지라도, ~라고는 해도 (= although)

*when이 아래와 같은 구문에서 쓰이면 앞에서부터 차례대로 해석해야 자연스럽다.

- be v-ing(진행형) + when ~: v하고 있는데 (바로) 그때 ~
- be about[ready] to-v + when: (막) v하려고 하는데 그때 ~

369 Many people drive // even **when** their destination is within walking distance.
많은 사람들은 운전한다 // 심지어 그들의 목적지가 걸어서 갈 수 있는 거리일지라도.

370 I was using this portable photo printer when a paper jam occurred. – 모의응용

*paper jam 용지 걸림

371 He was about to leave the room when there was a knocking on the door.

372 While one person hesitates because he feels inferior, another person is busy making mistakes and becoming superior. – Henry C. Link ((美 심리학자))

373 While we may not be able to control all that happens to us, we can control what happens inside us. – Benjamin Franklin ((美 정치인))

- as: ① ~할 때 ② ~이기 때문에 ③ ~처럼, ~이듯이, ~ 대로 ④ ~함에 따라서 ⑤ 비록 ~이지만 (형용사[부사, 무관사 명사] + as + S′ + V′)
- since: ① ~ 이래로 ② ~이기 때문에

374 **As** you consider colleges, // start (V_1) by thinking about yourself /
당신이 대학을 고려할 때, // 자신에 대해 생각하는 것으로 시작하라 /
and then work (V_2) / toward choosing a school [that fits you].
그런 다음 나아가라 / 학교를 선택하는 것으로 [당신에게 맞는].

375 Cycling is better at increasing fitness than walking as it gets your heart rate up and utilizes all of the major muscle groups. – 모의응용

376 The police told us to leave things at the crime scene as they were.

377 High blood pressure can accelerate brain shrinkage as you age.

378 Strange as it seems, it's okay to feel bad sometimes, because we're supposed to experience a variety of moods.

379 We have natural climate change which has been going on since the world began.

380 People are lonely since they build walls instead of bridges. – J. F. Newton ((美 목사))

UNIT 55

형태가 비슷한 접속사

- so (that) ((목적)) ~하기 위해서, ~하도록 (= in order that)
- so + 형용사[부사] (+ a/an 명사) + that ... 아주 ~해서 …한; …할 정도로 ~한
- such (+ a/an) (+ 형용사) + 명사 + that ... 아주 ~해서 …한; ~할 정도로 …한
- ...(,) so (that) ((결과)) (그래서) ~하다, ~하여

381 During World War I, / Marie Curie persuaded wealthy people to donate their cars // **so that** mobile X-ray machines / could be used to locate bullets (in wounded soldiers).

S V O C

제1차 세계 대전 동안, / 마리 퀴리는 부유한 사람들이 자신들의 차를 기부하도록 설득했다 // 이동식 X선 기계가 / 총알의 위치를 찾아내는 데 이용될 수 있도록 (부상당한 병사들 몸 안에 있는).

382 The digestive system is responsible for breaking down food we eat into smaller components so nutrients can be easily absorbed by the body and the waste discarded.

383 I worked in the "new products department," and it was so secret that nobody else in the company knew what we did.

혼동주의 23 〈so + 형용사[부사] + that ...〉 vs. 관계대명사 that

A Taboo is held **so** strongly / by *a society* [**that** follows strict norms] // **that** its violation brings extreme disgust.

384 The instructor has been speaking so fluently and brilliantly that the one-hour lecture seems more like a quarter of an hour.

385 Satellites circling the Earth now have such powerful cameras that they can be used to spy on individual people on the Earth's surface.

386 Fortunately for us, we had bought the house at a low period and sold it at a higher price, so that we got a profit out of the deal.

• (even) if + 가정 비록 ~일지라도, ~이든 아니든
• (even) though + 사실, although 비록 ~이지만, ~에도 불구하고

387 **If** a man is proud of his wealth, // he should not be praised /
어떤 사람이 자신의 부(富)를 자랑스러워할지라도, // 그는 칭찬받아서는 안 된다 /
until it is known / how he employs it. – Socrates
알려질 때까지는 / 그가 그것을 어떻게 쓰는지.
↳ 부자가 재산을 자랑스러워하더라도 그 부(富)를 어떻게 쓰는가를 알고 난 다음에 칭찬하라.

388 In his last years, Beethoven created his Ninth Symphony, one of the best-known works in classical music, even though he couldn't hear his own music.

389 Although human brains only account for 2 percent of typical body weight, they use up to 20 percent of metabolic energy. – 모의응용 *metabolic 신진대사의

UNIT 56

특이한 형태의 접속사

명사, 부사, 동사, v-ing, p.p., 전명구 등의 형태로, 접속사 역할을 하는 것들이 있다.

- the moment[minute]: ~하자마자
  (= as soon as, on v-ing, the instant)
- by the time: ~할 무렵에는; ~할 때까지는
- every[each] time: ~할 때마다 (= whenever)

390 There is an expiry date (on blaming your parents / for steering you in the wrong direction); // **the moment** you are old enough to take the wheel, // responsibility lies with you. – J. K. Rowling ((美 Harvard 大 졸업 축사 中))

만기일이 있다 (부모님을 탓하는 것에는 / 당신을 잘못된 방향으로 이끄는 것에 대해) // 당신이 운전대를 잡을 만큼 나이가 들자마자, // 책임은 당신에게 있다.

391 By the time he was 11 or 12, the young virtuoso possessed one of the greatest techniques of all time. *virtuoso (예술의) 거장, 명연주자

392 I find television very educating. Every time somebody turns on the set, I go into the other room and read a book. – Groucho Marx ((美 코미디언, 배우))

- seeing (that): ~이므로, ~이라는 점에서 보면 (= because, considering that, in that, now (that))
- once: ~하자(마자); ~할 때; 일단 ~하면
- the way: ~처럼
- in case (that): 만약 ~인 경우에는 (= if); ~인 경우에 대비해서

393 **Seeing that** the amount of money involved(S′) is(V′) huge(C′), // it(S(가주어)) is not surprising / that top-selling beverages have advertising budgets (in excess of one billion dollars)(S′(진주어)).

관련된 자금의 양이 막대하다는 점에서 보면, // (~이) 놀랍지 않다 / 가장 잘 팔리는 음료수들이 광고 예산을 가진다는 것이 (10억 달러가 넘는).

394 I thought the building felt very cold in that there were only walls and doors; no decorations.

395 Now that the exam is over, you are eager to find out how well you did, and the next stressful part of the exam begins — waiting.

396 All truths are easy to understand once they are discovered; the point is to discover them. – Galileo Galilei

397 The old city, destroyed by the bombing during World War Ⅱ, was rebuilt the way it used to be.

398 As an exception, private information can be accessed in case there is an official legal request.
cf. I'll draw a map for you in case you can't find our house.

UNIT 57

해석에 주의할 접속사

• no sooner ~ than ... = hardly[scarcely] ~ when[before] ...	~하자마자 …하다 (= as soon as 등)
• not because ~, but because ...	~ 때문이 아니라, … 때문에
• whether A or B	((부사절)) A이든 B이든; ((명사절)) A인지 B인지 (<< Unit 03, 10)
• (just) as ~, so ...	(꼭) ~인 것처럼 …하다

399 **No sooner** had the pianist finished his performance //
(had: V, the pianist: S, finished: V, his performance: O)
피아니스트가 공연을 마치자마자 //
than the audience gave him a big hand.
청중은 그에게 큰 박수를 보냈다.

400 He had hardly arrived at the theater when the movie started to play.

401 Treat everyone with politeness, even those who are rude to you, not because they are nice, but because you are.

혼동주의 24 not ... because ~, but ... because ~: because 앞 내용을 부정하는 not

Men of genius do **not** excel in any profession **because** they labor in it, **but** they labor in it **because** they excel. – William Hazlitt ((英 수필가))

402 Create a definite plan for carrying out your desire and begin at once, whether you are ready or not, to put this plan into action. – Napoleon Hill ((美 작가))

403 Science is facts; just as houses are made of stones, so is science made of facts; but a pile of stones is not a house and a collection of facts is not necessarily science. – Henri Poincare ((프랑스 과학자))

• as[so] long as	((시간)) ~하는 동안; ((조건)) ~하는 한, ~하기만 하면 (= if, on condition that)
• it will not be long before ~	머지않아 ~할 것이다
• just[only] because ~ not ...	~이라고 해서 … 아니다
• unless	만약 ~이 아니라면 (= if ~ not)
• not A until B	B할 때까지 A하지 않다, B하고 나서야 비로소 A하다 (= not until B A)
• for ~	((등위접속사)) 그 이유는 ~, ~이므로
• before ~	~하기까지

404 Sharks continue to produce new teeth / **as long as** they are alive, //
상어는 계속해서 새 이빨을 만들어낸다 / 그것들이 살아 있는 동안, //
which is why shark teeth can often be found washed onto beaches.
(그리고) 이것이 상어의 이빨이 해변으로 밀려와 종종 발견될 수 있는 이유이다.

405 It doesn't matter if the guy is perfect or the girl is perfect, as long as they are perfect for each other. – Good Will Hunting ((영화))

406 Research points out it will not be long before many countries lack the younger workforce they need to compete internationally.

407 There are many different paths to happiness and success. Just because someone isn't following yours, it doesn't mean they've gotten lost.

408 Unless you are trying to lose weight to please yourself, it's going to be tough to keep your motivation level high.

409 A lot of times, people don't know what they want until you show it to them. – Steve Jobs

410 Don't be angry at a friend who told your secret, for neither could you keep it to yourself.

411 Cheetahs are extremely fast, but they can only keep up their top speed for a few minutes before they are too tired to continue running.

- whoever, whichever, whatever　누가[어느 쪽을, 무엇을] ~하더라도 (= no matter who[which, what])
- whenever, wherever, however　언제[어디서, 아무리] ~하더라도 (= no matter when[where, how])

412 **Whatever** the good or bad things in your life are, //
당신의 삶에 어떤 좋은 일이나 나쁜 일이 있더라도, //
they are bound to change.
그것들은 반드시 바뀐다.
↳ 당신의 삶에 어떤 일이 있더라도, 그것은 결국 지나갈 것이다.

혼동주의 25 whatever: ~하는 것은 무엇이든지 ((명사절))

He'll be ready to accept **whatever** help he can get to solve his troubles.

▶ whatever 등이 명사절과 부사절 중 어느 역할로 사용되었는지를 잘 판단해서 해석해야 한다.

413 Let no man imagine that he has no influence. Whoever he may be, and wherever he may be placed, the man who thinks becomes a light and a power. – Henry George ((美 경제학자))

414 The whole house vibrates whenever a heavy lorry passes. *lorry 대형 트럭, 화물차

415 No matter how far you have gone on a wrong road, turn back. – Turkish Proverb

Wrap up 06

천일비급 p.108

that의 이해

that은 다양한 역할을 할 수 있다. 그중 지시대명사(그것, 저것), 지시형용사(그, 저), 부사(그렇게, 그 정도로)로 쓰인 경우는 그나마 '의미'가 있으므로 구별이 어렵지 않지만, 별다른 의미 없이 쓰이는 것들은 구별이 어려운 경우가 있다. 특히 문장의 형태가 비슷할 때 혼동되기 쉬우므로 확실히 정리해두자.

1 명사 + that절 형태

that절이 완전한 구조이면 that은 동격의 명사절을 이끄는 접속사이고, 불완전한 구조이면 관계대명사이다.

01 I got the news **that** they won the gold medal. ((접속사))

02 I got the news **that** I had wanted to hear ●. ((관계대명사))

●는 to hear의 원래 목적어 자리

cf. I was born in the year **that** my uncle died. ((관계부사, 4번 참조))

(that절이 완전하지만 동격 관계가 아니다. the year≠that절)

2 It is[was] ~ that 형태 (≪ Unit 07)

03 It's true **that** he is kind. ((진주어))

04 It was yesterday **that** she played the piano. ((강조구문))

3 '이유'의 부사절을 이끄는 접속사

05 I'm afraid **that** I will be late.

4 관계부사

06 April 1st is the day **that** people play childish tricks on each other. (= the day when)

5 목적어나 보어인 명사절을 이끄는 접속사

07 The survey indicated **that** 30 percent would prefer to buy a house.
O

08 The good point of this room is **that** we can see a nice view.
C

※ 다음 굵게 표시한 that의 역할을 〈보기〉에서 고르시오.

〈보기〉
a. 동격절을 이끄는 접속사 b. 관계대명사 c. 진주어를 이끄는 that d. 강조구문

1 She picked up the hairbrush **that** she had left on the bed.
2 It was Ricky **that** I had been waiting for.
3 It's no wonder **that** a man of his ability should succeed in life.
4 They investigated the possibility **that** a bomb was planted on the jet.

분사구문

Chapter Overview

다음과 같이 두 개의 문장을 합쳐서 하나의 문장으로 표현할 수 있다.

I tried to open the can. I cut my hand. 나는 캔을 따려고 했다. 나는 손을 베었다.

→ **While I tried** to open the can, I cut my hand. 나는 캔을 따려고 하다가, 손을 베었다.
부사절 / 주절

→ **Trying** to open the can, I cut my hand.
분사구문(부사구) / 주절

(*편의상 '주절'이라 한다. 앞의 분사구문이 부사절이 아니므로 엄격히 말하면 '주절'이라 할 수 없다.)

두 번째 문장의 Trying to open the can은 While이 이끄는 부사절을 좀 더 간략히 표현한 것이다. 접속사 While과 주어 I를 없애고 동사(tried)를 분사 Trying으로 고친 것으로, 이를 '분사구문'이라고 한다.

분사(Trying)의 의미상 주어는 보통 주절의 주어(I)지만, 필요한 경우 접속사나 주어를 그대로 두기도 한다.

(<< Unit 60, 61)

부사절 외에 등위절을 분사구문으로 바꿀 수도 있다.

He walked out of the room **and (he) slammed** the door behind him.

→ He walked out of the room, **slamming** the door behind him.

그는 방 밖으로 걸어 나가서 뒤에 있는 문을 쾅 하고 닫았다.

분사구문은 주로 문장의 앞, 뒤에 오며, 드물게는 문장 중간에 오기도 하는데 이때는 주로 명사 주어와 동사 사이에 온다.

분사구문, S + V / S + V, **분사구문** / S, **분사구문**, V

Chapter Goals

1 분사구문을 주절과의 관계에 따라서 적절한 의미로 해석할 수 있다.
2 분사구문의 다양한 형태에 따라 의미상 주어와의 수동/능동 관계를 파악하고 해석할 수 있다.
3 분사구문의 다양한 형태를 올바르게 해석할 수 있다.

Must-know Words & Lexical Phrases

UNIT 58 분사구문의 해석

Wrap up 07 분사구문의 이해

UNIT 59 분사구문이 의미하는 때

UNIT 60 분사구문의 주의할 형태

UNIT 61 분사구문의 의미상 주어

UNIT 58

418 **bombard** 퍼붓다; 폭격하다
constant (수많은 일의) 이어짐, 연속; 흐름
overload 과부하, 지나치게 많음; 과적하다
419 **atmosphere** 분위기; 공기; 대기
420 **satisfactory** 만족스러운, 충분한
cf. satisfy 만족시키다, 충족시키다
medicinally 약으로
cf. medicine 약
medicinal 약효가 있는
cosmetically 미용[화장용] 용도로
cf. cosmetic ((복수형)) 화장품; 화장용의, 미용의
efficiency 효율, 능률
cf. efficient 효율적인 (↔ inefficient 비효율적인); 유능한
toxin 독소
cf. toxic 유독성의
421 **strain** 부담, 압박; 무리를 주다
liver 간
kidney 신장
422 **mental** 정신의
cf. mentality 사고방식; 정신 상태; 지능
physical 신체의, 육체의; 물리적인
be in shape 건강하다, 신체 상태가 좋다
423 **sacrifice** 희생하다; 희생(물)
look back on (과거를) 되돌아보다
highlight 가장 빛나는 [좋은] 부분; 하이라이트; 강조하다 (= underline)

Wrap up 07

take A seriously A를 진지하게[심각하게] 받아들이다

단어를 미리 알면, 구문 학습이 더 쉬워져요!

UNIT 59

424 **cheer on** ~을 응원하다

426 **oppress** 억압[탄압]하다, 압박감을 주다

internalize (사상, 태도 등을) 내면화하다 (↔ externalize 생각, 감정 등을 표면화하다)

427 **playful** 장난기 많은; 놀기 좋아하는

429 **handler** (동물, 특히 개의) 조련사

dispatch 파견하다, 보내다

uncover 발견하다, 적발하다

explosive 폭발물; 폭발하기 쉬운; 촉발[급증]하는

cf. explode 폭발하다; 폭파시키다; 급증하다

explosion 폭발; 폭파; 급증

UNIT 60

430 **bias** 편견; 편견을 갖게 하다 (= prejudice)

ⓘ stereotype 고정관념

unchallenged 의심 없이 받아들여지는; 도전 받지 않은

431 **previously** 이전에

cf. previous 이전의, 바로 앞의

rename ~으로 개명하다

be derived from ~에서 유래되다, 파생되다

cf. derive A from B A를 B에서 얻다

goddess 여신

432 **keep A's word** A가 약속을 지키다

433 **accompany** 동행하다, 동반하다; 반주하다

434 **supreme** 최고의 (= ultimate)

empire 제국; 지배권

cf. emperor 황제

435 **participant** 참가자

cf. participate 참가하다

어법 직결

turn down 거절하다; (소리를) 줄이다

UNIT 61

436 **long-lived** 장수하는; 오래 지속되는

life expectancy 기대 수명, 평균 수명 (= lifespan)

437 **go on (and on)** (듣는 사람이 짜증나도록) 계속 이야기하다; 계속하다

by the minute 시간이 갈수록

438 **excel** 뛰어나다

cf. excellence 뛰어남, 탁월함

dentistry 치과 의술

440 **agree upon** ~에 대해 합의하다, 의견이 일치하다

441 **look to** (개선 방안으로) ~을 생각해보다

public transportation 대중교통

commute 통근 (거리); 통근하다

442 **reliance** 의존, 의지 (= dependence)

cf. rely 의지하다; 신뢰하다

reliable 믿을만한

seek after ~을 찾다[구하다]

어법 직결

concentration 집중(력)

cf. concentrate 집중하다; 모으다

undesirable 바람직하지 않은 (↔ desirable 바람직한)

productive 생산적인 (= fruitful)

443 **privacy** 사생활

input 입력(하다); 투입; 조언

confidential 기밀의; 은밀한; 신뢰를 받는

UNIT 58

분사구문의 해석

분사구문은 대부분 '동시' 또는 '연속'으로 일어나는 일을 나타낸다. 앞에서부터 순서대로 해석하면서 '~하면서(동시동작), 그리고(연속동작), 그래서(연속동작으로 인한 결과)' 등의 적절한 우리말 접속사를 사용하면 된다.

분사구문이 나타낼 수 있는 의미를 정리하면 다음과 같다.

- 동시동작: ~하면서(= as ~)
- 연속동작: 그리고 ~하다(= and ~)
- 결과: 그래서 ~하다(= so that ~)
- 때: ~할 때(= when)
- 때: ~하는 동안[~하던 중, ~하다가](= while)
- 원인, 이유: ~하므로(= because[as, since])
- 조건: 만약 ~하면(= if)
- 양보: 비록 ~일지라도(= although) *매우 드물게 쓰인다.

416 Hundreds of fish were flashing / [and] catching light from the sun, / **moving** upstream. – 수능응용
수백 마리의 물고기가 번쩍거리고 / 태양으로부터 빛을 받고 있었다. / 상류로 이동하면서.
*upstream (강의) 상류로

417 Opening the door of the bakery, he caught the warm scent of fresh bread.

418 In the information age, we are bombarded with a constant stream of new data, leading to information overload.

419 Selecting plants to grow in your backyard, you should consider the atmosphere of your yard.

420 One of the most satisfactory aspects of using essential oils medicinally and cosmetically is that they can enter and leave our body with great efficiency, leaving no toxins behind. – 모의응용 *essential oil 에센셜 오일 ((식물에서 추출하여 정제한 기름))

421 Being a strain on the liver and kidneys, taking in too much protein can be dangerous to the body.

422 Chess is like other sports: wanting to be good, you have to practice and be in good mental and physical shape.

423 Travel while you can, sacrificing other things if necessary to do so. Looking back on their travel adventures as highlights of their lives, most people regret not having traveled more.

Plus 분사구문으로 혼동할 수 있는 v-ing형 전치사

- **considering** the time constraint (시간 제약을 **감안하면**)
- **including** students and teachers (학생과 교사를 **포함하여**)
- **excluding** travel expenses (여행 경비를 **제외하고**) (= excepting)
- **regarding** social customs (사회 관습에 **관해서는**) (= concerning, respecting)

Wrap up 07

분사구문의 이해

1 분사구문과 절

앞서 배운 부사절들을 분사구문으로 바꿔 표현할 수 있지만, 분사구문으로 표현된 모든 문장을 부사절로 바꿔 표현할 수 있다고 말하기는 어렵다. 왜냐하면 대부분의 분사구문은 '동시'나 '연속'으로 일어나는 일을 의미하기 때문이다. 다시 말해, 부사절을 축약해서 분사구문으로 표현하는 것이라기보다, 주어의 두 가지 동작 중 한 가지를 분사구문으로 표현하는 것으로 생각하면 더 정확하다.

또한, 접속사가 없다 보니 아래 예문처럼 두 가지 이상의 접속사로 해석이 가능하여 어떤 부사절 접속사를 이용해서 바꿔 표현할지 곤란한 경우도 생긴다.

Recognizing the healing power of humor, many hospitals are starting to take laughing matters seriously. - 수능

유머의 치유력을 **인식해서[인식한 뒤]**, 많은 병원이 웃음에 대한 문제를 진지하게 받아들이기 시작하고 있다.

→ **Because[As, Since]** many hospitals recognize the healing power of humor, ~.

→ **After** many hospitals recognize the healing power of humor, ~.

대부분의 분사구문은 '동시'나 '연속' 동작을 의미한다는 것을 기억하면서 앞에서부터 차례대로 이해해 나가면 될 뿐, 부사절로 바꿔 표현하는 것에만 학습의 초점을 두지는 말아야 한다.

2 분사구문의 자연스러운 해석

앞에서부터 차례대로 이해해 나가면서, 분사구문과 절 사이에 '그러다가, 그리고, 그래서, 그러면, 왜냐하면' 등의 적절한 우리말 접속사를 사용하면 된다.

Hearing my parents shout, I realized something was wrong.

부모님께서 소리치는 것을 들었다. **(그래서)** 나는 무언가 잘못된 것을 깨달았다.

Putting down my book, I walked to the bedroom.

책을 내려놓았다. **(그리고)** 나는 침실로 걸어갔다.

또한, 분사구문과 주절이 각각 주어의 두 가지 동작을 서술하므로, 앞서 나온 것이 주어를 수식하는 것처럼 해석하면 자연스러운 경우가 많다는 것도 함께 알아두자.

Recognizing the healing power of humor, many hospitals are starting to take laughing matters seriously.

유머의 치유력을 **인식한** 많은 병원이 웃음에 대한 문제를 진지하게 받아들이기 시작하고 있다.

Hearing my parents shout, I realized something was wrong.

부모님께서 소리치는 것을 **들은** 나는 무언가 잘못된 것을 깨달았다.

Putting down my book, I walked to the bedroom.

책을 **내려놓은** 나는 침실로 걸어갔다.

UNIT 59

분사구문이 의미하는 때

분사구문과 주절이 의미하는 때는 다음과 같다.

- v-ing ~, ~ v-ing: 동시동작의 경우, 분사구문은 문장 앞, 뒤 모두에 올 수 있다. 어느 동작을 분사구문으로 표현해도 의미는 같다. 연속동작인 경우, 분사구문이든 주절이든 앞에 나온 것이 먼저 일어난 동작이다.
- having p.p. ~: 분사구문의 동작은 시간이 지났거나 부사절에서 완료형을 써서, 주절의 때보다 앞선 것임을 명확히 나타낸다.

424 It's difficult not to be confident // when you realize / your loved ones
자신감이 있지 않기는 어렵다 // 당신이 깨달았을 때 / 당신이 사랑하는 이가
stand behind you, / **cheering** you on.
당신 뒤에 서있다는 것을, / 당신을 응원하면서.
↳ 당신이 사랑하는 이가 당신을 뒤에서 응원하는 것을 깨닫는다면 자신감을 갖게 될 것이다.
= ~ your loved ones **cheer** you on, **standing** behind you.

425 **Opening the envelope**, / I found an invitation to the concert [which I'd
봉투를 열고, / (그리고) 나는 콘서트 초대장을 발견했다 [내가
been wanting to go to].
가기를 원했던].
= I **opened** the envelope and I **found** an invitation ~.

426 The oppressed, / **having internalized the image of the oppressor and**
억압받는 사람은, / 억압하는 사람의 이미지를 내면화하고
adopted his guidelines, / are fearful of freedom. – Paulo Freire ((브라질 교육학자))
그의 지침을 받아들여서, / 자유를 두려워한다.

427 Cupid was a playful child-god who flew around shooting love arrows into people's hearts, making them fall in love.

428 Arriving at the station, they bought special railroad tickets for tourists.

429 The dog and its handler were dispatched to search for drugs, uncover explosives, and track fugitives, having received the proper training.

*fugitive 탈주자; 도망자

UNIT 60

분사구문의 주의할 형태

- **p.p.** ~, S + V ...: 앞에 being 또는 having been이 생략된 것으로 의미상 주어와는 수동 관계이다.
- **접속사** + v-ing[p.p.] ~, S + V ...: 분사구문과 〈S + V ...〉의 의미 관계가 불분명하거나, 분사구문이 여러 의미로 해석될 여지가 있을 경우, 접속사를 두어 의미를 확실히 한다.
- **명사/형용사** ~, S + V ...: 앞에 being 또는 having been이 생략된 형태이다.

430 Not all biases are harmful, // but, **left unchallenged**, / some of them can
모든 편견이 해로운 것은 아니다. // 하지만 의심 없이 받아들여진 채로 있다면, / 그중 몇몇은
make you prejudiced / against certain groups, individuals, and ideas.
당신이 편견을 갖게 만들 수 있다 / 특정 집단, 개인, 그리고 생각에 대해.
→ 모든 편견이 해로운 것은 아니지만, 아무 의심 없이 놔두면, 특정 집단, 개인, 사상에 대한 일부 편견은 심화될 수 있다.

431 Previously known as Bombay, the city was renamed Mumbai, which was derived from the goddess *Mumba*, in 1995.

432 Once having made a promise, you should keep your word.

혼동주의 26 〈부사절 접속사 + 동명사구 주어〉

If teaching something gives you a lot of fun, it will also be fun for your students.
(teaching something = S´, gives = V´)

▶ 부사절 접속사 뒤의 v-ing가 현재분사가 아니라 동명사 주어일 수도 있다. 뒤에 동사가 이어지는지 확인해 본다.

433 Unless accompanied by adults, children under 12 aren't allowed to see this film.

434 A man of supreme power, Alexander the Great created one of the largest empires of the ancient world.

435 Unaware of their part in the experiment, the participants were given a placebo drug.
*placebo 위약 ((약효가 없는데 있는 것처럼 투여하는 가짜 약))

어법 직결 다음 문장의 네모 안에서 어법상 알맞은 것을 고르시오.

1 Printing became cheaper and faster during the late 1800s, [leading / led] to an explosion in the number of newspapers and magazines. - 모의응용

2 [Having invited / Having been invited] so many times, I felt I couldn't turn them down again.

Plus **'이유'를 나타내는 분사구문**

이유를 나타내는 분사구문은 보통 Being/Having been을 생략하지 않는다.

Being produced and then **thrown away**, paper books create environmental waste.
생산되고 나서 **버려지기 때문에**, 종이책은 환경 폐기물을 만든다.

UNIT 61

분사구문의 의미상 주어

분사구문의 의미상 주어와 주절의 주어는 같아야 한다.
It was a holiday. Most shops were closed. (It ≠ Most shops)
→ Being a holiday, most shops were closed. (×)

서로 주어가 다른 경우, 분사 앞에 그 의미상 주어를 써주어야 한다.
→ ***It*** being a holiday, most shops were closed. (○) 휴일이라서, 대부분의 상점이 문을 닫았다.
그러나 이와 같은 경우, 분사구문을 사용하기보다는 부사절로 표현하는 것이 대부분이다.
(→ Because it was a holiday, ~.)

436 Bats are surprisingly long-lived creatures, / ***some* having a life expectancy of around twenty years.**
박쥐는 놀라울 만큼 장수하는 생물로, / 어떤 것들은 기대 수명이 20년 정도이다.

437 The speaker went on and on, the audience getting more and more bored by the minute.

438 The ancient Egyptians excelled in many areas of medical science, one of these being dentistry. – 모의응용

분사구문의 의미상 주어(S′)가 일반인인 경우, 문장의 주어(S)와 일치하지 않더라도 이를 명시하지 않고 생략한다. 특히 관용적으로 자주 쓰이는 표현을 잘 알아두자.

- generally speaking 일반적으로 (말하면)
- frankly speaking 솔직하게 말해서
- speaking of ~에 관해 말하자면
- judging from ~으로 판단하건대
- granting (that) ~을 인정한다 하더라도
- seeing that ~인 것을 봐도

439 When keeping a diary, it is useful to record dates and places carefully.

440 Generally speaking, the truth of history is that it is a story that has been agreed upon. – Napoleon Bonaparte ((나폴레옹 1세))

⟨with + O + v-ing/p.p.⟩에서 O는 뒤에 나오는 분사의 의미상 주어이다. 'O가 ~하면서[되면서], ~하여[되어]'로 해석되며, 문장의 동사와 동시에 일어나는 상황을 나타낸다.

O와 분사의 관계가 능동인 경우에는 v-ing, 수동인 경우에는 p.p.를 쓴다.
with **a dog following** him ← with + a dog is following
with **his eyes closed** ← with + his eyes are closed

441 **With *oil prices* rising during the month,** / many people are looking to public transportation / for their daily commute.
한 달 동안 유가가 올라서, / 많은 사람이 대중교통을 생각해보고 있다 / 매일의 출퇴근을 위해.

442 Our increasing reliance on computer systems makes computer science a growing field, with computer scientists typically sought after and receiving high salaries.

어법 직결 다음 문장의 네모 안에서 어법상 알맞은 것을 고르시오.

Doing things that require concentration with your TV [turning on / turned on] is an undesirable habit that makes you less productive.

⟨with + O + 형용사/부사/전명구⟩ 형태는 O 뒤의 분사 being이 생략된 것으로 이해하면 된다.
Don't leave when the window is open.
→ Don't leave **with the window (being) open**. **창문을 열어둔 채로** 떠나지 마라.

443 Security and privacy concerns have always been a problem on the Internet, with many people ignorant of the potential risks when inputting confidential data, passwords, and personal information.

444 With a hurricane on the way, it is advisable for all residents to leave the area immediately.

445 When eating with others, remember not to speak with food in your mouth and chew with your mouth closed.

P A R T

주요 구문

지금까지 학습한 사항들 외에도
영어에서 자주 접하는 구문들을 추가로 학습한다.

비교구문

Chapter Overview

● 비교 대상과 비교 조건

비교구문은 어떤 것들(비교 대상)을 어떤 점(비교 기준)에 대해 서로 비교해서 그 정도가 같은지, 다른지, 아니면 가장 심한지를 표현하는 것이기 때문에 우선 비교 대상과 기준을 정확히 파악하는 것이 중요하다.

These frozen vegetables taste as good as **fresh ones.**

이 냉동 야채는 신선한 야채(가 맛이 좋은)만큼 맛이 좋다.

These frozen vegetables taste worse than **fresh ones.**

이 냉동 야채는 신선한 야채(의 맛)보다 맛이 없다.

위 비교구문의 비교 대상은 '냉동 야채'와 '신선한 야채'이고, 기준은 '맛'이다.

(<= Wrap up 08 비교 대상 및 as, than 이하의 이해)

● 비교구문에 쓰이는 형용사와 부사의 형태는 다음 세 가지로 분류된다.

1. 원급: 형용사와 부사 원래 형태를 그대로 쓴다.
   e.g. large, beautiful, quickly
2. 비교급: 주로 단어 끝에 -er을 붙이거나 more를 단어 앞에 붙인다.
   e.g. larger, more beautiful, more quickly
3. 최상급: 주로 단어 끝에 -est를 붙이거나 most를 단어 앞에 붙인다.
   e.g. largest, most beautiful, most quickly

Chapter Goals

1 비교구문에서 비교 대상 및 비교 기준을 파악할 수 있다.

2 비교 결과가 같은 경우, 서로 다른 경우, 가장 정도가 심한 경우로 구분하여 비교 표현을 정리한다.

3 습관적으로 사용되는 비교 의미의 숙어 표현을 학습하여 해석에 적용할 수 있다.

Must-know Words & Lexical Phrases

Wrap up **08**

03 **pedestrian** 보행자

04 **humidity** 습도

05 **congested** 혼잡한, 붐비는

07 **confirm** 확인하다, 확증하다

verbal 언어의; 말로 된, 구두의 (↔ nonverbal 비언어적인)

cue 신호

conflict 충돌, 갈등

credible 신뢰할 수 있는

08 **dairy products** 유제품

stack up 쌓다

fridge 냉장고 (= refrigerator)

expiration date 유통기한

cf. expire 만료되다; 끝나다

11 **obesity** 비만

contribute to A A의 원인이다; A에 기여하다

diabetes 당뇨

inactivity 활동하지 않음; 무기력

UNIT **62**

447 **take A seriously** A를 진지[심각]하게 생각하다

448 **adoptive** (부모나 가족이) 입양으로 맺어진

cf. adopt 입양하다; 채택하다

noble 귀족의; 숭고한; 웅장한

spectator (스포츠) 관중

449 **consume** 소비하다

wealth 재산, 부; 풍부, 다량

cf. wealthy 부유한; 풍부한

UNIT 63

450 **impact (on)** 영향; 충격

451 **decade** 10년

alternative 선택[대체] 가능한 것, 대안

452 **bystander** 구경꾼, 행인

453 **plenty of** 풍부한 양의

party 단체; 파티; 당사자; (먹고 마시며) 놀다

454 **thorough** 철저한, 빈틈없는; 순전한, 진짜의

unnerve 불안하게 만들다

cf. nerve 신경

scribble (급히) 갈겨쓰다; 낙서하다

457 **willingness** 기꺼이 함, 의향

cf. **be willing to-v** 기꺼이 v하다

due to A A 때문에

desire 바람, 욕구; 바라다, 원하다

acquire 얻다, 습득하다

advertise (자신을) 알리다; 광고하다, 선전하다

458 **use up** 다 쓰다

cf. up ((부사)) 완전히, 다

allowance 용돈

UNIT 64

459 **bloom** 꽃을 피우다; 꽃

adversity 역경

cf. adverse 부정적인, 불리한

462 **revenge** 복수, 보복

ⓘ avenge 복수하다

463 **dreadful** 끔찍한 (= awful)

disintegrate 붕괴시키다[되다]; 해체하다[되다] (↔ integrate 통합하다)

break up (관계를) 끝내다; 부수다, 나누다; (무력으로) 해산시키다

464 **supervisor** 관리자; 감독

465 **multitasking** 동시에 여러 가지 일을 하는 능력, 멀티태스킹

UNIT 65

466 **meditate** 심사숙고하다 (= contemplate); 명상하다

at large ((명사 뒤)) 전체적인, 대체적인; (범인 따위가) 잡히지 않은

468 **apply oneself** 전념하다, 몰두하다

Wrap up 08

천일비급 p.117

비교 대상 및 as, than 이하의 이해

1 비교 대상 A와 B는 문법적으로, 그리고 의미적으로 대등한 것이다.

01 **She** is taller now than **her friends** are. (She와 her friends 비교)

02 She is taller **now** than **five years ago.** (now와 five years ago 비교)

03 Drivers are more likely to stop their cars for pedestrians in **marked crosswalks** than at **unmarked ones.** – 모의응용

04 In the summer, **the humidity of Seoul** is higher than **that of New York.** (○) (than New York (×))

05 Sometimes **walking on foot** is faster and safer than **moving by car** when the roads are congested.

2 as, than 이하

앞에 있는 어구와 반복되는 내용이 생략되고 부사(구, 절)만 남는 경우가 흔하며, 앞에서 이미 언급된 내용일 때는 비교 대상 B가 통째로 생략되기도 한다. 비교 대상이 문맥상 분명하므로 B를 추론하기가 어렵지 않다.

06 Sunspots are almost as mysterious now as (they were mysterious) **in Galileo's time.**

07 Research confirms the finding that when verbal and nonverbal cues conflict, nonverbal cues are **more credible** (than verbal cues). – 모의응용

08 There were dairy products stacked up in the fridge. The **older** (dairy products) must be after their expiration date.

3 as, than이 주어·목적어·보어를 겸하는 경우

as, than은 관계대명사처럼 그 절에서 접속사와 대명사 역할을 겸한다. (유사관계대명사)

09 Make such friends **as** will benefit you.

10 Don't use more words **than** are necessary.

4 as, than 뒤에 도치가 일어나는 경우

as, than 이하에 앞에서 언급된 내용이 반복될 때, be동사/조동사(do, have)로 대체하고 도치시킨다. 이때 비교 대상은 '주어'끼리여야 하며, 비교 대상인 '주어'가 새롭고 중요한 정보이기 때문에 도치된다.

11 **Obesity** contributes more to diabetes **than *does* inactivity**.

UNIT 62

비교 결과가 서로 같은 경우

비교 대상이 되는 A와 B를 어떤 기준으로 비교했을 때 결국 같거나 비슷하다고 말하는 경우이다. (A=B)
as나 than 뒤에 생략된 어구를 보충해서 이해해야 한다.

- A as ~ as B　　A는 B만큼 ~하다
- A no less ~ than B　　A는 꼭 B만큼 ~하다(B가 ~인 것처럼 A도 ~이다)
- A no more ~ than B　　A는 B와 마찬가지로 ~ 아니다(A가 ~이 아닌 것은 B가 ~이 아닌 것과 같다) (= A not ~ any more than B)

as ~ as의 '~' 자리가 형용사인지 부사인지는 as를 제외했을 때 적절한 문장 구조로 판단하면 된다.
The first step is **as** *important* **as** half done. 첫걸음은 절반 된 것만큼 중요하다. (← The first step is important.)
I enjoyed the salad **as** *much* **as** the main dish. 나는 그 샐러드를 주요리만큼 맛있게 먹었다. (← I enjoyed the salad much.)

446 A rumor is **as** *hard to unspread* / **as** butter.
소문은 퍼지지 않기가 어렵다 / 버터만큼이나.
↳ 소문은 버터가 펴 바르기 쉬운 것만큼 쉽게 퍼진다.

447 I think people take me as seriously as I want them to. They take me as seriously as I take myself. – Dolly parton ((美 가수))

448 Raising a child as adoptive parents is no less noble than being birth parents.

혼동주의 27 no less than ~ = as many/much as ~ ((('많다'는 느낌)) ~만큼 많은, ~나 되는)
No less than 20,000 spectators were present at the baseball stadium.

449 We have no more right to consume happiness without producing it than to consume wealth without producing it. – George Bernard Shaw ((아일랜드 극작가))

혼동주의 28 no more than ~ = as few/little as = only ((('적다'는 느낌)) 겨우 ~인, ~밖에 안 되는)
Helen Keller was **no more than** two years old when she became blind and deaf.

어법 직결 다음 문장의 네모 안에서 어법상 알맞은 것을 고르시오.

Telling the truth and making someone cry is sometimes just as [bad / badly] as telling a lie and making someone smile.

Plus 〈A + 수식어 + as ~ as B〉 구문

〈A + just(꼭), nearly, almost(거의), half(절반), twice[two times](두 배), three times(세 배) + as ~ as B〉
수식어에 따라 비교의 결과가 달라진다.
Is the full moon **twice as** *bright* **as** the half-moon?
보름달이 반달보다 **두 배만큼** 밝을까?

UNIT 63

비교 결과가 서로 차이 나는 경우

A, B 중 어느 하나가 다른 하나보다 정도가 더하거나 덜한 것이 무엇인지를 판단해내는 것이 핵심이다.

- A>B: A -er[more ~] than B (A는 B보다 더 ~하다)
- A≧B: A not less ~ than B ((A와 B 모두 ~인데) A는 B 못지않게 (그 이상으로) ~이다)

450 An image has a **much greater** *impact on your brain* / **than** words; //
이미지가 뇌에 훨씬 더 커다란 영향을 준다 / 말보다 //
the nerves from the eye to the brain / are **twenty-five times larger** /
눈에서 뇌로 연결된 신경은 / 25배 더 많다 /
than the nerves from the ear to the brain. – 모의
귀에서 뇌로 연결된 신경보다.

451 TV shows were more popular a decade ago than they are now not because they were better, but because we had fewer alternatives to compete for our screen attention.

452 Bystanders sometimes see more than those who play the game. – Proverb

453 Plenty of light is not less necessary than fresh air for good health.

혼동주의 29 not less than ~ = at least ~ ((('많다'는 느낌)) 적어도)

For a party of **not less than** thirty, reduced fares are allowed.

어법 직결 다음 문장의 네모 안에서 어법상 알맞은 것을 고르시오.

Responding to a request with an absolute "There's just no way I can do that, but good luck" is a greater favor than [answer / answering] with a "Maybe, if I have a chance" that's never going to happen. – 모의

Plus 비교급 구문의 수식어

1. much, (by) far, even, a lot, still, a great[good] deal + 비교급: 훨씬 ~한[하게]
   It has been **much/far/a lot** *colder* this year than it was last year. 올해는 작년보다 **훨씬** 더 추웠다.
   *very, too, quite 등은 비교급을 수식하지 못한다.
2. any, a little, a bit + 비교급: 조금 ~한[하게]
   I feel **a little** *better* today. 오늘은 기분이 **조금** 낫다.

• A<B: A less ~ than B (A는 B만큼 ~하지 않다, A라기보다는 오히려 B이다)
A not as[so] ~ as B
not so much A as B
(*not A so much as B로 변형되기도 한다.)
B rather than A

• A≦B: A not more ~ than B ((A와 B 모두 ~ 이긴 하지만) A가 B보다 덜 ~하다, A는 B만큼 ~인 것은 아니다)

454 Recording an interview is easier and more thorough, / and can be
인터뷰를 녹음하는 것은 더 쉽고 더 철저하며, /
less *unnerving* to an interviewee / **than** seeing the interviewer scribbling
인터뷰 대상에게는 불안하게 만들지 않는 것일 수 있다 / 인터뷰하는 사람이 노트에 급히 글을 쓰는 것을 보는 것만큼.
in a notebook. – 모의응용

455 In life, what happens to you isn't as important as what happens in you.

456 The important thing in science is not so much to obtain new facts as to discover new ways of thinking about them. – Sir William Bragg ((노벨 물리학상 수상자))

457 A willingness to pay higher prices isn't due to a desire to acquire better quality so much as to advertise wealth. – 모의응용

458 A person who can speak many languages is not more valuable than a person who can listen in one.

혼동주의 30 not more than ~ = at most ((('적다'는 느낌)) 많아야, 고작)
I used up my allowance buying a concert ticket, so I have **not more than** 1,000 won now.

UNIT 64

여러 가지 것 중 가장 정도가 심한 경우

〈(the +)최상급〉 뒤에는 〈in + 단수명사〉, 〈of + 복수명사〉 또는 that절이 온다.
최상급의 의미를 나타내기 위해 원급이나 비교급을 사용하는 표현도 잘 익혀두자.

- no (other) + 단수명사 ... as[so] + 원급 + as ~
- no (other) + 단수명사 ... 비교급 + than ~
- nothing ... as[so] + 원급 + as ~
- nothing ... 비교급 + than ~
- as + 원급 + as any(+ 단수명사)
- 비교급 + than any (other + 단수명사)
- as + 원급 ... as ever

459 The flower [that blooms in adversity] / is **the most beautiful** of all. – Mulan ((영화))
꽃이 [역경 속에서 피어나는] / 모든 꽃 중에 가장 아름답다.

460 The greatest education in the world is watching the masters at work.
– Michael Jackson

461 Speak when you are angry, and you will make the best speech you'll ever regret. – Laurence J. Peter ((캐나다 교육자))

462 There is no revenge so complete as forgiveness. – Josh Billings ((美 유머 작가))

463 There is nothing more dreadful than the habit of doubt. It is a poison that disintegrates friendships and breaks up pleasant relations. – Buddha ((부처))

464 The supervisor works as diligently as any member of staff I know in this company. It's no wonder he won the Employee of the Year Award.

465 Audiobooks are growing faster than any other format, including print and e-books, because of the convenience of multitasking.

Plus **최상급 구문의 수식어**

by far *the best* winter sport
정말 최고의 겨울 스포츠
the **very** *best* student
정말 최고의 학생
the **second** *largest* country in the world after Russia
러시아 다음으로 세계에서 **두 번째로** 가장 큰 나라

UNIT 65

주요 비교 표현

- the + 비교급 ~, the + 비교급 ... (더) ~할수록, 더 …하다
- 비교급 + and + 비교급 점점 더 ~한[하게]
- as ~ as possible 가능한 한 ~하게 (= as ~ as + S´ + can[could])
- 〈the + 최상급〉 가장 ~한 …조차도 (양보의 의미)

466 **The more** man(S_1) meditates(V_1) upon good thoughts, // **the better** will be(V_2) / his world and the world at large(S_2). – Confucius ((공자))

사람이 좋은 생각에 관해 더 많이 숙고할수록, // 더 좋아질 것이다 / 그의 세계와 전체적인 세상도.

467 I think of life as a good book. The further you get into it, the more it begins to make sense. – Harold Kushner ((美 작가))

468 The quicker you know what you want to do, in terms of career, the better. This gives stronger reasons to apply yourself when, for example, everyone else is out there partying.

469 Throughout human history, people have been trying to send information faster and faster and store information in smaller and smaller media.

470 When you're typing with your thumbs, you need to save your effort by communicating with as few letters as possible, so text message symbols were created as shorthand for users. *shorthand 속기(법), 빨리 적음

471 The richest or most powerful man cannot buy even one more minute of time in a day.

Plus 〈the more ~ , the more ...〉의 어순

1. more와 형용사/부사는 분리하지 않는다.
   The more interested I got in English, **the more** I wanted to know about it. (○)
   The more I got **interested** in English, **the more** I wanted to know about it. (×)
   내가 영어에 **더 흥미를 가질수록**, 나는 그것에 대해 **더 많이** 알고 싶었다.

2. 〈the + 비교급 + 명사〉인 경우 비교급과 명사를 분리하지 않는다.
   The more opportunities you have, **the more challenges** you should take up. (○)
   The more you have **opportunities**, **the more** you should take up **challenges**. (×)
   네게 **더 많은 기회가** 있을**수록**, **더 많은 도전을** 받아들여야 한다.

REVIEW: CHAPTER 11

A와 B의 비교 결과 총정리

1 A=B (A와 B가 서로 같음)

A as ~ as B	A는 B만큼 ~하다
A no less ~ than B	A는 꼭 B만큼 ~하다, B가 ~인 것처럼 A도 ~이다
A no more ~ than B	A는 B와 마찬가지로 ~ 아니다, A가 ~아닌 것은 B가 ~이 아닌 것과 같다

2 A〉B 또는 A≧B (A가 B보다 정도가 더하거나 같음)

A -er[more ~] than B	A는 B보다 더 ~하다
A not less ~ than B	A는 B 못지않게 (그 이상으로) ~이다 (A≧B)
A 배수사(two times ...) as ~ as B	A는 B의 …배만큼 ~하다
A 배수사(two times ...) than B	A는 B보다 …배 더 ~하다
A rather than B	B라기보다는 오히려 A이다

3 A〈B 또는 A≦B (A가 B보다 정도가 덜하거나 같음)

A less ~ than B	A는 B만큼 ~하지 않다
A not as[so] ~ as B	A라기보다는 오히려 B이다
not so much A as B	
not A so much as B	
B rather than A	
A not more ~ than B	(A와 B 모두 ~이긴 하지만) A는 B만큼 ~인 것은 아니다 (A≦B)
A 배수사(half ...) as ~ as B	A는 B의 …배만큼 ~하다

CHAPTER 12

특수구문

Chapter Overview

이 챕터에서는 지금까지 학습한 구문들 외에도 독해에서 자주 볼 수 있는 주요 특수구문들에 대해 알아본다. 각 구문들의 사용 배경이나 목적을 생각하면서 학습하면 좀 더 쉽게 이해할 수 있을 것이다.

Chapter Goals

1 문장에서 특정 부분을 강조하는 구문을 해석할 수 있다.
2 문장 내에서 공통되는 부분과 병렬 구조를 이루는 부분을 파악할 수 있다.
3 부정구문에서 부정되는 범위와 대명사·대용어가 의미하는 바를 찾아 올바르게 해석할 수 있다.

Must-know Words & Lexical Phrases

UNIT 66

473 **exert** (영향력을) 행사하다; 노력하다
mass (일반) 대중, 무리; 덩어리; 많은

474 **a set of** 일련의
throughout ~동안, 쭉, 내내

475 **decisive** 단호한, 결단력 있는; 결정적인
restore 회복하다
productivity 생산성
cf. productive 생산적인; 비옥한, 다산의; 이익을 내는
(↔ unproductive 비생산적인; 수익이 낮은)
up-to-date 최신의; 최신 정보를 포함한

476 **cross-check** (여러 자료를) 비교 검토하다
misinformation 잘못된 정보

477 **punishment** 처벌, 형벌 (= penalty)
cf. punish 처벌하다, 벌주다

UNIT 67

478 **rather** 더 정확히 말하면; 꽤, 약간

479 **put down** 기록하다; 내려놓다
think of ~을 생각하다
reflection 반성, 숙고; 반사
cf. self-reflection 자기반성
reflect 심사숙고하다; 나타내다, 반영하다; 반사하다

481 **politeness** 공손함, 정중함
for its own sake 그 자체로
cf. for A's sake A를 위해

482 **allow for** ~을 고려하다, ~을 감안하다

단어를 미리 알면, 구문 학습이 더 쉬워져요!

UNIT 68

483 **including** ~을 포함하여 (↔ excluding ~을 제외하고)

condition 질환, 질병

485 **instinct** 본능; 직감 (= intuition)

cf. instinctive 본능적인

custom 관습, 풍습; 습관; ((복수형)) 관세

486 **optimist** 낙천주의자

cf. optimistic 낙관적인

pessimist 비관주의자

cf. pessimistic 비관적인

contribute to A A에 공헌[기여]하다; A에 기부하다 (= donate)

parachute 낙하산

488 **take away** 빼다, 제거하다

489 **collective** 집단적인; 공동의

struggle 투쟁; (몸)싸움

어법 직결

content (with) (~에) 만족하는

counsel 조언; 상담하다

feature 특징; ~을 특징으로 삼다; 특집(기사)

take A lightly A를 가볍게 여기다

bear 견디다, 참다(= endure, tolerate)

cf. bearable 참을만한 (= tolerable) (↔ unbearable 참을 수 없는)

leaflet (낱장으로 된) 인쇄물; (광고용) 전단

medication 약물 (치료)

consist in ~에 있다, 존재하다

cf. consist of ~으로 이루어져 있다; ~에 있다

artificial 인공의; 인위적인

cf. artificial intelligence 인공 지능, AI

beat 이기다; 때리다; 능가하다

complicated 복잡한

idle 게으른, 나태한

cf. idleness 게으름, 나태함

murmur (시냇물의) 졸졸거리는 소리; 속삭임; 속삭이다

by no means 결코 ~이 아닌

UNIT 69

491 **value** 가치 있게[소중히] 여기다; 가치

ego 자존심; ((심리)) 자아

494 **consensus** 의견 일치, 합의

subtle 교묘한; 미묘한

disagreement 이견; (의견의) 불일치

genuine 진정한; 진짜의 (= authentic)

UNIT 70

496 **take advantage of** ~을 이용하다

497 **mark** 특징; 흔적; 표적; 점수

cultured 교양 있는, 세련된

privacy 사생활

어법 직결

credit 공로; 신용; 칭찬, 인정 (= approval)

cf. take the credit 공로를 차지하다

UNIT 66

강조구문

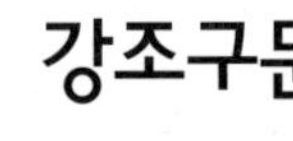

- It is[was] + 강조되는 어구 + that[who, which] … (…하는 것은 (~이 아니라) 바로 ~이다[였다]) (≪ Unit 07)
  강조되는 어구로는 명사(문장의 주어, 목적어), 부사(구, 절)가 올 수 있다. (동사, 형용사(구) 제외)
  강조되는 어구가 사람이면 that 대신 who를, 사물이면 which를 사용할 수 있다.
- 동사 강조: do[does, did] + 동사원형 (정말[꼭] ~하다)
- 명사 강조: the very + 명사, 재귀대명사 (바로 그 ~, ~ (그) 자체; 직접)
- 부정어 강조: not ~ at all[in the least, a bit, by any means] (절대[전혀, 조금도] ~아닌)

472 Dreams feel real // while we're in them. **It's** *only when we wake up* //
꿈은 현실처럼 느껴진다 // 우리가 꿈속에 있는 동안. 바로 우리가 잠에서 깨어난 때뿐이다 //
that we realize something was actually strange. – Inception ((영화))
무언가가 사실은 이상했음을 우리가 깨닫는 것은.

473 It was not until the beginning of the last century that motion pictures began to exert their influence on mass culture as we know it today.

474 Although people who belong to the same age group differ in many other ways, most of them do share a set of values and common cultural experiences that they carry throughout life. – 모의

475 Take decisive action to restore a sharp edge to your productivity. This is the very reason professionals are required to continuously learn what's new in the profession in order to remain up-to-date. – 모의응용

476 When in doubt, we need to cross-check the facts of an article ourselves. The simple act of fact-checking prevents misinformation from shaping our thoughts. – 모의응용

477 The liar's punishment is not in the least that he is not believed, but that he cannot believe anyone else. – George Bernard Shaw ((아일랜드 극작가))

UNIT 67

공통구문

두 개 이상의 어구가 한 어구에 공통으로 연결되어 있는 것을 공통구문이라고 한다. 반복되는 요소를 생략하여 문장을 간결하게 만든 결과로 나타난다.

- XA + XB ⇒ X(A + B)
- AX + BX ⇒ (A + B)X

이때 A와 B는 병렬구조를 이룬다. (⇐ Unit 68)

478 In many cases **stress is caused**, / not by the event itself, / but rather by our response to the event.

많은 경우에 스트레스는 야기된다. / 사건 자체에 의해서가 아니라, / 정확히 말하자면 사건에 대한 우리의 반응에 의해서.

479 Keeping a diary means putting down what we have done, what we thought of, or what has happened. Keeping a diary encourages self-reflection.

480 Whether we like it or not, we are controlled by, rather than in control of, natural forces. – 모의

481 I have always taught my children that politeness, learning, and order are good things, and that something good is to be desired and developed for its own sake. – 수능

482 A good marriage is one which allows for change and growth in both individuals and in the way they express their love. – Pearl S. Buck ((美 작가))

UNIT 68

병렬구조

병렬구조에서는 접속사(and, or, but 등)로 연결된 부분이 어디인지를 정확히 파악하는 게 중요하다.

483 From the 5th to the 15th century, / barbers performed many services, / including cutting hair, pulling teeth, **and** treating medical conditions.

5세기에서 15세기까지, / 이발사들은 많은 서비스를 수행했다, / 머리카락을 자르는 것, 이를 뽑는 것, 그리고 의학적 질환을 치료하는 것을 포함하여.

484 You are never too old to set another goal or to dream a new dream.

– C. S. Lewis (《나니아 연대기》의 작가)

485 Many kinds of animal behavior are the result of habit rather than of instinct, and animal habits, like human customs, can be changed quite rapidly.

아래와 같은 상관접속사의 경우에도, 연결되는 A와 B는 문법적으로 대등한 형태여야 한다.

- both A and B (A와 B 둘 다)
- either A or B (A와 B 둘 중 하나)
- neither A nor B (A도 B도 아닌)
- not A but B (A가 아니라 B (= B but not A))
- not only[just, merely, simply] A but (also) B (A뿐만 아니라 B도 (= B as well as A))

486 **Both** optimists **and** pessimists / contribute to our society.

낙천주의자와 비관주의자 둘 다 / 우리 사회에 공헌한다.

The optimist invents the airplane // and the pessimist the parachute.

낙천주의자는 비행기를 발명하고 // 비관주의자는 낙하산을 (발명한다).

– GB Stern (英 작가)

↘ 낙천주의자는 하늘을 날 수 있다는 희망으로 비행기를 발명하고, 비관주의자는 비행기에서 추락할 수 있다는 염려로 낙하산을 발명하여 각기 다른 방식으로 둘 다 사회에 공헌한다.

487 The past can hurt. But the way I see it, you can either run from it, or learn from it. – The Lion King (애니메이션)

488 Perfection is achieved, not when there is nothing more to add, but when there is nothing left to take away. – Antoine de Saint-Exupery (《어린 왕자》의 작가)

489 Progress is made, not only by the efforts of the rich and powerful, but also by the collective struggles of everyday individuals.

어법 직결 다음 문장의 네모 안에서 어법상 알맞은 것을 고르시오.

1 Let us not be content to wait and see what will happen, but [to give / give] us the determination to make the right things happen. – Peter Marshall ((美 배우))

2 To give counsel as well as [to take / taking] it is a feature of true friendship. – Marcus Tullius Cicero ((고대 로마의 정치가, 철학가))

3 Our life's a stage: either learn to play and take it lightly, or [bear / bearing] its troubles patiently. – Palladas ((고대 그리스의 시인))

어법 직결 다음 밑줄 친 접속사에 의해 연결되는 부분에 모두 밑줄을 그으시오.

4 This leaflet contains important patient information about the medication <u>and</u> should be read completely before beginning treatment.

5 Success does not consist in never making blunders, <u>but</u> in never making the same one a second time. – George Bernard Shaw *blunder 큰 실수

6 Artificial intelligence can now recognize faces, translate languages, take calls for you, write poems, <u>and</u> to our surprise beat players at the world's most complicated board game. – 모의응용

7 Rest is not idleness, <u>and</u> to lie sometimes on the grass under trees, listening to the murmur of the water, or watching the clouds float across the sky, is by no means a waste of time. – John Lubbock ((英 고고학자))

Plus 상관접속사와 수의 일치

주어가 상관접속사로 연결된 경우 동사는 기본적으로 가까운 명사에 수를 일치시킨다.

Neither you nor **I *am*** late. 너도 나도 둘 다 지각이 아니다.

Not only you but also **she *is*** late. 너뿐만 아니라 그녀도 지각이다.

다만, ⟨both A and B⟩ 다음에는 복수동사가 오며, ⟨B as well as A⟩는 내용상 강조하고 있는 B에 수를 일치시킨다.

Both you and I *are* late. 너와 나 모두 지각이다.

You as well as she ***are*** late. 그녀뿐만 아니라, 너도 지각이다.

UNIT 69

부정구문

부정구문은 잘 알아두지 않으면 문장의 의미를 정반대로 이해할 수도 있으므로 특히 주의해야 한다.

- 부분부정: 일부만 부정하는 것으로, 바꿔 말하면 일부는 긍정하는 것이다.
  not all[every, both] (모두[둘 다] ~은 아니다, 즉 일부만 ~하다)
  not always (항상 ~은 아니다), not necessarily (반드시 ~은 아니다)
- 전체부정: 모두를 부정한다.
  no, not ~ any, nobody, none (아무도 ~않다), neither (어느 쪽도 ~않다)
- 이중부정: 하나의 문장에 부정어가 두 개 있는 경우로서, 강한 긍정을 나타낸다.
  부정어 A without B (A하면 반드시 B한다, B해야만 A한다)

490 Consider what Mahatma Gandhi said: // "**Not all** our gold and jewelry / could satisfy our hunger and quench our thirst." – 모의

마하트마 간디가 말했던 것을 생각해 보라 // "우리의 모든 금과 보석이 ~은 아니다 / 우리의 허기를 충족시킬 수도 있고 우리의 갈증을 해소시킬 수도 있는."

*quench (갈증을) 해소시키다; (불을) 끄다

491 Apologizing does not always mean that you're wrong and the other person is right. It sometimes means that you value your relationship more than your ego.

492 An artwork is not necessarily followed by a second work that is better. – 모의응용

493 If you cannot decide which of the two things to do, you are likely to get yourself into trouble by doing neither.

494 In fact, consensus rarely comes without some forms of subtle coercion and the absence of fear in expressing a disagreement is a source of genuine freedom. – 모의

*coercion 강압, 강제

495 Trade will not occur unless both parties want what the other party has to offer. – 모의

Plus 부정어를 포함하지 않는 부정구문

- **Far from** being relaxed, we felt uncomfortable. 긴장을 풀기는**커녕**, 우리는 불편했다.
- He is **the last** person to praise someone. 그는 **결코** 누구를 칭찬할 사람이 **아니다**.
- No one is **free from** faults. 결점이 **없는** 사람은 없다.
- The answer to that question is **beyond** me. 그 질문의 답변을 나는 **할 수 없다**.
- I **have yet to** call my friend because I was so busy. 나는 너무 바빠서 내 친구에게 **아직** 전화하지 **못했다**.

UNIT 70

대명사 · 대용어

영어에서는 똑같은 표현을 반복하는 것을 피하려는 특성이 있기 때문에 대명사가 많이 이용된다. 그 외에도 문장에서 언급된 구나 절을 대신하여 사용되는 '대용어'에 해당하는 표현들이 여럿 있다. 대부분의 경우 무엇을 가리키는지가 쉽게 판단되지만, 대용어가 다른 구문과 합쳐져 있을 때는 쉽지 않다. 대용어의 개념을 정확히 알고 문맥을 잘 살펴야 한다.

- they: 복수명사를 대신한다.
- another: 또 다른 (불특정한) 하나. an과 other가 합쳐진 것이므로 단수명사를 대신한다.
- the others: 나머지 모든 것. 복수명사를 대신한다.
- the former ~ the latter ...: 전자(= the one)는 ~ 후자(= the other)는 …
- the other side of the coin: 동전의 뒷면 (지금까지 이야기한 것과 반대 · 대조되는 측면)

496 Great opportunities come to all, // but many do not know /
멋진 기회는 모두에게 온다, // 그러나 많은 이들은 모른다 /

they (= many) have met **them** (= great opportunities). The only preparation to take advantage of **them** (= great opportunities) /
자신이 그것을 만난 것을. 그것을 이용하기 위한 유일한 준비는 /

is simple fidelity (to what each day brings). – A. E. Dunning ((美 신학자)) *fidelity 충실함
단순한 충실함이다 (매일 주어지는 것에 대한).

497 Not only is the wise use of leisure a mark of a cultured man, but the value he places on privacy in the use of it is another.

498 Courage is the greatest of all the virtues. Because if you don't have courage, you may not have an opportunity to use any of the others.

– Samuel Johnson ((英 시인, 작가))

499 Be as careful of the books you read, as of the company you keep; for your habits and character will be as much influenced by the former as by the latter. – Paxton Hood ((英 작가))

500 Being a parent is such a huge responsibility, but the other side of the coin is that it is one of the most exciting and enjoyable things you can do.

어법 직결 다음 문장에서 굵게 표시한 부분이 가리키는 것을 찾아 밑줄을 그으시오.

My grandfather once told me that there are two kinds of people: those who do the work, and those who take the credit. He told me to try to be in **the first group**; there was much less competition. – Indira Gandhi ((인도의 첫 여성 총리))

Overall Inside Preview

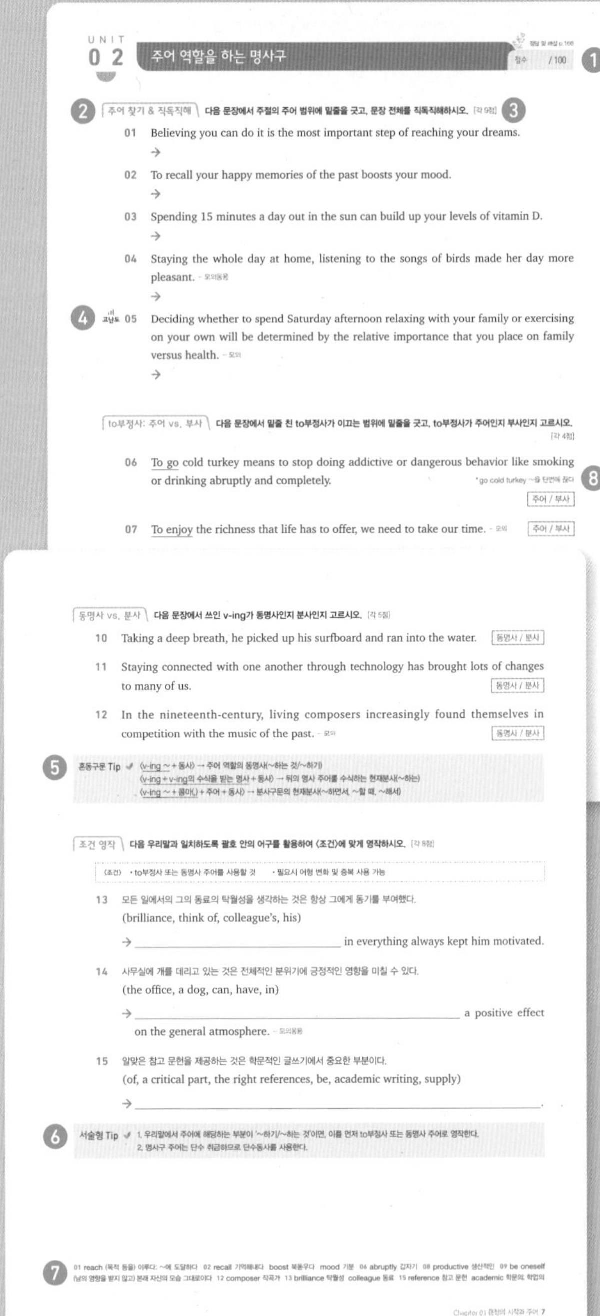

UNIT 02 주어 역할을 하는 명사구 점수 / 100

주어 찾기 & 직독직해 다음 문장에서 주절의 주어 범위에 밑줄을 긋고, 문장 전체를 직독직해하시오. [각 9점]

01 Believing you can do it is the most important step of reaching your dreams.
→

02 To recall your happy memories of the past boosts your mood.
→

03 Spending 15 minutes a day out in the sun can build up your levels of vitamin D.
→

04 Staying the whole day at home, listening to the songs of birds made her day more pleasant.
→

고난도 05 Deciding whether to spend Saturday afternoon relaxing with your family or exercising on your own will be determined by the relative importance that you place on family versus health.
→

to부정사: 주어 vs. 부사 다음 문장에서 밑줄 친 to부정사가 이끄는 범위에 밑줄을 긋고, to부정사가 주어인지 부사인지 고르시오. [각 4점]

06 To go cold turkey means to stop doing addictive or dangerous behavior like smoking or drinking abruptly and completely. 주어 / 부사

07 To enjoy the richness that life has to offer, we need to take our time. 주어 / 부사

동명사 vs. 분사 다음 문장에서 쓰인 v-ing가 동명사인지 분사인지 고르시오. [각 5점]

10 Taking a deep breath, he picked up his surfboard and ran into the water. 동명사 / 분사

11 Staying connected with one another through technology has brought lots of changes to many of us. 동명사 / 분사

12 In the nineteenth-century, living composers increasingly found themselves in competition with the music of the past. 동명사 / 분사

조건 영작 다음 우리말과 일치하도록 괄호 안의 어구를 활용하여 〈조건〉에 맞게 영작하시오.

13 모든 일에서의 그의 동료의 탁월성을 생각하는 것은 항상 그에게 동기를 부여했다.
(brilliance, think of, colleague's, his)
→ ________________ in everything always kept him motivated.

14 사무실에 개를 데리고 있는 것은 전체적인 분위기에 긍정적인 영향을 미칠 수 있다.
(the office, a dog, can, have, in)
→ ________________ a positive effect on the general atmosphere.

15 알맞은 참고 문헌을 제공하는 것은 학문적인 글쓰기에서 중요한 부분이다.
(of, a critical part, the right references, be, academic writing, supply)
→ ________________.

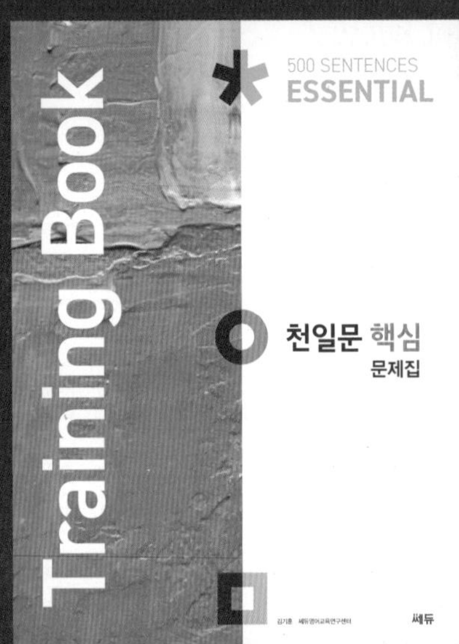

Training Book
500 SENTENCES
ESSENTIAL
천일문 핵심
문제집
쎄듀

1. 각 문항별 배점의 총합이 100점이므로 점수 관리 용이 (정답 및 해설에 부분점수 표 수록)
2. 문제 유형 및 포인트
3. 각 문항별 배점 표시
4. 고난도 문항 표시
5. 혼동구문 구별 착안점 또는 정리 사항
6. 서술형 영작을 위한 가이드
7. 문제 풀이에 걸림돌이 되지 않도록 보기 편한 위치에 어휘 제시
8. 학습 범위를 벗어나는 고난도 어휘는 별도 제시

천일문 핵심 문제집 ESSENTIAL

Training Book

Practice Makes Perfect!

실력은 하루아침에 이루어지지 않죠.
노력만이 완벽을 만듭니다.
〈천일문 핵심 문제집 Training Book〉은
〈천일문 핵심〉의 별책 문제집으로
〈천일문 핵심〉과 동일한 순서로 구성되어 있어
학습 내용을 편하게 확인하고 적용해볼 수 있습니다.
핵심편 학습과 병행하세요.

| 별도 판매 | 정가 13,000원

More Detailed Inside Preview

1 구문 이해 확인에 특화된 다양한 문제

명사 형태의 부사 구별하기 | 다음 문장에서 주절의 주어에 밑줄을 그으시오. [각 5점]

10 Three times a day, I brush my teeth thoroughly to take

11 Every night last week was rainy and stormy, because country.

동명사 vs. 분사 | 다음 문장에서 쓰인 v-ing가 동명사인지 분사인지 고르시오. [각 5점]

10 Taking a deep breath, he picked up his surfboard and r

11 Staying connected with one another through technolo to many of us.

12 In the nineteenth-century, living composers incre competition with the music of the past. – 모의

의미상의 주어 구별하기 | 다음 밑줄 친 부분이 준동사의 의미상의 주어인 것을 모두 고

05 ⓐ It was clever of her to solve the difficult problem and the solution to her friend.
ⓑ He told me that it would be acceptable for a few day
ⓒ She was really careless of the rights of other peop public

목적어 형태 파악 | 다음 문장에서 빈칸에 들어갈 말을 〈보기〉에서 골라 알맞은 형태로 쓰

〈보기〉 bring raise become apply

06 You need ______ winter clothes because it c mountain at night. – 모의

07 The hospital is planning ______ its capac patients in the coming year.

2 해석(부분 해석/전체 해석)

해석 | 다음 문장에서 주어에 밑줄을 긋고, 주어를 '때, 이유, 양보, 조건, 방법' 등의 부사적 의

06 Three hours' drive brought the family to the new place
→

07 Technological advances have led to a dramatic reducti transmitting information. – 모의

보어 찾기 & 직독직해 | 다음 각 문장에서 보어의 범위에 밑줄을 긋고, 문장 전체를 직독

01 After he bumped into a passerby, he stayed sitting dov head.
→

02 When I heard the Korean team didn't make it to t tournament, I got disappointed.
→

3 어법(네모/밑줄)

어법 | 다음 문장의 네모 안에서 어법상 알맞은 것을 고르시오. [각 4점]

06 Who we are [is / are] usually a result of the people we

07 Why [do we enjoy / we enjoy] movies so much is ex movies. – 수능응용

어법 | 다음 밑줄 친 부분이 어법상 올바르면 ○, 어색하면 ×로 표시하고 바르게 고쳐 쓰시

10 The current electronic voting systems failed to mee technical faults, so innovations in electron technology

11 At the court, the accused admitted to tell the custom which was completely a lie.

4 영작(배열/조건)

배열 영작 | 다음 우리말과 의미가 통하도록 괄호 안에 주어진 어구를 순서대로 배열하시오

11 긴 시간의 토론 후, 참가자들은 만족할 만한 결론을 도출했다.
(the participants / discussion / a long hour's / helped)
→ ______
to draw a satisfactory conclusion.

조건 영작 | 다음 우리말과 일치하도록 괄호 안의 어구를 활용하여 〈조건〉에 맞게 영작하

〈조건〉 • 필요시 어형 변화 및 중복 사용 가능 • 콤마(,) 사용 가능

13 컴퓨터 기반의 디지털 기록 보관소는 큰 용량의 저장 공간을 가진다.
(storage spaces, digital archives, computer-based, have
→ ______

5 문장전환/문장쓰기

문장 전환 | 다음 두 문장의 의미가 일치하도록 if 가정법 구문을 활용하여 바꿔 쓰시오.

01 I think the party wouldn't be that much fun witho positive energy.
→ I think the party wouldn't be that much fun ______ him, who always gives off positive energy.

02 We should help young people mature into ethical adu the global community. Otherwise, many people would

MEMO

MEMO

별책해설집

천일문 핵심  천일비급

〈천일비급〉 이렇게 학습하세요~

HOW TO STUDY

Point 1 천일비급 학습법

1 학습 계획을 세운다. (비급 p. 4~5)

하루에 공부할 양을 정해서 천일문 학습을 끝까지 해낼 수 있도록 합니다.

PART 1 문장의 구조와 변형

CHAPTER	UNIT	PAGE	학습 예정일	완료 여부
01 문장의 시작과 주어	01 문장의 시작	7	7/12	✔
	02 주어 역할을 하는 명사구	8	7/13	✔
	03 주어 역할을 하는 명사절	9	7/14	✔
	04 긴 주어	11	7/15	✔
	05 무생물 주어의 해석	14	7/16	✔

2 본책 학습과 병행하여 확인하고 보충한다.

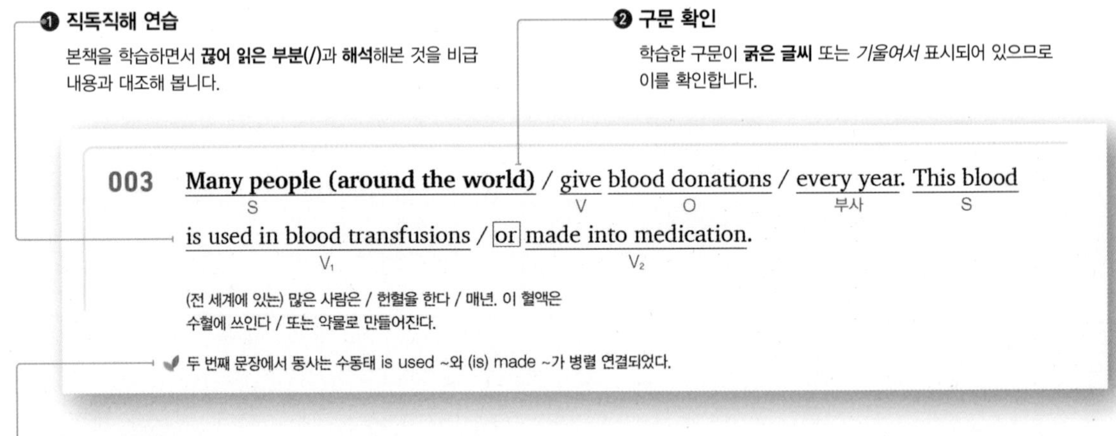

❶ 직독직해 연습

본책을 학습하면서 **끊어 읽은 부분(/)**과 **해석**해본 것을 비급 내용과 대조해 봅니다.

❷ 구문 확인

학습한 구문이 **굵은 글씨** 또는 *기울여서* 표시되어 있으므로 이를 확인합니다.

003 Many people (around the world) / give blood donations / every year. This blood is used in blood transfusions / or made into medication.

S / V / O / 부사 / S / V_1 / V_2

(전 세계에 있는) 많은 사람은 / 헌혈을 한다 / 매년. 이 혈액은 수혈에 쓰인다 / 또는 약물로 만들어진다.

✔ 두 번째 문장에서 동사는 수동태 is used ~와 (is) made ~가 병렬 연결되었다.

❸ 보충 해설 학습

✔ 표시 뒤에는 학습 포인트가 되는 구문 및 문장에 실린 다른 주요한 내용을 간단명료하게 해설해 놓았습니다.

3 MP3 파일을 들으며 리스닝 훈련을 한다.

원어민의 발음을 익히고 리스닝 실력까지 키우도록 합니다. (본책 유닛명 오른쪽의 QR코드를 스캔하면 MP3를 들을 수 있습니다.)

Point 2 천일비급에 쓰이는 기호

기본 사항 |

000	기본 예문	p.p.	과거분사	C	보어
000	고난도 예문	v	동사원형 · 원형부정사	M	수식어
=	동의어, 유의어	S	주어	A	부사적 어구
↔	반의어	V	동사	/, //	끊어 읽기 표시
( )	생략 가능 어구 또는 삽입어구	O	목적어		
[ ]	대체 가능 어구	IO	간접목적어		
to-v	to부정사	DO	직접목적어		
v-ing	동명사 또는 현재분사				

글의 구조 이해를 돕는 기호들 |

( )	앞의 명사를 수식하는 형용사구, 준동사구
[ ]	선행사를 수식하는 관계사절, 또는 동격절
●	관계사절에서 원래 명사가 위치했던 자리
∨	어구가 생략된 자리
S´	종속절의 주어/진주어
V´	종속절 · 준동사구 내의 동사
O´	종속절 · 준동사구 내의 목적어/진목적어
C´	종속절 · 준동사구 내의 보어
M´	종속절 · 준동사구 내의 수식어
S1(아래첨자)	중복되는 문장 성분 구분

기호 사용의 예 |

Healthy eating is really important // if you want to become[V´] fit and healthy[C´].

S V C S´ V´ O´

(to become fit and healthy의 to부정사구는 if가 이끄는 부사절 내의 목적어(O´) 역할을 하고, to부정사구 내의 become은 동사(V´) 역할, fit and healthy는 보어(C´) 역할을 한다는 뜻)

일러두기 |

- 해석은 직역을 원칙으로 하였고, 직역으로 이해가 어려운 문장은 별도로 의역을 삽입함.
- 본 책에서의 끊어 읽기(/, //) 표시는 문장의 구조 분석을 위한 의미 단위를 기준으로 함.
  (원어민이 문장을 말할 때 끊는 부분(pause)과는 일치하지 않을 수 있음.)
  어구의 끊어 읽기는 / 로 표시하고, 구조상 보다 큰 절과 절의 구분은 // 로 표시함.

CONTENTS & SCHEDULE

PART 1 문장의 구조와 변형

PART 2 동사의 이해

PART 3 수식어의 이해

PART 4 주요 구문

PART 1

문장의 구조와 변형

UNIT 01 문장의 시작

명사 수식 형용사

001 **Psychological and social well-being** (of children) / must both be ensured // for them to have a healthy childhood. – 모의응용

S, V

심리적 그리고 사회적 행복은 (아이들의) / 둘 다 보장되어야 한다 // 그들이 건강한 어린 시절을 보내려면.

✔ to부정사(to have ~)의 의미상 주어는 앞의 for them이다.

002 Globally, and in most countries, / **the number of deaths (from air pollution)** / has increased.

부사, S, V

세계적으로, 그리고 대부분의 국가에서 / 사망자의 수는 (대기 오염으로 인한) / 증가해왔다.

✔ the number of: ~의 수 *cf.* a number of: 많은 ~ (= many)

003 **Many people (around the world)** / give blood donations / every year. This blood is used in blood transfusions / or made into medication.

S, V, O, 부사, S, V_1, V_2

(전 세계에 있는) 많은 사람은 / 헌혈을 한다 / 매년. 이 혈액은 수혈에 쓰인다 / 또는 약물로 만들어진다.

✔ 두 번째 문장에서 동사는 수동태 is used ~와 (is) made ~가 병렬 연결되었다.

004 **These days** / mathematics is important in many different types of jobs, / including those [related to engineering, business, science, medicine and more].

부사, S, V, C

오늘날에 / 수학은 여러 다른 종류의 직업에서 중요하다. / ~인 것들을 포함하여 [공학 기술, 상업, 과학, 의술 등과 관련된].

혼동주의 01 명사 형태의 부사

Today / **Mom** was doing her office work / at the kitchen table / because of the heavy snow. – 수능응용

부사, S, V, O

오늘 / 엄마는 회사 일을 하고 계셨다 / 부엌 식탁에서 / 폭설 때문에.

▶ 간혹 명사 형태의 부사가 문장 앞에 쓰일 수 있다. 모든 명사가 다 부사로 쓰일 수 있는 것은 아니고, 의미가 '시간, 장소, 방법, 이유' 등의 부사적인 것에 한하므로 의미와 나머지 문장 구조로 어렵지 않게 판단할 수 있다.

005 At the height (of the last glacial period), / **the sea level** was so low //
부사구(전명구) S V C
that dry land joined the continents [that are separate today]. – 모의응용
S′ V′ O′

마지막 빙하기가 한창일 때 / 해수면은 아주 낮아서 //
육지가 대륙과 이어졌다 [오늘날에는 분리된].

so+형용사[부사]+that ...: 아주 ~해서 …하다

006 When we narrate our firsthand experiences, // **we** tend to modify /
부사절 S V O
what happened / in order to make the story more enjoyable for the listeners. – 모의응용

우리가 직접 체험한 것을 이야기할 때, // 우리는 수정하는 경향이 있다 /
일어난 일을 / 이야기를 듣는 사람에게 더 즐겁게 만들기 위해.

UNIT 02

주어 역할을 하는 명사구

007 **To read critically** / means to read analytically, // which means / to question
S V O
and ∨ think about the written material (in front of you). – 모의

비판적으로 읽는 것은 / 분석적으로 읽는 것을 의미한다. // 이는 의미한다 /
글로 쓰인 자료에 대해 의심하고 생각하는 것을 (당신 앞에 있는).

- to부정사[동명사] 주어는 단수 취급하므로 단수동사(means)가 쓰였다.
- to-v나 that절 등은 주어로 쓰일 수는 있지만 동사가 be동사일 경우 형식상의 주어인 가주어 it으로 보통 대신하므로, 영작 시험에서는 〈it is ~ to-v[that]〉 형태를 사용하는 것이 좋다. (≪ **Unit 07 〈it is 명사 that ~〉의 it**)
  It is pleasant **to lie** in the sun. (햇빛을 받으며 누워 있는 것은 기분이 좋다.)
  It's a shame **that** he isn't here. (그가 여기에 없는 것이 아쉽다.)
- ∨ 자리에는 means의 목적어인 to부정사구 반복되는 to가 생략된 것으로 볼 수 있다.

혼동주의 02 **to부정사의 부사적 역할 (v하기 위해)**

To read critically, / **you** should try / not to accept everything [you read].
부사구 S V O
비판적으로 읽기 위해 / 당신은 노력해야 한다 / 모든 것을 받아들이지 않도록 [당신이 읽는].

▶ 문장 맨 앞의 to-v가 주어가 아니라 부사적 역할(목적)일 수 있다. 〈to-v ~, + S + V〉 구조이며 'v하기 위해(목적)'로 해석되면 부사구이며 부사구 to-v 다음에는 콤마가 쓰이기도 한다. 따라서 문장의 의미와 구조를 통해 to-v가 주어인지 부사구인지 판단해야 한다.

008 **To pay a lot of money for something** / can also be expressed //
S V
as "something costs an arm and a leg."

어떤 것에 많은 돈을 쓴다는 것은 / 표현될 수도 있다 //
'어떤 것이 costs an arm and a leg(큰돈이 든다)'라고.

cf. **To prepare** for unexpected expenses, / **you** should separate bank accounts.
부사구 S V O

예상치 못한 지출에 대비하려면 / 은행 계좌를 분리해야 한다.

F·Y·I cost an arm and a leg 표현은 다양한 유래가 있다. 옛날에 화가에게 머리와 어깨까지만 나오도록 초상화를 요청하면 값이 싸지만, 팔과 다리까지 나오도록 요청하면 값이 비싸졌다는 데에서 유래했다는 설이 그중 하나이다.

009 When people are depressed, // **recalling their problems** makes things worse.
S V O C

사람들이 우울할 때, // 그들의 문제를 회상하는 것은 상황을 악화시킨다.

혼동주의 03 동명사 vs. 분사

Recalling his childhood memories, / he missed his old friends.
분사구문 S V
자신의 어린 시절 기억을 회상하며, / 그는 오래된 친구들을 그리워했다.

▶ v-ing도 마찬가지로 문장 맨 앞에 있더라도 무조건 주어는 아니다. 〈v-ing ~+콤마(,)+S+V〉 구조이면 분사구문으로서 '동시 동작, 연속 동작, 시간, 이유 등'을 의미한다. (<< **Unit 58**) v-ing 뒤에 따로 주어와 동사가 있는지를 파악한다.

Boiling water is used / to make fruits and nuts loosen their outer skins.
S V
끓는 물은 사용된다 / 과일과 견과류의 겉껍질을 부드럽게 하기 위해.

▶ 여기서 v-ing는 뒤의 명사(water)를 수식하는 현재분사이며 'v하는[하고 있는] ~'으로 해석한다. 동명사 주어(v하는 것은)로 해석하면 어색할 경우, 수식하는 현재분사로 쓰였는지 살펴본다.

010 **Taking unscheduled breaks** / is an easy way (to fall into the procrastination trap).
S V C

– 모의응용

계획에 없던 휴식을 취하는 것은 / 쉬운 방법이다 (미루는 덫에 빠지는).

cf. **Taking** unscheduled breaks, / **you** cannot finish your work in time.
분사구문 S V O
계획에 없던 휴식을 취하면 / 당신은 제 시간에 일을 끝낼 수 없다.

= If you take unscheduled breaks, you cannot finish ~.

어법 직결 **Answer** ● 본문 p.31

X, → is

해설 | 동명사구(Building solid relationships)가 주어이므로 단수 취급한다. 따라서 are를 단수동사 is로 고쳐야 한다.

Building solid relationships / is vital / for doing business. – 모의응용
S V C
견고한 관계를 쌓는 것은 / 필수적이다 / 사업을 하는 데.

UNIT 03 주어 역할을 하는 명사절

011 **That climate change will get worse** // is obvious / throughout the world.
S V C

(→ ***It*** is obvious throughout the world **that climate change will get worse.**)

기후 변화가 심해질 것은 // 명백하다 / 전 세계에 걸쳐.

명사절 주어는 흔히 가주어 it으로 대신하고 문장 뒤에서 진주어로 쓰이며, 특히 that절은 대부분 가주어 it으로 대신한다.
(<< **Unit 07** 〈it is 명사 that ~〉의 it)

012 Children would be comfortable / with a good caretaker. It doesn't matter in the long run
S(가주어) V

// **whether that's a parent, nanny, or day care.**
S'(진주어)

아이들은 편하게 생각할 것이다 / 잘 보살펴주는 사람을. 결국에는 상관이 없다
// 그것이 부모인지, 보모인지, 또는 보육 시설인지는.

✔ 두 번째 문장은 whether가 이끄는 절을 주어로 하여 Whether that's a parent, nanny, or day care doesn't matter ~로 바꾸어 쓸 수 있다.

혼동주의 04 **whether 부사절 (~이든 아니든)**

Whether or not an eclipse occurs, // staring at the Sun directly / can cause you to go blind. – 모의응용
양보의 부사절 S V

일식이 일어나든 아니든, // 태양을 직접 쳐다보는 것은 / 눈을 멀게 할 수 있다.

▶ 〈Whether ~,+S+V〉 구조에서 whether가 이끄는 절이 명사가 아닌 부사 역할을 하며, '~이든 아니든(양보)'으로 해석되면 부사절이다.

(≪ Unit 57)

013 In the province of the mind, / **what one believes to be true** // either is true or becomes true. – John C. Lilly ((美 의사, 작가))
부사구(전명구) S V_1 C_1 V_2 C_2

마음의 영역에서는, / 진실이라고 믿는 것은 // 진실이거나
진실이 된다. (→ 이미 진실이거나 곧 진실이 될 것이다.)

✔ what은 선행사를 포함하는 관계대명사로 '~하는 것'으로 해석한다.
✔ either A or B: A거나 B거인, A와 B 둘 중 하나

014 **Who built the pyramids** // is a question [that has been asked for millennia].
S V C

누가 피라미드를 지었는가는 // 수수께끼이다 [수천 년 동안 질문되어 온].

✔ Who는 명사절을 이끄는 의문사이다.

015 **How much more you learn / when you pause, quiet your mind, and listen to / what others say** // is amazing.
S V C

당신이 얼마나 더 많이 배우는지는 / 잠시 멈추고, 마음을 진정시키고, 들을 때 /
다른 사람들이 말하는 것을 // 놀랍다.

✔ How는 명사절을 이끄는 의문사로, 명사절 안에 접속사 when이 이끄는 부사절이 포함되었다.
✔ what others say는 관계사절로 전치사 to의 목적어 역할을 한다.

016 **Whatever does not destroy me** // makes me stronger. – Friedrich Nietzsche ((니체, 독일 철학자))
S V O C

나를 파괴하지 않는 것은 무엇이든지 // 나를 더욱 강하게 만든다.
↳ 나를 죽일 정도로 엄청난 것이 아닌 이상, 고난은 나를 더욱 강하게 만든다.

✔ Whatever = Anything that (~하는 것은 무엇이든지)
✔ 여기서 whatever는 명사절을 이끄는 복합관계대명사이다.

혼동주의 05 **복합관계대명사 부사절 (누가[어느 쪽을, 무엇을] ~하더라도)**

Whichever path you take, // good planning will help ensure success.
양보의 부사절 S V O

어느 길을 가든, // 좋은 계획은 성공을 보장하는 데 도움이 될 것이다.

▶ 〈Whoever[Whichever, Whatever] ~,+S+V〉 구조가 문장에서 명사가 아닌 부사 역할을 하며, '누가[어느 쪽을, 무엇을] ~하더라도(양보)'로 해석되면 부사절이다.

본문 p.32

X, → depends

해설 | whether가 이끄는 명사절(whether ~ friendly robots)이 주어이므로 단수 취급한다. 따라서 depend를 단수동사 depends로 고쳐야 한다.

Robots are machines (designed and created by humans in the laboratory), // so **whether we have killer robots or friendly robots** (S) / just depends on (V) the right direction of AI research. – 모의응용

로봇은 기계이다 (인간에 의해 실험실에서 고안되고 만들어지는). // 따라서 우리가 살상용 로봇을 갖는지, 우호적인 로봇을 갖는지는 / 그저 인공 지능 연구의 올바른 방향에 달려 있다.

Wrap up 01 명사절의 구조와 역할

본문 p.33

1. 접속사 that/whether, 의문부사

01 **That he lied to his parents** // upset them a lot.
그가 부모님에게 거짓말했던 것은 // 그들을 아주 화나게 했다.

02 For thousands of years / humans believed // **that Earth was at the center of the universe.**
수천 년 동안 / 사람들은 믿었다 // 지구가 우주의 중심에 있다고.

03 **When the action occurred, occurs, or will occur** // is expressed by the verb tense.
행위가 언제 일어났고 언제 일어나고, 또는 언제 일어날 것인지는 // 동사 시제로 표현된다.

04 I don't know // **when the class will be over.**
나는 모른다 // 언제 수업이 끝날지.
시간을 나타내는 부사절에서 미래는 현재시제로 표현된다. 하지만 이 문장처럼 명사절일 때는 미래시제(will be)를 사용한다.

2. 관계대명사 what, 의문대명사, 복합관계대명사

05 **What seems clear** // is that he wants to hear a positive answer.
분명해 보이는 것은 // 그가 긍정적인 대답을 듣고 싶어 한다는 것이다.

06 The police couldn't figure out // **who had broken into the house.**
경찰은 알아낼 수 없었다 // 누가 그 집에 침입했는지.

07 **What most beginner investors don't understand ●** // is that investing in the stock market could be a risk. – 모의응용
대부분의 초보 투자자들이 이해하지 못하는 것은 // 주식 시장에 투자하는 것이 위험할 수 있다는 것이다.

08 A man recognized me, // but I couldn't remember / **who he was ●**.
한 남자가 나를 알아보았지만 // 나는 기억할 수 없었다 / 그가 누구인지.

09 You can choose // **whichever *dish* [you prefer ● / in this restaurant].**
너는 고를 수 있다 // 어떤 음식이든지 [네가 좋아하는 / 이 식당에서].

UNIT 04 긴 주어

017 Some books (S) (useful for students (preparing for the test)) / were procured (V) in the school library.

몇 권의 책들이 (학생들에게 유용한 (시험을 준비하는)) /
학교 도서관에 구비되었다.

Some books를 수식하는 형용사 useful이 for students ~ test의 수식을 받아서 길어졌다. 형용사가 전명구 등의 수식어구를 수반하여 길어질 때는 뒤에서 수식하는 경우가 대부분이다.

018 **A friendship (founded on business)** / is better than a business (founded on friendship).
S V

– John D. Rockefeller ((美 사업가))

우정은 (사업에 기반을 둔) / 사업보다 더 좋다 (우정에 기반을 둔).
↳ 우정을 나누는 사이끼리 사업을 하는 것보다, 사업을 하면서 우정을 쌓는 것이 더 좋다.

혼동주의 06 **주어를 수식하는 과거분사 vs. 동사**

If the overall outcome is pleasurable enough, // any unpleasantness (**suffered** along the way) /
S
is minimized. – 모의응용
V

전반적인 성과가 충분히 만족스러우면, // 어떤 불쾌함도 (그 과정에서 겪는) / 최소화된다.

▶ 동사의 과거형과 과거분사형이 같은 경우가 있으므로, 주어 뒤에서 수식하는 과거분사를 동사로 착각하지 않도록 주의해야 한다. 이 문장에서 suffered는 과거형 동사가 아니라 주어 any unpleasantness를 수식하는 과거분사이다.

019 People [who are often in a hurry] / imagine / (that) they are energetic, //
S V O
when in most cases they are simply inefficient. – Sydney J. Harris ((美 언론인))

[자주 서두르는] 사람들은 / 생각한다 / 자신들이 활기차다고 //
대부분의 경우 그들은 그저 비효율적인데도 불구하고.

여기서 접속사 when은 '~인데도 (불구하고)'라고 해석하는 것이 자연스럽다.

020 **Consumption (of fossil fuels) / at an alarming rate** / can lead to global warming
S V
[which can further result in melting of polar ice caps and an increase in sea levels].

(화석 연료의) 소비는 / 걱정스러운 속도의 / 지구 온난화로 이어질 수 있다
[나아가 극지방 만년설의 해빙과 해수면 증가를 결과적으로 일으킬 수 있는].

021 **Devoting our time and energy / to finding what's important to us** / eventually
S
will bring about much more effective allocation (of our spiritual resource).
V

우리의 시간과 에너지를 바치는 것은 / 우리에게 중요한 것을 찾는 데 / 궁극적으로
훨씬 더 효율적인 (정신적 자원의) 할당을 불러올 것이다.

⟨devote A to v-ing (A를 v하는 데 바치다)⟩ 구문의 동명사 형태가 주어로 사용되었다.

022 **An important way (to improve your well-being and ∨ manage relationships)** / is
S V
learning to deal with conflict / in a positive and constructive way, / without
excessive stress.

훌륭한 방법은 (행복을 향상시키고 관계를 관리하는) /
갈등에 대처하는 법을 배우는 것이다 / 긍정적이고 건설적인 방향으로, / 과도한 스트레스 없이.

주어 An important way가 두 개의 to부정사구(to improve ~, (to) manage relationships)의 수식을 받는 구조이다. ∨ 자리에는 반복되는 to가 생략되었다.

혼동주의 07 **주어를 수식하는 준동사 vs. 문장 전체의 동사**

Giving people flexibility (**to have** good judgment and ∨ **use** their talents) / rapidly **accelerates** progress. – 수능응용
S V

사람들에게 유연함을 주는 것은 (좋은 판단력을 갖고 재능을 사용하는) / 빠르게 발전을 가속화한다.

▶ 주부를 이루는 준동사를 동사로 착각하지 않아야 한다. 이 문장에서 use는 동사가 아니라 앞의 to have와 and로 병렬 연결된 구조이다. ∨ 자리에 to가 생략된 것으로 볼 수 있다.

023 **What may be normal behavior / in one culture** / functions / as inappropriate or even rude behavior / in another.

S V

정상적인 행위일 수도 있는 것이 / 한 문화에서 / 작용한다 / 부적절하거나
심지어 무례한 행동으로 / 다른 문화에서는.

what이 이끄는 명사절 주어 다음에 동사 functions가 등장한다. function(작용, 기능)은 명사형 접미사 -tion으로 끝나지만 동사(작용하다, 기능하다)로도 사용된다.

혼동주의 08 명사로 혼동하기 쉬운 동사

People [who are sensitive to caffeine] / sometimes **experience** a temporary **increase** in energy and mood. – 모의응용

V 명사 (V(×))

[카페인에 민감한] 사람들은 / 때때로 에너지와 기분의 일시적인 상승을 경험한다.

▶ experience처럼 명사로 쓰이는 경우가 많은 단어는 문장의 동사라는 것을 미처 판단하지 못하는 경우가 있으므로 주의해야 한다.
cf. 명사와 형태가 같은 동사들: increase, decline, matter, change, offer, question, form, function, finance, cost, contract, concern, support 등

024 **Whoever has the device [that is causing the interruption in class]** / must silence it immediately.

S V O

장치를 가진 사람은 누구든지 [수업 중에 방해를 일으키고 있는] /
즉시 그것을 소리 나지 않게 해야 한다.

복합관계대명사 whoever는 '~하는 사람은 누구든지(= anyone who)'의 의미이다.

025 When you meet a complete stranger at a party, // **to introduce**[V'1] **yourself**[O'1] **and** ∨ **try**[V'2] **to be interested in the other person**[O'2] / breaks the ice.

S V

파티에서 전혀 모르는 사람을 만날 때, // 자신을 소개하고
다른 사람에게 관심을 가지려고 노력하는 것은 / 어색함을 깬다.

∨ 자리에는 두 번째 to부정사(to try)의 to가 생략되었다.

'자신을 소개하고 다른 사람에게 관심을 가지려고 노력하는 것'을 하나의 행위 개념으로 보아서 단수동사 breaks가 사용되었다.

026 **Choosing natural cleaning products (like vinegar and baking soda) / over commercial cleaning agents** / can reduce exposure to toxic chemicals.

S V

천연 세제를 선택하는 것은 (식초와 베이킹 소다 같은) /
시중에 판매되는 세제를 두고 / 독성이 있는 화학 물질에 대한 노출을 줄일 수 있다.

어법 직결 Answer 본문 p.35

1 O

해설 | People이 주어이고 with ~ malnutrition은 수식어구이다. 따라서 복수명사 People에 수 일치시킨 are는 어법상 적절하게 쓰였다.

People (with weakened immune systems) / (such as those (suffering from malnutrition)) / are more likely to get sick with flu.

S V

사람들은 (약해진 면역 체계를 가진) / ((영양실조로 고통받는) 사람들과 같은) /
독감에 걸릴 가능성이 더 높다.

such as ~ malnutrition은 전명구 with ~ systems의 수식을 받는 주어 People을 부연 설명하는 전명구이다.

2 X, → leaves

해설 | 동명사구(Surviving ~ bars)가 주어이므로 단수 취급한다. 따라서 leave를 단수동사 leaves로 고쳐야 한다.

Surviving on a few simple foods (like bagels, bananas, and energy bars) / leaves you /
S V O
short on fiber, vitamins, and minerals [that are crucial for health]. – 모의응용
C

몇 가지 간단한 식품을 먹고 사는 것은 (베이글, 바나나 그리고 에너지 바와 같은) / 당신이 (~하게) 한다 /
[건강에 중요한] 섬유질, 비타민 그리고 미네랄이 부족하게.

leave가 만드는 빈출 문형

SV(M)	떠나다, 출발하다	We **left** in the morning to avoid the traffic. (우리는 교통체증을 피하기 위해 아침에 **떠났다.**)
SVO(M)	~을 떠나다, 나서다	Before you **leave** the train, make sure you have all your belongings with you. (열차**를 떠나기** 전에, 모든 소지품을 챙기는 것을 잊지 마세요.)
SVOO	~에게 …을 남겨주다	The urgency of the situation **left** me no choice. (상황의 시급함이 내게 어떤 선택지도 **남겨주지** 않았다.)
SVOC	~을 …한 상태로 놓아두다	I **left** the door open. (나는 문을 열린 상태**로 두었다.**)

UNIT 05 무생물 주어의 해석

027 **Processed foods** cause younger people / to have different sensations of taste /
S V O C
from the older generation.

(→ Because of processed foods, younger people have different sensations of taste from the older generation.) ((이유))

가공식품은 젊은이들이 ~하도록 한다 / 다른 미각을 가지도록 /
더 나이 든 세대와.
↳ 가공식품으로 인해 젊은이들이 기성세대와 다른 미각을 가지게 된다.

cause+목적어+to-v: ~가 v하게 하다

028 **A more expensive tennis racket** / will not make it possible / *for you* to be
S V 가목적어 C 의미상 주어 진목적어
a better player.

(→ Even if you have a more expensive tennis racket, it doesn't mean that you will be a better player.) ((양보))

더 비싼 테니스 라켓이 / 가능하게 만들지는 않을 것이다 / 당신이 더 훌륭한 선수가 되는 것을.
(→ 더 비싼 테니스 라켓이 있다고 하더라도 그것이 당신이 더 훌륭한 선수가 될 것을 의미하지 않는다.)

〈make[think, believe, find, consider]+O+C〉 구조에서 목적어(O)가 to-v 또는 that절일 때, 가목적어 it을 두고 원래 목적어는 문장 뒤로 보낸다. (≪ **Unit 22 목적어의 위치 이동**)

029 **Expressing your feelings // when you're sad or stressed out** / will make you feel better / than holding them back.

S V O C

(→ If you express your feelings when you're sad or stressed out rather than hold them back, it will make you feel better.) ((조건))

감정을 표현하는 것은 // 당신이 슬프거나 스트레스로 지칠 때 / 당신의 기분이 나아지게 할 것이다 / 그것을 참는 것보다.
(→ 당신이 슬프거나 스트레스로 지칠 때 감정을 참기보다 표현한다면, 기분이 나아질 것이다.)

030 **Reading** allows us / to travel to times, places, and situations [that we might not otherwise have a chance to experience in reality].

S V O C

(→ By reading we can travel to times, places, and situations that we might not otherwise have a chance to experience in reality.) ((수단))

독서는 우리에게 허락해 준다 / 시간, 공간, 그리고 상황으로 여행하는 것을 [그렇지 않고서는 우리가 현실에서 경험할 기회가 없을지도 모르는].
(→ 독서를 통해서, 우리는 독서가 없다면 현실에서 경험할 기회가 없을지도 모르는 시간, 공간, 그리고 상황으로 여행할 수 있다.)

031 **The past 50 years** / have seen the rapid development (of the nation's economy).

S V O

(→ For the past 50 years, we have seen the rapid development of the nation's economy.) ((때))

지난 50년은 / (국가 경제의) 급속한 발전을 봐왔다.
(→ 지난 50년 동안, 우리는 국가 경제의 급속한 발전을 봐왔다.)

UNIT 06 의미상의 주어와 멀리 떨어진 to-v/v-ing

032 It is necessary / ***for people*** (entering the laboratory) / **to wear** protective clothing.

S(가주어) 의미상 주어 S´(진주어)

필수적이다 / (실험실에 들어가는) 사람들이 / 보호복을 착용하는 것은.

033 I appreciate / ***your*** **counseling** me about my worries / and **giving** me some good advice.

S V 의미상 주어 O_1 O_2

나는 고맙게 생각한다 / 당신이 내 고민에 대해 상담해준 것을 / 그리고 내게 좋은 조언을 준 것을.

✔ your는 동명사 counseling과 giving의 의미상 주어이다.

034 Recess should be a time / ***for students*** (**to have** a break between classes, / **to release** energy on their own terms, / [and] **(to) socialize** with their friends).

의미상 주어

쉬는 시간은 (~하는) 시간이어야 한다 / 학생들이 (수업 중간에 휴식하며 /
자기 방식대로 에너지를 발산하고, / 친구들과 어울리는).

a time을 수식하는 형용사적 용법의 to부정사구 to have ~, to release ~, (to) socialize ~가 등위접속사 and로 병렬 연결된 구조로, 이 to부정사구의 의미상의 주어는 for students이다.

혼동주의 09 가짜 의미상의 주어

Lobbyists are hired by companies or citizens / *for specific issues* / **to influence** elected officials of government.

의미상 주어(×) (to influence 동작의 대상: Lobbyists)

로비스트는 회사나 시민에 의해 고용된다 / 특정 쟁점에서 / 선출된 정부 관리들에게 영향력을 미치기 위해.

▶ 〈for+O〉가 to-v의 의미상 주어가 되려면 반드시 주어-술어 관계가 성립해야 한다. 이 예문에서 to influence ~의 동작은 Lobbyists가 하는 것이므로, for 이하는 to influence의 의미상의 주어가 아니다.

035 The opportunity / ***for the native community*** (**to sell** their artworks to tourists / [or] **(to) perform** folk dances for them) / may encourage local artists / to preserve traditional art forms. – 모의응용

S / 의미상 주어 / V

기회는 / 전통 지역사회가 (여행자들에게 그들의 예술 작품을 팔, /
또는 그들을 위해 민속춤을 공연할) / 지역 예술가들을 장려할 수도 있다 /
전통 예술 형태를 보존하도록.

주어 The opportunity는 to부정사구 to sell ~ for them의 수식을 받고 있다.

036 Some developed nations are infamous for / ***their industrial facilities'*** **creating** an unreasonable measure of waste / [and] **dumping** in the seas.

의미상 주어

일부 선진국들은 ~으로 악명이 높다 / 그것들의 산업 시설이
터무니없는 양의 폐기물을 만들어 내는 것 / 그리고 바다에 버리는 것(으로).

their industrial facilities'는 동명사 creating과 dumping의 의미상의 주어이다.

037 This recording studio is soundproof // so there is no chance of / ***somebody*** (in the next room) **hearing** any sound from here.

의미상 주어

이 녹음 스튜디오는 방음이 되어 있다 // 그래서 ~할 가능성은 없다 / 누군가가
(옆방에 있는) 여기의 어떤 소리도 들을.

전치사 of의 목적어가 동명사 hearing 이하이며, 동명사 앞에 의미상 주어인 somebody가 전명구(in the next room)의 수식을 받는다.

UNIT 07

〈it is 명사 that ~〉의 it

038 Leadership is an active practice, // which gets refined in motion. **It** is a skill [**that** is sharpened with every experience, interaction and decision].

리더십은 능동적인 실천이다. // (그것은) 실행으로 다듬어진다. 그것(리더십)은 기술이다
[모든 경험, 상호작용 그리고 결정으로 향상되는].

039 S(가주어)
It is an undeniable fact // **that** the primary source of novelty / ≠ S'(진주어)
lies in the recombination of information / within the individual brain. - 모의

(~은) 부정할 수 없는 사실이다 // 참신함의 주요한 원천이 /
정보를 재조합하는 데에 있다는 것은 / 개인의 뇌 속에서.

040 During a famine, / **it**'s the lack (of proteins and the essential amino acids), / not the lack of calories, // **that** is the ultimate cause of death. - 모의응용

기근 동안, / 바로 부족이다 (단백질과 필수 아미노산의). /
열량 부족이 아니라. // 죽음의 근본적인 원인은.

✔ 〈it is ~ that〉 강조구문으로, 강조되는 어구는 the lack ~ acids이므로 that 뒤에 the lack을 받는 단수동사 is가 쓰였다. not the lack of calories는 삽입어구이다.

041 Non-verbal communication is not a substitute for verbal communication.
It is a supplement [**that** enhances the richness (of the content of the message)]. - 모의응용

비언어적 의사소통은 언어적 의사소통의 대체물이 아니다.
그것(비언어적 의사소통)은 보충물이다 [(메시지 내용의) 풍부함을 강화하는].

✔ It은 앞 문장의 Non-verbal communication을 받는 대명사이다.

042 **It** is a common misconception // **that** good writing is merely the production of a written article, (free of grammar and spelling errors).
S(가주어) S'(진주어)

(~은) 흔한 오해이다 // 좋은 글쓰기가 그저 쓰인 글을 만들어내는 것이라는 생각은
(문법, 철자 오류가 없는).
↳ 그저 문법, 철자 오류가 없는 글이 좋은 글이라는 것은 오해이다.

✔ It은 가주어이고 that 이하의 명사절이 진주어이다.
✔ free of ~ 이하는 a written article을 수식하는 형용사구이다.

043 While your ears pick up the sound, // **it** is your brain / **that** does the hard work (of processing and making sense of it all).

귀가 소리를 포착하는 동안 // 바로 뇌이다 / 힘든 일을 하는 것은
(이 모든 것을 처리하고 이해하는).

✔ 〈it is ~ that〉 강조구문으로 강조되는 어구가 your brain이므로 that 뒤에 단수동사 does가 쓰였다.

1. 가주어 it vs. 대명사 it

01 **It** is difficult / **to do** something creative // when you are hungry or shaking from cold.
(~은) 어렵다 / 창의적인 무엇인가를 하는 것은 // 당신이 배가 고프거나 추위로 떨고 있을 때.
✔ It은 가주어로 쓰였다. 진주어는 to do ~ from cold이다.

02 In 2002, / Ireland was the first country (to have an environmental tax for plastic shopping bags), // and in 2004, / **it** was the first (**to introduce** a public smoking ban).
2002년에 / 아일랜드는 최초의 국가였다 (비닐 쇼핑백에 환경세를 부과한).
// 그리고 2004년에는 / 그것(아일랜드)은 최초(의 국가)였다 (공공장소 흡연 금지를 도입한).
✔ it은 대명사로 앞의 Ireland를 지칭한다. 여기서 to introduce ~는 진주어가 아니라 the first를 수식하는 형용사적 용법의 to부정사이다.

03 A satellite is an artificial object [that is sent into orbit in space]. Usually **it** is launched / **to send, receive or bounce back** information / to different areas of Earth.
인공위성은 인공 물체이다 [우주의 궤도로 보내지는]. 일반적으로 그것(인공위성)은 발사된다 /
정보를 보내거나, 수신하거나, 반송하기 위해 / 지구의 다양한 지역으로.
✔ it은 대명사로 앞 문장의 A satellite를 지칭한다. 여기서 to send ~는 목적을 의미하는 부사적 용법의 to부정사구이다.

2. 비인칭 주어

04 **It**'s getting a bit late now, // so let's wrap it up.
이제 (시간이) 조금 늦어지고 있다. // 그러니 마무리하자.
✔ It은 시간을 나타내는 비인칭 주어이다.

05 We had fine weather, // but before long / **it** clouded over.
우리는 화창한 날씨를 즐겼다. // 하지만 곧 / 잔뜩 흐려졌다.
✔ it은 날씨를 나타내는 비인칭 주어이다.

3. 숙어처럼 알아두는 것이 좋은 표현

06 **It seems that** // putting physical stress on your body / through exercise / can relieve mental stress.
~인 듯하다 // 몸에 신체적인 압박을 가하는 것은 / 운동을 통해 / 정신적 스트레스를 완화할 수 있다.
✔ it seems[appears] that ~: ~인 듯하다

07 **It took me several hours to get** home / because of the heavy snow.
내가 집에 가는 데 몇 시간이 걸렸다 / 폭설 때문에.
✔ it takes (사람) + 시간 + to-v ~: v하는 데 (~가) …의 시간이 걸리다

08 **It happens** // **that** I have the first edition of the book.
우연히 (~하다) // 내가 이 책의 초판이 있다.
✔ it happens[chances] that ~: 우연히[마침] ~하다

09 **It turns out** // **that** the secret behind our recently extended life span / is the improvements to our overall standard of living. – 모의응용
~라고 밝혀졌다 // 최근 우리의 연장된 수명의 비결은 /
전반적인 생활 수준의 향상 때문이라는 것이.
✔ it turns[comes] out that ~: ~라고 밝혀지다 (= it proves that ~)

UNIT 08 동사의 목적어 역할을 하는 to-v/v-ing구 I

044 Her family did not approve / when she *decided* (V′) **to become an artist** (O′), // but she bravely took the steps (to make (V″) art (O″) her career (C″)). – 모의응용

그녀의 가족은 찬성하지 않았다 / 그녀가 예술가가 되기로 결심했을 때 //
그러나 그녀는 용감하게 단계를 밟아나갔다 (예술을 그녀의 직업으로 만들기 위한).

045 Health care workers should use (V_1) / plain language (with words [that patients can understand]) (O_1) / and ∨ *avoid* (V_2) / **using medical and technical jargon.** (O_2)

의료 서비스 종사자들은 사용해야 한다 / 알기 쉬운 언어를 (단어로 된 [환자들이
이해할 수 있는]) / 그리고 피해야 한다 / 의학적이고 전문적인 용어를 사용하는 것을.

✔ 등위접속사 and로 병렬 연결되어 ∨ 자리에는 조동사 should가 생략되었다.

046 Don't *choose* (V) / **to waste your life / on guilt about the past / or ∨ concern for the future.** (O)

선택하지 마라 / 당신의 인생을 허비하는 것을 / 과거에 대한 죄책감으로 / 혹은 미래에 대한 걱정으로.
↪ 과거에 대한 죄책감이나 미래에 대한 걱정으로 인생을 허비하지 마라.

✔ 등위접속사 or로 병렬 연결되어 ∨ 자리에는 전치사 on이 생략되었다.

047 Team sports (such as basketball and soccer) (S) / provide (V) an opportunity (O) *for students* (to *enjoy* (V′) / **working and competing together as a team** (O′)). – 모의응용

단체 스포츠는 (농구와 축구 같은) / 학생들에게 기회를 제공한다
(즐길 수 있는 / 팀으로서 함께 활동하고 경쟁하는 것을).

✔ provide A for B: B에게 A를 제공하다(= provide B with A)

048 *Consider* (V) **talking to a counselor** (O) // if you are feeling depressed, anxious, / [or] [so] preoccupied with a problem / [that] you feel (V′) ∨ it is hard to enjoy life (O′).

상담가에게 이야기하는 것을 고려하라 // 만약 당신이 우울하거나, 불안하거나, / 또는
어떤 문제에 너무 몰두해서 / 당신이 인생을 즐기기가 어렵다고 느낀다면.

✔ Consider talking to a counselor if you are
- feeling depressed,
- (feeling) anxious,
- [or]
- **so** preoccupied with ~ **that** you feel ...

✔ so ~ that ...: 매우 ~해서 (그 결과) …하다
✔ it is ~ life는 동사 feel의 목적어 역할을 하는 명사절로, ∨ 자리에는 명사절을 이끄는 접속사 that이 생략되었다.
여기서 it은 가주어, to enjoy life가 진주어이다.

049 We don't like to say "no" // — and people don't like to hear it. However, / we should not *postpone* / **delivering bad news**, // because a quick response is almost always appreciated / in rejection. – 모의응용

V1 O1 V2 O2 = "no" V O

우리는 '안 돼'라고 말하기를 좋아하지 않는다 // 그리고 사람들은 그것을 듣기를 좋아하지 않는다. 그러나, / 우리는 미루어서는 안 된다 / 나쁜 소식(거절)을 전하는 것을, // 신속한 응답이 거의 항상 고맙게 여겨지므로 / 거절의 경우에.

↳ 거절을 말하거나 듣기는 좋지 않지만, 나쁜 소식(거절)은 미루지 말고 신속하게 응답하는 것이 더 낫다.

✔ 동사 like는 목적어로 to-v와 v-ing 모두 가질 수 있다. ≪ Unit 09
We don't like to say (= don't like saying) "no" and people don't like to hear (= don't like hearing) it.

어법 직결 Answer ● 본문 p.44

1 O, O

해설 | 동사 plan과 need는 to-v를 목적어로 가지므로 to go, to learn은 맞게 쓰였다.

If you *plan* to go to an American university, // you will *need* **to learn**V′ / **how to write fairly well**O′ / for the many essay assignments.

V′ O′ V O

미국의 대학에 진학할 계획이라면 // 배울 필요가 있을 것이다 / 글을 상당히 잘 쓰는 방법을 / 많은 에세이 과제를 위해.

✔ 의문사+to-v: 주어, 목적어, 보어로 쓰이는 명사구이다.

- what to do: 무엇을 해야 할지
- how to do: 어떻게 해야 할지, ~하는 방법
- when to do: 언제 해야 할지
- where to do: 어디서 해야 할지
- which to do: 어떤 것을 해야 할지

2 X, repeating

해설 | 동사 practice는 v-ing를 목적어로 가지므로 to repeat을 repeating으로 고쳐야 한다.

Practice **repeating** new words out loud / in order to memorize them better.

V O

새로운 어휘를 소리 내어 반복하는 것을 연습하라 / 그것들을 더 잘 암기하기 위해.

UNIT 09 동사의 목적어 역할을 하는 to-v/v-ing구 II

050 *Remember* / **to keep**V′ **your thoughts**O′ **positive**C′, // [for] your thoughts will become your life.

V O 이유(~때문에)

기억하라 / 당신의 생각을 긍정적으로 유지할 것을 // 당신의 생각은 당신의 삶이 될 것이기 때문이다.

✔ remember의 목적어로 to-v가 오면 미래를 의미하여 '(앞으로) ~할 것을 기억하다'라는 의미이다.

051 I *remember* / **staying at the Palm Beach Hotel, (located in South Florida), / during my last vacation.**

V O

나는 기억한다 / 팜 비치 호텔에서 묵었던 것을, (플로리다 남부에 있는), / 나의 지난 방학 동안에.

✔ remember의 목적어로 동명사 v-ing가 오면 과거를 의미하여 '(이전에) ~한 것을 기억하다'라는 의미이다.

052 Don't *forget* / **to say thank you / to those [who help you].**

V O

잊지 마라 / 감사하다고 말하는 것을 / [너를 돕는] 사람들에게.

053 Don't *forget* / **promising to get back home / early in the evening.**
V O

잊지 마라 / 귀가하기로 약속한 것을 / 저녁에 일찍.

054 We *regret* / **to inform you // that the shipment will be delayed.**
V O

저희는 유감입니다 / 당신에게 알려드리게 되어 // 수송이 지연될 것임을.

055 When offered a new opportunity or challenge, // you are much less likely to *regret* **accepting it** / and ∨ more likely to *regret* **turning it down.**
V_1 O_1 V_2 O_2 = a new opportunity or challenge

새로운 기회나 도전을 제안받을 때, // 당신은 그것을 승낙한 것을 후회할 가능성이 더 적다
/ 그리고 그것을 거절한 것을 더 후회하기 쉽다.

↳ 새로운 기회나 도전을 승낙한 것은 후회하지 않을 가능성이 훨씬 크고, 거절한 것은 후회할 가능성이 훨씬 더 크다. 즉 새로운 기회나 도전에 응해야 한다는 의미.

- When이 이끄는 절의 주어와 주절의 주어가 같아서 when절의 〈주어+be동사〉가 생략되었다.
(= When (you are) offered a new opportunity ~.)
- be less likely to-v: v할 가능성이 더 적다, v할 것 같지 않다 (↔ be more likely to-v: 좀더 v할 것 같다)
- and 다음의 ∨ 자리에는 공통되는 you are가 생략되었다.

056 When you *try* **to combat stress with food**, // you'll want more and more.
V′ O′

음식으로 스트레스에 대처하려고 한다면, // 더욱더 (음식을) 원할 것이다.

- 〈try to-v〉는 v하려고 노력하거나 애쓰는 것을 의미한다. (= make an effort)

057 If you want to do some serious thinking, // you'd better disconnect the Internet and phone / and *try* **spending twenty-four hours / in absolute solitude.** – 모의응용
S V_1 O_1 V_2 O_2

만약 어떤 진지한 생각을 하고자 한다면, // 인터넷, 전화 연결을 끊는 게 좋을 것이다
/ 그리고 24시간을 한번 보내보라 / 절대적인 고독 속에서.

- had better v: v하는 것이 좋을 것이다
- 〈try v-ing〉는 시험 삼아 v해보는 것을 의미한다.

058 If you are in debt, // you should *stop* **buying unnecessary things.**
V O

빚을 진 상황이라면 // 불필요한 물건을 사는 것을 멈춰야 한다.

cf. On the way to the station, / I *stopped* / **to buy** a bottle of water at a store.

역으로 가는 길에 / 나는 멈춰 섰다 / 가게에서 물 한 병을 사기 위해.

- stopped 뒤의 to buy는 '~하기 위해'라는 목적의 의미를 갖는 부사적 용법의 to-v이다.

어법 직결 Answer 본문 p.45

1 to arrive

해설 | 문맥상 '(앞으로) ~할 것을 잊지 마라'라는 의미가 적절하므로 어법상 to-v가 알맞다.

When you are invited for an interview, // don't *forget* / to arrive 10 minutes before.
V O

면접을 제안받았다면, // 잊지 마라 / 10분 전에 도착할 것을.

2 having

해설 | 문맥상 '(이전에) ~한 것을 기억한다'라는 의미가 적절하므로 어법상 v-ing가 알맞다.

I *remember* / having a terrible dream one night [that felt so real].
V O

나는 기억한다 / 어느 날 밤에 끔찍한 꿈을 꾼 것을 [정말 실감 났던].

✔ 문맥상 that felt so real은 바로 앞의 one night이 아니라 a terrible dream을 수식하는 주격 관계대명사절이다.

UNIT 10 동사의 목적어 역할을 하는 명사절

059 More people are realizing // **(that) music videos can bring out / the color of the singers and their songs.**
S V O

더 많은 사람이 깨닫고 있다 // 뮤직비디오가 드러낼 수 있다는 것을 / 가수와 노래의 색깔(개성)을.

✔ 명사절 목적어를 이끄는 접속사 that은 생략할 수 있다.

060 The government said // ∨ **it's going to help small businesses financially [that didn't know**V′ // ∨ **they were eligible for assistance last year**O′**].**
S V O

정부는 말했다 // 작은 기업들을 재정적으로 도울 것이라고 [알지 못했던 // 그들이 작년에 지원받을 자격이 있었다는 것을].

✔ ∨ 자리에는 각각 said와 didn't know의 목적어 역할을 하는 명사절을 이끄는 접속사 that이 생략되었다.

✔ 주격 관계대명사 that절 이하는 선행사 small businesses를 수식하는 주격 관계대명사절이다.

061 When you tell people / ∨ **you need help**, // they will give you a hand.
V′ IO′ DO′

당신이 사람들에게 말하면 / 도움이 필요하다고, // 그들은 당신을 도울 것이다.

✔ ∨ 자리에는 tell의 직접목적어인 명사절을 이끄는 접속사 that이 생략되었다.

062 People [who change] / do not question // **whether change is possible.** - 수능
S V O

[변화하는] 사람들은 / 의심하지 않는다 // 변화가 가능한지를.

↪ 변할 수 있는 사람은 애초에 변화의 가능성을 의심하지 않는다.

063 For more than a century, / psychoanalysts have wondered // **if dreams are a reflection (of upcoming realities).**
S V O

한 세기가 넘도록, / 정신 분석가들은 궁금해했다 // 꿈이 (곧 일어날 현실의) 반영인지를.

혼동주의 10 **if절의 두 가지 해석: ~인지를 vs. 만약 ~라면**

I realized // if I wanted improvements to occur / on the outside, / they needed to begin / on the inside.
if가 이끄는 조건의 부사절(만약 ~라면)

나는 깨달았다 // 내가 발전이 일어나길 바랐다면 / 외부에서, / 그것들(발전)은 시작할 필요가 있었다는 것을 / 내면에서.

▶ if 명사절은 '~인지를'로 해석하고 if 부사절은 '만약 ~라면'으로 해석한다. if 명사절을 목적어로 갖는 동사들인 ask, tell, know, wonder, doubt, question 등을 알아두는 것이 좋다.

064 Ask yourself // **when you learned the most**. I guarantee // **it was when you felt at risk.**
V IO DO V O

– Ginni Rometty ((美 IBM 기업의 전 CEO))

스스로에게 물어보라 // 가장 많이 배운 때가 언제였는지를. 나는 확신한다 // 그것은 위기에 처한 것을 느낀 때였다고.

의문사가 이끄는 명사절
원칙적으로 〈의문사+S+V〉의 어순이지만, do you think[believe, suppose, imagine, guess 등] ~?와 함께 쓰일 때는 〈의문사+do you think+S+V〉의 어순이 된다.

e.g. What *do you think* you want to do with your future? (당신은 미래에 무엇을 하고 싶습니까?)

065 While transportation infrastructure may shape / **where we travel today**, // in the early
S′ V′ O′
eras of travel, / it determined / **whether people could travel or not.** – 모의응용
S V O
it = transportation infrastructure

교통 기반 시설이 형성할 것인 반면 / 오늘날 우리가 여행하는 곳을, // 여행의 초기 시대에는,
/ 그것(교통 기반 시설)은 결정했다 / 사람들이 여행을 할 수 있는지 아닌지를.

오늘날에는 교통 기반 시설이 마련된 것이 여행 가능한 장소를 결정하지만, 여행이라는 개념이 처음 등장한 초기에는 교통 기반 시설이 여행 가능성 그 자체를 결정했다.

066 People forget / **how fast you did a job** // but remember / **how well you did it.**
S_1 V_1 O_1 V_2 O_2

사람들은 잊는다 / 당신이 일을 얼마나 빨리 했는지를 // 하지만 기억한다 / 당신이 그것을 얼마나 잘했는지를.

how가 이끄는 두 개의 명사절은 간접의문문 어순인 〈how+부사+S′+V′〉로 쓰였다.

067 Memorizing the meaning of words / is much easier // if you wonder /
S V C V′
what they mean and **how they are used** / in a sentence.
O′

단어의 의미를 기억하는 것은 / 훨씬 더 쉽다 // 만약 당신이 궁금해한다면 /
그것들이 무엇을 의미하는지 그리고 그것들이 어떻게 쓰이는지를 / 문장에서.

068 We typically look for things [that confirm$^{V′}$ our existing beliefs$^{O′}$]/ and ignore
V_1 O_1 V_2
information [that contradicts$^{V′}$ // **what we already think**$^{O′}$].
O_2

우리는 보통 (어떤) 것들을 찾는다 [기존의 믿음을 확인해주는] / 그리고 무시한다
정보를 [반박하는 // 우리가 이미 생각하고 있는 것을].

F·Y·I 확증 편향(confirmation bias): 자신의 생각과 일치하거나 자신에게 유리한 정보만 선택적으로 받아들이는 심리이다. 즉, 자기가 보고 싶은 것만 보고, 믿고 싶은 것만 믿는 것이다. 정보의 객관성에 관한 판단 기준이 없는 소셜 네트워킹 서비스의 사용이 증가하면서 확증 편향이 심해질 우려가 있다. 생각이 같은 사람들끼리만 모여 이야기하기보다, 생각이 다른 사람들과도 소통하는 것이 바람직하다.

069 You can choose // **whatever you want**, / at any time; // and once you choose it, //
V O
you have to take responsibility (for it).

당신이 선택할 수 있다 // 원하는 무엇이든지, / 언제든지 // 그리고 일단 그것(원하는 것)을 선택하면, //
당신은 책임져야 한다 (그것에 관해).

여기서 once는 '일단 ~하면'이라는 의미의 접속사로 쓰였다.

복합관계대명사가 이끄는 절은 명사절 외에 부사절 역할을 할 수도 있으므로 (<= Unit 57), 주어진 문장 내에서 역할을 잘 파악해야 한다.
Whatever happens to you, I will stand by your side. (네게 무슨 일이든 일어나더라도, 나는 네 편에 설 거야.)
부사절

UNIT 11

전치사의 목적어 역할을 하는 구와 절

070 Green marketing and environmentally conscious communications / can play a role / in **building a positive image for the company.**

S: Green marketing and environmentally conscious communications / V: can play / O: a role / 전치사: in / O′: building a positive image for the company

친환경적 마케팅과 환경 문제를 의식하는 의사소통은 /
어떤 역할을 할 수 있다 / 기업의 긍정적인 이미지를 형성하는 데.

✔ 전치사 in의 목적어로 동명사구가 쓰였다.

071 Do what you can / with **what you've got** // where you are.

V: Do / O: what you can / 전치사: with / O′: what you've got

– Theodore Roosevelt ((美 26대 대통령))

당신이 할 수 있는 것을 하라 / 당신이 가진 것으로 // 당신이 있는 곳에서.
↳ 비현실적이고 거창한 계획을 세우기보다는 지금 있는 장소에서 가지고 있는 것으로 실천할 수 있는 행동부터 하라.

✔ 전치사 with의 목적어로 관계대명사 what이 이끄는 명사절이 쓰였다.

072 He gave up the idea (of **making a living as a lawyer**) / in order to devote himself to **acting** / and thus demonstrated / his strong commitment (to films and plays).

V_1: gave up / O_1: the idea / 전치사: of / O′: making a living as a lawyer / 전치사: to / O′: acting / V_2: demonstrated / O_2: his strong commitment

그는 계획을 포기했다 (변호사로서 생계를 꾸리는) / 연기에 전념하기 위해
/ 그리고 그리하여 증명했다 / 그의 강한 헌신을 (영화와 연극에 대한).

✔ devote[dedicate] oneself to v-ing: v하는 데 헌신[전념]하다 (= be devoted[dedicated] to v-ing)
to 뒤에 동사원형이 이어질지(to부정사) 동명사 v-ing가 이어질지(전치사 to)를 구별하는 것이 중요하므로, object to v-ing, look forward to v-ing 등 전치사 to 표현을 미리 알아두어야 한다. (⋘ 본책 p.47 Plus 전치사 to+v-ing)

073 The way [that we behave / in a given situation] / is often influenced / by **how important one value is / to us / relative to others.** – 모의

S: The way [that we behave / in a given situation] / V: is often influenced / 전치사: by / O′: how important one value is / to us / relative to others

방식은 [우리가 행동하는 / 어떤 주어진 상황에서] / 자주 영향을 받는다 /
하나의 가치가 얼마나 중요한가에 의해 / 우리에게 / 다른 것들에 비해.

✔ 전치사 by의 목적어로 how가 이끄는 명사절이 쓰였다.

어법 직결 Answer ● 본문 p.47

X, eating

해설 | 문맥상 '~에 익숙해지다'라는 get used to v-ing가 쓰여야 한다. 따라서 전치사 to 뒤의 eat을 v-ing인 eating으로 고쳐야 한다.

A sudden change (in diet) / makes the cows lose a lot of weight. Therefore, a farmer should change a cow's diet slowly, // so that it can get used to / **eating the new food**.

S: A sudden change (in diet) / V: makes / O: the cows / C: lose a lot of weight / so that: ~하도록 (목적) / 전치사: to / O′: eating the new food

(음식의) 갑작스러운 변화는 / 소들이 몸무게를 많이 줄이게 한다. 따라서 농부는 소의 음식을 천천히 바꿔야 한다 //
소가 ~에 익숙해질 수 있도록 / 새로운 음식을 먹는 것에.

✔ be[get] used to v-ing: ~에 익숙하다[익숙해지다]
cf. used to-v: ~하곤 했다, 한때 ~했었다 ((과거의 습관)) (⋘ Unit 38 구를 이루는 조동사들의 의미)
be used to-v: ~하기 위해 사용되다 ((use의 수동태))

UNIT 12

주어를 보충 설명하는 구와 절

074 Your work is going to fill / a large part of your life, // and the only way (to be truly satisfied) / is **to do what (you believe) is great work.**

S = C

– Steve Jobs ((美 Stanford大 졸업식 연설 中))

당신의 일은 채울 것이다 / 당신 삶의 큰 부분을 // 그리고 유일한 방법은
(진정으로 만족할) / (당신이 믿기에) 위대한 일을 하는 것이다.

- 관계대명사 what과 is 사이에 you believe가 삽입어구로 들어간 형태이다.

혼동주의 11 **〈be동사+to-v 보어〉 vs. 〈be to-v〉 구문**

The minister **is to announce** / an emergency plan (on climate change).
장관은 **발표할 예정이다** / 비상 대책을 (기후 변화에 관한).
(The minister ≠ to announce an emergency plan ~)

▶ 주어를 보충 설명하는 보어 to-v는 주어와 동격 관계(주어=to-v)이다. 그렇지 않을 경우 〈be to-v〉 구문의 의미인지 살펴보아야 한다. 위의 문장은 be동사(is) 뒤의 to부정사구가 '예정'을 나타낸다. 이 밖에도 〈be to-v〉 구문은 문맥에 따라 다음의 의미도 가능하다.

You **are to turn in** your sales report by noon for a meeting in the afternoon. ((의무))
(오후 회의를 위해 정오까지 판매 보고서를 **제출해야 합니다.**)
Happiness **is not to be exchanged** for money. ((가능))
(행복은 돈과 **바꿀 수 없는 것이다.**)
If you **are to get** pearls, you've got to learn how to dive deep in the sea. ((의도))
(진주를 **얻으려면**, 바다 깊이 잠수하는 법을 배워야 한다.)

075 Leadership is / **getting someone to do // what they don't want to do, / to achieve // what they want to achieve.** – Tom Landry ((美 축구팀 감독))

S V C

리더십은 ~이다 / 누군가가 하게 하는 것 // 자신들이 하고 싶지 않은 것을, / 성취하기 위하여
// 그들이 성취하고 싶은 것을.

- Leadership = **getting** ~ want to achieve (동명사구) ((S=C))
- to achieve what ~ 이하는 to부정사의 부사적 용법(목적)이다.
- **get이 만드는 빈출 문형**

SVA	도착하다	What time will you **get** here? (몇 시에 여기 **도착하니**?)
SVC	~이 되다, ~해지다	Put your coat on before it **gets** cold. (추워**지기** 전에 코트를 입어라).
SVO	~을 얻다, 받다	We need to **get** your help. (우리는 당신의 도움을 **받을** 필요가 있다.)
SVOO	~에게 …을 (구해)주다	His father will **get** him a new computer. (그의 아버지는 그**에게** 새 컴퓨터를 **구해줄** 것이다.)
SVOC	~이 …하게 하다	I can **get** him to sign this agreement. (나는 **그가** 이 계약서에 서명**하게 할 수 있다.**)

혼동주의 12 **동명사 보어 vs. 현재분사(진행형)**

Leadership **is getting** harder // as the speed (of innovation across all industries) accelerates.

S V C S´ V´

리더십은 더 어려**워지고 있다** // (산업 전반에 걸친 혁신의) 속도가 가속화되면서.
(Leadership ≠ getting harder as the speed ~ accelerates)

▶ 동명사 보어는 주어와 동격 관계(S=C)를 이루지만, 현재분사는 be동사와 함께 문장의 동사로 쓰여 '진행'의 의미를 나타낸다.

076 One thing [∨most language learning experts^S' can agree on^V'] is // **that language is best learned / through regular exposure**.

S / V / C

한 가지는 [대부분의 언어 학습 전문가들이 동의할 수 있는] ~이다 // 언어가 가장 잘 학습된다는 것 / 정기적인 노출을 통해.

- One thing ~ agree on = **that** language ~ exposure (명사절) ((S=C))
- ∨ 자리에는 목적격 관계대명사 that이 생략되었으며, 관계사절 most language ~ agree on은 주어 One thing을 수식한다.

077 After a car accident, / one of the questions [∨the police ask] is // **whether the driver was using a cell phone / while driving**.

S / V / C

차 사고가 난 후에, / [경찰이 묻는] 질문들 중 하나는 ~이다 // 운전자가 휴대전화를 사용하고 있었는지 / 운전 중에.

- one of ~ police ask = **whether** the driver ~ while driving (명사절) ((S=C))
- ∨ 자리에는 목적격 관계대명사 that[which]이 생략되었으며, 관계사절 the police ask는 앞의 명사 the questions를 수식한다.

078 The present is // **what slips by us / while we're pondering the past / and worrying about the future**.

S / V / C

현재는 ~이다 // 우리 곁을 미끄러져 가는 것 / 우리가 과거를 깊이 생각하고 있는 동안 / 그리고 걱정하고 있는 (동안) 미래에 대해.

- The present = **what** slips ~ future (명사절) ((S=C))

079 Until the patient recovers from the surgery, // all [you have to *do*] / is **(to) wait and see**.

S / V / C

환자가 수술에서 회복할 때까지 // 당신이 해야 할 모든 일은 / 두고 보는 것이다.

- all you have to do = (to) wait and see ((S=C))
- 주어를 수식하는 관계사절이 do로 끝나고 be동사가 이어지면, 보어 자리의 to부정사는 to를 생략한 원형부정사(v)를 사용하는 경우가 많다.
  - The only thing he *did* today was **clean** his room. (그가 오늘 한 유일한 일은 방 청소였다.)
  - The best thing I could *do* was **leave** her alone. (내가 할 수 있었던 최선의 일은 그녀를 혼자 내버려두는 것이었다.)

080 The first thing [∨a new mayor wants to *do*] / is **(to) make^V' the city^O' / a tourist attraction [that many people visit]^C'**.

S / V / C

첫 번째 일은 [새로운 시장이 하기를 원하는] / 도시를 만드는 것이다 / 관광 명소로 [많은 사람이 방문하는].

- The first ~ do = (to) make ~ visit ((S=C))
- ∨ 자리에는 목적격 관계대명사 that이 생략되었다.
- make+O(목적어)+C(목적격보어): ~을 …으로 만들다

081 You cannot do everything at once, // but what you can *do* / is **(to) write down everything [that needs to be done] / in a sensible order** / and **(to) work your way through it.**

S: what you can do / V: is / C_1: (to) write down ~ order / C_2: (to) work your way through it

it = everything that ~ done

모든 것을 한 번에 할 수 없다 // 그러나 할 수 있는 것은 / 기록하는 것이다
모든 것을 [될 필요가 있는] / 합리적인 순서로 / 그리고 그것(되어야 할 일)을 끝까지 해나가는 것이다.
→ 모든 것을 한 번에 할 수 없지만, 되어야 할 모든 일을 합리적 순서로 기록하고 끝까지 나아가는 것은 할 수 있다.

- be동사의 보어로 쓰인 두 개의 to부정사구가 and로 병렬 연결되었고, 모두 to가 생략된 원형부정사(v) 형태로 쓰였다.
- 첫 번째 보어 내의 관계대명사 that절은 선행사 everything을 수식한다.

082 It took me several days / to read this book // because I kept **crying**.

S′: I / V′: kept / C′: crying

나는 며칠이 걸렸다 / 이 책을 읽는 데 // 내가 계속 울었기 때문에.

- it takes+O+시간·노력+to-v: O가 v하는 데 시간·노력이 들다 (= it takes[costs]+시간·노력+for O+to-v)
- 주어(I)가 동작(cry)을 한 능동 관계이므로 보어 자리에 v-ing(현재분사)가 쓰였다.

083 When we choose to concentrate on one thing, // **other things** go **unnoticed and unattended**.

S: other things / V: go / C: unnoticed and unattended

우리가 한 가지에 집중하기로 선택할 때 // 다른 것들은
간과되고 주의를 기울이지 않게 된다.

- 주어(other things)가 '간과되고 주의를 기울이지 않게 되는' 수동 관계이므로 보어 자리에 p.p.(과거분사)가 쓰였다.

UNIT 13 목적격보어 역할을 하는 준동사구

084 Painters cannot **expect** / viewers **to appreciate their work / with exactly the same perceptions and emotions [that went into their creation]**.

S: Painters / V: cannot expect / O: viewers / C: to appreciate ~ creation

화가들은 기대할 수 없다 / 그림을 보는 사람이 그들의 작품을 감상하는 것을 /
정확히 같은 인식과 감정을 가지고 [그들의 창작물에 들어간].

- 'O가 v하기를 ~하다'라는 의미로 목적격보어 to-v가 등장하는 구문은 사용 빈도가 매우 높으므로 잘 기억해두도록 하자.
  - 바람·기대: want, wish, expect+O+to-v (O가 v하기를 바라다[기대하다])
  - 요구·명령: ask, require, order+O+to-v (O가 v하기를 요청하다[명령하다])
  - 허락·가능: allow, permit, enable+O+to-v (O가 v하도록 허락하다)
  - 강요: force, compel+O+to-v (O가 v하도록 강요하다)
  - 설득·장려·유도: persuade, encourage, urge, get, cause, lead+O+to-v (O가 v하도록 설득하다[장려하다])
  - 충고·경고: advise, tell, remind, warn+O+to-v (O가 v하도록 충고하다[일깨우다, 경고하다])
- 관계대명사절 that ~ creation은 선행사 the same perceptions and emotions를 수식한다.

085 Diplomatic discussions were planned / to **persuade** / the rival nations **to return to the negotiating table.**

V′ O′ C′

외교적 논의가 계획되었다 / 설득하기 위해 / 경쟁국들이 협상 테이블로 되돌아오도록.

086 Volcanic activity **caused** / an island (in the northern oceans) / **to sink completely beneath the waves,** // and the survivors had to find shelter elsewhere. – 모의응용

V O C

화산 활동은 ~하게 했다 / (북쪽 바다에 있는) 한 섬이 / 완전히 가라앉게 파도 아래에, // 그리고 생존자들은 다른 곳에서 피난처를 찾아야 했다.

087 Experience is // that marvelous thing [that **enables** you **to recognize a mistake // when you make it again**]. – Franklin P. Jones ((美 언론인))

V′ O′ C′

경험은 ~이다 // 그렇게 굉장한 것 [당신이 실수를 인식할 수 있도록 하는 // 당신이 또 실수할 때].

✔ 첫 번째 that은 부사로서 '그렇게 ~'라는 의미로 뒤의 형용사 marvelous를 수식하고 있다.
두 번째 that은 앞의 that marvelous thing을 선행사로 하는 주격 관계대명사이다.

088 One easy way (to start with teaching kids responsibility) / is / by **having** them **clean up** their own stuff, / such as their toys or laundry.

teaching(V′) kids(IO′) responsibility(DO′); having(V′) them(O′) clean up their own stuff, such as their toys or laundry(C′)

한 가지 쉬운 방법은 (아이들에게 책임감을 가르치기 시작하는) / ~이다 / 그들이 자기 물건을 치우게 함으로써 / 그들의 장난감이나 세탁물 같은.

✔ 주어부의 동명사 teaching은 SVOO 문형으로 쓰였다. 간접목적어는 kids, 직접목적어는 responsibility이다.
✔ 여기서 have는 사역동사(~하도록 시키다)이므로 목적격보어로 원형부정사(v)가 쓰였다.

089 I **heard** the bell **ring** / and **saw** everyone **pour** into the halls.

heard(V_1) the bell(O_1) ring(C_1); saw(V_2) everyone(O_2) pour into the halls(C_2)

나는 벨이 울리는 것을 들었다 / 그리고 모두가 복도로 쏟아져 나오는 것을 보았다.

cf. I heard the bell **ringing** / and saw everyone **pouring** into the halls.

나는 벨이 울리고 있는 것을 들었다 / 그리고 모두가 복도로 쏟아져 나오고 있는 것을 보았다.

✔ 지각동사의 목적격보어가 v-ing인 경우에는 동작이 진행 중임을 나타낸다.
(지각동사의 종류: see, watch, notice, observe, hear, feel, perceive 등)
cf. have+O+v-ing: (~의 상태로) 해두다, 유지하다
e.g. It is necessary in science to **have** many people **making** many observations.

have(V′) many people(O′) making many observations(C′)

(많은 사람이 많은 관찰을 하는 **상태로 두는 것이** 과학에 필수적이다.)

090 Drinking water / about half an hour before each meal / can **make** you / automatically **eat** fewer calories.

Drinking water / about half an hour before each meal(S) can make(V) you(O) automatically eat fewer calories(C)

물을 마시는 것은 / 매 식사의 약 30분 전에 / 당신이 ~할 수 있게 한다 / 자동으로 더 적은 칼로리를 먹게.

091 Some people just ooze happiness: // They always seem to be smiling and having fun / and **let** negative emotions and experiences / **roll off** their backs.

(V_1: seem, C_1: to be smiling and having fun, V_2: let, O_2: negative emotions and experiences, C_2: roll off their backs)

일부 사람들은 그저 행복을 내뿜는다 // 그들은 항상 웃고 있고 즐거워하는 것처럼 보인다 /
그리고 부정적인 감정과 경험이 ~하게 한다 / 그들의 등에서 굴러떨어지게.

092 Treat people / as if they were what they ought to be // and you **help** them / **(to) become** / what they are capable of being. –Johann Wolfgang von Goethe ((괴테))

(V: help, O: them, C: (to) become / what they are capable of being)

사람들을 대하라 / 그들이 마땅히 되어야 할 사람인 것처럼 // 그러면 당신은 그들이 ~하도록 도울 것이다 /
되도록 / 그들이 될 수 있는 존재가.

↳ 사람들을 대할 때 그들이 마땅히 되어야 할 사람이 된 것처럼 대하면, 당신은 그들의 역량으로 될 수 있는 존재가 되도록 도와주는 것이다.

- 명령문+and ...: ~하라, 그러면 …할 것이다
- as if+주어+동사의 과거형: 마치 ~인 것처럼 ((현재 사실의 반대 가정)) (≪ **Unit 29**)
- help는 목적격보어로 to-v 또는 v가 둘 다 쓰일 수 있다.
- 동사 help 뒤의 목적어가 대명사면 생략되는 경우가 있다.
  e.g. Reading **helps (us) shape** the way we see and understand ourselves and the world.
  (독서는 우리 자신과 세상을 보고 이해하는 방식을 **형성하도록 돕는다.**)

093 The mayor **had** the recent bank heist / properly **investigated** by the police.

(S: The mayor, V: had, O: the recent bank heist, C: properly investigated by the police)

시장은 최근의 은행 강도 사건이 ~하도록 했다 / 경찰에 의해 제대로 조사받도록.

- 사역동사 had의 목적어(the recent bank heist)가 목적격보어(properly investigated ~)와 수동 관계이므로 목적격보어에 과거분사(p.p.) 형태가 쓰였다.
- 사역의 의미(~되게 하다)로 해석되지만 사역동사에 해당하지 않는 것은 목적격보어로 v 대신 to-v를 쓰므로 주의한다.
  - get O to-v: O가 v하게 하다
  - lead O to-v: O가 v하게 이끌다
  - drive O to-v: O가 v하게 만들다

094 When the kitten **saw** her face / **reflected** in the mirror, // she immediately jumped on it.

(S′: the kitten, V′: saw, O′: her face, C′: reflected in the mirror)

새끼 고양이는 자신의 얼굴이 ~한 것을 봤을 때 / 거울에 비친 // 고양이는 즉시 그것에 달려들었다.

095 The superstar **kept** her head / **hidden** underneath her hat and a pair of sunglasses // as she chatted on her mobile phone.

(S: The superstar, V: kept, O: her head, C: hidden underneath her hat and a pair of sunglasses)

그 슈퍼스타는 자신의 얼굴이 ~하게 두었다 / 모자와 선글라스 아래에 감춰진 채로 //
그녀가 휴대전화로 통화할 때.

- **keep이 만드는 빈출 문형**

SVC	계속해서 ~한 상태이다	I **kept** awake during the boring lecture. (나는 그 지루한 수업 동안에 **깨어있었다.**)
SVO	유지하다; 계속 있게 하다	Please **keep** the secret thoroughly. (비밀을 철저하게 **유지해주세요.**) thoroughly: M(부사)
SVOC	~을 …한 상태로 유지하다	Please **keep** the information confidential. (그 정보를 기밀인 상태로 **유지해주세요.**) confidential: C(형용사)

어법 직결 Answer 본문 p.51

1 O

해설 | 목적어 my account와 목적격보어 break into가 수동 관계를 이루므로 p.p. 형태는 어법상 적절하다.

I **had** my account **broken into**. So, / I had to reset the password / and regain access to my account.
S V O C

내 계정이 해킹당했다. 그래서, / 나는 비밀번호를 재설정해야 했다 / 그리고 내 계정으로의 접근을 되찾아야 (했다).

2 X, to control

해설 | 동사 allow의 목적어 you와 목적격보어 to control이 동작을 하는 주어-술어 의미 관계인데, allow는 목적격보어로 to-v를 사용하므로 to control로 고쳐야 한다.

Homemade meals can be healthy // because they **allow** you / **to control the amount (of salt and oils [∨ you use])**. –모의응용
V′ O′ C′

집에서 만드는 음식은 건강에 좋을 수 있다 // 왜냐하면 그것들은 당신이 ~하도록 하기 때문이다 / 양을 조절하도록 ([당신이 사용하는] 소금과 기름의).

∨ 자리에는 목적격 관계대명사 which[that]가 생략되었다.

3 O

해설 | 목적어 one light와 목적격보어 turn on이 수동 관계를 이루므로 p.p. 형태는 어법상 적절하다.

During a power outage, / turn off and unplug all unnecessary electrical equipment / and **leave** one light **turned on** // so you'll know / when the power comes back on.
V_1 O_1 V_2 O_2 C_2

정전 동안에, / 모든 불필요한 전기 장치를 끄고 플러그를 뽑아라 / 그리고 전등 한 개를 켜진 채로 두어라 // 그래서 당신이 알 수 있게 / 전력이 돌아왔을 때.

4 X, think

해설 | 사역동사 make는 '목적어가 ~하게 시키다'라는 의미일 때 목적격보어 자리에 원형부정사(v)가 와야 하므로 think로 고쳐야 한다.

When we want to impress someone / or **make** them / **think** a certain way about us, // we tend to eat less / in their presence. –모의응용
V′ O'_1 V″ O″ C″ O'_2

우리는 누군가에게 좋은 인상을 남기고 싶을 때 / 또는 그들이 ~하게 하고 싶을 때 / 우리에 대해 특정한 방식으로 생각하게, // 우리는 덜 먹는 경향이 있다 / 그들이 보는 앞에서.

UNIT 14 SV 뒤의 '명사'

096 Humans have **a strong preference** (for immediate reward / over delayed reward). – 모의응용

S ≠ O

인간은 강한 선호도를 갖는다 (즉각적인 보상에 대한 / 지연된 보상보다).

097 There's a saying: // Yesterday is **history**, // tomorrow is **a mystery**, // but today is **a gift**. That is // why it is called the "present." – Kung Fu Panda ((애니메이션))

S_1 = C_1, S_2 = C_2, S_3 = C_3

어떤 격언이 있다 // 어제는 역사다. // 내일은 미스터리다. //
그러나 오늘은 선물이다. 그것은 ~이다 // 그것(오늘)이 'present'라고 불리는 이유.

✔ 두 번째 문장에서 보어 역할을 하는 why 이하는 선행사 the reason이 생략된 관계부사절이다. (= That is (the reason) why ~)

098 The U.S. is **a few generations** away / from slavery; // racism is still ongoing.

S ≠ A

미국은 몇 세대만 떨어져 있다 / 노예 제도로부터 (→ 노예 제도가 사라진 지 얼마 되지 않았다) // 인종 차별은 여전히 진행 중이다.

✔ 이 문장의 a few generations away처럼 동사와 밀접한 관계가 있는 수식어구(A)는 없애면 불완전한 의미가 되어 문장이 성립되지 않는다. (⇐ 권두부록 01. SV/SVA) 반면 부사적 수식어구(M)는 문장의 구성 요소로서 꼭 있어야 하는 것은 아니어서 없어도 문장의 의미가 통한다.

099 It's been so long / since we talked // that I can feel **the distance** (between us).

S′ ≠ O′

너무 오래되어서 / 우리가 이야기한 지 // 나는 (우리 사이의) 거리감을 느낄 수 있다.

✔ It은 비인칭 주어로 '기간'을 나타내므로 '그것'으로 해석하지 않는다.
✔ so ~ that ...: 너무 ~해서 …하다

100 I felt **a fool** // when I dropped **my phone** from the building / while ∨ taking a selfie.

S = C, S′ ≠ O′

나는 바보처럼 느껴졌다 // 휴대전화를 건물에서 떨어뜨렸을 때 / 내 사진을 찍다가.

✔ 접속사 while 뒤 ∨ 자리에 ⟨주어+be동사⟩ I was가 생략되었다.

101 The biggest tomato fight festival, (La Tomatina), / happens **each year** in Spain, / involving some 40,000 people throwing 150,000 tomatoes / at each other.

S ≠ M; some 40,000 people: 의미상의 주어; throwing 150,000 tomatoes / at each other: 동명사구

가장 큰 토마토 싸움은, (즉, 라 토마티나) / 스페인에서 매년 열린다. /
약 4만 명의 사람들이 15만 개의 토마토를 던지는 것을 포함하여 / 서로에게.

✔ each year는 여기서 '때'를 의미하는 부사 역할을 하며 앞의 동사 happens를 수식한다.
✔ involving 이하에서 some 40,000 people은 동명사구 throwing ~ each other의 의미상의 주어이다.
F·Y·I 라 토마티나(La Tomatina): 스페인 발렌시아주의 도시 부뇰에서 8월 마지막 주 수요일에 열리는 토마토 축제이다. 전 세계의 사람이 모여 잘 익은 토마토를 서로에게 던지며 축제를 즐기는 것으로 유명하다.

UNIT 15 SV 뒤의 '전명구'

102 If you don't have the power (to change yourself), // then nothing will change **around you.** – Anwar Sadat ((前 이집트 대통령, 노벨 평화상 수상자))

(S: nothing ≠ V: will change, M: around you)

만약 힘을 가지고 있지 않다면 (스스로를 바꿀), // 그러면 당신 주위에서 아무것도 바뀌지 않을 것이다.

✔ 전명구 around you는 여기서 부사구(M) 역할을 하며, 없어도 문장의 의미가 통한다.

103 A journey (of a thousand miles) / must begin **with a single step.** – Proverb

(S: A journey, V: must begin ≠ A: with a single step)

여정은 (천 마일의) / 하나의 걸음으로 시작되어야 한다.
↘ 천 리 길도 한 걸음부터.

✔ 부사구(A) with a single step이 없으면 문장의 의미가 어색해진다. (<< 권두부록 01. SV/SVA)

104 When we get closer to people, // their joy feels **like our joy** / and their pain feels **like our pain.**

(S_1: their joy = C_1: like our joy; S_2: their pain = C_2: like our pain)

우리가 사람들과 더 가까워지면 // 그들의 즐거움은 우리의 즐거움처럼 느껴진다 / 그리고 그들의 고통은 우리의 고통처럼 느껴진다.

✔ be동사 외에 감각동사들도 보어로 〈like+명사〉의 형태로 전명구를 취한다. (look[sound, feel, taste, smell] like+명사)
e.g. It **looks like** an expensive house. (그것은 비싼 집 **같아 보인다.**)

105 Repetitive training makes you more comfortable // because confidence grows **over time.**

(V: makes, O: you, C: more comfortable; S′: confidence ≠ M′: over time)

반복적인 훈련은 여러분을 더 편안하게 만들어준다 // 왜냐하면 자신감이 시간이 지날수록 커지기 때문이다.

✔ over time은 부사구로 동사 grows를 수식하는 역할을 한다. 이 경우 over time이 없어도 문장의 의미가 통한다.

106 People behave **in a different way** in a big crowd / than they do // when they are alone [or] **with a smaller group.**

(S: People ≠ A: in a different way; do = behave; S′: they, V′: are, C'_1: alone = C'_2: with a smaller group)

사람들은 많은 사람들 속에서 다른 방식으로 행동한다 / 그들이 행동하는 것과는 // 혼자 있을 때 혹은 더 작은 집단과 있을 때.

✔ in a different way는 부사구(A)로 동사 behave를 수식하는 역할을 한다. 이 경우 in a different way가 없으면 의미가 어색해진다.
✔ 여기서 접속사 than은 앞의 different와 함께 쓰여 '~와는 (다른)'의 의미를 나타낸다.
✔ when절에서 주어(they)의 두 번째 보어로 전명구가 쓰였다. (they=with a small group)

107 Time is of the essence. Live // as though life is short // — because it is ∨.
S = C (it = life)

시간은 아주 중요하다. 살라 // 마치 인생이 짧은 것처럼 // 왜냐하면 그것(인생)은 그렇기(짧기) 때문이다.

- 〈of+추상명사〉는 형용사로 쓰이므로 SVC 문장에서 보어 역할을 할 수 있다.
  - of age (= old)
  - of (great) experience (= (very) experienced)
  - of great value (= very valuable)
  - of no value (= valueless)
  - of great help (= very helpful)
  - of little use (= almost useless)
  - of no use (= useless)
  - of no avail (= useless)
  - of importance (= important)
  - of interest (= interesting)
  - of wisdom (= wise)

  He is a man **of great experience** in software development. (그는 소프트웨어 개발 **경험이 매우 많은** 사람이다.)
- as though[if](마치 ~인 것처럼)가 이끄는 절에 직설법이 사용되는 경우는 말하는 사람이 생각하기에 사실일 가능성이 상당히 클 때이다. (⇚ Unit 29) 즉, 여기서 life is short(인생이 짧다)는 직설법으로 쓰여 사실일 가능성이 있음을 의미한다.
- ∨ 자리에는 반복되는 형용사 short가 생략되었다.

UNIT 16 SVO 뒤의 '전명구'

108 A message's persuasiveness concerns the credibility **(of the sender of the message)**. – 모의응용
S V O

메시지의 설득력은 신뢰성과 관계가 있다 (메시지 전달자의).

- of the sender of the message는 목적어 the credibility를 수식하는 형용사의 역할을 한다.

109 Advertisements change people's thinking / **by using language** [which appeals to emotions].
S V O M

광고는 사람들의 생각을 바꾼다 / 언어를 사용함으로써 [감정에 호소하는].

- by using language ~ emotions는 동사 change를 수식하는 부사(M)의 역할을 한다. (언어를 사용하여 ~을 바꾸다)
- 부사구에서 which 이하 관계대명사절은 선행사 language를 수식한다.

110 We're not perfect. But that doesn't mean // ∨ we can lay some of our baggage / **on someone else.**
S′ V′ O′ A′

우리는 완벽하지 않다. 하지만 그것이 의미하지는 않는다 // 우리가 우리 짐의 일부를 맡겨도 된다는 것을 / 다른 누군가에게.

- ∨ 자리에는 동사 mean의 목적어인 명사절을 이끄는 접속사 that이 생략되었다.
- 자동사 lie와 타동사 lay의 목적어 유무와 의미, 철자를 혼동하지 않도록 주의하자.
  - lie(–lay–lain): 눕다, 놓여 있다
  - lie(–lied–lied): 거짓말하다
  - lay(–laid–laid): (~을) 놓다, 눕히다; (알을) 낳다
- on someone else는 동사 can lay를 수식하는 부사(A)의 역할을 한다. (다른 누군가에게 ~을 맡기다)

111 Overconfidence can leave students / **with mistaken impressions**
S V O = C
[that they are fully prepared for tests / and no longer need to study]. – 모의응용

지나친 자신감은 학생들을 ~한 상태로 둘 수 있다 / 잘못된 생각을 가지고 있는
[자신들이 시험 준비를 충분히 했고 / 더는 공부할 필요가 없다는].

- with mistaken impressions는 목적어인 students의 상태를 보충 설명하는 목적격보어 역할을 한다.
- 접속사 that 이하는 앞의 mistaken impressions와 동격을 이루는 명사절이다.

112 Children's drawings lack the expression **(of depth)**, // and the size of an object
S_1 V_1 O_1 S_2
in a drawing / reveals its significance **(in a child's mind)**. – 모의응용
V_2 O_2

아이들의 그림은 (깊이의) 표현이 없다 // 그리고 그림 속에 있는 물체의 크기는
/ (아이들의 마음속에 있는) 그것의 중요도를 드러낸다.
→ 아이들은 그림에 깊이를 표현하지 않고, 물체의 크기를 크고 작게 그림으로써 자신이 생각하는 물체의 중요도를 드러낸다.

- of depth는 앞의 목적어 the expression을, in a child's mind는 앞의 목적어 its significance를 각각 수식하는 형용사의 역할을 한다.
- 두 번째 목적어 its significance의 its는 앞의 an object를 지칭한다.

113 We borrow environmental capital / **from future generations** / **with no intention**
S V O M_1 M_2
or prospect (of repaying it). – 수능응용

우리는 환경 자본을 빌린다 / 미래 세대들로부터 / 의도도 없이
혹은 예상도 없이 (그것을 갚으려는).
→ 우리는 미래 세대가 사용해야 할 환경 자원까지 대책 없이 써 버리고 있다.

- from future generations와 with no intention ~ repaying it은 모두 동사 borrow를 수식하는 부사의 역할을 한다.

114 While many of us perceive insects **as harmful pests**, // in reality, / humankind
S′ V′ O′ = C′
might cease to exist / without their service of pollination. – 모의응용

우리 중 많은 사람이 곤충을 해충으로 인식하지만, // 실제로는, / 인류는
존재하기를 멈출지도 모른다 (→ 인류는 소멸할지도 모른다) / 그것들의 수분 작용이 없다면.

- 다음의 표현들도 목적어 뒤의 전명구가 목적격보어 역할을 한다고 볼 수 있다. 의미상 A=B 관계가 성립한다.
  - think of[regard, view, look on] A **as B**: A를 B로 여기다
  - describe A **as B**: A를 B로 묘사하다
  - take A **for B**: A를 B로 (잘못) 여기다

UNIT 17 SV 뒤의 '명사[1]+명사[2]'

115 Many businesses send **future customers** **free gifts or samples** /
S V IO ≠ DO
in order to promote their products. – 모의응용

많은 기업은 미래의 고객들에게 무료 선물이나 샘플을 보낸다 /
자신들의 제품을 홍보하기 위해.

- in order to-v: v하기 위해서

116 If all sides of a rectangle have the same length, // we call **it a square**.
S V O C (it = a square)

직사각형의 모든 변이 동일한 길이면, // 우리는 그것을 정사각형이라고 부른다.

117 The friendly owner (of the restaurant) / made **us a nice dinner** / despite the very late hour.
S V IO DO (IO ≠ DO)

(그 레스토랑의) 친절한 주인은 / 우리에게 근사한 저녁 식사를 만들어주었다 / 매우 늦은 시간임에도 불구하고.

118 Confronting your fears, / paradoxically, / makes **you** / **a far happier and more productive person**. – Dr. David M. Burns ((美 정신의학자))
S V O C (O = C)

당신의 두려움에 맞서는 것은, / 역설적으로, / 당신을 만든다 / 훨씬 더 행복하고
더 생산적인 사람으로.

119 He had some trouble finding a book [∨ he wanted], // so a librarian found **him the book**.
S V IO DO (IO ≠ DO)

그는 [그가 원했던] 책을 찾는 데 약간의 어려움을 겪었다 // 그래서 사서가 그에게 그 책을 찾아주었다.

- have trouble[difficulty] (in) v-ing: v하는 데 어려움을 겪다
- ∨ 자리에는 a book을 선행사로 하는 목적격 관계대명사 that[which]이 생략되었다.

120 I always found **him** / **a sincere person** [who would stick by his word / and always do his work].
S V O C (O = C)

나는 항상 그를 생각했다 / 성실한 사람이라고 [자신의 말을 지킬 / 그리고 항상
자신의 일을 할].

121 Roles are like a fence. They allow **us** / **a certain amount of freedom**, // but that freedom doesn't go very far. – 모의
S V IO DO (IO ≠ DO)

역할은 울타리와 같다. 그것들(역할)은 우리에게 부여한다 / 어느 정도의 자유를, // 하지만
그 자유는 아주 멀리까지 가지는 않는다.

↳ 우리는 역할의 범위 안에서는 자유롭지만, 그 자유는 역할을 넘어서 확장되지는 않는다. (역할을 지키며 자유를 누려야 한다.)

allow가 만드는 빈출 문형

SVO	~를 가능하게 하다	This elevator **allows** easy access for everyone. (이 엘리베이터는 모두에게 쉬운 접근을 **가능하게 한다**.)
SVOO	~에게 …을 주다	Her parents **allow** her 50,000 won a week. (그녀의 부모님은 매주 그녀**에게** 5만원**을 준다**.)
SVOC	~가 …하도록 허락하다	He **allowed** me to use his laptop. (그는 내**가** 그의 노트북을 사용**하도록 허락했다**.)

122 His calm determination won **him the respect** (of his teammates [who elected **him captain**]).

S V IO ≠ DO V′ O′ = C′

그의 침착한 결단력은 그에게 존경을 얻게 했다 (그의 팀원들의 [그를 팀장으로 뽑은]).

✔ win A B: A에게 B를 얻게 하다

123 The government considered **the airwaves** / **such an integral part (of our democracy)** // **that** politicians decided // ∨ the public should own and control them.

S V O = C; them = the airwaves

정부는 방송 매체를 여겼다 / (민주주의의) 아주 필수적인 부분으로 //
그래서 정치인들은 결심했다 // 대중이 그것(방송 매체)을 소유하고 관리해야 한다고.

✔ such a(n)+형용사+명사 that ...: 아주 ~해서 …하다 (⇐ Unit 55)
✔ ∨ 자리에는 decided의 목적어 역할을 하는 명사절을 이끄는 접속사 that이 생략되었다.
✔ **consider가 만드는 빈출 문형**

SV(M)	생각[숙고]하다	Let me **consider** for a moment. (잠시 **생각해** 볼게요.)
SVO	~을 고려하다	I am **considering** buying a new car. (나는 새 차를 사는 것**을 고려하고** 있다.)
SVOC	~를 …로 여기다	I **consider** my sister a mentor. (나는 언니**를** 멘토**로 여긴다.**)

UNIT 18 SVO 뒤의 'to-v'

124 A start-up company can lack the resources (**to compete** in areas (such as product development and advertising)).

S V O

신생 기업은 자원이 부족할 수 있다 (분야에서 경쟁할
(제품 개발과 홍보와 같은)).

✔ 명사를 뒤에서 수식하는 형용사적 역할의 to부정사는 '~할 명사'로 자연스럽게 해석한다.

125 These days, / law enforcement agencies (like the FBI) / use various forms of digital technology / **to catch** and ∨ **prosecute** criminals.

S V O; ~하기 위해(부사절)

오늘날, / (FBI 같은) 법 집행 기관은 / 다양한 종류의 디지털 기술을 사용한다
/ 범죄자를 잡고 기소하기 위해.

✔ to catch and (to) prosecute criminals는 목적을 의미하는 부사적 용법의 to부정사구이다. ∨ 자리에 반복되는 to가 생략되었다.

126 Gap years allow / newly graduated high school students / **to expand** their educational experience / outside of a classroom setting, / before starting college.

S V O C

갭이어는 ~하게 한다 / 최근 졸업한 고등학생들이 /
그들의 교육적 경험을 확장하도록 / 교실 환경 밖으로 /
대학 과정을 시작하기 전에.

- allow+목적어+to-v: ~가 v하게 하다[허락하다]

cf. SVOC 문형에서 목적격보어 자리에 to-v를 사용하는 동사들: want, expect, force, ask, persuade, cause, lead, enable, tell, advise 등 (⇐ **Unit 13**)

F·Y·I 갭이어(gap year)는 학생들이 한 학기 또는 1년 정도 학업을 쉬면서 다양한 활동을 체험하는 기간을 일컫는다. 여행, 자원봉사, 관심 분야 공부, 문화 체험, 인턴십 등의 활동을 통해 자신의 적성을 파악하고 진로를 설정한다. 일반적으로 고등학교를 졸업하고 대학교에 입학하기 전, 또는 대학교를 졸업하기 전에 활용한다.

127 The International Space Station (ISS) provides / valuable opportunities (**to test** spacecraft systems and equipment for future missions).

S V O

국제우주정거장(ISS)은 제공한다 / 귀중한 기회를 (앞으로 있을 미션을 위해 우주선 시스템과 설비를 시험할).

- 목적어인 valuable opportunities는 뒤의 to부정사구의 수식을 받고 있으며 의미상 동격 관계이다. (valuable opportunities = to test ~ missions)

F·Y·I 국제우주정거장(ISS): 우주 상공을 일정한 궤도로 도는 우주기지이다. 미국, 러시아 등을 포함한 16개국이 참여한 다국적 프로젝트로 총지휘는 NASA(미국 항공우주국)가 담당한다. 우주인들이 거주하면서 갖가지 과학 실험을 하거나 달, 화성 등을 탐사하기 위한 대기 기지 등으로 사용된다.

128 Navigation systems are tracking the cell phones (of other users) / **to see** // how quickly those cell phones[S′] move[V′] through traffic. – 모의응용

S V O ~하기 위해(부사적)

내비게이션 시스템은 (다른 사용자들의) 휴대 전화를 추적하고 있다 / 알아내기 위해서 //
그 휴대 전화들이 얼마나 빨리 도로 위를 이동하는지.

- to see는 부사적 역할의 to부정사로 '목적'의 의미를 나타낸다.
- how quickly ~ traffic은 to see의 목적어 역할을 하는 명사절이다.

129 I strongly encourage / you **to find**[V′1] a place[O′1] (**to think**) / [and] **to discipline**[V′2] yourself[O′2] **to pause**[C′2] // because time alone has the potential (**to change** your life). – 모의응용

S V O $C_1$① ② $C_2$③ ④ S′ V′ O′ ⑤

나는 강력하게 권장한다 / 여러분이 (생각할) 기회를 찾을 것을 / 그리고 훈련할 것을 여러분 자신을
잠시 멈추도록 // 왜냐하면 혼자 있는 시간은 잠재력을 갖기 때문이다 (여러분의 삶을 바꿀).

- encourage의 목적격보어인 to find ~ think와 to discipline ~ pause는 등위접속사 and로 병렬 연결되었다.

I strongly encourage you [to find a place to think / [and] / to discipline yourself to pause] // because ~

- 총 5개의 to부정사가 등장하며 그 역할은 각각 다음과 같다. 복잡해 보일 수도 있지만, 문맥을 생각해 차근차근 파악하면 된다.

① to find: 목적격보어(encourage+O+to-v) ② to think: find의 목적어(a place) 수식
③ to discipline: 목적격보어(encourage+O+to-v) ④ to pause: 목적격보어(discipline+O+to-v)
⑤ to change: has의 목적어(the potential) 수식

UNIT 19 

SV 뒤의 '명사+v-ing'

130 The gravitational pull of Jupiter / grabs asteroids (**passing** the planet) / and pulls them to its surface. – 모의응용

(S: The gravitational pull of Jupiter / V: grabs / O: asteroids ← passing the planet)

목성의 중력이 / 소행성을 붙잡는다 (그 행성(목성)을 지나가는) / 그리고 그것들(소행성)을 표면으로 끌어당긴다.

- 목적어인 asteroids가 '(행성을) 지나간다'라는 능동의 의미이므로 현재분사(passing)가 쓰여 목적어를 수식한다. passing the planet은 수식어이므로 삭제해도 문장의 의미가 완전하다.

F·Y·I 태양계에서 가장 큰 행성인 목성은 모든 태양계 행성들의 질량을 합친 것의 2/3 이상을 차지한다. 또한 79개에 달하는 많은 위성을 가진 것으로도 유명한데, 목성의 중력으로 인해 위성들과 수많은 소행성, 혜성들이 영향을 받는 것으로 알려져 있다.

131 When you notice yourself **thinking** of something negative, // switch it around / to what you are grateful for / about the situation.

(S′: you / V′: notice / O′: yourself / C′: thinking of something negative / V: switch)

자신이 부정적인 어떤 것을 생각하는 것을 알아차릴 때, // 그것을 전환하라 / 당신이 감사하게 생각하는 것으로 / 그 상황에 대해.

- 목적어 yourself와 목적격보어 thinking ~ negative가 주술 관계를 이룬다. (→ 자신이 ~를 생각한다) 따라서 thinking ~ negative를 삭제하면 문장의 의미가 완전하지 않다. (→ 당신이 자신을 알아채면(×))
- 문장의 목적어인 대명사 it은 thinking of something negative를 가리킨다.
- what은 선행사를 포함하는 관계대명사로 '~하는 것'으로 해석하며, 여기서는 전치사 to의 목적어로 쓰였다.

132 The atomic symbol, (such as O for oxygen), means the letter (**representing** each element / on the periodic table).

(S: The atomic symbol / V: means / O: the letter ← representing each element / on the periodic table)

(산소의 O와 같은) 원자 기호는 문자를 의미한다 (각각의 원소를 나타내는 / 주기율표의).

- 목적어인 the letter가 '~을 나타낸다'라는 능동의 의미이므로 현재분사(representing)가 쓰여 목적어를 수식한다.

133 Once you get people **laughing**, / they're listening // and you can tell them almost anything. – Herbert Gardner ((美 예술가))

(S′: you / V′: get / O′: people / C′: laughing)

일단 사람들을 웃기 시작하게 하면, / 그들은 듣고 있다 // 그러면 당신은 그들에게 거의 모든 것을 말할 수 있다.
→ 우선 사람들에게 웃음을 주면 그들은 당신에게 귀를 기울이고 있는 것이고, 그때 원하는 바를 말하면 대부분 받아들여질 것이다.

- 목적어 people과 목적격보어 laughing이 주술 관계를 이룬다. (→ 사람들이 웃다) 따라서 laughing을 삭제하면 문장의 의미가 완전하지 않다. (→ 당신이 사람들을 얻으면(×))

UNIT 20 주어의 위치 이동

134 Not only does a companion animal *provide* company, // but it has to be fed,
부정어 포함 어구 조동사 S V
exercised, and cleaned; // owners feel needed / by their companion animals.

반려동물은 친구가 되어줄 뿐만 아니라, // 또한 먹게 되고,
운동하게 되고, 목욕하게 되어야 한다 // (따라서) 주인들은 (자신이) 필요하다고 느낀다 / 반려동물에게.

- = **A companion animal not only provides** company, but it ~.
- 부정어가 포함된 어구인 Not only가 문장의 맨 앞으로 나가서 주어인 a companion animal과 조동사인 does가 일반동사 provides를 대신해 도치된 것이다. 이때 주어 뒤 동사 자리에는 동사원형을 써준다.

135 Little did the writer, the director, and the producer *know* // that the drama
부정어 조동사 S V
would become a major success.

작가, 감독과 제작자는 거의 알지 못했다 // 그 드라마가
큰 성공작이 될 줄은.

- = **The writer, the director, and the producer didn't know** that the drama ~.

136 Understanding doesn't create use: // **only** when you can instantly recall /
(V'_1: can … recall; only 포함 어구)
what you understand / and practice using your remembered understanding //
(V'_2: practice)
do you *achieve* mastery. – 모의
조동사 S V

이해는 사용을 만들어 내지 않는다 // 오직 여러분이 즉각적으로 기억해 낼 수 있을 때만 /
여러분이 이해한 것을 / 그리고 여러분의 기억된 이해를 사용하는 것을 실행할 수 있을 (때만) //
여러분은 숙련의 경지에 이른다.

- '오직 ~할 때만'이라는 의미의 〈only+시간의 부사절(when ~ understanding)〉이 문장의 맨 앞으로 나간 경우이다. '~만[뿐]'을 의미하는 only는 '~이외에는 아니다'라는 부정의 의미를 포함하므로 문장의 맨 앞으로 나가면 주어와 (조)동사는 도치된다.
- = ~ **you achieve mastery only when** you can instantly recall ~.

137 With great power / comes great responsibility. –Spider-Man ((만화))
부사구 V S

거대한 권력과 더불어 / 큰 책임이 온다.
↳ 거대한 권력에는 그에 걸맞은 큰 책임감이 따른다.

- = **Great responsibility comes with great power.**
- 부사구가 문장 앞에 나와 〈동사+주어〉의 어순이 된 도치구문이다.
- 부사구나 보어가 문장 앞에 있지만 주어가 대명사인 경우, 도치는 일어나지 않는다.

e.g. **Up the hill** *they* came. (그들은 **언덕 위로** 올라왔다.)
Very happy *we* were. (우리는 **무척 행복했다.**)

F·Y·I 《스파이더맨》 시리즈의 명대사로, 주인공인 피터 파커에게 벤 삼촌이 한 말이다. 평범한 고등학생이었던 피터는 우연히 유전자 조작 슈퍼 거미에 물려서 초능력을 갖게 되지만, 자신의 힘을 생각 없이 사용하며 가족의 걱정거리가 된다. 벤 삼촌에게 들은 이 조언은 피터가 자신을 되돌아보고 영웅 '스파이더맨'으로 거듭나는 계기가 된다.

138 When the tree's leaves die, // so does / its ability (to produce food through photosynthesis).

V S

나무의 잎이 시들면, // (~도) 역시 그렇다(퇴화한다) / 그것의 능력 (광합성을 통해 양분을 생산하는).

- so+V+S: S도 역시 그렇다
- = When the tree's leaves die, **its ability to produce food through photosynthesis does so**.

139 Neither can you *hug* yourself // nor can you *cry* on your own shoulder. Life is all about sharing and communicating.

부정어 조동사 S_1 V_1 O_1 부정어 조동사 S_2 V_2

여러분은 자신을 안을 수 없다 // 또한 자신의 어깨에 기대어 울 수도 없다. 인생은 나누고 소통하는 것이 가장 중요하다.

- neither A nor B: A도 B도 아니다
- = **You can neither hug** yourself **nor cry** on your own shoulder.

어법 직결 Answer 본문 p.66

1 **a user of this website, is**

해설 | 부정어가 포함된 부사구(Under no circumstances)가 강조를 위해 문장 맨 앞으로 나가고 주어와 be동사가 도치되었다. 문장의 주어가 단수인 a user of this website이므로 be동사는 단수형인 is가 적절하다.

Under no circumstances / is a user of this website allowed / to have more than one account.

부정어 V S

어떤 상황에서도 (~하지) 않는다 / 이 웹사이트의 사용자는 허용되지 (않는다) / 한 개보다 더 많은 계정을 가지도록.

- = A user of this website is not allowed to have more than one account **under any circumstances**.
- ⟨allow A to-v (A가 v하도록 허용하다)⟩ 형태가 수동태(be allowed to-v)로 표현된 것이다.
(← No circumstance **allow** a user of this website **to have** more than one account.)

2 **your word, a smile, and a grateful heart, are**

해설 | 부사구(Among the things ~ keep)가 강조를 위해 문장 맨 앞으로 나가고 주어와 be동사가 도치되었다. 문장의 주어가 복수인 your word, a smile, and a grateful heart이므로 be동사는 복수형인 are가 적절하다.

Among the things [you can give and still keep] / are your word, a smile, and a grateful heart. – Zig Ziglar ((美 작가))

부사구 V S

(~인) 것 중에는 [당신이 주고도 여전히 가지고 있을 수 있는] / 당신의 말, 미소, 그리고 고마워하는 마음이 있다.

- = Your word, a smile, and a grateful heart are among the things ~.

UNIT 21 보어의 위치 이동

140 Faint grew / the shape of the tall building / in heavy fog.

C V S

희미해졌다 / 높은 건물의 형체가 / 심한 안개 속에서.

- grow+형용사: ~해지다, ~하게 되다
- = **The shape ~ building grew** faint in heavy fog.

141 The glow of one warm thought / is to me / worth more than money.

S V M C

–Thomas Jefferson ((美 3대 대통령))

따뜻한 생각의 빛이 / 나에게는 ~이다 / 돈보다 더 가치가 있는.

↳ 온화하고 행복한 사고는 나에게 물질적인 것(돈)보다 가치 있다.

142 Certain personality characteristics, (such as expecting the best from life), / make some people, // **as their stressors occur,** // **more resistant to distress.** – 모의응용

S: Certain personality characteristics / V: make / O: some people / M: as their stressors occur / C: more resistant to distress

어떤 성격상의 특성들은, (삶에서 가장 최고를 기대하는 것과 같은), /
일부 사람들을 (~하게) 만든다. // 스트레스 요인들이 발생할 때, // (정신적) 고통을 더 잘 견디게.

↳ 삶에서 최고를 기대하는 성격을 지닌 사람들은 스트레스가 발생할 때, 고통을 더 잘 견딘다.

143 **Fundamental to most moral approaches** is / the idea [that human life has a special dignity and value [that is worth preserving / even at the expense of self-interest]]. – 모의

C: Fundamental to most moral approaches / V: is / S: the idea (= that human life has ...)

대부분의 도덕적인 접근의 기본 원칙이다 / 생각은 [인간의 삶은
특별한 존엄과 가치를 갖고 있다는 [보존할만한 / 심지어 자기 이익을 희생하고서라도]].

- 첫 번째 that은 the idea의 동격절을 이끄는 접속사이고, 두 번째 that은 a special dignity and value를 선행사로 하는 주격 관계대명사이다.
- = **The idea that ~ self-interest is fundamental to most moral approaches.**

144 **So powerful** is / the sense of obligation (to return a favor) // that it affects our daily lives very much. – 모의응용

C: So powerful / V: is / S: the sense of obligation (to return a favor)

아주 강해서 / (호의에 보답하려는) 의무감이 // 그것은
우리의 일상생활에 크게 영향을 미친다.

- 〈so+형용사/부사+that ...〉: 아주 ~해서 …하다; …할 정도로 ~하다
- 보어인 〈so+형용사〉를 강조하기 위해 문장의 맨 앞으로 보낸 경우이다.
  = **The sense of obligation to return a favor is so powerful** that it affects ~.

145 **A dull, long rainy season** / it has been, / different from the year before.
It gets humid easily, // and it's hard to see the sunshine.

C: A dull, long rainy season / S: it / V: has been / S(가주어): it / S′(진주어): to see the sunshine

흐리고 긴 장마철 / ~이었다. / 전년과는 다른.
쉽게 습해진다 // 그리고 햇빛을 보는 것은 힘들다.

- 주어가 대명사 it이므로 보어(A dull, long rainy season)가 문장의 맨 앞에 와도 주어(it)와 동사(has been)의 도치가 일어나지 않는다.
- 이 문장에서 첫 번째 it과 두 번째 It은 모두 날씨를 나타내는 비인칭 주어이다.

146 We should attempt to become[V′] / **within our limitations**[M′] / **the best [∨ we can be]**[C′]. – 모의응용

S: We / V: should attempt / O: to become ... the best [∨ we can be]

우리는 되려고 노력해야 한다 / 우리의 한계 내에서 / [우리가 될 수 있는] 최고가.

- ∨ 자리에는 최상급 선행사(the best)를 수식하는 관계대명사 that이 can be의 보어 역할을 하므로 생략되었다.

147 The presence of peers makes adolescents, (more than adults), / **according to various studies**, / **more likely to take risks.** – 모의응용

(S: The presence of peers / V: makes / O: adolescents / M: according to various studies / C: more likely to take risks)

또래의 존재는 청소년들을 (~하게) 만든다, (성인들보다 더,) /
다양한 연구들에 따르면, / 위험을 더 감수하게.

- 목적어 adolescents 뒤에 more than adults가 삽입되었다. (<< **Unit 24**)
- 〈make+목적어+목적격보어〉의 SVOC 문형에서 목적격보어로 형용사구(more likely ~)가 쓰였다.

UNIT 22 목적어의 위치 이동

148 One thing my father left ● to me, // and it was more valuable than a fortune / — his diary.

(O: One thing / S: my father / V: left / M: to me)

아버지께서 내게 한 가지를 남겨주셨다. // 그리고 그것은 더 귀중했다
재산보다 / (바로) 아버지의 일기이다.

혼동주의 13 주어+[관계사가 생략된 관계사절]+V ~

One thing [(that) my father^S would say^V ●] // is that the records are to be broken.

(S: One thing / V: is)

한 가지는 [나의 아버지께서 말씀하시곤 하던] // 기록은 깨지기 마련이라는 것이다.

▶ 문장 앞부분이 OSV 구조처럼 명사 뒤에 〈주어+동사〉일지라도, 〈주어+관계사절[(관계사 생략+)S′+V′]+동사〉일 가능성도 존재한다. 관계사절이면 다음에 진짜 문장의 동사가 이어진다.

149 What one has not experienced, // one will never understand ● in print.

(O: What one has not experienced / S: one / V: will never understand / M: in print)

– Isadora Duncan ((美 현대 무용가))

자기가 경험하지 못한 것을, // 사람은 활자로 절대 이해하지 못할 것이다.
↳ 경험해보지 않은 것은 글로 읽어도 이해할 수 없을 것이다. (직접 경험해야 이해할 수 있다.)

- 동사 will (never) understand의 목적어인 관계사절(What one has not experienced)을 강조하고자 문장의 맨 앞에 둔 형태이다.

150 Those books [which have made a lasting contribution / to humans' quest for truth], / we call ● great books.

(O: Those books [which ~ truth] / S: we / V: call / C: great books)

책들을 [지속적인 기여를 한 / 인간의 진리 탐구에],
/ 우리는 훌륭한 책이라고 부른다.

- 〈S+V(call)+O+C〉에서 목적어가 앞으로 이동하여 〈O+S+V(call)+C〉의 형태로 도치되었다.
- which ~ truth는 Those books를 선행사로 하는 주격 관계대명사절이다.
- **call이 만드는 빈출 문형**

SVA	~을 요구하다	Many citizens **called for** a change in the law. (많은 시민이 법률의 개정**을 요구했다.**)
SVO	~을 부르다	Somebody **called** my name in the dark. (누군가 어둠 속에서 내 이름**을 불렀다.**)
SVOC	~을 …라고 부르다	He often **calls** me a coward. (그는 종종 나**를** 겁쟁이**라고 부른다.**)

151 Due to the time limit, / you have to know / when and how to start solving each question in the test. **When and how to stop** / you also have to know ●. – 모의응용
O S V

시간제한 때문에, / 여러분은 알아야 합니다 / 시험에서 언제 그리고 어떻게 각각의 문제를 풀기 시작할지를.
언제 그리고 어떻게 그만둘지를 / 여러분은 또한 알아야 합니다.

✔ 〈의문사+to부정사〉 형태의 명사구가 동사의 목적어로 쓰였다.

152 **Hard work** / people can put up with ●, // as long as there are good results.
O S V

힘든 일을 / 사람들은 참을 수 있다. // 좋은 결과가 있는 한.

✔ 동사구(put up with)의 목적어가 주어 앞에 나온 형태이다.
✔ as long as: 하는 한; ~하기만 하면

153 College graduates are educated to read ● / **with understanding and appreciation** / **books [which otherwise they could not so read]**.
V′ M′ O′

대학 졸업자들은 읽도록 교육받았다 / 이해와 공감을 가지고
/ 책을 [그렇지 않으면(= 교육받지 않으면) 그렇게 읽지 못할].

✔ to read가 이끄는 어구에서 read의 목적어는 books ~ read인데 그 사이에 전명구가 온 형태이다.
✔ otherwise는 '그렇지 않으면'을 뜻하는 부사로, 여기서는 if college graduates were not educated의 의미이다. (⇐ Unit 31)

154 Laboratory tools make ● **easier** / **the job of scientists and their experiments**.
S V C O

실험실 도구들은 더 쉽게 한다 / 과학자들의 일과 그들의 실험을.

✔ 목적어가 보어보다 상대적으로 긴 경우 서로의 위치가 바뀐다.

155 We must create and maintain ● **(against transnational corporations and advertisers)** **a noncommercial public media system**.
S V M O

우리는 만들고 유지해야 한다 (다국적 기업과 광고주에 맞서)
비상업적인 공공 미디어 시스템을.

✔ 동사와 목적어 사이에 전명구(against transnational corporations and advertisers)가 온 형태이다.

156 Nearly every advance (in molecular genetics) / makes ● **possible** / **some new tests (for finding microscopic tumors)**.
S V C O

거의 모든 발전은 (분자 유전학에서의) / 가능하게 한다 / 몇 가지 새로운 검사를
(초소형 종양을 발견하기 위한).

✔ 〈make+O+C〉의 문형에서 긴 목적어가 목적격보어 뒤로 간 형태이다.

157 Motivation is important for good studying. When you are motivated, // you will find it simple / **to stay focused over a period of time**.
S V O C O´(진목적어)

동기 부여는 좋은 학습을 위해서 중요하다. 동기 부여가 되면, //
여러분은 (~이) 쉽다는 것을 알게 될 것이다 / 일정 시간 동안 계속 집중하는 것이.

✔ SVOC 문형 동사(find)의 목적어 자리에 가목적어 it을 쓰고 진목적어인 to부정사를 문장 뒤로 보낸 형태이다.

158 Few people think it likely // **that they may be mistaken**.
S V O C O´(진목적어)

(~을) 가능성이 있다고 생각하는 사람은 거의 없다 // 자신이 잘못 판단하는 것일지도 모른다는 것을.
↳ 자신이 잘못 판단하는 것일지도 모른다고 생각하는 사람은 거의 없다.

✔ SVOC 문형으로 쓰인 동사(think)의 목적어 자리에 가목적어 it을 쓰고 진목적어인 that절을 문장 뒤로 보낸 형태이다.

159 Although keeping your aims to yourself / helps ease the fear of failure, //
S´ V´ O´
it also makes it easy / **to avoid changing your life** / and ∨ **drift back into old habits**. – 모의응용
S V O C O´(진목적어)

비록 당신의 목표를 비밀로 간직하는 것이 / 실패의 두려움을 완화하는 데 도움을 주긴 하지만, //
그것은 또한 (~을) 쉽게 만든다 / 당신의 삶을 변화시키는 것을 피하고 / 예전의 습관에 다시 빠지는 것을.

✔ Although가 이끄는 부사절의 주어는 동명사구(keeping ~ yourself)이고 동명사 주어는 단수 취급하므로 단수동사 helps가 쓰였다. 동사 help는 to-v 또는 원형부정사(v)를 목적어로 갖는다.
✔ 주절의 진목적어로 to avoid ~ life와 (to) drift ~가 등위접속사 and로 병렬 연결되었다. ∨ 자리에는 to부정사의 to가 반복되어 생략되었다.

UNIT 23 생략구문

160 Never doubt // that a small group of thoughtful citizens / can *change the world*; // indeed, it's the only thing [that ever has **(changed the world)**]. – 모의응용
조동사

의심하지 마라 // 생각이 깊은 시민들의 작은 집단이 / 세상을 바꿀 수 있다는 것을
// 사실상, 그것이 유일한 것이다 [이제까지 (세상을 바꾼)].

✔ that ever has (changed the world)는 the only thing을 선행사로 하는 주격 관계대명사절이다. 선행사가 only, very, 최상급 형용사 등의 수식을 받는 경우 관계대명사는 that을 쓴다. 반복되는 changed the world가 생략되고 조동사 has까지만 쓸 수 있다.

161 Don't *judge each day* / by the harvest [∨ you reap], //
but **(judge each day)** / by the seeds [∨ you plant]. – Robert Louis Stevenson ((스코틀랜드 작가))

하루를 판단하지 말고 / 수확물로 [당신이 거두는], //
(하루를 판단하라) / 씨앗으로 [당신이 심는].
↳ 당장 눈에 보이는 수확이 없더라도, 미래를 위해 노력하는 것은 가치 있다.

✔ not A but B: A가 아니라 B
✔ ∨ 자리에는 각각 목적격 관계대명사 that[which]이 생략되었다.

162 Most jazz musicians can *read music* / but often don't bother **(to read[reading] music)**, // and their art is much involved with improvisation. – 모의

대부분의 재즈 음악가는 악보를 읽을 수 있다 / 그러나 흔히 애쓰지 않는다 (악보를 읽으려고),
// 그리고 그들의 예술은 즉흥 연주와 많은 관련이 있다.

bother+to-v[v-ing]: v하려고 애쓰다; 일부러 v하다

163 I believe // that every right *implies* a responsibility; // every opportunity, **(implies)** an obligation; // every possession, **(implies)** a duty. – John D. Rockefeller ((美 사업가))

나는 믿는다 // 모든 권리는 책임을 포함한다고 // 모든 기회는,
의무를 (포함한다고) // 모든 소유는, 의무를 (포함한다고).

every opportunity와 every possession 뒤에는 공통되는 동사 implies가 생략되었고, 그 자리를 콤마가 대신하고 있다.

F·Y·I 존 데이비슨 록펠러(1839~1937)는 미국의 사업가로 1913년 뉴욕에 록펠러 재단(Rockefeller Foundation)을 설립했다. 인류 복지 증진을 목적으로 하는 이 재단은 카네기 재단·포드 재단과 더불어 미국 최대 규모의 재단으로 손꼽힌다. 이 재단이 내걸고 있는 주요한 과제는 기아 근절, 인구 문제, 대학의 발전, 미국 국내의 기회 균등 및 문화적 발전이다. 최근에는 아시아·아프리카에 대한 원조를 확대하고 있다.

164 In general, / people [who are *confident in cooking*] / are more likely to enjoy various foods / than those [who are not **(confident in cooking)**]. – 모의

일반적으로, / 사람들은 [요리에 자신 있는] / 다양한 음식을 즐길 가능성이 더 크다
/ 사람들보다 [그렇지 (요리에 자신 있지) 않은].

those는 people을 대신하는 대명사이고, those를 수식하는 주격 관계대명사절의 are not 뒤에는 공통되는 confident in cooking이 생략되었다.

165 Do your best / to *complete a task on time* // even when it (S(가주어)) is impossible / to **(complete a task on time)** (S′(진주어)).

최선을 다하라 / 제시간에 일을 완수하도록 // (~가) 불가능할 때라도 /
(제시간에 일을 완수하기가).

even when 이하의 부사절에서 it이 가주어이고 to부정사구인 to (complete a task on time)이 진주어이다. to-v가 앞에 나온 어구와 반복될 경우 to만 남기고 대부분 생략한다.

166 This is a safety announcement. Due to today's wet weather, / please take extra care // while **(you are)** on the platform. Surfaces may be slippery.

안전 공지입니다. 오늘 비 오는 날씨 때문에, / 특별히 주의 부탁드립니다 //
승강장에 있는 동안. 지면이 미끄러울지도 모릅니다.

while, when, if, though, even if[though] 등이 이끄는 부사절의 주어가 주절의 주어와 일치할 경우, 부사절의 ⟨S+be⟩는 생략하는 경우가 많다. 여기서는 주절이 명령문이므로 주어가 없지만, 문맥상 take extra care의 주체를 생각하면 you are가 생략되었다고 볼 수 있다.

167 *Words are* easily identified / when **(they are)** part of a conversation // but **(they are)** harder to recognize / if **(they are)** presented alone.

단어는 쉽게 확인된다 / (단어가) 대화의 일부일 때 //
그러나 (단어는) 인식하기 더 어렵다 / (단어가) 단독으로 제시되면.
↳ 단어는 대화의 일부일 때는 의미가 쉽게 확인되지만, 단어만 단독으로 제시되면 의미를 인식하기가 더 어렵다.

- 주절과 부사절로 이루어진 두 개의 문장이 등위접속사 but으로 병렬 연결된 구조이다. 접속사 but 뒤에는 앞의 절과 공통되는 어구인 they(= words) are가 생략되었다.
- 시간(when), 조건(if)의 부사절에서 주어는 words로 주절의 주어와 일치하므로 ⟨S+be⟩인 they are가 생략되었다.

UNIT 24 삽입구문

168 A good name, (**like goodwill**), is got by many actions / and lost by one.
(S: A good name, V_1: is got, V_2: lost)

명성은, (호의와 마찬가지로), 많은 행위로 얻어진다 / 그리고 하나(의 행위)로 잃게 된다.
↳ 명성을 쌓기는 어렵지만 잃는 것은 순간이다.

- 주어(A good name)와 동사(is got) 사이에 전명구 like goodwill이 삽입되었다.
- **자주 사용되는 삽입어구**
  - so to speak: 말하자면
  - after all: 결국
  - as a result: 결과적으로
  - in other words: 다른 말로 하자면
  - by the way: 그런데
  - for example: 예를 들어
  - in fact: 사실

169 Writing English, (**not only reading it**), / helps you become a fluent speaker of the language.

영어를 쓰는 것은, (영어를 읽는 것뿐 아니라), / 여러분이 그 언어의 유창한 화자가 되도록 도와준다.

- 주어는 동명사구 Writing English이고, 동사는 helps이다.

170 Robots can do work [which, (**while** ∨ **not physically dangerous**), is so repetitious and dull // that it debases any human mind [that must engage in it / for long periods of time]].

로봇은 일을 할 수 있다 [(신체적으로 위험하지는 않더라도), 아주 반복되고
지루해서 // 어떤 사람의 두뇌도 저하시키는 [그것(일)에 관여해야 하는 / 오랜 시간 동안]].

- 선행사 work를 수식하는 which 이하의 절에서, 관계대명사 which와 동사 is 사이에 접속사 while이 이끄는 양보의 부사절이 삽입되었다.
- while이 이끄는 부사절의 주어는 의미상 앞에 나온 work로 ∨ 자리에는 it(= work) is가 생략되었다.
- ⟨so+형용사/부사+that ...⟩: 아주 ~하여 …하다

171 If you go in for an argument, // take care of your temper. Your logic, (**if any**), will take care of itself. – Joseph Farrell ((美 신학자))

논쟁을 하고자 마음먹는다면, // 성질을 다스려라. 여러분의 논리는, (만약 (논리가) 있다면),
자연히 처리할 것이다.
↳ 논쟁을 할 때 성질(화)을 다스리면 논리는 감정에 영향받지 않고 논쟁에서 역할을 할 것이다.

✔ 여기서 if any는 굳이 분석하자면 if (you have) any (logic)의 의미지만, if any 표현의 의미(만약 있다면)를 숙어처럼 외워두면 편하다.
✔ if any, if ever는 준부정어와 함께 사용되어 부정의 의미를 강하게 하는 데도 쓰인다.
1. if any 생략구문: few/little + if any
There are *few*, **if any**, mistakes in Tom's composition. (Tom의 작문에는, **만약 있다고 해도**, 틀린 것이 거의 없다.)
2. if ever 생략구문: hardly/scarcely/seldom/rarely + if ever
Mary *rarely*, **if ever**, eats any breakfast. (Mary는, **만약 먹는다고 해도**, 아침을 거의 먹지 않는다.)
✔ if any, if ever는 문장 중간에 삽입될 뿐만 아니라, 문장 끝에서 의미를 더해주기도 한다.
e.g. Please check over your draft and correct the mistakes, **if any**. (초안을 자세히 살피고 틀린 것을, **만약 있다면**, 바로잡으세요.)

172 Anger, **(if not restrained)**, is frequently more hurtful to us / than the injury [that provokes it]. – Seneca ((고대 로마 철학자))

분노는, (억제되지 않는다면), 종종 우리에게 더 고통을 준다 / 상처보다
[그것(분노)을 유발하는].
↳ 억제되지 않은 분노는 분노의 원인이 된 행위보다 우리의 마음에 종종 더 큰 고통을 준다.

UNIT 25 동격구문

173 *The term* **"Blue Chip"** comes / from *the color of the poker chip (with the highest value)*, **blue**.

'블루칩'이라는 용어는 유래한다 / 포커 칩의 색상에서
(가장 높은 가치를 지닌), 파란색인.

F·Y·I 블루칩(blue chip)이란 주식 시장에서 수익성 · 성장성 · 안정성이 높은 초우량 기업의 주식을 이르는 말이다.

174 *Attitude* is your psychological disposition, / **a personal predetermination (not to let** anything or anyone / take control of your life **or** manipulate your mood**)**.
– 모의응용

태도란 여러분의 심리적 성향으로, / 개인의 사전 결정이다
(어떤 것이나 어떤 사람이 ~하도록 두지 않는 / 여러분의 삶을 통제하거나 기분을 조종하도록).

✔ Attitude와 콤마(,) 이후의 명사구가 동격이다. 명사와 동격어구가 서로 떨어진 경우이다. 동격절을 포함하는 주어부에 비해 서술부가 비교적 짧은 경우에, 긴 주어를 피하기 위해 동격절을 동사 뒤로 보내기도 한다.
✔ 동격인 명사구 안에서 a personal predetermination과 to부정사구(not to let ~)도 동격 관계이다.

175 There are *two ways (of spreading light)*, / **to be the candle** / or **to be the mirror [that reflects it]**. – Edith Wharton ((美 소설가))

(빛을 확산시키는) 두 가지 방법이 있는데, / 촛불이 되는 것 / 또는 거울이 되는 것이다
[그것을 반사하는].

✔ **동격을 이루는 to-v와 자주 쓰이는 명사**
advice / decision / desire / fact / instruction / opportunity / order / plan / possibility / recommendation / request / suggestion / tendency / way / wish 등

176 *The fear* (of **saying something stupid [which stupid people never have]**) / has censored far more good ideas / than bad ones. – Alain de Botton ((스위스 작가))

S = / V / O

두려움은 (어리석은 무엇인가를 말하는 [어리석은 사람들은 결코 지니고 있지 않은]) /
훨씬 더 많은 좋은 발상을 검열해왔다 / 나쁜 발상보다.
↳ 어리석은 것을 말할까 봐 두려워하는 것은 정작 어리석은 사람에게는 없는데, 이 두려움은 좋은 발상을 하지 못하게 해왔다.

✔ 관계사절 which ~ have는 선행사 The fear of saying something stupid를 수식한다.

177 *Genetic diversity*, / or **the range of different inherited traits (among individuals (within species))**, / provides the basis for evolution.

S = / V / O

유전적 다양성, / 즉 각양각색의 유전적 특징의 범위는 (개체 사이의
(종 내에 있는)) / 진화의 기초를 제공한다.

✔ 주어인 Genetic diversity와 the range of 이하가 동격이고, 동사는 주어인 Genetic diversity에 수 일치하여 단수동사 provides가 쓰였다.

178 You shouldn't miss *the fact* **[that first impressions do not have a lasting effect / on relationships between people]**.

=

사실을 놓쳐서는 안 된다 [첫인상이 지속적인 영향을 미치지 않는다는 /
사람들 사이의 관계에].

✔ **동격의 that절과 자주 쓰이는 명사**
(1) 사실/정보: fact / news / information / evidence 등
(2) 사고/인식/발언: idea / opinion / belief / thought / assumption / knowledge / recognition / remark 등
(3) 가능성: chance / possibility / probability 등

179 *The question* **[whether science is to be praised or blamed]** / depends upon the use [that is made of the technique].

S = / V

질문은 [과학이 칭찬받을지 또는 비난받을지의] / 사용에 달려있다
[그 기술로 만들어진].
↳ 과학이 칭찬받을지, 비난받을지에 대한 질문은 그 기술을 어떻게 사용하는지에 달려 있다.

✔ 주어 The question과 whether가 이끄는 명사절이 동격이다.

어법 직결 Answer 본문 p.72

that we must be regular

해설 | 동격어구 that절이 동격인 The notion과 떨어져 있다.

The notion must be overcome **[that we must be regular]**, // because it robs you of the chance to be extraordinary / and leads you to the mediocre. – Uta Hagen ((美 배우))

S V = S′ V′1 V′2 O′2

[우리가 평범해야만 한다는] 생각은 극복되어야 한다. // 왜냐하면 그것은 당신에게서 비범해질 기회를 박탈하기 때문이다 /
그리고 당신을 평범함으로 이끌기 때문이다.

GOLDEN SAYING

Fire is the test of gold;
adversity, of strong men.
-Seneca ((고대 로마의 철학자))
불은 금을 시험하고, 역경은 강한 사람을 시험한다.

PART

2

동사의 이해

UNIT 26 현재(진행)시제와 시간

180 Brainy Smurf (in the animated movie *The Smurfs*) / **wears** glasses / and often **lectures** the rest of the Smurfs / without really knowing // what he is talking about.

(S: Brainy Smurf (in the animated movie The Smurfs), V_1: wears, V_2: lectures)

똘똘이 스머프는 (애니메이션 영화 '스머프'의) / 안경을 쓴다 /
그리고 나머지 스머프들을 자주 훈계한다 / 사실 알지도 못하면서 //
자신이 무슨 말을 하고 있는지를.

- wears glasses는 항상 착용한다는 개념인 데 반해, is wearing glasses라고 쓰면 현재 일시적으로 착용한 상태를 나타낸다.
- what ~ about은 동명사 knowing의 목적어 역할을 하는 명사절이다.

181 The reason [∨ oil[S'] **floats**[V'] on water] / is that it[S'] is[V'] less dense than water[C'].

(S: The reason [∨ oil floats on water], V: is, C: that it is less dense than water)

이유는 [기름이 물 위에 뜨는] / 그것(기름)이 물보다 밀도가 덜 높기 때문이다.

- 불변의 진리와 습관은 항상 현재시제로 표현한다.
  e.g. I **go** to the movies every weekend. (나는 주말마다 영화를 **보러 간다**.)
- oil ~ water는 ∨ 자리에 관계부사 why가 생략된 관계부사절로 주어 The reason을 수식한다.

182 Reconstruction of the bridge / finally **begins** next weekend / and **runs** through April.

(S: Reconstruction of the bridge, V_1: begins, V_2: runs)

그 다리의 복구는 / 다음 주말에 마침내 시작될 것이다 / 4월 내내 그리고 계속될 것이다.

- 현재시제가 가까운 미래를 나타내는 부사구(next weekend)와 함께 쓰여 미래를 나타낸다.
- 미래를 나타낼 수 있는 표현으로는 〈will + 동사원형〉, 〈be going to-v〉 외에도 〈be v-ing (진행형)〉, 〈be about to-v〉, 〈be at[on] the point of v-ing〉, 〈be due to-v〉, 〈be to-v〉 등이 있다.
  e.g. • The ferry **is about to** leave. (그 여객선은 **막** 떠나**려는 참이다**.)
  • I **am at the point of** leaving my job. (나는 일을 그만두**려는 참이다**.)
  • The visitors **are due to** arrive at the factory at 10:30. (방문객들이 10시 30분에 공장에 도착**할 예정이다**.)

183 The secret of success in life is / *for a man* to be ready for his opportunity // when it[S'] **comes**[V']. – Benjamin Disraeli ((英 정치인))

(S: The secret of success in life, V: is, 의미상 주어: for a man, C: to be ready for his opportunity)

인생에서 성공의 비밀은 ~이다 / 한 사람이 자신의 기회에 준비된 상태로 있는 것 //
그것(기회)이 올 때.

- 시간 · 조건의 부사절에서는 현재시제로 미래를 나타내는데, 그러한 부사절을 이끄는 접속사에는 when, after, before, till[until], by the time, as soon as, if, unless, once((일단) ~하면, ~하자마자), as long as(~하는 한) 등이 있다.

184 She **is attending** / a dinner party (hosted by her friend) / this evening.

(S: She, V: is attending, O: a dinner party (hosted by her friend))

그녀는 참석할 예정이다 / 디너파티에 (친구에 의해 주최되는) / 오늘 저녁에.

- 현재진행시제(is attending)가 가까운 미래를 나타내고 있다.
- a dinner party가 '주최되는' 수동의 의미이므로 과거분사구(hosted ~ friend)가 수식한다.

어법 직결 Answer 본문 p.78

keep

해설 | 조건의 부사절에서는 현재시제로 미래를 나타내므로 현재시제 keep이 적절하다.

None of your ideas will change the world // if you **keep** them / inside of your head. – 모의
S V O S′ V′ O′

당신의 생각 중 어느 것도 세상을 바꾸지 않을 것이다 // 당신이 그것들을 간직한다면 / 당신의 머릿속에.

↪ 당신의 생각을 머릿속에만 두지 않고 표현해야 세상을 바꿀 수 있다.

UNIT 27 현재완료시제와 시간

185 Research **has** recently **found** // that lavender is among the best smells (to help lower anxiety and induce sleep). – 모의응용
S V O

연구는 최근에 발견했다 ((완료)) // 라벤더가 최고의 향 중 하나라는 것을 (불안을 줄이고 잠을 유도하는 데 도움이 되는).

✔ 여기서 to help 이하는 앞의 명사 the best smells를 수식한다. help 뒤에는 목적어인 lower anxiety와 induce sleep이 등위접속사 and로 병렬 연결되었다. help는 목적어로 to부정사와 동사원형 둘 다 가능한데, 동사원형(lower, induce)이 쓰인 형태이다.

✔ 현재완료는 '현재와의 연관성'에 초점이 있기 때문에 명백한 과거의 부사(구)(yesterday, last week[month], ago, in + 특정 연도 등)나 when과 함께 쓸 수 없다.

- Research **has found** yesterday that ~. (×)
- Research **found** yesterday that ~. (○)

186 Time travel **has been** / a common plot device (in science fiction) / since the late 19th century.
S V C

시간 여행은 되어왔다 ((계속)) / (공상 과학 작품에서의) 흔한 이야기 구성 장치가 / 19세기 후반 이후로.

✔ '~이후로, ~부터'라는 의미를 나타내는 since는 전치사로 쓰이면 구를, 접속사로 쓰이면 절을 이끈다.

187 I **have been clearing out** my attic all evening / and ∨ just **discovered** my old album.
S V_1 O_1 V_2 O_2

나는 저녁 내내 다락방을 청소하고 있다 ((계속)) / 그리고 내 오래된 앨범을 막 발견했다. ((완료))

✔ have been clearing out은 과거에 시작한 청소가 현재까지 계속 진행되고 있음을 뜻한다.

✔ ∨ 자리에는 〈have p.p.〉에서 중복되는 have가 생략되었다.

188 Anyone [who **has** never **made** a mistake] / **has** never **tried** anything new. – Albert Einstein
S V O

누구든 [실수를 한 번도 해본 일이 없는] / 새로운 어떤 것을 한 번도 시도해본 일이 없다. ((경험))

↪ 실수를 해본 일이 없는 사람은 새로운 것에 도전해본 일이 없는 사람이다.

✔ anything처럼 -thing, -one, -body로 끝나는 부정대명사를 수식하는 형용사는 부정대명사 뒤에서 수식한다.

189 Some birds, (such as ostriches and penguins), / **have lost** their ability (to fly), // so their body structure / is specialized for running or swimming today.
S V O

어떤 새들은, (타조와 펭귄 같은) / 그것들의 (날 수 있는) 능력을 잃었다 ((결과)), //
그래서 그것들의 신체 구조는 / 오늘날 달리기나 수영에 특화되어 있다.

UNIT 28

과거[미래]완료시제와 시간

190 Supernovas may appear to be stars [which have just exploded], // but in actuality / they **had** already **exploded** / millions of years before.

(S_1: Supernovas, V_1: may appear, C_1: to be stars [which have just exploded], S_2: they, V_2: had ... exploded)

초신성은 별처럼 보일지 모른다 [방금 폭발한], //
하지만 실제로 / 그것들은 이미 폭발했다 / 수백만 년 전에. ((완료))

191 When he returned to his country / after a twenty-year absence, // he realized / that everything **had changed** completely.

(S: he, V: realized, S′: everything, V′: had changed)

그가 귀국했을 때 / 20년의 부재 후에, //
그는 깨달았다 / 모든 것이 완전히 바뀌었다는 것을. ((대과거))

모든 것이 바뀐(had changed) 시점은 깨달은(realized) 시점보다 먼저 일어난 일이므로 대과거로 쓰였다.

192 If China's coal use continues to increase / as predicted, // by 2040 / China **will have consumed** / more than a third of global reserves.

중국의 석탄 사용이 계속 증가한다면 / 예상한 대로, // 2040년까지 /
중국은 소비하게 될 것이다 ((완료)) / 전 세계 매장량의 3분의 1보다 많은 양을.

as predicted는 as (it is) predicted (to do)의 의미이다.

193 Starting a clothing store / **had** always **been** one of my dreams, // but I'**d** never **told** anyone / about it.

(S_1: Starting a clothing store, V_1: had ... been, C_1: one of my dreams, S_2: I, V_2: 'd ... told, O_2: anyone)

옷 가게를 여는 것은 / 항상 나의 꿈 중 하나였다. ((계속)) // 하지만
나는 누구에게도 말한 적이 없었다 / 그것에 관해. ((경험))

tell이 만드는 빈출 문형

SVO(M)	~을 말하다	She always **tells** the truth. (그녀는 항상 진실**을 말한다.**)
SVOO	~에게 …을 말해주다	**Tell** me your e-mail address again. (저**에게** 당신의 이메일 주소**를** 다시 **말해주세요.**)
SVOC	~에게 …하라고 말하다	The teacher **told** the children to be quiet. (선생님이 아이들**에게** 조용히 **하라고 말했다.**)

194 They **had put** plaster on the wall / for fire-resistance, // and it prevented the building from burning down / when there was a fire.

(S_1: They, V_1: had put, O_1: plaster, S_2: it (= plaster), V_2: prevented, O_2: the building)

그들은 벽에 회반죽을 칠했다 ((결과, 대과거)) / 화재를 견디기 위해, // 그리고 그것(회반죽)은
그 건물이 전소되는 것을 막았다 / 불이 났을 때.

prevent + 목적어 + from + v-ing: ~가 v하는 것을 막다

195 The marathoner was out of breath / when he reached the finish line // because he **had been running** / for two hours straight.

S: The marathoner, V: was, C: out of breath / S′: he, V′: had been running

그 마라톤 선수는 숨이 찼다 / 그가 결승선에 이르렀을 때 // 왜냐하면
그는 달리고 있었기 때문에 ((계속)) / 두 시간 동안 쉬지 않고.

더 이전에 시작한 동작이 과거의 어느 때까지 계속 진행되고 있으므로 과거완료진행이 쓰였다.

196 The relationships [∨ people share with siblings] / are often the longest-lasting ones [∨ they **will** ever **have experienced**].

S: The relationships [∨ people share with siblings], V: are, C: the longest-lasting ones (= relationships)

관계는 [사람들이 형제자매와 나누는] / 종종 가장 오래 지속되는 관계이다
[그들이 경험하게 될]. ((경험))

∨ 자리에는 각각 The relationships와 ones(relationships)를 선행사로 하는 목적격 관계대명사 that[which]이 생략되었다.

197 When the rescued mountaineers get back to the base camp, // they**'ll have been** in the snowstorm / for two days.

S: they, V: 'll have been

구조된 산악인들이 베이스캠프[기지]에 돌아올 때면, // 그들은 눈보라 속에 있는 것이 될 것이다 ((계속))
/ 이틀 동안.

198 All the leaves **will have fallen** / before you come here, // so you won't be able to see / the leaves turning red.

S_1: All the leaves, V_1: will have fallen, S_2: you, V_2: won't be able to see, O_2: the leaves, C_2: turning red

모든 나뭇잎이 떨어져 있을 것이다 ((완료, 결과)) / 네가 여기에 오기 전에, // 그래서 너는 보지 못할 것이다
/ 잎들이 붉게 물들어 가는 것을.

지각동사 see + 목적어 + 목적격보어(v-ing): ~가 v하고 있는 것을 보다

UNIT 29 가정법 과거시제와 시간

199 People **would worry** less / about what others think of them // if they only **realized** / how seldom they do.

S: People, V: would worry / S′: they (= people), V′: realized / they = others, do = think of other people

사람들은 덜 걱정할 텐데 / 다른 사람들이 자신을 어떻게 생각할지에 대해 //
자신이 깨닫기만 한다면 / 얼마나 드물게 그들(다른 사람들)이 그러는지.
→ 다른 사람이 남들에 대해 생각하는 일이 얼마나 드문지 알게 된다면, 남들이 자신을 어떻게 생각할지를 덜 걱정할 텐데.

what others think of them은 전치사 about의 목적어 역할을, how seldom they do는 동사 realized의 목적어 역할을 하는 간접의문문 형태의 명사절이다.

혼동주의 14 **if + 직설법 과거시제~, 과거 습관의 would**

If I **got** distracted / when I was studying, // I **would write** my thoughts in a notebook.

got: 직설법 과거, when I was studying: 과거, would write: 과거 습관

내가 산만해지면 / 공부하고 있을 때, // 나는 노트에 내 생각들을 적곤 했다.

▶ if절에서 '과거 사실'을 그대로 쓰는 경우도 과거시제를 쓸 수 있고(직설법), 주절의 would는 '과거 습관' 등을 나타낼 수도 있다.

200 There are 400 billion stars / in our galaxy alone. If only one (out of a million of those stars) / **had** intelligent life, // there **would be** literally millions of civilizations / out there. – Contact ((영화))

S´ V´ O´ V S

4천억 개의 별이 있다 / 우리 은하계에만. 만약 하나만이라도 (백만 개의 저 별들 중) / 지적 생명체가 있다면, // 문자 그대로 수백만의 문명사회가 있을 텐데 / 저 (우주) 밖에는.

hundred[thousand, million] 등이 막연한 다수를 나타낼 때는 복수형, 명확한 수를 나타낼 때는 단수형을 쓴다.
e.g. **Hundreds** of people (**수백 명**의 사람들) / **Two hundred** people (**이백 명**의 사람들)
F·Y·I 천문학자 칼 세이건의 소설을 영화화한 SF영화 '콘택트'. 어린 나이에 부모를 잃은 엘리는 천문학자가 되어 그리움의 대상을 우주 어딘가의 외계 생명체에서 찾는다. 마침내 외계에서 온 신호를 포착하여 우주인을 만나고 돌아오지만, 그녀의 경험을 이해하지 못하는 세상의 장벽에 가로막힌다. 본 예문은, 밤마다 무선으로 외계 생명체로부터의 답신을 기다리던 그녀가 자신의 신념을 동료 과학자에게 밝힌 것이다.

어법 직결 Answer 본문 p.82

would

해설 | if절에 〈if + S´ + were to-v〉가 있고 현재(오늘)에 실현 가능성이 희박한 일을 가정하므로, 주절의 동사는 〈조동사 과거형 + 동사원형〉이 되어야 한다. 따라서 would가 적절하다.

If a one-meter sea level rise / **were to take place** today, // it **would destroy** many coastal cities.

S´ V´ S V

만약 1m의 해수면 상승이 / 오늘 발생한다면, // 그것은 많은 해안 도시를 파괴할 텐데.

201 If I **should win** the lottery, // I **wouldn't tell** anyone (other than my family).

S´ V´ O´ S V O

만약 내가 복권에 당첨된다면, // 나는 (나의 가족 외에) 누구에게도 말하지 않을 텐데.

if절에 should, 주절에 조동사 과거형이 쓰이면 '현재 일어날 법하지 않다'라는 가정법 과거시제와 유사한 의미이다.

202 **Were** life easy, // then it **would be** boring. – Charles Beck ((美 고전학자))

V´ S´ C´

인생이 평안하다면, // 그러면 그것은 지루할 텐데.

→ **If** life **were** easy, then it would be boring.

203 **Should** you **experience** any physical abnormality / with this medicine, // **discontinue** use / and **consult** a physician.

S´ V´ O´ V_1 O_1 V_2 O_2

어떠한 신체적 이상이라도 경험하면 / 이 약을 사용하여, // 사용을 중단하라 / 그리고 의사와 상의하라.

→ **If** you **should experience** any physical abnormality with this medicine, ~.
주절은 주어 you를 생략하고 동사(discontinue, consult)로 시작하는 명령문이다.

204 Children **wish** // they **were** grown-ups [who do anything [∨ they want]].
Grown-ups **wish** // they **were** children (with no responsibilities).

S V S´ V´ C´

아이들은 바란다 // 그들이 어른이기를 [무엇이든 하는 [자신이 원하는]].
어른들은 바란다 // 그들이 아이이기를 (어떤 책임도 없는).

wish 다음에 가정법 과거시제가 쓰였으므로, 주절의 시제(현재)와 동일한 때의 소망을 나타낸다.
∨ 자리에는 anything을 선행사로 하는 목적격 관계대명사 that이 생략되었다.

205 The philosopher **wished** // more young people **made** time (for thinking about the meaning of life).

S V S′ V′

그 철학자는 바랐다 // 더 많은 젊은이가 시간을 내기를 (삶의 의미에 대해 생각할).

✔ wished 다음에 가정법 과거시제가 쓰였으므로, 주절의 시제(과거)와 동일한 때의 소망을 나타낸다.

206 Most of us spend our lives // **as if** we **had** another one in the bank.

S V O S′ V′ = life

우리들 대부분은 인생을 보낸다 // 마치 우리가 은행에 또 하나(인생)를 가지고 있는 것처럼.

↘ 많은 사람이 인생이 두 번 있는 것처럼 산다.

✔ as if[though] + S′ + 동사의 과거형: 주절의 시제(현재)와 동일한 때를 가정한다.

207 After hearing the announcement of her university acceptance, // she felt / **as though** she **were** in a wonderful dream.

S V S′ V′

대학 합격 발표를 듣고, // 그녀는 느꼈다 /
마치 그녀가 멋진 꿈속에 있는 것처럼.

✔ 접속사 After 다음에 hearing이 이끄는 분사구문이 이어진다. (= After she heard the announcement ~)

✔ as if[though] + S′ + 동사의 과거형: 주절의 시제(과거)와 동일한 때를 가정한다.

208 Camera phones don't understand privacy, / and don't forget either. **It's time** // we **developed** a new etiquette / for the digital age.

S′ V′ O′

휴대 전화 카메라는 사생활을 이해하지 못하고, / 잊어버리지도 않는다. (→ 휴대 전화 카메라는 사생활을 침해하고 영구적이다.) (~할) 때이다 //
우리가 새로운 에티켓을 만들어야 할 / 디지털 시대를 위해.

✔ It's time we developed ~ = It's time we should develop ~.

UNIT 30 가정법 과거완료시제와 시간

209 They used to say // ∨ I **could have been** a professional ballet dancer / if I'**d had** the training. – Billy Elliot ((영화))

S′ V′ S″ V″

그들은 말하곤 했다 // 내가 프로 발레 무용수가 될 수 있었을 거라고 /
만약 내가 훈련을 받았더라면.

✔ used to-v: v하곤 했다

✔ ∨ 자리에는 say의 목적어 역할을 하는 명사절을 이끄는 접속사 that이 생략되었다.

F·Y·I Billy Elliot(빌리 엘리어트): 발레를 좋아하는 한 소년이 가족의 반대를 무릅쓰고 런던의 로열 발레 학교에 입학하기까지의 내용을 그린 영국 영화이다.

210 They **would have won** the shooting game // **had** he **succeeded** at the last shot.

S V O V′

그들은 사격 게임을 이겼을 것이다 // 그가 마지막 발포에 성공했다면.

✔ → ~ **if** he **had succeeded** at the last shot.

211 Many people **wish** / they **had been born** / with leadership abilities // because we all have dreams (to make a difference in this world).

(Many people = S, wish = V, they = S´, had been born = V´)

많은 사람은 바란다 / 자신이 태어났기를 / 지도력을 갖고 // 왜냐하면
우리는 모두 꿈을 가지고 있기 때문이다 (이 세상에 변화를 가져오려는).

- S + wish가 이끄는 절이 가정법 과거완료시제이므로 주절의 시제(현재)보다 이전의 때를 소망한다.
- 수동태로 잘 쓰이는 표현
  - be born: 태어나다
  - be dressed in: ~을 입다
  - be exposed to: ~에 노출되다
  - be accustomed to: ~에 익숙해지다
  - be told: ~라고 듣다
  - be seated: 앉다
  - be located in[on]: ~에 위치하다
  - be referred to as: ~로 불리다

212 I listened to my kids (talking about me as a parent), // and I learned about things [∨ they **wished** // I'**d done and said** ●]. And I **wished** // that I **had done** more of those things. – Jim Brown ((美 미식축구 선수))

나는 아이들의 말을 들었다 (부모로서의 나에 대해 이야기하는), // 그리고 나는 (~한) 것들을 알게 되었다
[그들이 바랐던 // 내가 했었거나 말했었더라면 하고]. 그리고 나는 바랐다 // 내가 그런 것들을 더 했었더라면 하고.

- ∨ 자리에는 things를 선행사로 하는 목적격 관계대명사 that이 생략되었으며, ●은 원래 목적어가 위치했던 자리이다.
- S + wished가 이끄는 절이 가정법 과거완료시제이므로 주절의 시제(과거)보다 더 이전의 때를 소망한다.

213 He **is telling** me about the accident // **as if** he **had seen** it / with his own eyes.

(He = S, is telling = V, me = O, he = S´, had seen = V´, it = O´)

그는 나에게 그 사고에 대해 말하고 있다 // 마치 그가 그것을 본 것처럼 / 자신의 눈으로 직접.

- as if가 이끄는 절이 가정법 과거완료시제이므로 주절의 시제(현재진행)보다 이전의 때를 가정한다.

214 When we opened the door, // everything was all over the place / **as if** a blender **had been turned on** in the room.

(everything = S, was = V, a blender = S´, had been turned on = V´)

우리가 문을 열었을 때, // 모든 것이 여기저기 널려 있었다 / 마치 믹서가
방 안에서 켜졌었던 것처럼.

- as if가 이끄는 절이 가정법 과거완료시제이므로 주절의 시제(과거)보다 더 이전의 때를 가정한다.

어법 직결 Answer 본문 p.84

would never have tried

해설 | if절에서 if가 생략되어 주어와 조동사 had의 어순이 도치된 형태로, if절에 had p.p.가 쓰여서 과거의 사실을 반대로 가정하는 가정법 과거완료 문장이다. 따라서 주절에는 〈조동사 과거형 + have p.p.〉를 쓰는 것이 적절하다.

Had Christopher Columbus correctly **calculated** / the actual size of the Earth, //
(Had ... calculated = V´)
he **would** never **have tried** to reach Asia / by sailing west from Europe.
크리스토퍼 콜럼버스가 정확히 계산했더라면 / 지구의 실제 크기를 //
그는 아시아에 도달하려고 애쓰지 않았을 텐데 / 유럽에서부터 서쪽으로 항해해서.

- → **If** Christopher Columbus **had** correctly **calculated** ~.

F·Y·I 이탈리아의 탐험가 크리스토퍼 콜럼버스(1451~1506)는 지구가 둥글다고 확신했지만, 지구의 크기를 실제 크기의 4분의 1 정도로 생각했다. 이 때문에 그는 아시아에 가려면 대서양의 서쪽을 도는 편이 빠르다고 믿었다. 1492년, 콜럼버스는 대서양을 항해하다 발견한 육지를 인도라고 착각하였고, 그가 죽을 때까지 인도의 한 지역이라고 생각한 곳은 실은 신대륙 아메리카였다.

UNIT 31

if절을 대신하는 여러 구문

215 **Without** the dark, / we **would** never **see** the stars. – Twilight ((영화))

S V

어둠이 없다면, / 우리는 절대 별을 보지 못할 텐데.

→ **If it were not for** the dark, ~. / **Were it not for** the dark, ~.

216 Their silence **would have been** awkward / **but for** her talkative nature, // as she talked enough / for all the people.

S V

그들의 침묵은 어색했을 것이다 / 그녀의 수다스러운 기질이 없었다면, //
그녀가 충분히 말했기 때문에 / 모든 사람을 대신해서.

↳ 그녀가 모든 사람을 대신해서 말을 많이 했기에 그들은 침묵으로 어색하지 않았지만, 만약 그녀가 수다스러운 성격이 아니었다면 그들은 침묵으로 어색했을 것이다.

→ ~ **if it had not been for** her talkative nature, ~. / **had it not been for** her talkative nature, ~.

217 I **would** not **be** / where I am today // **if it had not been for** his support, advice, and encouragement.

나는 없을 텐데 / 오늘날 내가 있는 자리에 // 만약 그의 지원, 충고, 그리고 격려가 없었더라면.

→ I would not be where I am today **without[but for]** his support, advice, and encouragement.
→ As there were his support, advice, and encouragement, I am where I am today.

if절은 가정법 과거완료, 주절은 가정법 과거인 혼합 가정법 구문. '(과거에) ~했더라면, (현재) …할 텐데'로 해석한다.
e.g. If I **had taken** his advice, I **would not be** in the hospital now. (내가 그의 충고를 **받아들였더라면**, 나는 지금 병원에 **있지 않을 텐데**.) → As I didn't take his advice, I am in the hospital now.

if절이 가정법 과거, 주절이 가정법 과거완료인 혼합 가정법 구문은 '만약 (현재) ~라면, (과거에) …했을 텐데'의 의미이다. 사용 빈도는 낮다.
e.g. If he **were** not a very wealthy man, he **could not have donated** so much money.
(그가 매우 부유한 사람이 **아니라면**, 그는 그렇게 많은 돈을 **기부하지는 못했을 것이다**.)
→ As he is a very wealthy man, he could donate so much money.

218 The atmosphere plays an important role; // **otherwise**, / millions of meteoroids **would fall** to the Earth.

S V

대기는 중요한 역할을 한다 // 만약 그렇지 않다면, / 수백만 개의 유성체들이
지구로 떨어질 것이다.

otherwise는 부사로서 〈if ~ not(만약 그렇지 않다면)〉을 의미한다. 여기서는 가정법 과거의 if절을 대신하여 쓰였다.
→ ~ if the atmosphere **didn't play** an important role, ~.

219 **Supposing** you **visited** another planet, // your mass **would be** the same as on Earth, / but your weight **would be** different.

S′ V′ O′ S_1 V_1 C_1 S_2 V_2 C_2

당신이 다른 행성을 방문한다고 가정해 보면, // 당신의 질량은 지구에서와 똑같겠지만, /
당신의 체중은 다를 것이다.

〈suppose[supposing] (that)〉처럼 〈provided[providing] (that)〉도 '만일 ~라면(if)'의 의미로 쓰일 수 있다.
e.g. **Provided (that)** you pick me up, I'll go shopping with you. (네가 나를 (차로) 데리러 **온다면**, 같이 쇼핑하러 갈게.)

F·Y·I 질량(mass)은 물질 고유의 변하지 않는 양이고, 무게(weight)는 지구가 당기는 힘을 가리킨다. 따라서 지구가 아니라 다른 행성에서 무게를 잰다면 그 값은 변할 수 있다. 즉, 같은 질량의 물체를 중력이 약한 달에서 무게를 재면 지구에서보다 훨씬 가볍게 측정된다.

220 **Allocated a larger budget**, / the film **could have been** much better / than it was, //
분사구문 S V C
but it does provide decent entertainment.

더 많은 예산이 할당되었더라면, / 그 영화는 훨씬 더 나을 수 있었을 텐데 / 그보다. //
하지만 그것은 괜찮은 오락거리를 제공하기는 한다.
↳ 그 영화가 더 많은 예산을 할당받았더라면, 그보다 훨씬 더 나을 수 있었을 텐데 ~.

- Allocated가 이끄는 분사구문이 가정법 과거완료의 의미를 포함한다. 분사구문은 '조건'의 의미를 나타낼 수 있으며, 여기서는 문장의 주어와 동일하여 생략된 의미상의 주어와 분사가 수동 관계이므로 과거분사(p.p.)가 쓰였다. (≪ **Unit 58, 60**)
= **If it(= the film) had been allocated** a larger budget, ~.
- does는 일반동사 provide의 의미를 강조하는 조동사이다.

221 **To hear him / talk about our childhoods**, / you'd think // ∨ he was my brother.
V′ O′ C′ S V O

그가 말하는 것을 듣는다면 / 우리의 어린 시절에 대해, / 너는 생각할 것이다 // 그가 내 형이라고.
↳ 그가 우리의 어린 시절에 대해 말하는 것을 듣는다면, 너는 그가 내 형이라고 생각할 것이다. (실제로 그는 내 형이 아니다.)

- to부정사구가 가정법 과거의 의미를 포함한다. = **If you heard** him talk about our childhoods, ~.
- 지각동사 hear + 목적어 + 목적격보어(v): ~가 v하는 것을 듣다
- ∨ 자리에는 명사절을 이끄는 접속사 that이 생략되었다.

222 People say stupid things on the Internet / but **wouldn't dare say** those things
S V_1 O_1 V_2 O_2
out loud / **in public.**

사람들은 인터넷상에서 바보 같은 말을 한다 / 하지만 감히 그것들을
소리 내서 말하지는 못할 텐데 / 사람들 앞에서.
↳ ~ 만약 그들이 사람들 앞에 있다면, 그것들을 감히 소리 내서 말하지 못할 텐데.

- '감히 ~하다'라는 뜻의 dare가 이 문장에서는 조동사로 쓰여 뒤에 동사원형 say가 왔다.
- 부사구 in public이 가정법 과거의 의미를 포함한다.
= ~ **if they were** in public.

223 **Intensive reading might have helped** / the concept to be more easily understood.
S V O C

정독(집중해서 읽기)은 도와줬을지도 모른다 / 그 개념이 더 쉽게 이해되도록.
↳ 만약 정독했다면, 그 개념을 더 쉽게 이해하도록 도왔을지도 모른다.

- 문장의 주어가 가정법 과거완료 if절의 의미를 포함한다.
= **If** you **had read intensively**, // it **might have helped** / you to understand the concept more easily.
- help + 목적어 + 목적격보어(to-v): ~가 v하도록 돕다

UNIT 32

부정사/동명사가 나타내는 때

224 The game of chess / is believed **to have originated** in northern India / around the 6th century.

S V C

체스 경기는 / 인도 북부에서 유래한 것으로 여겨진다 / 6세기쯤에.

= It **is believed** that the game of chess **originated** in northern India ~.

225 A good book challenges us / and changes us // — we are never quite the same / after **having read** it.

S V C

좋은 책은 우리에게 도전 의식을 북돋우고 / 우리를 변화시킨다 // 우리는 전혀 같은 사람이 아니다 / 그것을 읽고 난 후에는.

226 So many people seem **to have forgotten**[V'] // what it feels like to have fun[O'1] / [or] what they should even do / if they have time for fun[O'2].

S V C

아주 많은 사람이 잊은 것처럼 보인다 // 즐거운 시간을 보내는 것이 어떤 느낌인지 / 또는 그들이 무엇을 해야 할지조차 / 만약 즐길 시간이 있다면.

- = It **seems** that so many people **forgot[have forgotten]** what it feels like to have fun ~.
to have forgotten은 문장의 동사(seem)보다 앞선 때를 의미하므로 이 부분을 가주어 It, 진주어 that을 활용한 문장으로 바꿀 경우, that절의 동사를 과거형[현재완료형]으로 쓴다.
- to have forgotten의 목적어로 what이 이끄는 명사절 두 개가 or로 병렬 연결되었다.
- 첫 번째 what절에서 it은 가주어, to have fun이 진주어이다.
- 두 번째 what절 뒤의 if they have ~ fun은 조건을 뜻하는 직설법 현재시제(현재 ~한다면)이다.

227 The gain in self-confidence (from **having accomplished** a tiresome labor) / is immense. – Thomas A. Bennett ((아일랜드 성직자))

S V C

자신감의 획득은 (지루한 노동을 해낸 데서 오는) / 엄청나다.

UNIT 33 주어가 동작을 하는가, 받는가

228 An intrinsic verb / **is not followed** by an object /

and can never **be used** in the passive.

S / V_1 / V_2

자동사는 / 목적어가 뒤따르지 않는다 /
그래서 수동태에 절대 쓰일 수 없다.

수동태의 〈by + 행위자〉

능동태에서는 동작의 행위자(주어)를 꼭 써줘야 하지만 수동태에서는 그러지 않아도 된다. 동작의 주어를 모르거나, 이미 알고 있어서 밝힐 필요가 없거나, 또는 밝히고 싶지 않은 경우에 대개 수동태로 표현한다. 이 경우 수동태에서 〈by + 행위자〉는 생략된다.

〈by + 행위자〉를 생략하지 않는 경우는 다음과 같다.

1. 새로운 정보일 때
   While she was walking down the street, her purse was snatched **by a young man**.
   (그녀가 길을 걷고 있었을 때, **어떤 젊은이가** 그녀의 지갑을 낚아챘다.)
2. 행위자의 정체가 놀랍거나 예상치 못한 것일 경우 (특히, 무생물일 때: 행위자는 보통 '생물'로 예상하므로 '무생물'이면 명시)
   I can't believe it! This novel was written **by a 14-year-old**. (믿을 수가 없어! 이 소설을 **14살짜리가** 썼어.)
   All the lights are switched on and off **by this electrical device**. (모든 전등은 **이 전기 장치로** 켜고 끈다.)
3. 저명한 사람이라서 정보로 포함해야 하는 경우
   The Mona Lisa was painted **by Leonardo da Vinci**. (모나리자는 **레오나르도 다빈치가** 그렸다.)

229 The mushroom is a popular ingredient in many cuisines / throughout the world // and it **is known as** the "meat" of the vegetable world.

버섯은 많은 요리법에서 인기 있는 재료이다 / 전 세계에 걸쳐 // 그리고
그것은 채소계의 '고기'로 알려져 있다.

know의 수동태 표현과 의미

- be known as: ~으로 알려져 있다 ((명칭, 별칭 등))
- be known by: ~에 의해 알 수 있다
- be known for: ~으로 유명하다
- be known to: ~에게 알려져 있다

230 The increased demand (of books) **was driven** / by a huge decrease in the price of books / since the invention of the printing press around 1440.

(책의) 증가한 수요는 이끌어졌다 / 책 가격의 엄청난 감소에 의해
/ 1440년 무렵의 인쇄기 발명 이후.

231 The environmental impact (of radioactive waste disposal) / **has** not **been** fully **evaluated**, // and waste management is lacking.

S_1 / V_1 / S_2 / V_2 / C_2

(방사성 폐기물 처리의) 환경적인 영향은 / 충분히 평가되어 오지 않았다,
// 그리고 폐기물 관리가 부족하다.

현재완료시제의 수동태: have[has] been p.p. (~되어 왔다)

232 Social media **is being used** / to promote companies' products / and ∨ raise brand awareness.
S V

소셜 미디어는 사용되고 있다 / 기업들의 제품을 홍보하기 위해 / 그리고 브랜드 인지도를 높이기 위해.

- 진행시제의 수동태: be being p.p. (~되고 있다)
- 등위접속사 and로 병렬 연결된 to promote ~와 (to) raise ~는 목적(v하기 위해)의 의미를 나타내는 부사적 용법의 to부정사구이다. ∨ 자리에는 to부정사의 to가 생략되었다.

233 As I was raised in favorable circumstances, // I **was taken good care of** / by my parents.
S V

형편이 좋은 환경에서 길러지면서, // 나는 보살핌을 잘 받았다 / 부모님에 의해.

- ⟨take care of A(A를 보살피다)⟩가 수동태인 ⟨A be taken care of(A가 보살핌을 받다)⟩로 쓰였을 때 전치사 of를 빠뜨리지 않도록 주의한다.

234 Believe it or not, // so much attention **was paid** / **to** making cars faster or lighter / in the past / that little or no attention **was paid** / **to** the safety of the driver.
S V S′ V′

믿기 힘들겠지만, // 너무 많은 관심이 기울여져서 / 자동차를 더 빠르거나 더 가볍게 만드는 것에 /
과거에는 / 거의 또는 전혀 관심이 기울여지지 않았다 / 운전자의 안전에.

- ⟨pay attention to A(A에게 관심을 기울이다)⟩가 attention을 주어로 한 수동태 ⟨attention was paid to A⟩로 쓰였다. 여기서 to는 전치사이므로 뒤에 동명사구 making ~이 쓰였다. to make로 쓰지 않도록 주의한다.

  ⟨pay attention to A⟩는 두 개의 수동태 문장이 가능하다.
  e.g. Jack **paid no attention to** my advice. (Jack은 내 충고**에 전혀 주의를 기울이지 않았다.**)
  = My advice **was paid no attention to** by Jack.
  = **No attention was paid to** my advice by Jack.
- so + 형용사 + 명사 ~ that ...: 너무 ~해서 …하다

235 It **has been said** // **that** the love of money[S′] is[V′] the root of all evil[C′]. – Samuel Butler ((英 소설가))
S(가주어) V S′(진주어)

(= The love of money **has been said** / **to** be the root of all evil.)
S V

(~라고) 말해진다 // 금전욕이 모든 악의 근원이라고.

- ← People have said that the love of money is the root of all evil.
  O
  위의 능동태 문장에서 문장 전체의 목적어인 that절을 진주어로 하고, 주어 자리에는 가주어 it을 사용하여 수동태로 만든 형태이다. 또한 능동태의 that절 주어(the love of money)를 문장의 주어로 하여 수동태로 표현할 수도 있다.

236 It **is believed** // **that** small fish[S′] cluster[V′1] together / in order to confuse their predators / and thereby protect[V′2] themselves[O′2] from harm.
S(가주어) V S′(진주어)

(= Small fish **are believed** / **to** cluster together ~.)
S V

(~라고) 믿어진다 // 작은 물고기들은 함께 무리를 이룬다고 / 포식자를 혼란스럽게 하기 위해 /
그리고 그렇게 함으로써 해를 입는 것으로부터 자신들을 보호한다고.

- ← People believe that small fish cluster together ~.
  O
- protect A from B: A를 B로부터 보호하다

✔ **believe가 만드는 빈출 문형**

SVO	~을 믿다	I **believe** that he is innocent. (나는 그가 결백하다는 것을 **믿는다.**)
SVOC	~을 …라고 믿다, 생각하다	I **believe** him (to be) innocent. (나는 **그가** 결백**하다고 믿는다.**)

237 We believe // that each individual should **be given** ***the chance*** (***to develop and achieve***) / **to the maximum extent possible.**

(each individual: S′ / should be given: V′ / the chance: O′ / to the maximum extent possible: M′)

우리는 믿는다 // 각각의 개인에게 기회가 주어져야 한다고 (개발하고 성취할) / 가능한 최대한으로.

✔ ← We believe that people should give each individual the chance to develop and achieve ~.
(people: S′ / should give: V′ / each individual: IO′ / the chance to develop and achieve ~: DO′)

✔ **SVOO 문형의 수동태**

SVOO 문형의 경우 원칙적으로는 IO(간접목적어)나 DO(직접목적어)를 주어로 하는 수동태가 모두 가능하지만, 의미가 매우 어색해지는 것은 수동태로 표현하지 않는다. 주로 DO를 수동태의 S로 하는 경우가 많다.

1. My friend told me an interesting story. (친구는 내게 흥미로운 이야기를 말했다.)
   → **I was told** an interesting story by my friend. (◯) (**나는** 친구에 의해 흥미로운 이야기**를 들었다.**)
   → **An interesting story was told** to me by my friend. (◯) (**흥미로운 이야기가** 친구에 의해 내게 **말해졌다.**)
2. My friend bought me a present. (친구가 나에게 선물을 사줬다.)
   → **A present was bought** for me by my friend. (◯) (**선물이** 나를 위해 친구에 의해 **구매되었다.**)
   → **I was bought** a present by my friend. (×)

238 Venus **is called** ***Earth's twin*** // because Venus and Earth are very similar / in size, mass, and composition.

(Venus: S / is called: V / Earth's twin: C)

금성은 '지구의 쌍둥이'라고 불린다 // 금성과 지구는 매우 유사하기 때문에 / 크기, 질량, 그리고 성분이.

✔ ← People call Venus Earth's twin ~.
(People: S / call: V / Venus: O / Earth's twin: C)

239 Despite all the absurdity of war and genocide, / we believe // that human beings are rational / and **are made** ***to seek*** *the truth.* – Timothy Radcliffe ((英 가톨릭 신부))

(human beings: S′ / are: V'_1 / rational: C'_1 / are made: V'_2 / to seek the truth: C'_2)

전쟁과 대량 학살의 모든 부조리함에도 불구하고, / 우리는 믿는다 // 인간은 이성적이고 / 진실을 추구하게 된다고.

✔ ← ~ make human beings seek the truth.
(make: V / human beings: O / seek the truth: C)

사역동사 make의 목적격보어인 seek 이하가 수동태로 바뀌며 to seek ~으로 표현되었다.

✔ 사역동사와 지각동사가 목적격보어로 원형부정사를 사용하면 수동태 문장에서는 to-v로 전환된다. 단, 사역동사 let은 수동태로 쓸 때 ⟨be allowed to-v⟩ 형태로 쓰인다.

e.g. The teacher **let** the boy leave the classroom. (선생님은 소년이 교실을 떠나도록 **허락했다.**)
→ The boy **was allowed to leave** the classroom (by the teacher). (소년은 (선생님에 의해) 교실을 떠나도록 **허락받았다.**) (was let to leave(×))

240 We must remember // that when traveling **is made** ***too easy and comfortable***, / its spiritual meaning is lost.

S´ V´ C´

우리는 기억해야 한다 // 여행이 너무 수월하고 편안하게 되면, /
그것의 정신적인 의미는 상실된다는 것을.

✔ that 이하는 must remember의 목적어 역할을 하는 명사절이고, 그 안에 when이 이끄는 조건의 부사절과 주절이 포함되어 있는 구조이다.

✔ ← ~ when we make traveling too easy and comfortable, ~
S´ V´ O´ C´
능동태 문장(SVOC)에서 목적격보어로 형용사가 쓰였고(O가 C하게 V하다) 수동태로 바뀌면서 형용사 형태가 뒤에 남았다.

241 One importer **was** recently **caught** / ***selling 442 tons of Chinese rice / as Korean-grown / to wholesalers and retailers (across the nation)***.

S V C

한 수입업자가 최근에 적발되었다 / 442톤의 중국산 쌀을 판매하고 있는 것이 /
한국산으로 / (전국에 있는) 도매업자와 소매업자에게.

✔ ← ~ caught one importer selling 442 tons ~.
V O C
이 문장에서 catch는 지각동사(목격하다, 잡다)의 의미로 능동태(SVOC)에서 목적어(one importer)와 목적격보어가 능동의 관계이므로 현재분사(selling)를 사용했고, 수동태로 바뀌면서 현재분사 형태가 뒤에 남았다.
지각동사는 목적격보어로 v-ing(현재분사)도 사용할 수 있으며, 이 경우 수동태로 바뀌면 수동태 뒤에 v-ing가 남는다.
e.g. We heard a familiar voice **singing**. (우리는 친숙한 목소리가 **노래하는 것을** 들었다.)
→ A familiar voice was heard **singing** (by us). (친숙한 목소리의 **노랫소리가** (우리에게) 들렸다.)

242 More than 260 dolphins / **were found** ***washed ashore*** / on the coast of Peru.

S V C

260마리보다 많은 돌고래가 / 해변으로 밀려온 것이 발견되었다 / 페루 연안에서.

✔ ← ~ found more than 260 dolphins washed ashore ~.
V O C
능동태 문장(SVOC)에서 목적어(more than 260 dolphins)와 목적격보어가 수동의 관계이므로 과거분사 washed를 사용했고, 수동태로 바뀌면서 과거분사 형태가 뒤에 남았다.

어법 직결 Answer 본문 p.91

to show

해설 | 지각동사(see)의 목적격보어가 원형부정사(v)일 때, 수동태 문장에서는 to-v로 전환되므로 to show가 적절하다.

In one study, / children **were seen** ***to show*** *improved self-confidence* / after a 10 week creative arts program.
S V C
한 연구에서, / 아이들은 나아진 자신감을 보인 것이 목격되었다 / 10주의 창의 예술 프로그램 이후에.

✔ (← we could see kids show improved self-confidence ~.)
V O C

UNIT 34 의미상 주어가 동작을 하는가, 받는가

243 It is not always enough / ∨ **to be forgiven** / by others.
S(가주어) V C S´(진주어)
Sometimes / you have to learn / to forgive yourself.

(~은) 항상 충분하지는 않다 / 용서받는 것은 / 다른 사람들에 의해.
때로는 / 배워야 한다 / 자신을 용서하는 것을.

- enough to-v: v하기에 충분하다
- ∨ 자리에는 의미상 주어인 for you가 생략된 것으로 볼 수 있다. 진주어인 to부정사(to forget)의 의미상 주어(you)가 용서를 받는 것이므로 수동형으로 쓰였다.
- not ~ always: 항상 ~한 것은 아니다 ((부분부정)) (<< **Unit 69 부정구문**)
- 두 번째 문장의 to forgive yourself는 learn의 목적어 역할을 하는 명사적 용법의 to부정사구이다. to부정사구에서 목적어가 주어(you)와 동일한 대상이므로 목적어로 재귀대명사 yourself를 썼다.

244 We should look for the opportunity / in every difficulty / instead of **being paralyzed** / at the thought of the difficulty / in every opportunity.

(We: S, should look for: V, the opportunity: O, instead of being paralyzed: 부사구)

우리는 기회를 찾아야 한다 / 모든 어려움에서 /
마비되기보다는 / 어려움에 대한 생각으로 / 모든 기회에서.
→ 기회가 올 때마다 어려움을 생각하며 마비될 것이 아니라, 어려움이 있을 때마다 기회를 찾을 수 있어야 한다.

- 전치사 instead of의 목적어인 동명사(being paralyzed)는 의미상 주어인 We와 수동 관계이므로 수동형으로 쓰였다.

245 A study (of 1,000 American teenagers (aged between 12 and 17 years)) / found // that one in five teenagers / claimed **to have been bullied** online.

(A study: S, found: V, that ~ online: O; one in five teenagers: S', claimed: V', to have been bullied online: O')

어느 조사는 (미국의 십 대 1,000명을 대상으로 한 (12세에서 17세 사이의)) /
밝혔다 // 십 대 다섯 명 중 한 명은 / 온라인상에서 괴롭힘을 당했다고 주장한 것을.

- to have been bullied는 의미상 주어(one in five teenagers)와 수동 관계이며, 동시에 동사(claimed)보다 앞선 때를 나타낸다.

246 Despite **having been built** in 802 AD, / the temple shines brightly / due to several renovations.

(Despite having been built in 802 AD: 부사구, the temple: S, shines: V)

서기 802년에 지어졌음에도 불구하고, / 그 사찰은 밝게 빛난다 / 몇 번의 보수 덕에.

- 전치사 Despite의 목적어로 쓰인 동명사(having been built)는 의미상 주어인 the temple과 수동 관계이며, 사찰이 지어진 것은 문장의 동사(shines)보다 앞선 때를 나타내므로 완료 수동형으로 쓰였다.

어법 직결 Answer 본문 p.92

being put down

해설 | 전치사 without의 목적어이므로 put down(비하하다)의 동명사 형태가 필요한데, 의미상 주어(his point of view)가 '비하된다'라는 수동의 의미이며 문장의 동사(has)보다 앞선 때가 아니라 동일한 시점이므로 완료형이 아닌 수동형 동명사 being put down이 적절하다.

Every person has the right (to his point of view) (— even if it seems strange or totally absurd / to you —) without **being put down** or ∨ **ridiculed**.

(Every person: S, has: V, the right: O, without being put down or ridiculed: M)

모든 사람은 권리를 가진다 (자신의 관점에 대한) (그것이 이상하거나 완전히 터무니없어 보일지라도 / 당신에게)
비하되거나 조롱당하는 것 없이.

- being put down과 ridiculed가 병렬 구조를 이루며 ∨ 자리에는 being이 생략되었다.

Wrap up 04 능동태지만 수동으로 해석되는 경우

본문 p.93

01 The floor of this house **cleans** easily. 이 집의 마룻바닥은 쉽게 **청소된다.**
S V

02 This fabric doesn't **wash** well. 이 천은 잘 **세탁이 되지** 않는다.
S V

03 All our sale items **sell** quickly. 우리의 모든 세일 상품들은 빠르게 **팔린다.**
S V

04 What's **showing** at the cinema / this week? 영화관에서 무엇이 **상영되고 있나요** / 이번 주에?
S V

현재진행시제는 가까운 미래를 나타내기도 한다. (≪ Unit 26 현재(진행)시제와 시간)

05 The placard **reads** "Congratulations on your graduation." 그 현수막에 "졸업을 축하합니다"**라고 쓰여 있다.**
S V O

문장 구조상 read가 목적어를 갖는 타동사의 기능을 하지만 '(~라고) 적혀[쓰여] 있다'라는 수동의 의미를 지닌다.

06 Nothing **compares** with the thrill of surfing for me. 나에게 서핑하는 스릴과 **비교되는** 것은 없다.
S V

07 The cheese ∨ I bought **cuts** best when cold. 내가 산 치즈는 차가울 때 가장 잘 **썰린다.**
S V

∨ 자리에는 The cheese를 선행사로 하는 목적격 관계대명사 that[which]이 생략되었다.

08 The window **opened** / due to a strong wind. 창문이 **열렸다** / 강한 바람에.
S V

09 This housing is **to let**, / not for sale. 이 주택은 **임대용**이다. / 매매용이 아니다.
S V C

10 Who is **to blame** / for the mistake? 누가 **비난을 받아야** 하나요 / 그 실수에 대해?
S V C

11 Your bicycle **needs repairing**. 당신의 자전거는 **수리되어야 합니다.**
S V O

〈need[want] + v-ing(동명사)〉는 수동의 의미를 나타낸다. (= ~ needs[wants] to be repaired)

12 The start of a new school year **deserves celebrating**. 새 학년의 시작은 **마땅히 축하받아야 한다.**
S V O

〈deserve + v-ing(동명사)〉는 수동의 의미를 나타낸다. (= ~ deserves to be celebrated)

UNIT 35 가능성, 추측의 의미를 더하는 조동사 I

247 She **can't** be hanging around with her friends / this late at night.
S V

She **must** be at home sleeping.
S V A M

그녀는 친구들과 어울리고 있을 리가 없다 / 이렇게 밤늦게.
그녀는 틀림없이 집에서 자고 있을 것이다.

여기서 can't는 강한 부정적 추측으로 '~일 리가 없다'라는 뜻이며, must는 강한 추측으로 '~임이 틀림없다'라는 뜻이다.

두 번째 문장의 sleeping은 주어인 She를 보충 설명하여 동시 동작을 의미한다. She가 '잠을 잔다'는 능동의 의미이므로 v-ing(현재분사)가 쓰였다.

248 If you take this pill, // it **might** cure your cold / or at least ∨ lessen the severity.

S V₁ O₁ V₂ O₂

네가 이 알약을 먹으면, // 그것은 감기를 치료할지도 모른다 / 혹은 최소한 괴로움을 덜어 주거나.

- 추측의 might는 may의 과거형 조동사이므로 may보다 확신의 정도가 약하다.
- ∨ 자리에는 might가 생략되어 있으며, 주절의 동사 might cure와 (might) lessen이 등위접속사 or로 병렬 연결되었다.

249 The brave **may** not live forever // but the cautious do not live at all.

S_1 V_1 S_2 V_2

용감한 사람들은 영원히 살지 않을지도 모른다 // 하지만 조심하는 사람들은 아예 살지 않는다.

↪ 용감함으로 인해 더 일찍 목숨을 잃는다고 해도, 지나치게 조심하면서 사는 삶보다는 낫다.

- the brave, the cautious와 같은 〈the + 형용사〉는 복수 보통명사(~한 사람들)의 의미를 나타낸다.
  e.g. the rich (부자들), the poor (가난한 사람들), the young (젊은 사람들) 등

250 You **could** hardly make a friend / in a year, // but you **could** lose one / in an hour.

S_1 V_1 O_1 S_2 V_2 O_2

– Chinese Proverb

친구 한 명을 사귀기는 힘들 수 있다 / 한 해에, // 하지만 친구를 잃을 수는 있다 / 한 시간 만에.

↪ 친구를 사귀기는 어렵지만, 잃기는 쉽다.

- one은 불특정한 대상을 가리키는 부정대명사로 여기서 a friend를 의미한다.

혼동주의 15 could(~할 수 있었다)

The extensive repairs were completed / at the swimming pool // so it **could** be used by all guests last weekend.

– 모의응용

대대적인 수리가 완료되었다 / 수영장에서 // 그래서 그것은 지난 주말에 / 모든 손님들에게 이용될 수 있었다.

▶ 여기서 could는 '~일 수도 있다(현재의 추측)'가 아니라 '~할 수 있었다(과거의 가능성)'를 뜻한다.

251 When you encounter an unfamiliar word, // contextual clues **should** help you / make a guess (about the word's meaning).

S V O C

낯선 단어를 마주치면, // 문맥상의 단서들은 당신을 도울 것이다 /
추측하도록 (그 단어의 의미에 대해).

- help + 목적어 + 목적격보어((to-)v): ~가 v하는 것을 돕다

혼동주의 16 should(~해야 한다)

If you cannot explain to yourself / the contents [you studied], // that's a signal [you **should** spend more time studying that section].

만약 자신에게 설명할 수 없다면 / [자신이 공부한] 내용을, // 그것은 신호이다 [당신이 그 부분을 공부하는 데 더 많은 시간을 써야 한다는].

▶ should/ought to는 주로 '의무·당연'의 의미로 쓰이고 다른 조동사들에 비해 '가능성·추측'의 의미로 자주 쓰이지는 않는다. 문장 구조상으로는 차이가 없으므로 문맥에 따라 구별할 수밖에 없다.

e.g. She **should** be back home soon. (그녀는 곧 집에 돌아**올 것이다**/돌아와**야 한다.**)
My friends **ought to** be at their school by now. (내 친구들은 지금쯤 학교에 있**을 것이다**/있어**야 한다.**)

252 A wise person **ought to** try / to avoid feelings of guilt / by avoiding the acts [that cause them].

S V O (them = feelings of guilt)

현명한 사람은 ~하려고 할 것이다 / 죄책감을 피하려고 / [그것을 유발하는] 행동을 피함으로써.

- avoiding 이하는 전치사 by의 목적어 역할을 하는 동명사구이고, 그 안에 the acts를 선행사로 하는 주격 관계대명사절이 포함되었다.

253 Sharing concerns with like-minded people / **would** help you to feel less alone.
S V O C

생각이 비슷한 사람들과 걱정을 공유하는 것은 / 당신이 덜 외롭다고 느끼도록 도울 것이다.

✔ 추측의 would는 will의 과거형 조동사이므로 will보다 확신의 정도가 약하다.

254 Familiarity breeds contempt. This proverb suggests // that a closer acquaintance (with someone) / **will** result in a lessening of respect.
S′ V′ O′

친숙함은 무례함을 낳는다. 이 속담은 시사한다 // 더 가까운 친분은
(누군가와의) / 존중이 줄어드는 결과를 야기할 것임을.

✔ that 이하는 suggests의 목적어 역할을 하는 명사절이다. suggest 뒤에 오는 목적어의 형태는 주로 다음과 같다.
- suggest A (to B): (B에게) A를 제안하다
- suggest v-ing: v할 것을 제안하다
- suggest that S′+V′: S′가 V′할 것을 제안하다

✔ result in ~: (결과적으로) ~을 야기하다, 낳다 *cf.* result from: ~이 원인이 되다, ~에서 유래하다

UNIT 36 가능성, 추측의 의미를 더하는 조동사 II

255 The history of candy dates back to ancient peoples
S V
[who **must have snacked** on sweet honey (straight from beehives)].
V′

사탕의 역사는 고대 사람들까지 거슬러 올라간다
[달콤한 꿀을 간식으로 먹은 것이 틀림없는 (벌집에서 바로 가져온)].

✔ must have p.p.: ~했음이 틀림없다 ((과거 일의 강한 추측))
✔ straight from beehives는 앞의 sweet honey를 수식한다.

256 Our backgrounds and circumstances / **may have influenced** / who we are, // but
S_1 V_1 O_1
we are responsible for / who we become.
S_2 V_2 C_2

우리의 배경과 환경은 / 영향을 미쳤을지도 모른다 / 우리가 누구인지에, // 하지만
우리는 책임이 있다 / 우리가 어떤 사람이 되는지에.

✔ may have p.p.: ~했을지도 모른다 ((과거 일의 불확실한 추측))
✔ be responsible for ~: ~에 책임이 있다
✔ who we are와 who we become은 각각 동사 may have influenced와 전치사 for의 목적어 역할을 하는 간접의문문 형태의 명사절이다.

257 Readers of the magazine **cannot have failed** / to notice the eye-catching advertisement (in the last issue).
S V O

그 잡지의 독자들이 못했을 리가 없다 / 눈길을 끄는 그 광고를 알아보는 것을 (지난 호의).
↳ 잡지의 독자들은 눈길을 끄는 광고를 분명히 봤을 것이다.

✔ cannot have p.p.: ~했을 리가 없다 ((과거 일의 강한 추측))

어법 직결 Answer 본문 p.95

have caused

해설 | 과거 사실에 대한 불확실한 추측을 나타내므로, 〈might have p.p.(어쩌면 ~했을지도 모른다)〉가 적절하다.

A new article suggests // that misuse of aspirin (S′) **might have caused** (V′) the high death rate (O′) / during the 1918-1919 influenza pandemic.

새로운 기사는 시사한다 // 아스피린의 남용이 어쩌면 높은 사망률을 초래했었는지도 모른다고 / 1918년과 1919년 사이 전 세계적인 유행성 독감이 돌고 있는 도중에.

258 The slogan "Think different" / is grammatically inaccurate; // "different" (S) **should have been** (V) "differently." (C) But Steve Jobs insisted on "different," / as well as the expression "think big."

'Think different'라는 홍보 문구는 / 문법적으로 오류가 있다 // (왜냐하면) 'different'는 'differently'가 되었어야 한다. 하지만 스티브 잡스는 'different'를 고집했다. / 'think big'이라는 표현과 더불어.

should have p.p.: ~했어야 하는데 (하지 않았다) ((과거의 일을 하지 않은 것에 대한 후회, 유감))
여기서 should have been은 과거 일에 대한 추측보다는 과거에 일어나지 않은 일에 대한 유감을 나타내는 것에 가깝다.

F·Y·I 애플사(社)의 설립자인 스티브 잡스의 가치관을 잘 보여주는 인용문이다. 그는 기술과 컴퓨터에 대한 새로운 시각을 제시하고 소비자의 잠재된 필요를 일깨우며, 그들이 그것을 추구하도록 이끌어간 기술 혁신의 아이콘이었다.

259 He is in an official position, // and he (S) **should not have made** (V) / such an imprudent statement. (O)

그는 공적인 위치에 있다 // 그러니 그는 하지 않았어야 한다 / 그런 경솔한 발언을.

should not have p.p.: ~하지 않았어야 하는데 (했다) ((과거의 일을 한 것에 대한 후회, 유감))

UNIT 37 should의 특별한 쓰임

260 Animal protection groups *insist* // that the rights of animals (S′) **(should)** be acknowledged and respected. (V′)

동물 보호 단체는 주장한다 // 동물의 권리가 인정되어야 하고 존중받아야 한다고.

혼동주의 17 that절=사실 (당위성 ×)

The zoo keeper *insisted* // that the rights of animals (S′) **were ignored** (V′) / in the zoo.

동물원 사육사는 주장했다 // 동물의 권리가 무시되었다고 / 동물원에서.

Many findings *suggest* // that a name (S′) **has** (V′) a powerful effect (O′) / upon personal behavior.

많은 연구 결과는 시사한다 // 이름이 강력한 영향을 미친다는 것을 / 개인의 행동에.

▶ that절이 '당위성'을 의미하지 않고 '사실'을 말하는 것일 때는 that절의 동사를 인칭, 수, 시제에 일치시킨다. suggest 동사가 '제안하다'가 아니라 '시사하다, 암시하다'의 의미로 쓰였는지 문맥을 살펴야 한다.

261 It is *necessary* // that you **(should)** exercise frequently / in order to be in good shape.
S′ V′ M′

필수적이다 // 자주 운동하는 것이 / 건강 상태가 좋기 위해서.

- It이 가주어이고, that 이하의 명사절이 진주어이다.
- 필요를 나타내는 형용사 necessary 뒤의 that절이 마땅히 그래야 한다는 '당위성'을 의미하므로 that절의 동사로 《(should +)동사원형》을 썼다.

262 In order to speak and write the English language correctly, / it is *imperative* //
that the fundamental principles (of the grammar) / **(should)** be mastered.
S′ V′

영어를 정확하게 말하고 쓰기 위해서, / 매우 중요하다 //
(문법의) 기본적인 원칙이 / 숙달되는 것이.

263 The doctor *gave the suggestion* // that the child **(should)** not eat too much sugar.
S′ V′ O′

의사는 제안했다 // 아이가 설탕을 너무 많이 먹지 않을 것을.

- 제안을 나타내는 명사 suggestion 뒤의 that절이 마땅히 그래야 한다는 '당위성'을 의미하므로 that절의 동사로 《(should +)동사원형》을 썼다.

어법 직결 Answer 본문 p.96

do

해설 | 동사 recommended 뒤의 that절이 '당위성'을 의미하므로, that절의 동사는 《(should +)동사원형》으로 쓴다. 따라서 should를 생략한 형태인 동사원형 do가 적절하다.

If a person is attempting to give up caffeine, // it is *recommended* // that he **(should)** do so gradually /
S′ V′
to reduce the symptoms of withdrawal like headaches.
만약 어떤 사람이 카페인을 끊으려고 시도하고 있다면, // 권장된다 // 그가 서서히 그렇게(카페인을 끊게) 하는 것이 /
두통과 같은 금단 증상을 줄이기 위해.

264 It is certainly *surprising* // that such a highly reputable magazine / **should** print
S′ V′
such a childish article.
O′

분명히 놀랍다 // 그렇게 평판이 좋은 잡지가 / 그런 유치한 기사를 싣는다는 것이.

- It이 가주어이고, that 이하의 명사절이 진주어이다.
- → ~ magazine **prints** such a childish article.

UNIT 38 구를 이루는 조동사들의 의미

265 Shampoo and other hair products / **used to** cause trouble for my skin, //
S V O
so I use fragrance-free items.

샴푸와 다른 헤어 제품들은 / 내 피부에 문제를 일으키곤 했다. //
그래서 나는 향이 없는 제품을 사용한다.

cf. The old Chinese city **used to** be surrounded / by a wall /
S V
to defend against the enemy.

그 중국의 옛 도시는 둘러싸여 있었다 ((과거의 상태)) / 성벽으로 /
적으로부터 방어하기 위해서.

혼동주의 18 used to / be used to N[v-ing](~에 익숙하다) / be used to-v(v하는 데 사용되다)

If you **are used to eating** a very late dinner, // it may be impacting your ability to fall asleep.
S′ V′ O′

만약 아주 늦은 저녁 식사를 하는 것에 익숙하다면, // 그것은 수면 능력에 영향을 끼치고 있을지도 모른다.

Stretching and jogging (to warm up) / **are** often **used** / **to reduce** the risk of injury.
S V

(몸을 풀기 위한) 스트레칭과 조깅은 / 종종 사용된다 / 부상의 위험을 줄이는 데.

▶ used to 앞의 be동사 유무와 to 뒤의 형태에 따른 각 의미를 잘 알아두자.

266 My mentor **would** often tell me, // "The difference (between a dreamer and a doer) / is a decision."
S V IO DO

나의 멘토는 종종 내게 말씀하시곤 했다. // "(꿈꾸는 사람과 실천하는 사람의) 차이는 / 결단이다."

과거의 습관을 나타내는 would는 used to로 바꿔 쓸 수 있다.
→ My mentor often **used to** tell me, ~.

267 Organisms **cannot help adapting** to change / in order to survive.

생물은 변화에 적응하지 않을 수 없다 / 생존하기 위해서.

cannot help v-ing: v하지 않을 수 없다 (= cannot (help) but + 동사원형)
→ Organisms **cannot (help) but adapt** to change in order to survive.

268 There were many volunteers at the disaster // and they **cannot** be praised **too** highly.

그 재난 현장에는 많은 자원봉사자가 있었다 // 그리고 그들은 아무리 칭찬해도 지나치지 않다.

cannot ~ too + 형용사/부사: 아무리 ~해도 지나치지 않다
→ ~ and they cannot be praised enough.
→ ~ and they cannot be overpraised.

269 What (we think) we know today / **may well** be wrong tomorrow.
S V

(우리가 생각하기에) 오늘 우리가 아는 것이 / 내일은 틀릴 수도 있을 것이다.

선행사를 포함하는 관계대명사 what(= The thing(s) that)이 이끄는 관계사절에 we think가 삽입된 구조이다.
may well ~: 아마 ~일 것이다 ('추측'을 나타내는 may에 well이 함께 쓰여 확신의 정도를 높이는 것이다.)

270 You **may as well** borrow a person's money / **as** ∨ his time.

누군가의 돈을 빌리는 것이 더 낫다 / 그의 시간(을 빌리는 것)보다.
↳ 다른 사람의 시간을 소중히 여겨야 한다.

may[might] as well ~ as ...: …하느니 ~하는 게 더 낫다
may 자리에 might가 쓰일 경우 may보다 현실성이 더 떨어지는 내용이다.
e.g. I **might as well** throw my money away **as** spend it on a trip to that country again.
(그 나라에 다시 여행을 가서 돈을 **쓰느니** 차라리 내 돈을 버리는 **게 낫겠다**.)
∨ 자리에는 반복되는 동사 borrow가 생략되었다.

271 I **would rather** walk with a friend in the dark, / **than** ∨ alone in the light. – Helen Keller

나는 차라리 친구와 함께 어둠 속에서 걷고 싶다. / 혼자 밝은 곳에서 걷기보다는.

would rather ~ than ...: …하느니 차라리 ~하고 싶다
v 자리에는 반복되는 동사 walk가 생략되었다.

PART

수식어의 이해

UNIT 39 명사를 뒤에서 수식하는 형용사(구)

272 *Similarity* (in core values and background) /
S
can be *the key* (to peaceful relationships).
V C

유사함은 (핵심이 되는 가치관과 배경의) /
비결이 될 수 있다 (평화로운 관계의).

273 We pick our friends // not only because they are *enjoyable company* (to spend time with), / but because they understand us for who we are.

우리는 친구를 고른다 // 그들이 즐거운 사람들이기 때문일 뿐만 아니라
(함께 시간을 보내기에), / 그들이 우리를 우리 자체로 이해해주기 때문에.

- ⟨not only A but (also) B (A뿐만 아니라 B도)⟩ = ⟨B as well as A⟩
여기서 A와 B는 접속사 because가 이끄는 절이다.
- 수식받는 명사가 to-v의 의미상 목적어인 경우, v는 목적어를 갖는 타동사여야 한다. v가 자동사일 때는 뒤에 전치사를 동반해야 한다.
  - I really need something **to drink**. (drink something (○))
  (나는 **마실** 것이 몹시 필요하다.)
  - I have a lot of things **to think *about***. (think about a lot of things (○))
  (나는 **생각할** 거리가 많다.)
  - Do you have a pen **to write *with***? (write a pen (×) write with a pen (○))
  (너는 **쓸** 펜이 있니?)

혼동주의 19 to-v: ~하기 위하여

We should prioritize tasks / based on importance and urgency / **to manage** our time.
우리는 일의 우선순위를 매겨야 한다 / 중요성과 긴급성에 기반하여 / 시간을 관리하기 위해. (시간을 관리하는 중요성과 긴급성 (×))

▶ 명사 뒤의 to-v가 수식하는 형용사가 아니라 부사적 용법으로 쓰인 경우도 많다. 문맥에 의하여 구별할 수밖에 없으나, 문장의 동사가 주어의 의지에 의한 행위(***e.g.*** go, study, examine 등)를 나타내는 것일 때는 부사적 용법일 가능성이 크다.

274 Visualization refers to using images or diagrams / to express ideas. It is *a tool* (**useful for aiding analysis, exploration, comprehension, and understanding**).

시각화는 이미지나 도표를 사용하는 것을 가리킨다 / 아이디어를 표현하기 위해. 그것은 도구이다
(분석, 탐구, 이해와 납득을 돕는 데 유용한).

275 Doing *something* **meaningful** // is what we are all ultimately searching for.

의미 있는 무언가를 하는 것은 // 우리 모두가 궁극적으로 추구하고 있는 것이다.

- 동명사구(Doing something meaningful)가 주어이므로 단수동사 is가 쓰였다.
- -thing, -one, -body로 끝나는 명사는 형용사가 뒤에서 수식한다.
- what ~ for는 주격보어 역할을 하는 관계대명사절이다.

276 Parents <u>sacrifice</u> <u>whatever is necessary</u> / to <u>spend</u> <u>*the maximum amount of time*</u> **<u>possible</u>** /
V O V′ O′
with their children.

부모는 필요한 것은 무엇이든 희생한다 / 가능한 한 최대의 시간을 쓰기 위해 /
그들의 자녀와.

- whatever은 '~하는 것은 무엇이든지'라는 뜻의 관계대명사로 선행사를 포함하여 anything that으로 바꾸어 쓸 수 있다. 이 문장에서는 sacrifice의 목적어 역할을 하는 절을 이끈다. (<< Unit 44)
- 최상급 표현(the maximum)이 있는 명사 뒤에서 형용사 possible이 수식하는 형태이다.
- **형용사 위치에 따른 의미 변화**
명사 앞에 올 때와 뒤에 올 때 의미가 달라지는 형용사에 주의하자.
  1. the **concerned** parents (**걱정하는** 부모들)
     the parents **concerned** (with) ((~에) **관련된** 부모들)
  2. the **present** principal (**현직** 교장)
     the principal **present** (at) ((~에) **참석한** 교장)
  3. the **responsible** boy (**책임감 있는** 소년)
     the boy **responsible** (for) ((~에 대해) **책임이 있는** 소년)

UNIT 40 형용사 역할을 하는 v-ing/p.p.

277 Many **<u>aspiring</u>** <u>*hanbok designers*</u> / have altered hanbok for everyday wear /
while still retaining some traditional elements / but keeping a distinct modern feel.

야심찬 많은 한복 디자이너들은 / 한복을 일상복으로 바꿔왔다 /
몇몇 전통적인 요소를 여전히 유지하며 / 하지만 분명한 현대적 감각을 보유하며.

- 여기서 but은 앞의 현재분사구 still retaining ~ elements와 대조되는 의미의 현재분사구 keeping ~ feel을 병렬 연결한다.
- **자주 쓰이는 〈현재분사 + 명사〉 표현**
  - a **demanding** course (**어려운** 과목)
  - a **striking** difference (**두드러지는** 차이)
  - an **understanding** mother (**이해심이 많은** 어머니)
  - a **rewarding** career (**보람 있는** 직업)
  - an **inviting** prospect (**매력적인** 전망)
  - an **overwhelming** victory (**압도적인** 승리)
  - an **insulting** remark (**모욕적인** 발언)
  - a **loving** smile (**사랑스러운** 미소)

278 A **<u>closed</u>** <u>*mind*</u> is like a **<u>closed</u>** <u>*book*</u>; // just a block of wood. - Chinese Proverb

닫힌 마음은 덮인 책과 같다 // 단지 하나의 나무토막일 뿐인.
↘ 덮인 책은 읽을 수 없어 나무토막처럼 쓸모가 없고, 마찬가지로 닫힌 마음으로는 배움을 얻을 수 없다.

- **자주 쓰이는 〈과거분사 + 명사〉 표현**
  - **developed[advanced]** country (**선진**국)
  - **finished** products (**완**제품)
  - **limited** capacity (**한정된** 수용 능력)
  - **fallen** leaves (**낙**엽)
  - a **guided** tour (**가이드가 있는** 관광)
  - **endangered** species (**멸종 위기에 처한** (동·식물의) 종)
  - **frozen** food (**냉동**식품)
  - an **attached** file (**첨부** 파일)
  - a **fixed[marked]** price (**정**가)
  - **registered** mail (**등기**우편)

279 *Downtown city areas* **(struggling with traffic jams and lack of parking lots)** / are driving the **growing** *popularity* of car sharing. – 모의

도심 지역은 (교통 체증과 주차장 부족으로 고심하는) /
차량 공유의 늘어나는 인기를 몰고 있다. (→ 차량 공유의 인기가 늘어나고 있다.)

drive가 만드는 빈출 문형

SVO	추진시키다; (어떤 방향으로) 몰다	A large amount of funding **drove** investment in the area. (거액의 자금이 그 지역에 대한 투자를 **추진시켰다.**)
SVOC	~가 …하게 하다	The traffic jams of a big city **drive** me crazy. (대도시의 교통 체증은 **나를 미치게 한다.**)

혼동주의 20 (v-ing)동명사 + 명사

Don't be afraid of / **making**[V'] **mistakes**[O'], being corrected, and trying again.
동명사(~하는 것)
두려워하지 마라 / 실수하고, 고쳐지고, 다시 시도하는 것을.

I have been sitting in the hospital **waiting room** / for thirty minutes.
'용도, 목적'을 나타내는 동명사
나는 병원 대기실에 앉아 있다 / 30분 동안.

cf. The movie actor waved to the **waiting** fans in the airport.
현재분사
그 영화배우는 공항에서 기다리는 팬들에게 손을 흔들었다.

▶ 명사 앞의 v-ing가 분사의 의미(v하는, v하고 있는)로 해석되지 않을 때가 있다. 이때 동명사는 뒤의 명사를 목적어로 취해, '~하는 것'의 의미를 갖는 경우도 있고, 동명사가 형용사적으로 쓰여 명사의 '용도, 목적'을 나타내는 경우도 있으므로 문맥에 맞게 해석한다.

280 A **surprising** *result* (from the marketing report) shows // that nearly two out of every three college students / never scan *the QR codes* **(found on ads)**.

(마케팅 보고서의) 놀라운 결과는 보여준다 //
대학생 3명 중 2명 가까이 / (광고에서 발견되는) QR 코드를 전혀 스캔하지 않는다는 것을.

F·Y·I QR 코드: Quick Response Code의 약어로, 격자무늬의 2차원 코드이다. 막대 바 형태의 바코드보다 확장된 형태로 더 많은 정보를 담을 수 있다. 스마트폰으로 QR 코드를 스캔하면 각종 정보를 제공받을 수 있다.

281 Stereotypes are *characteristics* **(imposed upon groups of people / because of their race, nationality, gender and culture)**.

고정 관념은 특성이다 (사람들의 집단에 부여되는 /
그들의 인종, 국적, 성별 그리고 문화를 이유로).

어법 직결 Answer 본문 p.103

1 waiting

해설 | 문맥상 people과 wait은 능동 관계이므로(기다리는 사람들) waiting이 알맞다.

There were long lines of *people* **(waiting for hours / in front of a new shopping mall)**.

사람들의 긴 줄이 있었다 (몇 시간째 기다리는 / 새 쇼핑몰 앞에서).

2 required

해설 | 문맥상 the building of the large facilities와 require는 수동 관계이므로(건물을 필요로 하는) required가 알맞다.

Hydroelectricity is a renewable energy, // but *the building of the large facilities* **(required to make it)** / can have negative effects on the environment.

수력 전기는 재생 가능한 에너지이다. // 그러나 (그것을 만드는 데 필요한) 큰 시설의 건물은 / 환경에 부정적 영향을 끼칠 수 있다.

UNIT 41 명사를 수식하는 관계대명사절 I

282 *A man* **[who does not know a foreign language]** / is ignorant of his own.
S V

– Johann Wolfgang von Goethe ((괴테))

사람은 [외국어를 모르는] / 자신의 것(언어)에도 무지하다.
↳ 외국어를 배우면 모국어에 대해서도 알게 되는 부분이 있다.

✔ his own 뒤에는 language가 생략되어 의미상 '자신의 언어(모국어)'라는 의미이다.

283 *Those* **[who dream by day]** / are cognizant of *many things* **[which escape *those* [who dream only by night]]**. – Edgar Allan Poe ((美 작가))

사람들은 [낮에 꿈꾸는] / 많은 것을 알고 있다
[사람들을 벗어나는 [밤에만 꿈꾸는]].

✔ those who ~ = the people who ~ (~하는 사람들)
cf. those which ~ = the things which ~ (~하는 것들)

284 The heart of a mother is *a deep abyss* **[at the bottom of which / you will always find forgiveness]**. – Honore de Balzac ((프랑스 작가))

어머니의 마음은 깊은 심연이다 [그것의 밑바닥에서 /
당신이 항상 용서를 발견할].

✔ ← The heart of a mother is *a deep abyss*. + You will always find forgiveness at the bottom **of** *it*.
✔ = ~ a deep abyss at **whose bottom** you will always find forgiveness.

285 *Hygge*, (*a term* **[that comes from Danish]**), is a mental state of well-being and togetherness. During Hygge, / people light candles, drink wine and meet *close friends* **[whom they haven't seen ● in a while]**. – 모의응용

'휘게(Hygge)'는 ([덴마크에서 온] 용어인) 행복과 단란함의 정신적 상태이다.
휘게(를 느끼는) 동안, / 사람들은 촛불을 켜고, 와인을 마시고,
가까운 친구를 만난다 [그들이 한동안 만나지 못한].

✔ Hygge 다음에 콤마로 보충 설명하는 동격 표현이 이어지며, 여기서 that절은 a term을 수식하는 주격 관계대명사절이다.
✔ 명사 close friends를 수식하는 whom ~ while은 목적격 관계대명사절이다. ●는 haven't seen의 원래 목적어가 위치했던 자리이다.
(← ~ meet *close friends*. + They haven't seen *close friends* in a while.)

286 A constellation is *a group of stars* **[that appear to make a particular pattern in the sky / and have a name]**.

별자리는 별들의 집단이다 [하늘에서 특정한 패턴을 만드는 것처럼 보이는
/ 그리고 이름을 가진].

1 whose

해설 | 선행사 organisms와 관계사절의 이어지는 명사(genetic material)가 '생물의 유전적 물질'이라는 소유의 관계이므로 소유격 관계대명사 whose가 알맞다.

Genetically modified (GM) foods are derived from *organisms* **[whose genetic material (DNA) has been modified / in a way [that does not occur naturally]]**.

유전적 변형(GM) 음식은 생물에서 유래된다 [그것의 유전적 물질(DNA)이 수정된 / [자연적으로 발생하지 않는] 방식으로].

2 interferes

해설 | 관계대명사절 that ~ tests가 주어를 수식하는 구조이다. 주어는 단수명사인 The anxiety이므로 단수동사 interferes가 알맞다.

The anxiety **[that we get from tests]** / interferes with performance.
S V

불안감이 [우리가 시험에서 얻게 되는] / 성적에 지장을 준다.

3 are

해설 | 전명구 with imperfections는 ones를 수식하며, 그 뒤의 관계사절 that are ~ the naked eye는 앞의 명사 imperfections를 수식하는 구조이다. 주어는 복수명사인 ones(= diamonds)이므로 복수동사 are가 알맞다. 동사 바로 앞의 명사인 the naked eye에 동사의 수를 일치시키지 않도록 주의한다.

When grading diamonds, / ones (with *imperfections* **[that are not obviously visible to the naked eye]**) / are called "eye-clean."
S V

다이아몬드의 등급을 매길 때, / 다이아몬드들은 (결함이 있는 [맨눈으로는 분명하게 보이지 않는]) / '아이클린'이라고 불린다.

4 control

해설 | 관계사절의 선행사는 복수명사인 internal "clocks"이므로 관계사절의 동사는 복수동사 control이 알맞다.

The body has *internal "clocks"* **[that control the sleep-wake cycle and energy levels / throughout the day]**.

우리 몸은 내부의 '시계'를 갖고 있다 [수면-기상 사이클과 에너지 레벨을 조절하는 / 하루 종일].

5 gives

해설 | 관계사절의 선행사는 단수명사인 the thing이므로 관계사절의 동사는 단수동사 gives가 알맞다.

I feel // the capacity to care is *the thing* **[which gives life its deepest significance]**. – Pablo Casals ((스페인 음악가))

나는 생각한다 // 배려하는 능력이 (~한) 것이라고 [삶에 가장 깊이 있는 의미를 부여하는].

UNIT 42 명사를 수식하는 관계대명사절 II

287 Brainstorming is a useful way (to let *ideas* **[which you didn't know you had ●]** come to the surface).
V′ O′ C′

브레인스토밍은 유용한 방법이다 (생각이 ~하도록 하는 [당신이 가지고 있는지 몰랐던] 표면에 나오도록).

- let + O + v: ~가 v하도록 하다
- ●는 had의 원래 목적어인 ideas가 위치했던 자리이다.
  ← Brainstorming is a useful way to let *ideas* come to the surface.
  + You didn't know (that) you had them(= the ideas).

288 I have noticed // that fortune cookies say / *the most obvious things* **[that people may just want to hear ● about themselves]**.

나는 알아차렸다 // 포춘 쿠키가 말해준다는 것을 / 가장 뻔한 것들을 [사람들이 자신들에 대해 그저 듣고 싶어할 만한].

- ●는 hear의 원래 목적어인 the most obvious things가 위치했던 자리이다.
  ← I have noticed that fortune cookies say *the most obvious things*.
  \+ People may just want to hear **the things**(= the most obvious things) about themselves.

F·Y·I 포춘 쿠키(fortune cookie): 과자를 깨 보면 안에 운세나 격언 등의 문구가 적힌 종이가 들어 있다. 그 기원에는 다양한 설이 있는데, 현대에 미국에서 시작되었다는 설이 유력하다.

289 The adoption of farming (S) / was (V_1) the most fundamental change in human history (C_1) / and led (V_2) to *all* **[that we call ● civilization]** and recorded human history.

농업의 채택은 / 인류 역사에서 가장 근본적인 변화였다 / 그리고 [우리가 문명이라고 부르는] 모든 것과 기록된 인류 역사로 이끌었다.

- 전치사 to의 목적어로 두 개의 명사(구) all that we call civilization과 recorded human history가 and로 병렬 연결되었다.
- ●는 call의 원래 목적어인 all이 위치했던 자리이다.
  ← ~ and led to *all* and recorded human history.
  \+ We call (V) **them**(= all) (O) civilization (C).

290 The goal in anger management / is to increase *the options* [which **you have ●**] / to express anger in a healthy way. – 모의

분노 조절의 목표는 / 선택지를 늘리는 것이다 [당신이 갖는] / 건강한 방식으로 분노를 표출하기 위해.

- ●는 have의 원래 목적어인 the options가 위치했던 자리이다.
  ← The goal in anger management is to increase *the options* to express anger in a healthy way.
  \+ You have **them**(= the options).

291 In science, / the credit goes to *the man* [who convinces the world], / not *the man* **[to whom the idea first occurs]**. – Francis Darwin ((英 식물학자))

과학에서, / 공로는 사람에게 주어진다 [세상을 납득시키는], / 사람이 아니라 [아이디어가 처음 ~에게 떠오르는].

- ← ~ the credit goes ~ not *the man*. + The idea first occurs ***to*** *the man*.
- = ~ not the man **(who(m))** the idea first occurs ***to***.
- 〈전치사 + 관계대명사〉 구조일 경우 전치사 뒤에 whom 대신 who를 쓸 수 없음에 주의한다.
  e.g. She is the person **with whom** I work. (○) (~ with who (×))
  (그녀는 내가 함께 일하는 사람이다.)

292 Ultimately, / *the only power* [**to which man should aspire**] / is *that* [which he exercises ● over himself]. – Elie Wiesel ((美 작가))

(= the power)

궁극적으로, / 유일한 힘은 [인간이 열망해야 할] / ~ 것(힘)이다 [자신에게 행사하는].
↪ 인간은 남에게 행사하는 것이 아니라 바로 자신을 다스릴 수 있는 힘을 열망해야 한다.

- ← ~ *the only power* is that ~. + Man should aspire ***to*** *the power*.
- = ~ the only power (that) man should aspire ***to*** is that ~.
  선행사가 the only의 수식을 받으므로 전치사를 관계사절의 끝에 둘 때는 관계대명사 which 대신 that을 쓴다.
- that은 대명사로 the power를 가리키며, 목적격 관계대명사절 which 이하의 수식을 받고 있다. ●는 exercises의 원래 목적어인 that이 위치했던 자리이다.

293 When *someone* [∨**you care about** ●] is going through a hard time, // you can help them / by giving them a safe place (to share their feelings).

[당신이 아끼는] 누군가가 힘든 시간을 보내고 있으면, //
당신은 그들을 도울 수 있다 / 그들에게 안전한 장소를 제공함으로써 (감정을 공유할).

- ← When *someone* is going through a hard time, ~. + You care ***about*** *someone*.
- = When someone ***about*** **whom** you care is ~.
- ∨ 자리에 관계대명사 who(m)이 생략되어 전치사 about은 관계대명사절 내에서 뒤에 위치한다. ●는 about의 원래 목적어인 someone이 위치했던 자리이다.

UNIT 43 명사를 수식하는 관계부사절

294 There will be *times* [**when you are very busy**] / and *other times* [**when it is quieter**], // so please be prepared to be flexible.

(will be: V, times: S_1, other times: S_2)

때가 있을 것이다 [당신이 아주 바쁠] / 그리고 다른 때도
[더 한산할]. // 그러므로 부디 유연할 수 있도록 준비하라.

295 Home is *the safe place* [**where we**[S] **can express**[V1] **our feelings**[O1] / **and enjoy**[V2] / **some of the most meaningful events in our lives**[O2]]. – 모의응용

집은 안전한 장소이다 [우리가 감정을 표현할 수 있는 / 그리고 즐길 수 있는 /
우리의 삶의 가장 의미 있는 일들 중 일부를].

296 *One reason* [**why you can do something**] / is worth *100 reasons* [**why you can't**].

한 가지 이유는 [당신이 무언가를 할 수 있는] / 100가지 이유만큼의 가치가 있다 [당신이 할 수 없는].
↪ 무언가를 할 수 있는 이유가 하지 못하는 핑계들보다 훨씬 가치 있다.

- worth(~의 가치가 있는)는 형용사지만 마치 전치사처럼 쓰여 그 뒤에 (대)명사나 v-ing형이 온다.
  e.g. The smartwatch is **worth $400**. (그 스마트워치는 **400달러이다**.)

297 There are many differences / between ~~(the way)~~ [how grammar is used in written English] / and ~~(the way)~~ [how it is used in spoken English].

= grammar

많은 차이가 있다 / 문법이 문어체 영어에서 쓰이는 방식 / 그리고 그것(문법)이 구어체 영어에서 쓰이는 방식 사이에는.

- 관계부사 how와 그 선행사 the way는 둘 중 하나가 반드시 생략된다. (= ~ between *the way* grammar is used ~ and *the way* it is used ~.)
- 〈difference between A and B (A와 B 사이의 차이)〉의 A와 B 자리에서 the way가 생략된 관계부사 how가 이끄는 절이 명사절 역할을 한다.

F·Y·I 구어체(spoken English)는 언어 외에 몸짓이나 표정 등을 통해 전달 내용을 쉽게 이해할 수 있지만, 문어체(written English)는 오로지 글을 통해서 내용을 전달해야 하므로 대체로 좀 더 정확하고 엄격한 문법이 요구된다. 예를 들어 구어에서는 There is a book, a computer, and a bag on the table.이라는 표현이 가능하고 굳이 틀렸다고 지적하지 않지만, 문어에서는 반드시 There are ~로 표기해야 한다.

298 When an actor plays a scene / exactly *the way* [~~(how)~~ a director orders], // it isn't acting. It's following instructions. – James Dean ((美 배우))

배우가 장면을 연기한다면 / 정확히 [감독이 지시하는] 방식대로, // 그것은 연기가 아니다. 그것은 지시를 따르는 것이다.

- = ~ exactly **how** a director orders, ~.

299 There is *a reason* [that prey animals^S form^V foraging groups^O], // and that is increased vigilance. The larger the group of prey animals, // the less time the individual animal devotes to vigilance. – 모의응용

= a reason ~

이유가 있다 [먹잇감이 되는 동물이 먹이를 찾는 그룹을 형성하는], // 그리고 그것은 증가된 경계이다. (→ 경계를 높일 수 있기 때문이다.) 먹이가 되는 동물의 무리가 더 클수록, // 각각의 동물이 경계에 더 적은 시간을 들인다.

- 선행사 a reason을 수식하는 that절은 필요한 절의 성분(주어 + 동사 ~)을 모두 갖춘 관계부사절이다. 관계부사 why를 대신하여 that이 쓰였다.
- the + 비교급 ~, the + 비교급 ...: 더 ~할수록, 더 …하다

어법 직결 Answer 본문 p.106

1 where

해설 | 추상적 공간 개념인 a situation(상황)이 선행사이므로 관계부사 where가 알맞다. 이러한 선행사에는 point(점), case(경우), circumstance(환경, 사정) 등이 있다. 관계부사 how는 방법을 나타낸다.

We need a new breakthrough // because we're in *a situation* **[where the current solutions are not good enough]**.

우리는 새로운 돌파구가 필요하다 // 왜냐하면 우리가 상황에 있기 때문에 [지금의 해결책들이 그다지 좋지 않은].

2 that

해설 | 선행사 The other countries에 이어지는 관계사절은 주어 없이 바로 동사가 이어지므로 주어 역할을 하는 주격 관계대명사 that이 알맞다.

England is the most populated country in the United Kingdom. *The other countries*^S [that make up^V the United Kingdom^O] / are^V Wales, Scotland and Northern Ireland.

잉글랜드는 영국에서 가장 인구가 많은 나라이다. 다른 나라들은 [영국을 구성하는] / 웨일스, 스코틀랜드, 그리고 북아일랜드이다.

3 when

해설 | 선행사 a sad era에 이어지는 관계사절이 필요한 절의 성분을 갖췄으므로 부사 역할을 하는 관계부사 when이 알맞다.

What *a sad era* [**when** it^S'(가주어) is^V' easier / to smash an atom^S''(진주어) / than a prejudice]. – Albert Einstein

얼마나 슬픈 시대인가 [(~이) 더 쉬운 / 원자를 분해하는 것이 / 편견(을 부수는 것)보다].

↳ 오늘날에는 아주 작은 원자도 쉽게 분해할 수 있지만, 슬프게도 편견은 부수기가 힘들다.

UNIT 44 관계대명사 what, whoever 등

300 Everyone sees **what you appear to be** (O1), // but few experience **what you really are** (O2).

– Machiavelli ((이탈리아 사상가))

모든 사람은 당신이 겉으로 보이는 것을 본다. // 그러나 당신의 진짜 모습을 경험하는 사람은 거의 없다.

- 관계대명사 what절이 각각 동사 sees와 experience의 목적어 역할을 한다.
- what은 관계대명사절 안에서 각각 be, are의 보어에 해당한다. 두 개의 what은 모두 the thing(s) which[that]의 의미이다.
- **관계대명사 what이 쓰이는 관용 표현**

• what we call	이른바, 소위 (= what is called)
• what is more[better]	게다가
• what is worse	설상가상으로
• what A be	현재 A(의 성품, 인격) *cf.* what A have[has]: A가 가진 것, 재산
• what A used to be	이전의 A (= what A was[were])
• what with A and (what with) B	A이기도 하고 B이기도 해서 (보통, 좋지 않은 여러 이유를 나열할 때 쓰는 표현)
• A is to B what[as] C is to D	A와 B의 관계는 C와 D의 관계와 같다 〈A:B=C:D〉

She is **what we call** a bookworm. (그녀는 **소위** 공붓벌레이다.)
It's a good book, and **what is more**, it's quite a popular one. (그것은 좋은 책이고, **게다가** 꽤 인기 있는 책이다.)
He lost his money, and **what was worse**, his health. (그는 재산을 잃었고, **설상가상으로** 건강도 잃었다.)
It is often said that education makes us **what we are**. (교육이 **현재의 우리들**을 만든다고 종종 말해진다.)
We should judge a man not by **what he has** but by **what he is**. (우리는 사람을 **재산**이 아니라 **성품**으로 판단해야 한다.)
The village is quite different from **what it used to be**. (그 마을은 **이전**과 꽤 다르다.)
What with overwork and stress, she lost her appetite. (**과로와 스트레스로 인해** 그녀는 식욕을 잃었다.)
Reading is to the mind **what exercise is to the body**. – Sir Richard Steele ((英 수필가))
(독서와 마음의 관계는 **운동과 몸의 관계**와 같다. → 운동이 몸을 건강하게 하듯 독서는 마음을 건강하게 한다.)

301 **Whoever^S gossips^V to you** (S) // **will gossip** (V) about you. – Spanish Proverb

당신에게 험담하는 누구든지 // 당신에 대해 험담할 것이다.

- Whoever gossips to you = Anyone who gossips to you

302 **What^S in one era is judged^V positively** (S1), // in another **can change** (V1) meaning; //
what^S in one locale is considered^V tasty (S2), // in another **can be rejected** (V2) / as disgusting.

– 모의

한 시대에 긍정적으로 판단되는 것이, // 다른 시대에는 의미를 달리할 수 있다 //
한 장소에서 맛있다고 여겨지는 것이, // 다른 장소에서는 거부될 수 있다 / 혐오감을 일으키는 것으로.

- 관계대명사 what이 이끄는 두 개의 절이 주어로 쓰였다. 절 안의 be동사 앞에 부사구 in one era, in one locale이 쓰인 형태이다.

303 Parenting is not just about you and your kid; // it's also about(전치사) // **whomever you(S′) 're parenting(V′) your child(O′) with.** – Anna Getty ((독일 배우))

양육은 당신과 당신의 아이에 관한 것만이 아니다 // ~에 관한 것이기도 하다 //
당신이 누구와 함께 아이를 양육하느냐(에 관한).

- 여기서 세미콜론(;)은 but의 의미로 해석한다. 'A뿐만 아니라 B도'라는 의미의 〈not just[only] A but also B〉 구문의 변형으로 이해한다.
- whomever가 이끄는 명사절이 전치사 about의 목적어로 쓰였다. = ~ about anyone whom you're parenting ~.
- 목적격 whomever는 관계사절 안의 전치사 with의 목적어에 해당한다.

304 Sharks have been sculpted by evolution / and ∨ ideally suited for(전치사) // **whichever ecosystem(O′) they(S′) inhabit(V′), / from coral reefs to the open ocean.**

– Brian Skerry ((美 사진가))

상어는 진화에 의해 만들어져 왔다 / 그리고 이상적으로 ~에 적합하게 되었다 //
그들이 서식하는 어느 생태계든지, / 산호초에서 넓은 바다에 이르기까지.
↳ 상어는 다양한 서식지에 적합하도록 진화되어 왔다.

- ∨ 자리에는 반복되는 have been이 생략되었다.
- 여기서 whichever는 명사 ecosystem을 앞에서 수식한다. whichever절은 전치사 for의 목적어로 쓰였다.

305 By believing passionately in something [that still does not exist], / we create it.
The nonexistent is **whatever we have not sufficiently desired**(C). – Franz Kafka ((카프카, 소설가))

[아직 존재하지 않는] 어떤 것을 열정적으로 믿음으로써 / 우리는 그것을 창조한다.
존재하지 않는 것은 무엇이든 우리가 충분히 희망하지 않은 것이다.

- whatever가 이끄는 절이 문장의 보어이다. (= ~ anything that we have not sufficiently desired.)

어법 직결 Answer 본문 p.107

(A) what (B) that

해설 | (A) 전치사 of의 목적어로 쓰일 수 있는 명사절을 이끌며 선행사를 포함하는 관계대명사 what이 적절하다. 관계대명사 what은 관계사절 내에서 listening to의 목적어 역할을 한다.
(B) 이어지는 절이 필요한 문장 성분을 모두 갖추고 있으므로, 동사 mean의 목적어절을 이끄는 접속사 that이 적절하다.

Brain waves actually synchronize somewhat / to the pace of **what you're listening to**.
This means(V) // that more lively songs(S′) help(V′) / the brain(O′) to be in a more active state(C′).(O)

뇌파는 실제로 어느 정도 맞춘다 / 여러분이 듣고 있는 것의 속도에.
이것은 의미한다 // 더 신나는 노래가 돕는다는 것을 / 뇌가 더 활동적인 상태가 되는 것을.

UNIT 45

선행사를 보충 설명하는 관계사절

306 Unlike *lawyers*, // **who utilize information selectively / to support their arguments**, / scientists must include all information // even if some of it is unlikely to strengthen their arguments. – 모의

(utilize: V′, information: O′, it = information)

변호사들과는 달리, // (그런데) 그들은 정보를 선택적으로 활용하는데, /
자신들의 주장을 뒷받침하기 위해, / 과학자들은 모든 정보를 포함해야 한다 //
정보 중 일부가 자신들의 주장을 강화시키지 않을 것 같다 하더라도.

- 〈콤마(,) + 관계대명사(who)〉절이 선행사 lawyers를 보충 설명한다.
- unlikely to-v: v할 것 같지 않은

307 Globalization has resulted in *a global brain drain*, // **which refers to** ***the situation*** **[in which countries lose their best educated workers / to other countries]**. – 모의응용

(countries: S′, lose: V′, their best educated workers: O′)

세계화는 전 세계적인 두뇌 유출을 초래했다. // (그리고) 그것은 상황을 가리킨다
[국가가 가장 잘 교육받은 연구자들을 빼앗기는 / 다른 나라들에].

- 〈콤마(,) + 관계대명사(which)〉절이 앞의 명사구(a global brain drain)를 보충 설명한다.
- the situation은 in which 이하 관계대명사절의 수식을 받으며, in which 대신 관계부사 where을 사용할 수도 있다.
  = ~ the situation **where** countries lose ~.

308 The more you like yourself, / *the less you are like anyone else*, // **which makes you unique**. – Walt Disney Company

(makes: V′, you: O′, unique: C′)

당신이 자신을 더 많이 좋아할수록, / 당신은 더 다른 사람 같지 않다. // (그리고) 그것이 당신을 독특하게 만든다.
↳ 자신을 좋아할수록, 있는 그대로 행동하고 다른 사람을 따라 하는 경향이 줄어들며, 이것이 자신을 유일무이하게 만든다.

- the + 비교급 ~, the + 비교급 ...: (더) ~할수록, 더 …하다
  e.g. **The more** we have, **the more** we want. (우리는 **더 많이** 가질수록, **더욱 많이** 원한다.)
- 첫 번째 like는 '~을 좋아하다'라는 의미의 동사이고, 두 번째 like는 '~같은'이라는 의미의 전치사이다.
- 〈콤마(,) + 관계대명사(which)〉절이 앞 절인 the less ~ else를 보충 설명한다.

309 The secret of genius is / *to carry the spirit of the child into old age*, // **which means / never losing your enthusiasm**. – Aldous Huxley ((英 소설가))

(The secret of genius: S, is: V, to carry ~ old age: C, means: V′, never losing your enthusiasm: O′)

천재성의 비결은 ~이다 / 어린아이의 마음을 노년까지 가져가는 것, //
(그리고) 그것은 의미한다 / 당신의 열정을 절대 잃지 않는 것을.

- 〈콤마(,) + 관계대명사(which)〉절이 앞의 to부정사구를 보충 설명한다.
- never losing ~은 means의 목적어로 쓰인 동명사구이다. 동명사구의 부정은 동명사 앞에 부정어(not, never)를 쓴다.

310 The motor of our ingenuity / is *the question "Does it have to be like this?,"* // **from which arise / political reforms, scientific developments, improved relationships, and better books.** – 모의

(arise: V′ / political reforms ~ better books: S′)

우리의 독창성의 원동력은 / "그것은 이렇게 되어야만 하는가?"라는 질문이다 //
(그리고) 그것으로부터 발생한다 / 정치 개혁, 과학의 발전,
개선된 관계, 그리고 더 훌륭한 책들이.

- 〈콤마(,) + 관계대명사절(from which ~)〉이 앞의 명사구 the question ~을 보충 설명한다.
- 관계사절의 주어(political reforms, ~ better books)가 동사(arise)에 비해 길어 주어와 동사가 도치된 구조이다.

311 The origins of contemporary Western thought / can be traced back / to *the golden age of ancient Greece*, // **when Greek thinkers laid / the foundations for modern Western politics, philosophy, science, and law.** – 모의

(Greek thinkers: S′ / laid: V′ / the foundations ~ law: O′)

현대 서양 사고의 기원은 / 거슬러 올라갈 수 있다 /
고대 그리스의 전성기로, // (그리고) 그때 그리스의 사상가들은 마련했다 /
현대 서양의 정치, 철학, 과학 및 법의 토대를.

- when은 여기서 at that time(그때)의 의미를 나타낸다. 〈콤마(,) + 관계부사(when)〉절이 앞의 명사구 the golden age of ancient Greece를 보충 설명한다.

312 Many universities offer *online courses*, // **where students work closely with professors, / using state-of-the-art e-learning technology.**

(students: S′ / work: V′)

많은 대학이 온라인 수업을 제공한다. // (그리고) 그곳에서는 학생들이 교수들과 긴밀히 연구한다 /
최첨단의 이러닝 기술을 사용하면서.

- where는 여기서 and there(그곳에서는)의 의미를 나타낸다. 〈콤마(,) + 관계부사(where)〉절이 앞의 online courses를 보충 설명한다.

Wrap up 05 선행사의 수식과 보충 설명 간의 차이

본문 p.109

[정답] 1 a 2 b

1 We will raise 1,000,000 won for *local charities*, // **which help those in need.**
우리는 지역 자선 단체들을 위해 100만 원을 모금할 것인데, // 그 단체들은 어려움에 처한 사람들을 돕는다.
(→ a. 모든 지역 자선 단체들은 어려움에 처한 사람들을 돕는다.)

2 We will raise 1,000,000 won for *local charities* **[which help those in need]**.
우리는 [어려움에 처한 사람들을 돕는] 지역 자선 단체들을 위해 100만 원을 모금할 것이다.
(→ b. 일부 지역 자선 단체들은 어려움에 처한 사람들을 돕는다. 이 단체들뿐만 아니라 다른 지역 자선 단체들도 있다.)

UNIT 46 관계사와 선행사의 생략

313 You must cite / *the author* **[(*whom*) you are quoting ●]** //
whether you are directly quoting the author / or paraphrasing the quote.

반드시 언급해야 한다 / 저자를 [인용하고 있는 (문구의)] //
저자(의 문구)를 직접적으로 인용하고 있든지 / 인용구를 다른 말로 바꾸어 쓰고 있든지.

✔ 양보를 뜻하는 whether가 〈whether A or B (A이든 B이든)〉의 형태를 취할 때 A와 반복되는 부분은 B에서 흔히 생략된다.
= ~ or (you are) paraphrasing ~.

314 Newborn babies(S) are(V) immune to many diseases(C) / because they(S′) have(V′) *antibodies*(O′)
[∨ they received ● from their mothers], // although this immunity only lasts
about a year.

신생아들은 많은 질병에 면역되어 있다 / 왜냐하면 그들이 항체를 가지고 있기 때문에
[그들이 어머니로부터 받은]. // 비록 이 면역력이 대략 일 년만 지속될지라도.

✔ ∨ 자리에는 선행사 antibodies를 수식하는 목적격 관계대명사 that[which]이 생략되었다.

315 Twenty years from now, / you will be more disappointed / by *the things*
[∨ you did not do ●] / than by *the ones* **[∨ you did ●]**. – Mark Twain ((美 소설가))

지금으로부터 20년 후, / 당신은 더 실망할 것이다 / (~한) 일들로 인해
[자신이 하지 않은] / (~한) 일들보다 [자신이 한].

✔ ∨ 자리에는 각각 선행사 the things와 the ones를 수식하는 목적격 관계대명사 that[which]이 생략되었다. the one은 〈the + 앞에 나온 명사〉를 가리킨다. (the ones = the things)

어법 직결 Answer 본문 p.114

O

해설 | 목적격 관계대명사 that[which]이 생략된 관계사절 you say to someone이 복수명사인 주어 The words를 수식하는 구조이다. 따라서 문장의 동사로는 have가 오는 것이 어법상 적절하다. have를 바로 앞의 someone에 수 일치시키지 않도록 주의한다.

The words(S) **[∨ you say ● to someone]** / have(V) the potential (to make or break that person)(O), // so
it is important to choose words carefully. – 모의응용

말은 [여러분이 누군가에게 하는] / 가능성이 있다 (그 사람의 운명을 좌우할) // 그래서
말을 신중하게 선택하는 것이 중요하다.

✔ to make ~ person은 명사 the potential을 수식하는 형용사적 용법의 to부정사구이다.
✔ so가 이끄는 절에서 it은 가주어이고 to choose 이하의 to부정사구가 진주어이다.

316 *The time* [∨ **you should repair the roof**] / is ∨ [**when the sun is shining**].

– John F. Kennedy ((美 제35대 대통령))

(~한) 때는 [여러분이 지붕을 수리해야 하는] / [태양이 비치고 있을 때]이다.
↳ 좋은 기회가 있을 때 안 좋은 때를 대비해야 한다.

- 첫 번째 ∨ 자리에는 선행사 The time을 수식하는 관계부사 when이 생략되었다.
- 두 번째 ∨ 자리에는 관계부사 when 앞에 선행사 the time이 생략되어, 관계부사절이 명사절이 되어 문장의 보어 역할을 하고 있다.
- **관계부사의 선행사 생략**
  관계부사의 선행사가 the time, the place, the reason 등 일반적인 시간·장소·이유를 나타낼 때 흔히 생략된다. 선행사가 생략되면 관계사는 명사절을 이끌게 된다.
  e.g. The library is (*the place*) **where** she spends most of her time. ((보어)) (도서관은 그녀가 대부분의 시간을 보내는 곳이다.)
  I can't understand (*the reason*) **why** he did such a thing. ((목적어)) (나는 그가 왜 그런 일을 했는지 이해할 수 없다.)

317 Without clear goals, / it's easy to get diverted, / heading in multiple directions / and years later ending up in *the place* [∨ **you really never intended**].

뚜렷한 목표가 없으면, / 방향을 바꾸게 되기가 쉬워서, / 여러 방향으로 향하게 되고 /
몇 년이 지난 후에는 결국 (~한) 곳에 이르게 된다 [여러분이 결코 의도하지 않았던].

- 결과를 나타내는 분사구문 heading ~ directions와 ending ~ intended가 and로 병렬 연결되었다. (⇐ **Unit 58 분사구문의 해석**)
- ∨ 자리에는 선행사 the place를 수식하는 관계부사 where가 생략되었다.

318 Comfort becomes addictive. The comfort zone is ∨ [**where dreams go to die**].

안락함은 중독성이 있다. 안락한 지대는 [꿈이 가서 죽는 곳]이다.
↳ 안락한 것은 중독되기 쉬우며 편한 것에만 안주하면 꿈을 잃을 것이다.

- ∨ 자리에는 관계부사절이 수식하는 선행사 a place가 생략되었다.

UNIT 47 many of + 관계대명사

319 Deadly poisons, foul flavors, and toxins of plants / are *chemicals*, // **a great many of which** are designed to compel other creatures / to leave them alone. – 모의응용

식물의 치명적인 독, 역겨운 맛, 독소는 / 화학 물질이다. //
(그리고) 그것들 중 대부분이 다른 생물들을 (~하도록) 만들기 위해 고안된다 / 그것들(식물들)을 내버려 두도록.

- Deadly poisons, foul flavors, and toxins of plants are **chemicals**.
  \+ **A great many of them(= chemicals)** are designed to compel ~.
- 선행사를 한정하는 all[both, some, many, one, none, most, half, each one] of 등의 어구는 관계대명사 앞에 온다.

320 Social media has given voice and organizational ability / to *new cyber tribes*, // **some of whom** spend their time spreading blame and division / across the World Wide Web. – 모의응용

소셜 미디어는 목소리와 조직적인 능력을 부여해 왔다 / 새로운 사이버 집단들에게. //
그리고 이들 중 일부는 비난과 분열을 퍼뜨리는 데 자신의 시간을 보낸다 / 인터넷 웹에서.

- Social media ~ ability to **new cyber tribes**. + **Some of them(= new cyber tribes)** spend their time spreading blame ~.

321 Life is a series of *experiences*, / **each one of which** makes us bigger, //
S′ V′ O′ C′
even though sometimes it is hard / to realize this. – Henry Ford ((자동차 회사 Ford 설립자))

인생은 일련의 경험들이다. / 그리고 그것들 각각이 우리를 더 크게 만든다. //
비록 때로는 어려울지라도 / 이것을 깨닫기가.

- Life is a series of **experiences**. + **Each one of them(= experiences)** makes us bigger ~.
- even though가 이끄는 부사절에서 it은 가주어이고 to부정사구 to realize this가 진주어이다.

322 Indeed, all the coal, natural gas, and oil [we use today] / is just *solar energy* from millions of years ago, // **a very tiny part of which** was preserved deep underground. – 모의

사실, 모든 석탄, 천연가스, 그리고 석유는 [우리가 오늘날 사용하는] /
수백만 년 전에 온 태양에너지일 뿐이다. // 그리고 그것의 극히 일부분만이 지하 깊은 곳에 보존되어 있었다.

- ~ just **solar energy** from millions of years ago. + **A very tiny part of it(= solar energy)** was preserved deep underground.

어법 직결 Answer 본문 p.115

whom

해설 | 접속사 없이 절과 절이 연결되므로 most of 뒤는 일반 대명사가 아닌 관계대명사가 필요한 자리이다. 문맥상 선행사 the musicians를 보충 설명하는 whom이 적절하다.

The orchestra is governed by *the musicians* themselves, // **most of whom** remain with the philharmonic for a lifetime, / closely protecting its artistic values.

오케스트라는 음악가들에 의해 직접 운영되고, // 그들 대부분은 평생 교향악단과 함께한다 /
그것의 예술적 가치를 철저히 지키며.

- The orchestra is governed by **the musicians** themselves.
  + **Most of them(=the musicians)** remain with the philharmonic for a lifetime, ~.
- closely protecting은 동시동작을 나타내는 분사구문으로, 의미상의 주어는 the musicians이다.

UNIT 48 명사 + 형용사구 + 관계사절

323 The heel is / *the part* **(of the body)** **[that receives the most shock upon impact, / especially when walking and running]**.

발뒤꿈치는 ~이다 / (신체의) 부분 [충격에 대해 가장 많은 타격을 받는,
/ 특히 걷고 뛸 때].

- 형용사구인 전명구와 관계사절이 모두 the part를 수식한다.

324 We can cultivate *a relationship* **(of understanding)** **(between two individuals)** / by allowing the other person to express themselves freely.

우리는 관계를 쌓을 수 있다 (이해의) (두 개인들 간의) /
상대방이 자신을 자유롭게 표현하는 것을 허락함으로써.

↘ 서로 다른 두 개인의 관계에서, 상대가 자신을 자유롭게 표현할 수 있도록 해야 상호 이해하는 관계를 쌓을 수 있다.

✔ 두 개의 전명구가 모두 a relationship을 수식한다.

325 The taste of food is detected / by *sensory cells* **(called taste buds)** **(located on top of the tongue)**. There are five basic tastes: / sweet, bitter, sour, salty and savory.

음식의 맛은 감지된다 / 감각 세포에 의해 (미뢰라고 불리는)
(혀의 윗부분에 위치한). 다섯 가지 기본 맛이 있다 / 단맛, 쓴맛, 신맛, 짠맛, 그리고 감칠맛.

✔ 두 개의 과거분사구가 모두 sensory cells를 수식한다.

326 New Zealand became *the first country* **(in the world)** **(to recognize the national rights (of women) (to vote))**.

뉴질랜드는 첫 번째 국가가 되었다 (세계에서) (국민의 권리를 승인한
(여성의) (투표할)).

✔ 전명구(in the world)와 to부정사구(to recognize ~ to vote)가 모두 the first country를 수식하며, to부정사구 안에서 다시 전명구(of women)와 to부정사구(to vote)가 모두 the national rights를 수식한다.

327 Fast fashion refers to *trendy clothes* **(of low prices)** **(designed, created, and sold to consumers / as quickly as possible)**. – 모의응용

패스트 패션은 최신 유행의 옷들을 말한다 (가격이 낮은) (디자인되고, 만들어지고,
소비자에게 팔리는 / 가능한 한 빨리).

✔ 전명구와 과거분사구가 모두 trendy clothes를 수식한다.

328 Methods for carrying out surveys / depend on the population and *decisions* **(made by the authorities)** **(on size of sample)**.

조사를 수행하는 방식은 / 인원수와 결정에 달려 있다
(관계자에 의해 정해진) (표본의 사이즈에 대한).

✔ 과거분사구와 전명구가 모두 decisions를 수식한다.

329 Venus spins in a clockwise direction / unlike *all other planets* **(including Earth)** **[that rotate in a counterclockwise direction]**.

금성은 시계 방향으로 회전한다 / 다른 모든 행성들과는 달리 (지구를 포함한)
[시계 반대 방향으로 회전하는].

- 전명구와 관계사절이 모두 all other planets를 수식한다.
- 관계대명사 that의 선행사는 all other planets로 관계대명사절에 복수동사 rotate가 쓰였다. 선행사가 바로 앞의 단수명사 Earth가 아님에 주의한다.

330 Intellectual humility is admitting // there are limits to *the knowledge* **[you have]** **(of certain issues)**. People [who display intellectual humility] are more likely to be receptive to learning from others. – 모의응용

지적 겸손이란 인정하는 것이다 // 지식에 한계가 있다는 것을 [여러분이 가진]
(특정 문제에 대한). 사람들은 [지적 겸손을 보이는]
다른 사람들에게서 배우는 것을 더 잘 받아들일 가능성이 있다.

- 목적격 관계대명사 which[that]가 생략된 관계대명사절과 전명구가 모두 the knowledge를 수식한다.

UNIT 49 명사 + 관계사절 + 관계사절

331 Second-hand smoke is the smoke (inhaled by *people* **[who are not themselves smoking]** / but **[who are near *others* [who are smoking]]**).

간접흡연은 흡연이다 (사람들에 의해 들이마셔지는
[그들 자신은 담배를 피우고 있지 않은] / 하지만 [다른 사람들 근처에 있는 [담배를 피우고 있는]]).

- who가 이끄는 처음 두 개의 관계사절은 모두 people을 선행사로 수식하고, 마지막 관계사절 who are smoking의 선행사는 바로 앞의 others 이다.

~ by *people* ┬ **who** are not themselves smoking
　　　　　　 │ but
　　　　　　 └ **who** are near *others* **who** are smoking.

332 Most modern people regard technology as *an instrument* **[that makes things or people's lives easier]** and **[that can bring about contributions to our society]**.

대부분의 현대인들은 과학 기술을 도구로 여긴다
[일이나 사람들의 삶을 더 쉽게 만드는] 그리고 [우리 사회에 기여를 가져올 수 있는].

✔ that이 이끄는 두 개의 관계사절이 모두 an instrument를 수식한다.

333 We stand in proper awe / of *a man* **[whose thoughts move on heights / far beyond our range]**, / **[whose achievements can be measured / only by *the few* [who are able to follow his reasoning / and challenge his conclusions]]**. – 모의

우리는 참된 경외심을 갖는다 / 사람에 대해 [그의 생각이 높은 곳에서 움직이는 /
우리의 한계를 훨씬 넘어서], / [그의 성취가 평가될 수 있는 / 소수의 사람에 의해서만
[그의 추론을 이해할 수 있고 / 그의 결론에 이의를 제기할 (수 있는)]].

✔ whose가 이끄는 두 개의 절은 모두 a man을 선행사로 수식하고, 두 번째 whose절에 속하는 who ~의 선행사는 바로 앞의 the few이다.

~ of *a man*
- **whose** thoughts move ~ our range
- ,
- **whose** achievements can be ~ only by *the few* **who** ~ conclusions.

✔ the few who 다음에 나오는 두 개의 his는 모두 첫째 줄의 a man을 지칭한다.

334 *Every single person* **[∨ we know ●]** / **[who is successful at what they do]** / is successful // because they love doing it. – Joe Penna ((브라질 영화감독))

(S: Every single person, V: is, C: successful)

모든 사람은 [우리가 알고 있는] / [자신이 하는 일에서 성공한] /
성공적이다 // 그들이 그것을 하는 것을 아주 좋아하기 때문에.

✔ ∨ 자리에는 목적격 관계대명사 whom[that]이 생략되었다. 관계사가 생략된 관계사절과 who 이하의 관계사절이 모두 Every single person을 선행사로 수식한다.
✔ what they do는 전치사 at의 목적어 역할을 하는 관계사절이다.

335 Start / *something* **[∨ you can do ● with pleasure]** / **[that requires active body movements]** / for your sound body and mind.

시작하라 / 무언가를 [당신이 즐겁게 할 수 있는] / [활동적인 신체 움직임을 필요로 하는]
/ 당신의 건강한 몸과 정신을 위해.

✔ ∨ 자리에는 목적격 관계대명사 that이 생략되었다. 두 개의 관계사절이 모두 something을 수식한다.

어법 직결 **Answer** 본문 p.117

1 who

해설 | 두 번째 who 관계사절이 수식하는 선행사도, 앞의 관계사절과 더불어 주어인 Leaders이므로, 관계대명사 who가 알맞다.

Leaders **[who emit negative emotional states of mind]**, / **[who are rude and bossy]**, /
S

upset people and have few followers. – 모의응용
V_1 V_2

지도자들은 [부정적인 마음의 감정 상태를 발산하는], / [무례하고 위세를 부리는], /
사람들을 화나게 하고 따르는 사람이 거의 없다.

2 harms

해설 | that이 이끄는 두 관계사절이 수식하는 선행사는 모두 an action이므로, 단수동사 harms가 알맞다.

Morality often expresses itself / as a duty to perform *an action* **[that advances the interests of others]** /

but **[that harms one's own]**. – 모의응용

도덕성은 자주 표현된다 / 행위를 수행할 의무로 [다른 사람의 이익을 증진하는] /
하지만 [자신의 이익은 손해를 입는].

UNIT 50 주어와 멀리 떨어진 주어 수식 형용사구/관계사절

336 If *technology* is created **[that uses less energy]**, // that should have /
S′ V′ S V

the same basic effect / as increasing the total amount of energy available.
O

기술이 만들어진다면 [더 적은 에너지를 사용하는], // 그것은 가질 것이다 /
같은 기본 효과를 / 사용 가능한 에너지의 총량을 증가시키는 것과.
↪ 더 적은 에너지를 사용하는 기술의 개발은 사용 가능한 에너지의 총량을 증가시키는 것과 같은 효과가 있다.

- that uses less energy의 선행사는 technology이다.
- the same A as B: B와 같은 A

337 The teacher highlighted the importance of working as a team, //
especially when *time* was running out **(to complete an activity)**.

선생님께서 팀으로서 일하는 것의 중요성을 강조하셨다. //
특히 (활동을 완료할) 시간이 얼마 없을 때.

338 When adapting novels for movies or dramas, / *some differences* are noticeable
(between the "original" narrative and the restructured version on screen).

소설을 영화나 드라마로 각색할 때, / 몇몇 차이점이 눈에 띈다
('원작의' 서술과 화면 위에 재구성된 버전 사이의).

339 *Major discussion* took place **(on whether online education can be as effective as physical attendance of school)**.

중요한 논의가 일어났다 (온라인 교육이 학교에 대면 출석하는 것만큼 효과를 가질 수 있는지에 대한).

명사절 whether ~ school이 전치사 on의 목적어 역할을 한다.

340 The thing always happens **[that you really believe in]**; // and the belief (in a thing) / makes it happen. – Frank Lloyd Wright ((美 건축가))

일은 항상 일어난다 [여러분이 진정으로 믿는] // 그리고 (일에 대한) 믿음이 / 그 일을 일어나게 한다.

341 *The time* will come **[when you will doubt everything [∨ you stand for ●]]**, // but you must push forward and never stop. – S. M. Boyce ((판타지 소설 작가))

때가 올 것이다 [모든 것을 의심할 [당신이 옹호하는]], // 그러나 당신은 계속 나아가야 하고 절대 멈춰서는 안 된다.

when이 이끄는 관계부사절 안에 everything을 수식하는 관계대명사절이 포함된 구조이다. ∨ 자리에는 everything을 수식하는 목적격 관계대명사 that이 생략되었다.

어법 직결 Answer 본문 p.118

who

해설 | 문맥상 관계사절이 수식하는 선행사는 the individual로 사람을 선행사로 하는 관계대명사 who가 적절하다. 바로 앞의 명사 negotiations를 선행사로 착각하지 않도록 주의하며, 이어지는 동사가 단수동사 is임도 확인한다.

Businesspeople will tell you // that *the individual* wins in negotiations **[who is in the best physical shape / and has the physical stamina (to see the deal through)]**. – 모의응용

(S′: the individual, V′: wins)

사업가들은 여러분에게 말해 줄 것이다 // (~한) 사람이 협상에서 이긴다고 [몸 상태가 최상인 / 그리고 체력을 지니고 있는 (계약을 끝까지 성사시킬 수 있는)].

- to see ~ through는 명사 the physical stamina를 수식하는 형용사적 용법의 to부정사이다.
- see through와 같이 〈동사 + 부사〉 형태인 구동사의 목적어가 대명사일 때는 〈동사 + 목적어 + 부사〉의 어순이 된다. 목적어가 명사일 때는 〈동사 + 부사 + 목적어〉와 〈동사 + 목적어 + 부사〉의 어순이 둘 다 가능하다.
  They had to **put** it **off**. (○) (They had to **put off** it. (×)) (그들은 그것을 **미뤄야** 했다.)
  They had to **put off** the meeting. (○) = They had to **put** the meeting **off**. (○) (그들은 회의를 **미뤄야** 했다.)

UNIT 51 관계대명사 뒤의 I think류

342 We vote for *the person* **[who (we think) represents our interests best]**.

우리는 (~한) 사람에게 투표한다 [(우리가 생각하기에) 우리의 이익을 가장 잘 대변하는].

관계대명사절 내에 we think가 삽입된 형태이다.

343 My father always did // what **(he supposed)** was morally right / and always voted in *the way* [that **(he believed)** was right / for society as a whole].

S V₁ O₁ V₂

아버지는 항상 행하셨다 // (아버지가 생각하시기에) 도덕적으로 옳은 것을 / 그리고 항상 (~한) 방식으로 투표하셨다 [(아버지가 믿으시기에) 옳은 / 사회 전체를 위해].

✔ 두 개의 관계대명사절 내에 각각 he supposed와 he believed가 삽입된 형태이다.
✔ the way 다음에 쓰인 that은 주격 관계대명사이다.

344 A plot twist is a shocking or unexpected revelation in a work of fiction, / forcing the reader to reconsider // what **(they thought)** they knew about the story.

V′ O′ C′

반전은 소설 작품에서 충격적이거나 예상치 못한 뜻밖의 새 사실인데, / 독자들이 다시 생각해보게 한다 // (그들이 생각하기에) 그 이야기에 대해 이해했던 것을.

✔ reconsider의 목적어 역할을 하는 관계대명사 what절 내에 they thought가 삽입된 형태이다.

345 Knowing they are being observed / may cause people to behave differently. Subjects of research may give answers [that **(they feel)** are more socially desirable / than their true feelings]. – 수능응용

자신이 지켜봐지고 있음을 아는 것은 / 사람들이 다르게 행동하도록 할 수도 있다. 실험 대상자들은 답을 줄지도 모른다 [(그들이 느끼기에) 더 사회적으로 바람직한 / 그들의 진짜 감정보다].

✔ 관계대명사절 내에 they feel이 삽입된 형태이다.

어법 직결 Answer 본문 p.119

○

해설 | 선행사를 포함하는 관계대명사 what이 이끄는 관계대명사절 내에 you think가 삽입된 형태이다. you think를 생략해도 what is possible 자체가 의미상으로 뿐만 아니라 구조상으로도 완전한 절이므로, 관계사 what을 주어로 하는 동사 is는 적절하게 쓰였다.

Every time you state what you want or believe, // you're the first (to hear it).

접속사 S′ V′ O′

It's a message to both you and others (about what **(you think)** is possible). – Oprah Winfrey ((美 방송인))

바라거나 믿는 바를 말할 때마다, // 여러분은 첫 번째 사람이다 (그것을 듣는).

이는 여러분과 다른 사람들 둘 다를 향한 메시지이다 ((여러분이 생각하기에) 가능한 것에 대한).

↳ 여러분이 바라거나 믿는 것을 직접 말해보면 스스로가 듣게 되고, 이는 여러분이 생각하기에 가능한 것을 본인과 남들에게 전하는 메시지이다.

✔ Every time은 '~할 때마다'의 의미로 부사절을 이끄는 접속사의 역할을 한다. (<<< **Unit 56** 특이한 형태의 접속사)

UNIT 52 부사적 to-v의 의미

346 **To think creatively,** / we must be able to look afresh at // what we normally take ● for granted. – George Kneller ((美 건축가))

창의적으로 생각하기 위해서, / 우리는 (~을) 새롭게 볼 수 있어야 한다 // 우리가 보통은 당연하게 여기는 것을.

- To think creatively는 목적의 의미를 나타내는 부사적 용법의 to부정사구이다.
- what ~ granted는 전치사 at의 목적어 역할을 하는 관계사절이다. 〈take A for granted (A를 당연하게 여기다)〉 표현에서 '당연하게 여기는' 대상인 목적어(●) 자리가 관계대명사 what에 해당된다.

347 Students were relieved / **to find out** // **that it was the last subject of the lecture.**

학생들은 안도했다 / 알고서 // 그것이 그 강의의 마지막 주제라는 것을.

- to find out ~은 감정의 원인을 나타내는 부사적 용법의 to부정사구이다. 이 to부정사구 안에 find out의 목적어 역할을 하는 that 명사절이 포함된 구조이다.

348 He must be a man of moods / **to change his appointments** / **all the time.**

그는 변덕쟁이임이 틀림없다 / 약속을 바꾸는 것을 보니 / 자주.

- to change ~는 판단의 근거를 나타내는 부사적 용법의 to부정사구이다.

349 Sometimes in life / we have to take chances / **in order to achieve a goal.**

It certainly takes courage / to take risks. – 모의응용

It: S(가주어), to take risks: S′(진주어)

때로는 인생에서 / 우리는 모험을 해야 한다 / 목표를 이루기 위해.
(~은) 확실히 용기가 필요하다 / 모험을 하는 것은.

- in order to-v: v하기 위해 (목적의 의미를 나타내는 부사적 용법)

350 **So as to prevent any injuries at night,** / it is necessary // that your children should stay in well-lit areas.

it: S(가주어), that your children should stay in well-lit areas: S′(진주어)

밤중에 어떤 부상이라도 방지하기 위해, / (~이) 필수적이다 // 당신의 아이가 불이 환하게 밝혀진 곳에 머무르는 것이.

- so as to-v: v하기 위해 (목적의 의미를 나타내는 부사적 용법)
- necessary와 같이 필요를 나타내는 형용사 뒤에 당위성을 의미하는 that절이 오면, that절의 동사는 《(should +)동사원형》의 형태로 쓴다.

(≪ Unit 37 should의 특별한 쓰임)

351 The speaker felt somewhat sorry / **to ask a barrage of questions to his opponent**, // but that was what these debates were for.

(S_1: The speaker, V_1: felt, C_1: somewhat sorry, S_2: that, V_2: was, C_2: what these debates were for)

발언자는 약간 미안함을 느꼈다 / 상대편에게 질문 세례를 쏟아내서,
// 하지만 그것이 무엇 때문에 이 토론을 하는가였다(이 토론의 목적이었다).

- to ask ~ opponent는 감정의 원인을 나타내는 부사적 용법의 to부정사구이다.
- what ~ for는 주격보어 역할을 하는 간접의문문이다.

352 I was careless / **to allow him to see my plan** / and foolish / **to think** ∨ **he would not use it**.

(V'_1: allow, O'_1: him, C'_1: to see my plan, V'_2: think, O'_2: he would not use it)

나는 부주의했다 / 그가 나의 계획을 보도록 허락하다니 / 그리고 어리석었다 / 그가
그것을 이용하지 않을 것이라고 생각하다니.

- to allow ~ plan과 to think ~ it은 모두 판단의 근거를 나타내는 부사적 용법의 to부정사구이다.
- allow + 목적어 + 목적격보어(to-v): ~가 v하도록 허락하다
- ∨ 자리에는 think의 목적어 역할을 하는 명사절을 이끄는 접속사 that이 생략되었다.

353 You were considerate / **to provide help**. If it had not been for the help, // I wouldn't have been able to create a user-friendly website.

당신은 사려 깊었다 / 도움을 주다니. (당신의) 그 도움이 없었다면, // 나는
사용자에게 적합한 웹사이트를 만들 수 없었을 것이다.

- 과거 사실을 반대로 가정하는 가정법 과거완료 〈If + S′ + had p.p. ~, S + 조동사 과거형 + have p.p.〉 구문이 쓰였다.
- to provide help는 판단의 근거를 나타내는 부사적 용법의 to부정사구이다.

354 Most people in developed countries / are expected to live **to be about 80**, // and life expectancies are rising every year.

선진국 국민들의 대부분은 / 약 80세까지 살 것으로 예상된다. //
그리고 기대 수명은 매년 증가하고 있다.

- to be about 80는 결과(~해서 v하다)를 나타내는 부사적 용법의 to부정사구로, 앞에 나온 행위(live)에 대한 결과를 나타내어 '살아서 80세가 되다'의 의미로 해석할 수 있다.

355 The film starts with a scene [where the leading actor awakens / **to find himself in a dark wood**].

그 영화는 (~한) 장면으로 시작한다 [주연 배우가 깨어나서 / 자신이
어두운 숲속에 있다는 것을 깨닫는].

- 관계부사 where가 이끄는 절이 선행사 a scene을 수식한다. 관계부사 where은 구체적 장소가 아닌 추상적인 공간도 선행사로 수식할 수 있다.

356 He was the director of many plays, // and both of his kids grew up / **to be movie stars and TV show celebrities**.

그는 여러 연극의 연출자였다. // 그리고 그의 자녀들은 둘 다 자라서 /
영화배우이자 TV 프로그램의 유명인이 되었다.

357 Doing things quickly / actually ends up slowing you down, / such as when you rush out of your house / ***only* to realize** // ∨ you forgot your keys, phone, or wallet / on the kitchen table. – 모의

급하게 하는 것은 / 실제로는 여러분을 결국 느려지게 한다 / 여러분이
집에서 급하게 나올 때와 같이 / 결국 알게 되는 // 열쇠나 전화기 혹은 지갑을 잊은 것을 /
부엌 식탁 위에 (두고).

- end up v-ing(동명사): 결국 v하게 되다
- only to-v는 결과((~하지만) 결국 v하다)를 나타내는 부사적 용법의 to부정사구로, 의외 또는 실망을 나타낼 수 있다.
  e.g. We visited Amy's place, **only to discover** that she was away. (우리는 Amy의 집을 방문했지만, **결국** 그녀가 부재중이라는 것을 **알았다**.)
- ∨ 자리에는 realize의 목적어 역할을 하는 명사절을 이끄는 접속사 that이 생략되었다.

혼동주의 21 **only to-v: 단지 v하기 위해 (강조)**

We confess to little faults / ***only* to persuade** ourselves // that we have no great ones.

– La Rochefoucauld ((프랑스 작가))

우리는 작은 잘못들을 실토한다 / 단지 우리 자신에게 믿게 하기 위해 // 우리에게 큰 잘못이 없음을.

▶ only to-v는 '단지 v하기 위해 (강조)'를 뜻하는 경우도 있으므로 어느 해석이 자연스러운지 문맥을 잘 살펴야 한다.

358 Due to forest decline and severe drought, / the villagers left their homeland, / ***never* to return.**

삼림 감소와 극심한 가뭄 때문에, / 그 마을 사람들은 자신들의 고향을 떠나, /
결코 돌아오지 않았다.

- ~, never to-v(= ~, and never): (~하지만[~해서]) 결코 v하지 못하다

359 E-publishing companies say // e-books are *more convenient* **to use** / than paper books.

전자(책) 출판사들은 말한다 // 전자책이 사용하기에 더 편리하다고 / 종이책보다.

- to use가 앞의 형용사 more convenient를 수식한다.
- **to-v가 형용사를 뒤에서 수식하는 관용적 표현**
  - be sure[certain] to-v: 분명히 v하다
  - be anxious[eager] to-v: v하기를 갈망하다
  - be free to-v: 마음대로 v하다
  - be likely to-v: v할 것 같다
  - be apt[liable] to-v: v하기 쉽다
  - be willing[ready] to-v: 기꺼이 v하다

360 No country(S) has(V) / the potential (to produce all commodities / at the least cost)(O).
Trade(S) is(V) therefore *beneficial*(C) / for countries(의미상 주어) **to ensure the supply of their needs.**

어떤 국가도 가지고 있지 않다 / 잠재력을 (모든 상품을 생산할 / 최소한의 비용으로).
무역은 따라서 이롭다 / 국가들이 그들의 수요에 대한 공급을 보장하는 데.

- to produce 이하는 명사 the potential을, to ensure 이하는 형용사 beneficial을 수식한다.
- **유의해야 할 〈형용사+(for A)+to-v〉 구조**
  (im)possible, dangerous, easy, hard, difficult, (in)convenient, (un)important, natural, (un)necessary 등의 형용사는 흔히 〈It is+형용사(+for A)+to-v〉 구조로 쓰인다.
  It's **difficult** for me **to read** this book. (내가 이 책을 **읽기는 어렵다**.)
  It's **easy to please** him. (그를 **기쁘게 하는 것은 쉽다**.)
  이때 to-v의 목적어를 주어로 하는 것은 가능하지만, 형용사가 (im)possible, (un)important, (un)necessary인 경우는 그렇지 않다.
  It's **difficult** for me to read this book. (○)
  This book is **difficult** for me to read. (○)
  It's **possible** for me to read this book. (○) This book is **possible** for me to read. (×)

UNIT 53

부사적 to-v 구문

361 After becoming exhausted from work, / she recognized // that life is **too** short / **to** **do** something [you don't love].

일로 지쳐버린 후, / 그녀는 깨달았다 // 인생은 너무나 짧다는 것을 / [좋아하지 않는] 것을 하기에는.

- too ~ to-v: 너무 ~해서 v할 수 없는, v하기에는 너무 ~한
- After becoming exhausted from work는 문장의 주어와 일치하는 의미상의 주어 she를 생략하고 접속사를 남긴 분사구문이다.

362 Her success has been **so** remarkable / **as to** deserve praise.

그녀의 성공은 매우 놀라웠다 / 칭찬을 받을 자격이 있을 만큼.

- so ~ as to-v: v할 만큼 ~한

363 Be wise **enough** / **not** **to** **be** reckless, // but brave **enough** / **to** **take** great risks.

충분히 현명해져라 / 무모하지 않을 만큼. // 그러나 충분히 용감해져라 / 큰 위험을 감수할 만큼.

- ~ enough to-v: v할 만큼 충분히 ~한, 충분히 ~하여 v한

364 It is apparent // that the economy is growing much **too** slowly / **to** **put** people **back** to work.

S(가주어) S´(진주어)

(~은) 명백하다 // 경제가 너무 더디게 성장하고 있어서 / 사람들을 일터로 복귀시킬 수 없다는 것은.

- too ~ to-v: 너무 ~해서 v할 수 없는
- much는 부사인 too를 강조하는 부사이다. much 대신 far를 쓰기도 한다.
  cf. too much: 지나치게, 너무 많이[많은] → 이때는 부사 too가 much(형용사 또는 부사)를 수식한다.
  e.g. His rudeness is just **too much**. (그의 무례함은 정말 **지나치다**.)

혼동주의 22 **형용사를 강조하는 too**

Don't be **too** quick / **to judge** others.
너무 서두르지 마라 / 남들을 판단하는 데.

▶ 〈too ~ to-v〉 구문으로 해석하면 문맥이 어색하다. 이 문장은 quick을 강조하는 too가 덧붙은 것으로서, 이러한 구문에서는 too를 빼도 문장의 의미가 크게 변하지 않지만 〈too ~ to-v〉 구문은 too를 빼면 문장의 의미가 통하지 않거나 달라진다.
This room is **too** warm for us **to sleep in**. (이 방은 너무 따뜻해서 우리가 그 안에서 잘 수 없다.)
≠ This room is warm for us **to sleep in**. (이 방은 우리가 그 안에서 자기에 따뜻하다.)

365 Red meat may be harmful, // but I can't go **so** far **as to** **say** / ∨ it causes cancer.

붉은색 육류는 해로울 수 있다. // 그러나 나는 말하기까지 할 수는 없다 / 그것이 암을 유발한다고.

- go so[as] far as to-v: (극단적으로, 심지어) v하기까지 하다
- ∨ 자리에는 say의 목적어 역할을 하는 명사절을 이끄는 접속사 that이 생략되었다.

366 It takes most fruit trees about 7 years // before they are mature **enough** /

to produce good fruit.

대부분의 과일나무는 7년 정도가 걸린다 // 충분히 다 자라기까지 /
좋은 과일을 생산할 만큼.

이 문장에서 enough는 형용사 mature를 수식하는 부사이다. enough는 부사일 때 〈형용사[부사, 동사] + enough〉 어순으로 쓰인다.
e.g. This bag is **large enough** to contain all my belongings. (이 가방은 내 소지품을 다 담을 수 있을 만큼 **충분히 크다**.)
cf. enough가 형용사일 때는 대개 〈enough + 명사〉 어순이다.
e.g. I have **enough money** to buy the bag. (나는 그 가방을 살 **충분한 돈**이 있다.)

367 **Needless to say**, / theory and practice sometimes diverge.

말할 것도 없이, / 이론과 실제는 때때로 다르다.

문장 전체를 수식하는 to-v의 기타 관용 표현

- to be sure: 확실히
- to do A justice: A를 공정하게 말해서
- not to say: ~라고 말할 수는 없어도
- needless to say: 말할 필요도 없이
- to put it another way: 바꿔 말하면
- to begin with: 우선
- so to speak: 말하자면
- strange to say: 이상한 이야기지만
- to put it simply: 간단히 말해서
- to be honest[frank] with you: 정직하게[솔직히] 말해서

368 Your interference is, (**to say the least of it**), out of place.
S: Your interference / V: is / C: out of place

너의 간섭은 (조금도 과장하지 않고), 부적절하다.

UNIT 54

여러 의미의 접속사

369 Many people drive // even **when** their destination is within walking distance.

많은 사람들은 운전한다 // 심지어 그들의 목적지가 걸어서 갈 수 있는 거리일지라도.

370 I *was using* this portable photo printer // **when** a paper jam occurred. – 모의응용

내가 이 휴대용 사진 프린터를 사용하고 있었는데 // (바로) 그때 용지 걸림이 발생했다.

be v-ing(진행형) + when ~: v하고 있는데 (바로) 그때 ~

371 He *was about to leave* the room // **when** there was a knocking on the door.

그가 막 방을 나가려고 했는데 // 그때 문을 두드리는 소리가 났다.

be about[ready] to-v + when ~: (막) v하려고 하는데 그때 ~

372 **While** one person hesitates / because he feels inferior, // another person is busy / making mistakes and becoming superior. – Henry C. Link ((美 심리학자))

어떤 사람은 머뭇거리는 반면에 / 열등감을 느끼기 때문에, // 다른 사람은 바쁘다 /
실수를 저지르고 우수해지느라.

↘ 시도하고 실수해야 우수해질 수 있다.

- 이 문장에서 접속사 while은 one person과 another person을 대조하는 '~인 반면에'의 의미이다.
- be busy (in) v-ing: v하느라 바쁘다

373 **While** we may not be able to control / all [that happens to us], // we can control / what happens inside us. – Benjamin Franklin ((美 정치인))

(we: S´, may not be able to control: V´, all [that happens to us]: O´)

비록 우리가 통제할 수는 없을지라도 / [우리에게 일어나는] 모든 일을, // 우리는 통제할 수 있다 /
우리의 내면에서 일어나는 일을.

- 이 문장에서 접속사 while은 '비록 ~일지라도, ~라고는 해도(= although)'의 의미를 나타낸다.
- what happens inside us는 can control의 목적어 역할을 하는 명사절이다. 선행사를 포함하는 관계대명사 what은 '~하는 것[일]'이라는 의미의 명사절을 이끈다.

F·Y·I 벤저민 프랭클린(1706~1790)은 미국의 정치가, 외교관, 과학자, 저술가, 신문사 경영자로 다양한 영역에서 활동한 역사상 가장 다재다능한 인물로 꼽힌다. 특히, 과학자로서의 프랭클린은 전기에 관심이 많았는데, '전지(배터리)', '충전', '(전기적) 중성', '도체'와 같은 전기 관련 용어는 그가 처음 제안한 것이다. 또한, 그는 연에 금속 막대를 달아 하늘에 띄운 뒤 구름에서 전하를 이끌어냄으로써 번개가 전기의 일종이라는 것을 밝혀내기도 했다.

374 **As** you consider colleges, // start by thinking about yourself / and then work / toward choosing a school [that fits you].

(start: V_1, work: V_2)

당신이 대학을 고려할 때, // 자신에 대해 생각하는 것으로 시작하라 /
그런 다음 나아가라 / 학교를 선택하는 것으로 [당신에게 맞는].

- 이 문장에서 접속사 as는 '~할 때'의 의미를 나타낸다.

375 Cycling is better at increasing fitness / than walking // **as** it gets your heart rate up / and utilizes all of the major muscle groups. – 모의응용

(it: S´, gets: V'_1, your heart rate: O'_1, up: C'_1, utilizes: V'_2, all of the major muscle groups: O'_2)

자전거 타기는 건강 증진에 더 좋다 / 걷기보다 // 그것이 당신의 심장박동수를 높여주기 때문에 /
그리고 주요 근육군을 모두 이용하기 (때문에).

- 이 문장에서 접속사 as는 '~이기 때문에'의 의미를 나타낸다.
- as 이하의 부사절의 주어 it은 Cycling을 가리키며, 동사 gets와 utilizes가 등위접속사 and로 병렬 연결되었다.

376 The police told us / to leave things at the crime scene // **as** they were.

그 경찰관은 우리에게 말했다 / 범죄 현장의 물건들을 두라고 // 그것들이 있는 그대로.

377 High blood pressure / can accelerate brain shrinkage // **as** you age.

고혈압은 / 뇌 수축을 가속할 수 있다 // 나이가 들어감에 따라.

- 이 문장에서 접속사 as는 '~함에 따라서'의 의미를 나타낸다.

378 Strange **as** it seems, // it's okay to feel bad sometimes, / because we're supposed
C′ S′ V′
to experience a variety of moods.

비록 이상해 보이지만, // 가끔 기분이 언짢은 것은 괜찮다, / 우리는 다양한 기분을 경험하게 되어 있기 때문에.

- 형용사[부사, 무관사 명사] + as + S′ + V′: 비록 ~이지만 (= Although it seems strange, ~.)
- be supposed to-v: v하기로 되어 있다, v할 예정이다

379 We have natural climate change [which has been going on // **since** the world began].

우리는 자연 기후 변화를 겪는다 [지속되어 오고 있는 // 세상이 시작된 이래로].

- 접속사 since는 이 문장에서와 같이 현재완료형과 함께 쓰여 '~ 이래로'의 의미로 현재까지 계속되고 있는 상태의 시작 시점을 나타낸다.

380 People are lonely // **since** they build walls / instead of bridges. – J. F. Newton ((美 목사))

사람들은 외롭다 // 그들이 벽을 쌓아 올리기 때문에 / 다리 대신.
↳ 사람은 타인과 교류하지 않고 스스로 차단함으로써 외로워진다.

- 이 문장에서 접속사 since는 '~이기 때문에'의 의미를 나타낸다.

UNIT 55 형태가 비슷한 접속사

381 During World War I, / Marie Curie persuaded wealthy people to donate
S V O C
their cars // **so that** mobile X-ray machines / could be used to locate bullets (in wounded soldiers).

제1차 세계 대전 동안, / 마리 퀴리는 부유한 사람들이 자신들의 차를 기부하도록 설득했다
// 이동식 X선 기계가 / 총알의 위치를 찾아내는 데 이용될 수 있도록
(부상당한 병사들 몸 안에 있는).

- 이 문장에서 so that은 목적의 의미로 쓰였다. 이때 that절에는 can, may, will 등의 조동사가 쓰이는 경우가 많다. so that의 목적, 결과 구분은 콤마나 조동사의 유무로 기계적으로 구분하기보다는 앞뒤 문맥으로 판단하는 것이 좋다.

382 The digestive system is responsible / for breaking down food [we eat] into smaller components // **so** nutrients can be easily absorbed by the body / and the waste discarded.

소화 기관은 책임을 맡는다 / [우리가 먹는] 음식을 더 작은 요소로 분해하는
// 영양분이 몸에 쉽게 흡수될 수 있도록 / 그리고 찌꺼기는 버려지도록.

- = ~ so that[in order that] nutrients can be easily absorbed ~.

383 I worked in the "new products department," // and it was [so] secret / [that] nobody else (in the company) knew / what we did.

(it: S, was: V, secret: C / nobody else (in the company): S′, knew: V′, what we did: O′)

나는 '신제품 부서'에서 일했는데 // 그 부서는 아주 비밀스러워서 / (회사에 있는) 다른 누구도 알지 못했다 / 우리가 무슨 일을 하는지.

- so + 형용사 + that ...: 아주 ~해서 …하다; …할 정도로 ~하다

혼동주의 23 〈so + 형용사[부사] + that ...〉 vs. 관계대명사 that

A Taboo is held [so] strongly / by *a society* [that follows strict norms] // [that] its violation brings extreme disgust.

금기는 아주 강력하게 유지되어서 / 사회에 의해 [엄격한 규범을 따르는] // 위반이 극도의 혐오를 야기한다.

▶ so 뒤에 등장하는 that이 앞 절에 포함된 선행사를 수식하는 관계대명사 that일 수도 있으므로, 무조건 〈so + 형용사[부사] + that ...〉 구문으로 판단하지 않도록 주의한다.

384 The instructor has been speaking [so] fluently and brilliantly // [that] the one-hour lecture seems more like a quarter of an hour.

그 강사는 아주 유창하고 훌륭하게 말하고 있어서 // 그 한 시간짜리 강의는 오히려 15분에 가까운 것처럼 보인다.

- 동사 seems(~처럼 보이다)의 보어로 명사(a quarter of an hour)가 쓰였다.
- more like: (수·양이) 오히려 ~에 가까운

385 Satellites (circling the Earth now) / have [such] powerful cameras // [that] they can be used / to spy on individual people (on the Earth's surface).

(Satellites (circling the Earth now): S, have: V, such powerful cameras: O / they (= Satellites): S′, can be used: V′)

인공위성들은 (현재 지구를 돌고 있는) / 아주 성능이 좋은 카메라가 있어서 // 그것들은 사용될 수 있다 / 개개의 사람들을 염탐하는 데 (지표면에 있는).

- 〈such + a[an] + 형용사 + 명사〉의 형태인 경우 〈so + 형용사 + a[an] + 명사〉로도 표현할 수 있으며, 이때 관사의 위치에 주의한다.

  e.g. It was **such a cold morning** that I couldn't get out of bed.
  = It was **so cold a morning** that ~. (**아주 추운 아침이어서** 나는 침대에서 나올 수가 없었다.)

F·Y·I 행성 주변을 도는 천체를 '위성'이라고 하는데 지구는 유일한 위성인 '달'을 가지고 있고, 태양계에서 가장 큰 행성인 목성은 무려 79개의 위성을 가지고 있다. '인공위성'은 사람이 만든 행성 주변을 도는 인공 천체로, 기후 관측, 통신, 첩보, 지구 관측, 환경 감시 등 다양한 기능을 수행하며 지구 주변을 돌고 있다. 영어에서는 위성과 인공위성을 모두 'satellite'라고 부른다.

386 Fortunately for us, / we had bought the house at a low period / and sold it at a higher price, // **so that** we got a profit out of the deal.

우리로서는 다행스럽게도, / 우리는 그 집을 저렴한 시기에 샀다 / 그리고 그것을 더 높은 가격에 팔았다. // 그래서 우리는 그 거래로 이익을 남겼다.

- 〈...(,) so (that) ~〉의 형태로 '(그래서) ~하다'의 의미를 나타내는 경우, 보통 앞에 콤마(,)를 두고 주절 뒤에 위치한다. 목적을 뜻하는 so (that)과 형태가 비슷하므로 잘 구별해야 한다.

  e.g. There were plenty of seats, **so (that)** we could all sit down. ((결과))
  (의자가 많이 있**어서**, 우리는 모두 앉을 수 있었다.)
  Take your seat please **so (that)** the performance can start. ((목적))
  (공연이 시작할 수 **있도록** 자리에 앉아주세요.)

387 **If** a man is proud of his wealth, // he should **not** be praised /
until it is known / how he employs it. – Socrates

어떤 사람이 자신의 부(富)를 자랑스러워할지라도, // 그는 칭찬받아서는 안 된다 /
알려질 때까지는 / 그가 그것을 어떻게 쓰는지.
↳ 부자가 재산을 자랑스러워하더라도 그 부(富)를 어떻게 쓰는가를 알고 난 다음에 칭찬하라.

- (even) if에서 even이 생략되어 if만으로도 '비록 ~일지라도' 의미를 나타낼 수 있으니 문맥에 유의하여 해석한다.
  cf. as if[though] (마치 ~인 것처럼)
  There are two ways to live: you can live **as if** nothing is a miracle; you can live **as if** everything is a miracle.
  – Albert Einstein
  ((삶을) 사는 두 가지 방법이 있다. 당신은 **마치** 아무것도 기적이 아닌 **것처럼** 살 수 있다. (또는) **마치** 모든 것이 기적인 **것처럼** 살 수 있다.)
  as if[though]는 현재, 과거 사실의 반대를 가정하는 가정법으로도 쓸 수 있다. (<<< **Unit 29 가정법 과거시제와 시간**)
- not A until B: B하고 나서야 비로소 A하다, B할 때까지 A하지 않다

388 In his last years, / Beethoven created his Ninth Symphony, (one of the best-known works in classical music), // **even though** he couldn't hear his own music.

말년에, / 베토벤은 그의 교향곡 제9번을 작곡했다, (고전 음악에서 가장 잘 알려진 작품 중 하나인),
// 그가 자신의 음악을 들을 수 없었음에도 불구하고.

- even though: 비록 ~이지만, ~에도 불구하고 (= though, although)
- one of ~ classical music은 his Ninth Symphony를 부연 설명하는 삽입어구이다.

F·Y·I 베토벤의 《교향곡 제9번》은 4악장에 독일의 시인 실러의 시에 곡을 붙인 합창이 들어가므로 '합창'이라는 부제가 달렸다. 성악을 교향곡에 도입하는 것은 당시에는 볼 수 없는 구성이었다. 이 작품은 작곡가 베토벤이 완성해낸 마지막 교향곡으로 완성할 당시에 베토벤은 청력을 완전히 상실한 상태였다. 초연은 베토벤이 직접 지휘에 참여했는데, 청력을 상실해서 공연이 끝난 후 관객의 박수 소리를 듣지 못하고 가만히 있었다는 일화가 있다.

389 **Although** human brains only account for 2 percent of typical body weight, // they use up to 20 percent of metabolic energy. – 모의응용

인간의 뇌는 비록 일반적인 체중의 2퍼센트만 차지하지만, // 신진대사 에너지의 20퍼센트를 사용한다.

UNIT 56 특이한 형태의 접속사

390 There is an expiry date (on blaming your parents / for steering you in the wrong direction); // **the moment** you are old enough to take the wheel, // responsibility lies with you. – J. K. Rowling ((美 Harvard 大 졸업 축사 中))

만기일이 있다 (부모님을 탓하는 것에는 / 당신을 잘못된 방향으로 이끄는 것에 대해)
// 당신이 운전대를 잡을 만큼 나이가 들자마자, //
책임은 당신에게 있다.

- 〈~ enough to-v〉는 'v할 만큼 충분히 ~한'의 의미로 해석한다. 여기서 old enough to take the wheel은 '운전대를 잡을 만큼 충분히 나이가 든'이라는 의미로 to-v가 정도를 나타내는 부사적 용법으로 쓰였다.
- 여기서 lies는 '(놓여) 있다'라는 의미의 lie의 3인칭 단수 현재형이다. 형태가 비슷한 동사들의 의미와 변화형을 알아두자.
  - lie ((놓여) 있다; 눕다) 3인칭 단수 현재형 lies / 과거형 lay / 과거분사형 lain
  - lay (~을 놓다) 3인칭 단수 현재형 lays / 과거형 laid / 과거분사형 laid
  - lie (거짓말하다) 3인칭 단수 현재형 lies / 과거형 lied / 과거분사형 lied

391 **By the time** he was 11 or 12, // the young virtuoso possessed / one of the greatest techniques of all time.

그(어린 명연주자)가 11살이나 12살 무렵에, // 그 어린 명연주자는 갖추었다 /
역대 가장 위대한 연주법 중 하나를.

F·Y·I 음악 분야에서 '거장'이라는 의미로 마에스트로(maestro), 비르투오소(virtuoso)가 사용된다. 그중 비르투오소는 '덕 있는, 고결한'이라는 의미의 virtuous에 어원을 둔다. 둘 다 학문, 도덕, 예술 등에 뛰어난 사람을 일컫는 용어였지만, 오늘날에는 주로 음악 분야에 사용된다.

392 I find television very educating. **Every time** somebody turns on the set, // I go into the other room and read a book. – Groucho Marx ((美 코미디언, 배우))

나는 텔레비전이 아주 교육적이라고 생각한다. 누군가가 텔레비전을 켤 때마다, //
나는 다른 방으로 가서 책을 읽는다.

find가 만드는 빈출 문형

SVO	~을 알다[깨닫다, 발견하다]	The study **found** that the vaccine was effective against preventing severe disease. (그 연구는 백신이 심각한 질병 예방에 효과적이라는 것을 **발견했다**.)
SVOO	~에게 …을 찾아주다	My dad **found** me a secondhand car for a good price. (아빠가 나**에게** 좋은 가격에 중고차**를 찾아주셨다**.)
SVOC	~을 …라고 생각하다	I **find** this application (to be) convenient to use. (나는 이 애플리케이션**이** 사용하기에 편리하**다고 생각한다**.)

the first time (처음 ~할 때), the last time (지난번에 ~했을 때), next time (다음에 ~할 때) 등도 접속사로 사용된다.
e.g. **The last time** I saw him, he was six years old. (**지난번에** 내가 그 애를 봤을 **때**, 그는 여섯 살이었다.)
Next time you come, bring your family, please. (**다음에** 오실 **때는**, 가족을 데려와 주세요.)

393 **Seeing that** the amount of money involved (S′) is (V′) huge (C′), // it (S(가주어)) is not surprising / that top-selling beverages have advertising budgets (in excess of one billion dollars) (S′(진주어)).

관련된 자금의 양이 막대하다는 점에서 보면, // (~이) 놀랍지 않다 /
가장 잘 팔리는 음료수들이 광고 예산을 가진다는 것이 (10억 달러가 넘는).

394 I thought // the building felt very cold / **in that** there were only walls and doors; / no decorations.

나는 생각했다 // 그 건물이 몹시 춥게 느껴진다고 / 벽과 문만 있었으므로 /
어떤 장식도 없이.

cf. 〈전치사 + that〉 형태의 또 다른 접속사: except that (~이라는 것 이외에는)
e.g. I know nothing about him **except that** he lives next door.
(나는 그가 옆집에 산다는 것 **이외에는** 그에 대해 아무것도 모른다.)

395 **Now that** the exam is over, // you are eager to find out / how well you did, / and the next stressful part of the exam begins / — waiting. (the next stressful part of the exam = waiting)

시험이 끝났으므로, // 너는 간절히 알아내고 싶어 한다 / 자신이 얼마나 잘했는지, /
그리고 시험의 골치 아픈 다음 단계가 시작된다 / (결과를) 기다리는 것.

how well you did는 find out의 목적어 역할을 하는 간접의문문 형태의 명사절이다.

396 All truths are easy to understand // **once** they are discovered; // the point is to discover them. – Galileo Galilei

모든 진리는 이해하기에 쉽다 // 일단 그것이 발견되면; // 중요한 것은 그것을 발견하는 것이다.

- 이 문장에서 once는 '일단 ~하면'의 의미를 나타낸다.
- to understand는 형용사 easy를 수식하는 부사적 용법의 to부정사이고, to discover them은 주격보어 역할을 하는 명사적 용법의 to부정사이다.
- ⟨the point is ~⟩는 '중요한 것은 ~이다'라는 의미로 요점을 말하고자 할 때 쓰인다. 비슷한 표현으로는 ⟨the thing is ~⟩가 있다.

397 The old city, (destroyed by the bombing during World War II), / was rebuilt // **the way** it used to be.

그 오래된 도시는, (제2차 세계 대전 동안 폭격으로 파괴된), / 재건되었다 // 그것이 원래 있었던 방식으로.

398 As an exception, / private information can be accessed // **in case** there is an official legal request.

예외적인 경우로서, / 개인 정보는 접근될 수 있다 // 만약 공식적인 합법적 요청이 있는 경우에는.

cf. I'll draw a map for you // **in case** you can't find our house.

내가 너에게 지도를 그려줄게 // 우리 집을 찾지 못할 경우에 대비해서.

- 첫 번째 문장에서 in case는 '만약 ~인 경우에는'의 의미를 나타내며, 접속사 if와 같은 의미이다. 두 번째 ***cf.*** 문장의 in case는 '~인 경우에 대비해서'라는 의미로 쓰였다.

UNIT 57 해석에 주의할 접속사

399 **No sooner** had the pianist finished his performance // **than** the audience gave him a big hand.

(had ... finished: V, the pianist: S, his performance: O)

피아니스트가 공연을 마치자마자 // 청중은 그에게 큰 박수를 보냈다.

- ⟨no sooner ~ than ...⟩과 ⟨hardly[scarcely] ~ when[before] ...⟩은 '~하자마자 …하다'라는 의미로 than과 when[before]이 이끄는 종속절보다 주절이 시간상 앞선다. 따라서, 대개 종속절에는 과거시제, 주절에는 과거완료 시제를 사용하여 시점 차이를 표현한다. 또한, 부정어구인 no sooner 또는 hardly[scarcely]가 문장 맨 앞에 오면 ⟨(조)동사 + S⟩ 어순으로 도치가 일어난다.
- = The pianist had no sooner finished his performance than ~.

400 He had **hardly** arrived at the theater // **when** the movie started to play.

(He: S, had ... arrived: V)

그가 영화관에 도착하자마자 // 그 영화는 상영되기 시작했다.

- = Hardly had he arrived at the theater when ~.

401 Treat everyone with politeness, / even those [who are rude to you], //
not because they are nice, / **but because** you are ∨.

모두를 정중하게 대하라. / 심지어 [당신에게 무례한] 사람들조차도, //
그들이 좋은 사람이기 때문이 아니라, / 당신이 (그렇기) 때문에.

- not because ~ but because ... (~ 때문이 아니라 ...때문에): 〈not A but B (A가 아니라 B인)〉의 변형으로 볼 수도 있다.
  e.g. The important thing is **not** what you have **but** what you are. (중요한 건 네가 가진 것이 **아니라** 네가 어떤 사람인가**이다.**)
- ∨ 자리에는 앞에서 언급된 nice가 생략되었다.

혼동주의 24 **not ... because ~, but ... because ~: because 앞 내용을 부정하는 not**

Men of genius do **not** excel in any profession / **because** they labor in it, // **but** they labor in it / **because** they excel. – William Hazlitt ((英 수필가))

(Men of genius = S_1, do not excel = V_1, they = S_2, labor = V_2)

천재는 어떤 직업에서도 뛰어나지 않다 / 그들이 노력한다는 이유로, // 그러나 그들은 그 분야에서 노력한다 /
그들이 뛰어나기 때문에.

→ 천재는 노력하기 때문에 어떤 직업에서 뛰어난 것이 아니다. 뛰어나기 때문에 그 분야에서 노력한다.

▶ 〈not A but B (A가 아니라 B인)〉 구문의 변형으로 볼 수 있는 〈not because ~, but because ...〉 구문과는 달리, 이 예문에서 not은 because 앞의 excel을 부정하고 but은 절과 절을 연결하는 접속사이다.

402 Create a definite plan (for carrying out your desire) // and begin at once,
(**whether** you are ready **or** not), / to put this plan into action. – Napoleon Hill ((美 작가))

(Create = V_1, a definite plan = O_1, begin = V_2, to put this plan into action = O_2)

명확한 계획을 세워라 (당신의 소망을 달성하기 위한) // 그리고 즉시 시작하라,
(당신이 준비되어 있든 아니든), / 이 계획을 실행에 옮기는 것을.

- 이 문장에서 〈whether A or B〉는 'A이든 B이든'이라는 의미의 부사절로 쓰였다. 명사절 〈whether A or B (A인지 B인지)〉와의 구별에 주의한다. (⇐ Unit 03 주어 역할을 하는 명사절)

403 Science is facts; // **just as** houses are made of stones, // **so** is science made of facts; //
but a pile of stones is not a house // and a collection of facts is not necessarily science.

– Henri Poincare ((프랑스 과학자))

과학은 사실들이다 // (꼭) 집이 돌로 지어지는 것처럼, // 과학은 사실들로 이루어진다 //
그러나 돌무더기는 집이 아니다 // 그리고 사실들의 모음이 반드시 과학인 것은 아니다.

- not necessarily: ((부분부정)) 반드시[꼭] ~은 아닌 (⇐ Unit 69 부정구문)

404 Sharks continue to produce new teeth / **as long as** they are alive, //
which is why shark teeth can often be found washed onto beaches.

상어는 계속해서 새 이빨을 만들어낸다 / 그것들이 살아 있는 동안, //
(그리고) 이것이 상어의 이빨이 해변으로 밀려와 종종 발견될 수 있는 이유이다.

- 이 문장에서 as[so] long as는 '~하는 동안'의 의미로 시간을 나타낸다.
- 콤마 다음의 which ~는 앞 절 전체인 Sharks continue ~ they are alive를 부연 설명하는 계속적 용법의 관계대명사절이다.
- why ~ beaches는 선행사 the reason이 생략된 관계부사절로 which 이하의 관계대명사절에서 주격보어 역할을 한다.

405 It doesn't matter / if the guy is perfect or the girl is perfect, //
S(가주어) S´(진주어)
as long as they are perfect for each other. – Good Will Hunting ((영화))

(~은) 중요하지 않다 / 남자가 완벽한지 또는 여자가 완벽한지는, //
그들이 서로에게 완벽하기만 하면.

- 이 문장에서 as[so] long as는 '~하는 한, ~하기만 하면'의 의미로 조건을 나타낸다.
- 〈as[so] long as〉는 '시간의 제한(~하는 동안)' 또는 '조건'을 나타내고, 〈as[so] far as〉는 '정도의 제한(~하는 한)' 또는 '거리의 정도(~까지)'를 나타낸다.

e.g. **As[So] far as** I'm concerned, it doesn't matter what they say. ((정도의 제한))
(내가 관련**되는 한**(→ 나로서는), 그들이 뭐라고 하든지 상관없다.)
As far as the eye could see, there was only water. ((거리의 정도))
(눈이 볼 수 있는 데**까지**, 물만 있었다(→ 보이는 것은 물밖에 없었다.))

406 Research points out // **it will not be long before** many countries lack /
S´ V´
the younger workforce [∨ they need ● / to compete internationally].
O´

조사는 지적한다 // 머지않아 많은 국가들이 부족할 것이라고 /
더 젊은 노동 인구가 [그들이 필요로 하는 / 국제적으로 경쟁하기 위해].

- ∨ 자리에는 선행사 the younger workforce를 수식하는 목적격 관계대명사 that[which]이 생략되었다. ●는 need의 목적어인 the younger workforce가 원래 위치했던 자리이다.

407 There are many different paths (to happiness and success). **Just because** someone isn't following yours, // it does**n't** mean / they've gotten lost.

다양한 많은 길이 있다 (행복과 성공에 이르는).
누군가가 당신의 것(길)을 따르지 않고 있다고 해서, // 그것이 의미하지는 않는다 / 그들이 길을 잃었다는 것을.

408 **Unless** you are trying to lose weight / to please yourself, // it's going to be tough / to keep your motivation level high.

만약 체중을 줄이려고 애쓰고 있는 것이 아니라면 / 당신 자신을 기쁘게 하기 위해, // (~은) 어려울 것이다 /
동기 부여 수준을 높게 유지하는 것은.
↳ 체중을 줄이려는 이유가 (남에 의해서가 아니라) 자신에게 있어야 체중 조절의 동기 부여를 유지할 수 있다.

- = If you aren't trying to lose weight ~.
- it이 가주어, to keep 이하의 to부정사구가 진주어이다.

409 A lot of times, / people do**n't** know / what they want // **until** you show it to them.
– Steve Jobs

많은 경우에, / 사람들은 알지 못한다 / 자신이 무엇을 원하는지 // 당신이 그것을 그들에게 보여줄 때까지.
↳ 많은 경우, 사람들은 자신이 원하는 것을 보고 나서야 비로소 그것이 자신이 원하는 것임을 알게 된다.

- it = what they want
- not A until B: B할 때까지 A하지 않다, B하고 나서야 비로소 A하다
((강조구문)) It is[was] not until B that A / ((도치구문)) Not until B A

e.g. She did**n't** realize the fact **until** yesterday. (그녀는 어제서야 비로소 그 사실을 깨달았다.)
= It was **not until** yesterday **that** she realized the fact.
= **Not until** yesterday *did she realize* the fact. (어제 깨닫지 못했다 (×) → 어제 비로소 깨달았다 (○))
B가 발생하고 그때[그 이후] A가 발생하는 순서임에 유의한다.

410 Don't be angry at a friend [who told your secret], // **for** neither could you keep it to yourself.
(could: 조동사, you: S´, keep: V´)

친구에게 화내지 마라 [당신의 비밀을 말한], // 당신도 스스로 비밀을 지키지 못했으니까.
↳ 당신의 비밀을 흘린 친구에게 화내지 마라, 당신도 스스로 비밀을 지키지 않은 셈이므로.

- 등위접속사 for: 〈S + V〉 앞에 있는 for는 등위접속사로서 이유를 나타낸다. 이때 for가 이끄는 절은 반드시 다른 절의 뒤에 위치하며, 앞서 말한 내용의 간접적, 부가적인 이유를 덧붙인다.
  e.g. Because I felt sick, I went to bed early. (나는 아팠기 때문에, 일찍 잠자리에 들었다.)
  → For I felt sick, I went to bed early. (×)
  → I went to bed early, because[**for**] I felt sick. (○)
- neither + V + S: S도 또한 ~ 않다

411 Cheetahs are extremely fast, // but they can only keep up their top speed for a few minutes / **before** they are too tired to continue running.

치타는 매우 빠르다, // 그러나 그것들은 몇 분 동안만 최고 속도를 유지할 수 있다
/ 그것들이 너무 피곤해서 계속 달릴 수 없을 때까지.

- too ~ to-v: 너무 ~해서 v할 수 없는

412 **Whatever** the good or bad things in your life are, // they are bound to change.

당신의 삶에 어떤 좋은 일이나 나쁜 일이 있더라도, //
그것들은 반드시 바뀐다.
↳ 당신의 삶에 어떤 일이 있더라도, 그것은 결국 지나갈 것이다.

혼동주의 25 whatever: ~하는 것은 무엇이든지 ((명사절))

He'll be ready to accept // **whatever** help he can get / to solve his troubles.
(accept: V´, whatever help he can get: O´)
그는 받아들일 준비가 되어 있을 것이다 // 그가 받을 수 있는 도움은 무엇이든지 / 그의 문제를 해결하기 위해.
(= ~ accept any help he can get ~)

▶ '~하더라도'의 양보의 의미인 경우 부사절을 이끌어 앞이나 뒤에 주절이 나오지만, '~하는 것은 무엇이든지(= anything that)'의 의미인 경우는 명사절을 이끌어 문장에서 주어, 목적어, 보어 역할을 한다. 의미와 문장 구조로 구별할 수 있다. (≪ Unit 03 주어 역할을 하는 명사절)
단, 복합관계부사 whenever와 wherever는 다음과 같은 의미일 때도 부사절을 이끌기 때문에, 문맥을 잘 살펴서 판단해야 한다.
• whenever: ~하는 언제든지 (= at any time when) • wherever: ~하는 어느 곳이든지 (= in any place where)

413 Let no man imagine // that he has no influence. **Whoever** he may be, and **wherever** he may be placed, // the man [who thinks] becomes a light and a power.
(Let: V, no man: O, imagine ~ influence: C; the man [who thinks]: S, becomes: V, a light and a power: C)

– Henry George ((美 경제학자))

어떤 이도 상상하게 두지 마라 // 자신이 영향력이 없다고. 그가 누구더라도, 그리고
어디에 있더라도, // [생각하는] 사람은 빛과 힘이 된다.

- = No matter who he may be, and no matter where he may be placed, ~.

414 The whole house vibrates // **whenever** a heavy lorry passes.

집 전체가 진동한다 // 무거운 대형 트럭이 지나갈 때마다.

- = ~ no matter when a heavy lorry passes.

415 **No matter how** far you have gone / on a wrong road, // turn back. – Turkish Proverb

당신이 아무리 멀리 갔다 하더라도 / 잘못된 길로, // 되돌아오라.

- = However far you have gone ~.
- 양보의 부사절을 이끄는 however는 일반적으로 뒤에 형용사나 부사가 오지만 형용사나 부사 없이 단독으로 쓰인 경우, '어떤 방법으로 ~해도'의 의미이다.
  e.g. You won't arrive there in time **however[no matter how]** you hurry.
  (네가 **어떤 방법으로 서둘러도**, 그곳에 제시간에 도착하지 못할 것이다.)

Wrap up 06 that의 이해

본문 p.134

01 I got the news **that** they won the gold medal.

=

그들이 금메달을 땄다는 소식을 들었다.

02 I got the news [**that** I had wanted to hear ●].

나는 소식을 들었다 [내가 듣고 싶어 했던].

cf. I was born in the year [**that** my uncle died].

나는 (~한) 해에 태어났다 [삼촌이 돌아가신].

03 It's true **that** he is kind.

가주어 진주어

그가 친절하다는 것은 사실이다.

04 It was *yesterday* // **that** she played the piano.

바로 어제였다 // 그녀가 피아노를 연주한 것은.

05 I'm afraid // **that** I will be late.

나는 두렵다 // 늦을까 봐.

06 April 1st is the day [**that** people play childish tricks / on each other].

4월 1일은 (~하는) 날이다 [사람들이 유치한 장난을 하는 / 서로에게].

07 The survey indicated // **that** 30 percent would prefer to buy a house.

그 조사는 보여줬다 // 30퍼센트의 사람들이 집을 사는 것을 선호할 것임을.

08 The good point of this room is // **that** we can see a nice view.

이 방의 좋은 점은 ~이다 // 우리가 멋진 풍경을 볼 수 있다는 것.

Answer

1 b

She picked up the hairbrush [**that** she had left / on the bed].

그녀는 머리빗을 치웠다 [그녀가 놔둔 / 침대에].

2 d

It was Ricky // **that** I had been waiting for.

(바로) Ricky였다 // 내가 기다리고 있던 사람은.

3 c

It's no wonder // **that** a man of his ability should succeed in life.

(~은) 당연하다 // 그의 능력을 가진 사람이 인생에서 성공하는 것은.

4 a

They investigated the possibility [**that** a bomb was planted / on the jet].

그들은 가능성을 조사했다 [폭탄이 설치되었을 / 그 제트기에].

UNIT 58 분사구문의 해석

416 Hundreds of fish were flashing / and catching light from the sun, / **moving upstream.** – 수능응용

수백 마리의 물고기가 번쩍거리고 / 태양으로부터 빛을 받고 있었다. / 상류로 이동하면서.

= ~ the sun, **as** they moved upstream. ((동시동작))

417 **Opening the door of the bakery,** / he caught the warm scent of fresh bread.

빵집의 문을 열자, / 그는 갓 구운 빵의 따뜻한 냄새를 느꼈다.

= He opened the door of the bakery **and** he caught ~. ((연속동작))

418 In the information age, / we are bombarded with a constant stream of new data, / **leading to information overload.**

정보화 시대에서, / 우리는 끊임없이 이어지는 새로운 정보의 공세를 받는다. / (그래서 이것은) 정보 과부하로 이어진다.

= ~ new data, **so that** it can lead to information overload. ((결과))

419 **Selecting plants (to grow in your backyard),** / you should consider the atmosphere of your yard.

식물을 고를 때 (뒷마당에서 기를), / 당신은 마당의 분위기를 고려해야 한다.

= **When** you select plants to grow in your backyard, ~. ((때))

420 One of the most satisfactory aspects (of using essential oils medicinally and cosmetically)(S) is(V) // that they(= essential oils) can enter and leave our body with great efficiency,(C) / **leaving no toxins behind.** – 모의응용

가장 만족스러운 측면 중 하나는 (에센셜 오일을 약으로 그리고 미용 용도로 사용하는) ~이다 // 그것이 매우 효율적으로 신체로 들어오고 배출될 수 있다는 것. / 독소를 남기지 않으면서.

부사구 medicinally and cosmetically는 동명사구(using essential oils)를 수식한다. 동명사는 명사의 성질뿐만 아니라, essential oils를 목적어로 갖는 동사의 성질도 가지고 있으므로, 부사(구)의 수식을 받을 수 있다.

= ~ **while** they leave no toxins behind. ((때))

421 **Being a strain on the liver and kidneys,** / taking in too much protein can be dangerous to the body.

간과 신장에 부담을 주기 때문에, / 단백질 과다 섭취는 신체에 위험할 수 있다.

= **Because [Since, As]** taking in too much protein is a strain on the liver and kidneys, it can be ~. ((원인, 이유))
분사구문(Being ~) 뒤의 동명사구(taking in too much protein)가 주어로, 이 부분을 분사구문으로 혼동하지 않도록 주의한다.

422 Chess is like other sports: // **wanting to be good**, / you have to practice / and ∨ be in good mental and physical shape.

체스는 다른 스포츠와 비슷하다 // 잘하고 싶으면, / 연습해야 한다 / 그리고
정신적, 신체적으로 건강해야 한다.

= ~ **if** you want to be good, ~. ((조건))
∨ 자리에는 (you) have to가 반복되어 생략되었다.

423 Travel // while you can, / **sacrificing other things** // if necessary to do so. **Looking back on their travel adventures / as highlights of their lives**, / most people regret not having traveled more.

여행하라 // (여행)할 수 있을 때, / 다른 일들을 희생할지라도 // 그렇게 하는 것(희생)이 필요하면.
자신들이 여행에서 겪은 모험을 되돌아보기 때문에 / 인생의 가장 빛나는 부분으로, /
대부분의 사람들은 더 많이 여행하지 않았던 것을 후회한다.
↳ 다른 것들을 희생하더라도 여행할 수 있을 때 여행하라. 여행에서 겪은 모험을 되돌아보면 그때가 인생의 가장 빛나는 시간이므로 대부분 더 많이 여행하지 않았음을 후회한다.

= Travel while you can, **although** you sacrifice other things ~. ((양보))
if necessary: 필요하면, 필요할 경우
= **Because [Since, As]** most people look back on their travel adventures ~, they regret ~. ((원인, 이유))
regret은 과거 일에 대한 후회나 유감을 의미할 때 동명사를 목적어로 취한다. 이 문장에서는 더 앞선 시점의 일에 대한 후회를 나타내므로 완료형 동명사 not having traveled를 목적어로 썼다. 동명사의 부정은 동명사 앞에 not을 쓴다.

UNIT 59 분사구문이 의미하는 때

424 It's difficult not to be confident // when you realize / your loved ones stand behind you, / **cheering you on**.

자신감이 있지 않기는 어렵다 // 당신이 깨달았을 때 / 당신이 사랑하는 이가
당신 뒤에 서있다는 것을, / 당신을 응원하면서.
↳ 당신이 사랑하는 이가 당신을 뒤에서 응원하는 것을 깨닫는다면 자신감을 갖게 될 것이다.

= ~ your loved ones **cheer** you on, **standing** behind you.
분사구문(cheering ~)과 주절(your loved ones stand behind you)의 시간적 거리가 거의 없으므로, 주절의 동사를 분사구문으로 표현(standing behind you)해도 의미는 같다.
your loved ones ~는 realize의 목적어 역할을 하는 명사절이다.

425 **Opening the envelope**, / I found an invitation to the concert [which I'd been wanting to go to].

봉투를 열자, / 나는 콘서트 초대장을 발견했다 [내가
가기를 원했던].

= I **opened** the envelope, and I **found** an invitation ~.
앞선 동작(open the envelope)을 분사구문으로 나타내어 문장 앞에 놓았으나, 주절의 동작 find(found)와 연달아 일어나는 경우로서 시간적 거리가 거의 없다.

426 The oppressed, / **having internalized the image of the oppressor and adopted his guidelines,** / are fearful of freedom. – Paulo Freire ((브라질 교육학자))

억압받는 사람은, / 억압하는 사람의 이미지를 내면화하고
그의 지침을 받아들여서, / 자유를 두려워한다.

〈the + 형용사: ~한 사람들〉 형태인 the oppressed는 oppressed people의 의미이다.
= The oppressed **are** fearful of freedom, because[as, since] they **have internalized** the image ~.
분사구문의 때(having internalized)가 주절의 때(are)보다 앞선다.

427 Cupid was a playful child-god [who flew around / **shooting love arrows into people's hearts**, / **making them fall in love**].

큐피드는 장난기 많은 어린아이 신이었다 [날아다니던 / 사람들의 가슴에 사랑의 화살을 쏘며
/ 그들을 사랑에 빠지게 했던].

= Cupid was a playful child-god who **shot** love arrows into people's hearts **flying** around and **made** them fall in love.
관계대명사절 내에서 주절의 동작(flew)이 분사구문의 동작(shooting)과 동시에 일어나고 있다. 뒤에 이어지는 분사구문 making ~은 연달아 일어나 시간적 거리가 거의 없다.

428 **Arriving at the station**, / they bought special railroad tickets for tourists.

역에 도착해서, / 그들은 관광객들을 위한 특별 기차표를 샀다.

= They **arrived** at the station and then **bought** ~.
앞선 동작(arriving)을 분사구문으로 나타내어 문장 앞에 놓았으나, 주절의 동작 bought와 연달아 일어나는 경우로서 시간적 거리가 거의 없다.

429 The dog and its handler were dispatched / to search for drugs, uncover explosives, and track fugitives, / **having received the proper training**.

개와 조련사는 파견되었다 / 마약을 탐지하고,
폭발물을 발견하고, 탈주자들을 쫓기 위해, / 적절한 훈련을 받은 후.

= After the dog and its handler **had received** the proper training, they **were dispatched** ~.
분사구문의 때(having received)가 주절의 때(were dispatched)보다 앞선다.

UNIT 60 분사구문의 주의할 형태

430 Not all biases are harmful, // but, **left unchallenged**, / some of them can make you prejudiced / against certain groups, individuals, and ideas.

모든 편견이 해로운 것은 아니다. // 하지만 의심 없이 받아들여진 채로 있다면, / 그중 몇몇은
당신이 편견을 갖게 만들 수 있다 / 특정 집단, 개인, 그리고 생각에 대해.
↳ 모든 편견이 해로운 것은 아니지만, 아무 의심 없이 놔두면, 특정 집단, 개인, 사상에 대한 일부 편견은 심화될 수 있다.

= ~ but, if all biases are left unchallenged, some of them can make you prejudiced ~.
left 앞에 being이 생략된 것으로 볼 수 있다.

431 **Previously known as Bombay,** / the city was renamed Mumbai, // which was derived from the goddess *Mumba*, / in 1995.

이전에는 봄베이로 알려졌는데, / 그 도시는 뭄바이로 개명되었다. //
그리고 이것(뭄바이)은 여신 '뭄바'의 이름에서 유래된 것이다. / 1995년에.

- Previously ~ Bombay의 의미상 주어는 the city이다.
- = The city was previously known as Bombay, and it was ~.
- 계속적 용법의 관계대명사절 which ~ *Mumba*가 문장 중간에 삽입되어 선행사 Mumbai를 보충 설명한다.

432 **Once having made a promise,** / you should keep your word.

일단 약속을 했으면, / 약속을 지켜야 한다.

- = Once you have made a promise, ~.

혼동주의 26 〈부사절 접속사 + 동명사구 주어〉

If **teaching** something **gives** you a lot of fun, // it will also be fun for your students.
(teaching something: S´, gives: V´)

만약 무언가를 가르치는 것이 당신에게 많이 재미있다면, // 그것은 당신의 학생들에게도 재미있을 것이다.

▶ 부사절 내의 동명사 주어는 뒤에 동사가 이어진다. '의미'와 '문장 구조'를 잘 살핀다면, 접속사를 남긴 분사구문과 쉽게 구별할 수 있다.

433 **Unless accompanied by adults,** / children under 12 aren't allowed to see this film.

어른이 동행하지 않는다면, / 12세 미만의 어린이는 이 영화를 보도록 허용되지 않는다.

- 부사절에서 〈S´ + be〉가 생략된 것으로 보아도 무방하다.
  = Unless children under 12 are accompanied by adults, they aren't ~.

434 **A man of supreme power,** / Alexander the Great created one of the largest empires of the ancient world.

최고 권력자로서, / 알렉산더 대왕은 고대의 가장 큰 제국 중 하나를 건설했다.

- = (Being) a man of supreme power, ~.

435 **Unaware of their part in the experiment,** / the participants were given a placebo drug.

실험에서 자신들의 역할을 모르는 채, / 참가자들은 위약(僞藥)을 받았다.

- = As[While] the participants were unaware of their part in the experiment, they were given ~.

F·Y·I 플라시보(placebo): '좋아지게 하다, 만족스럽게 하다'라는 의미의 라틴어에서 유래한 placebo는 '위약'이라는 의미로 환자의 심리적 욕구를 충족시키기 위하여 투여하는 효력이 없는 가짜 약물이다. 흔히 '플라시보 효과(Placebo effect)', '위약 효과'라는 심리 용어로 쓰이는데, 의사가 효과 없는 가짜 약 혹은 꾸며낸 치료법을 환자에게 제안했을 때, 환자의 긍정적인 믿음으로 인해 병세가 호전되는 현상에서 비롯된 용어이다.

 어법 직결 Answer ········ 본문 p.141

1 leading

해설 | 주절 내용에 대한 결과를 나타내는 분사구문으로, 인쇄가 더 저렴해지고 더 빨라진 사실이 신문, 잡지 수의 급증을 이끈 능동의 관계이므로 현재분사 leading이 적절하다.

Printing became cheaper and faster during the late 1800s, / **leading to an explosion in the number of newspapers and magazines**. – 모의응용

1800년대 후반 동안 인쇄가 더 저렴해지고 더 빨라졌다. / (그래서) 신문과 잡지 수의 급증으로 이어졌다.

= Printing became cheaper and faster during the late 1800s, so that it(= printing) led to an explosion ~.

2 Having been invited

해설 | 문맥상 분사구문의 의미상 주어인 I가 '초대된' 것으로 I와 invite는 수동 관계이므로 Having been invited가 적절하다.

Having been invited so many times, / I felt I couldn't turn them down again.

너무나 여러 번 초대받았기 때문에, / 나는 그것들을 또다시 거절할 수 없다고 생각했다.

= Because[As, Since] I had been invited so many times, ~.

UNIT 61 분사구문의 의미상 주어

436 Bats are surprisingly long-lived creatures, / ***some*** **having a life expectancy of around twenty years.**

박쥐는 놀라울 만큼 장수하는 생물로, / 어떤 것들은 기대 수명이 20년 정도이다.

= Bats are ~ creatures, and some have a life expectancy ~.

437 The speaker went on and on, / ***the audience*** **getting more and more bored** / **by the minute.**

발언자는 계속 이야기했다. / 청중들이 점점 더 지루해하는데도 / 시간이 갈수록.

= The speaker went on and on, although[and] the audience was getting more ~.

438 The ancient Egyptians excelled in many areas of medical science, / ***one of these*** **being dentistry.** – 모의응용

고대 이집트인들은 의학의 많은 분야에 뛰어났는데, / 그중 하나가 치과 의술이었다.

= The ancient Egyptians excelled in many areas of medical science, and one of these was dentistry.

439 **When keeping a diary,** / it is useful to record dates and places carefully.
(it: S(가주어), to record dates and places carefully: S'(진주어))

일기를 쓸 때, / 날짜와 장소를 주의 깊게 기록하는 것이 유용하다.

= When you keep a diary, ~.
분사구문의 의미상 주어가 일반인이므로 문장의 주어와 일치하지 않지만 따로 명시하지 않았다.

440 **Generally speaking**, / the truth of history is // that it is a story [that has been agreed upon]. – Napoleon Bonaparte ((나폴레옹 1세))

일반적으로 말해서, / 역사의 진실은 ~이다 // 그것이 이야기라는 것 [합의되어 온].
↳ 일반적으로 역사는 합의되어 온 이야기라는 것이 진실이다.

✔ **자주 사용되는 분사구문의 관용적 표현**
• strictly speaking: 엄격히 말해서
• roughly speaking: 대략적으로 말해서
• talking of: ~에 관해 말하자면
• admitting (that): ~이기는 하더라도

441 **With *oil prices* rising during the month**, / many people are looking to public transportation / for their daily commute.

한 달 동안 유가가 올라서, / 많은 사람이 대중교통을 생각해보고 있다 / 매일의 출퇴근을 위해.

✔ oil prices가 오르는 것이므로 oil prices와 rise는 능동 관계이다. 따라서 현재분사 rising이 사용되었다.

442 Our increasing reliance (on computer systems) / makes computer science a growing field, / **with *computer scientists* typically sought after and receiving high salaries**.

우리의 증가하는 의존은 (컴퓨터 시스템에 대한) / 컴퓨터 과학을 성장하는 분야로 만든다, / 컴퓨터 과학자들이 일반적으로 수요가 많고 높은 급여를 받는 채로.
↳ 컴퓨터 시스템에 대한 우리의 의존도가 높아지면서 컴퓨터 과학이 성장하는 분야가 되어, 컴퓨터 과학자들이 인기 있고 높은 급여를 받는다.

✔ 분사의 의미상 주어인 computer scientists가 '찾는' 것이 아니라 '(사람들에 의해) 찾아진다'라는 문맥이므로 수동 관계를 나타내는 과거분사 sought가 쓰였다. 또한, 동일한 의미상 주어인 computer scientists가 급여를 받는(receive) 능동 관계이므로 현재분사 receiving이 쓰였다.

어법 직결 Answer 본문 p.143

turned on
해설 | 분사의 의미상 주어는 your TV이고, TV는 '켜지는' 것이므로 수동 관계를 나타내는 과거분사 turned on이 적절하다.
Doing things [that require concentration] / **with *your TV* turned on** / (S)
is (V) an undesirable habit [that makes you less productive]. (C)
일들을 하는 것은 [집중력을 요하는] / TV가 켜진 채로 /
바람직하지 않은 습관이다 [당신을 덜 생산적이게 하는].

✔ 동명사구 주어(Doing ~ turned on)는 단수 취급하므로 단수동사 is가 쓰였다.

443 Security and privacy concerns / have always been a problem on the Internet, / **with *many people* ignorant of the potential risks** / when inputting confidential data, passwords, and personal information.

보안과 사생활에 대한 우려는 / 인터넷상에서 항상 문제가 되어 왔다, / 많은 사람이 잠재적 위험에 무지한 상태에서 / 기밀 데이터, 암호 및 개인 정보를 입력할 때.

✔ = ~ with many people (being) ignorant ~.
✔ when 이하는 의미를 명확하게 하기 위해 접속사 when을 남겨둔 분사구문이다.
= when many people input confidential data, ~.

444 **With *a hurricane* on the way,** / it is advisable / for all residents to leave the area immediately.

허리케인이 오는 중이므로, / (~을) 권합니다 / 모든 주민들이 그 지역을 즉시 떠날 것을.

- = With a hurricane (being) on the way, ~.

445 When eating with others, / remember not to speak / **with *food* in your mouth** // and chew / **with *your mouth* closed.**

다른 사람들과 식사할 때에는, / 말하지 않을 것을 기억하라 / 입에 음식물이 든 채로 //
그리고 씹어라 / 입을 다문 채로.

- When eating with others = When you eat with others
- remember to-v: (미래에) v할 것을 기억하다
  cf. remember v-ing: (과거에) v한 것을 기억하다
- in your mouth와 closed 앞에는 각각 being이 생략되었다.

PART

주요 구문

Wrap up 08 비교 대상 및 as, than 이하의 이해

본문 p.148

01 **She** is taller now than **her friends** are. **그녀**는 지금 **그녀의 친구들**보다 더 키가 크다.

02 She is taller **now** than **five years ago**. 그녀는 **5년 전**보다 **지금**이 더 키가 크다.

03 Drivers are more likely to stop their cars for pedestrians / in **marked crosswalks** / than at **unmarked ones** (= crosswalks). – 모의응용
운전자들은 보행자들을 위해 차를 멈출 가능성이 더 높다 / **표시가 되어 있는 횡단보도**에서 / **표시가 되어 있지 않은 것들**(횡단보도)에서보다.

04 In the summer, **the humidity of Seoul** is higher than **that of New York**.
여름에, **서울의 습도**가 **뉴욕의 그것**(습도)보다 더 높다.

05 Sometimes **walking on foot** is faster and safer / than **moving by car** // when the roads are congested. 때때로 **걸어가는 것**이 더 빠르고 더 안전하다 / **차로 이동하는 것**보다 // 도로가 혼잡할 때.

06 Sunspots are almost as mysterious now / as (they were mysterious) **in Galileo's time.**
태양 흑점은 지금도 거의 불가사의하다 / **갈릴레오 시대**(그것들이 불가사의했던) **만큼이나**.
↳ 태양 흑점은 갈릴레오가 살았던 시대에 불가사의했던 것과 거의 마찬가지로 지금도 불가사의하다.

07 Research confirms the finding [that when verbal and nonverbal cues conflict, // nonverbal cues are **more credible (than verbal cues)**]. – 모의응용
연구는 결과를 확인해 준다 [언어적 신호와 비언어적 신호가 충돌할 때, // 비언어적 신호가 **더 신뢰할 수 있다는 (언어적 신호보다)**].

08 There were dairy products (stacked up in the fridge). The **older (dairy products)** must be after their expiration date.
(냉장고에 잔뜩 쌓인) 유제품이 있었다. 더 **오래된 것들**(유제품)은 틀림없이 유통 기한이 지났을 것이다.

09 Make such friends [**as** will benefit you]. 그런 친구들을 만들어라 [너에게 이로울].

10 Don't use more words [**than** are necessary]. 더 많은 말은 쓰지 마라 [필요한 것보다].

11 **Obesity** contributes more to diabetes / **than does inactivity**.
비만은 당뇨병의 더 큰 원인이 된다 / **움직이지 않는 것보다**.

UNIT 62 비교 결과가 서로 같은 경우

446 A rumor is **as** *hard to unspread* / **as** butter.

소문은 퍼지지 않기가 어렵다 / 버터만큼이나.
↳ 소문은 버터가 펴 바르기 쉬운 것만큼 쉽게 퍼진다.

- 비교 대상: A rumor vs. butter / 비교 기준: hard to unspread
- 대부분의 형용사와 부사는 어느 정도 막연한 의미를 가지고 있다. 아래 예문들을 비교구문을 사용하지 않고 표현해보자.
  These frozen vegetables taste **good**. (이 냉동 야채들은 맛이 **좋다**.)
  These frozen vegetables taste **bad**. (이 냉동 야채들은 맛이 **좋지 않다**.)
  good과 bad는 좋고 나쁨이 평균 이상이라는 의미를 나타내기는 하지만, fresh vegetables(신선한 야채)와 비교하면 그 정도를 더 명확하게 나타낼 수 있다. 이는 아래와 같은 관용 표현들에서도 잘 나타난다.
  as clear as crystal (수정같이 맑은)　　as cold as ice (얼음처럼 차가운)
  as light as a feather (깃털같이 가벼운)　　as white as snow (눈처럼 하얀)

비교구문에 쓰인 형용사와 부사는 '평균 이상'이라는 의미가 없어지기도 한다.
He is tall. (그는 (평균 이상으로) 키가 크다.)
He is **as tall as** his father. (그는 아버지와 **키가 같다**. → 그의 키와 아버지 키가 동일함을 의미할 뿐 두 사람의 키가 평균 이상으로 크다는 의미는 없다.)
He is **older than** her. (그는 그녀보다 **더 나이가 많다**. (○)) (그는 나이 들었다. (×))

447 I think // people take me **as** *seriously* / **as** I want them to. They take me **as** *seriously* // **as** I take myself. – Dolly parton ((美 가수))

나는 생각한다 // 사람들이 (~만큼) 나를 진지하게 받아들인다고 / 내가 그들에게 바라는 만큼. 그들은 (~만큼) 나를 진지하게 생각한다 // 내가 나 자신을 생각하는 만큼.

비교 대상: people take me vs. I want them to (take me) / They take me vs. I take myself
비교 기준: seriously

448 Raising a child as adoptive parents / is **no less** *noble* / **than** being birth parents.

양부모로서 아이를 기르는 것은 / (~만큼) 숭고하다 / 친부모가 되는 것만큼.

= Raising a child as adoptive parents is **just as** *noble* **as** being birth parents.
비교 대상: Raising a child as adoptive parents vs. being birth parents
비교 기준: noble

혼동주의 27 no less than ~ = as many/much as ~ ((('많다'는 느낌)) ~만큼 많은, ~나 되는)

No less than 20,000 spectators / were present at the baseball stadium.
2만 명이**나 되는** 관중이 / 야구 경기장에 있었다.

449 We have **no more** right (to consume happiness without producing it) / **than** (to consume wealth without producing it). – George Bernard Shaw ((아일랜드 극작가))

우리는 권리를 갖지 않는다 (행복을 생산하지 않고 그것을 소비할) /
(권리를 갖지 않는 것과) 마찬가지로 (재산을 생산하지 않고 그것을 소비할).
↳ 자신이 창출해낸 재산만 자신이 쓸 수 있듯이, 행복도 스스로 만들어내야 진정으로 누릴 수 있다.

A no more ~ than B: A가 ~이 아닌 것은 B가 ~이 아닌 것과 같다, A는 B와 마찬가지로 ~ 아니다 (= A not ~ any more than B)
= We do**n't** have a right to consume happiness without producing it **any more than** we have a right to consume wealth without producing it.
= We do**n't** have a right to consume happiness without producing it **just as** we do**n't** have a right to consume wealth without producing it.

혼동주의 28 no more than ~ = as few/little as = only ((('적다'는 느낌)) 겨우 ~인, ~밖에 안 되는)

Helen Keller was **no more than** two years old // when she became blind and deaf.
헬렌 켈러는 두 살**밖에 안 되었다** // 그녀가 시력과 청력을 잃었을 때.

어법 직결 Answer 본문 p.149

bad

해설 | 〈A as ~ as B (A는 B만큼 ~하다)〉 구문의 '~' 자리에는 형용사나 부사의 원급이 온다. 여기서는 문장의 보어 역할을 할 수 있는 형용사 bad가 적절하다.

Telling the truth and making someone cry / is sometimes just **as** *bad* / **as** telling a lie and making someone smile.
진실을 말해서 누군가를 울리는 것은 / 때로는 (꼭 ~만큼) 나쁘다 / 거짓말을 해서 누군가를 웃게 하는 것만큼이나.

비교 대상: Telling the truth and making someone cry vs. telling a lie and making someone smile
비교 기준: bad

A just[exactly] as ~ as B: A는 꼭[정확히] B만큼 ~하다

UNIT 63 비교 결과가 서로 차이 나는 경우

450 An image has a **much greater** *impact on your brain* / **than** words; // the nerves from the eye to the brain / are **twenty-five times larger** / **than** the nerves from the ear to the brain. – 모의

이미지가 뇌에 훨씬 더 커다란 영향을 준다 / 말보다 //
눈에서 뇌로 연결된 신경은 / 25배 더 많다 /
귀에서 뇌로 연결된 신경보다.

- 비교 대상: An image > words / the nerves from the eye to the brain > the nerves from the ear to the brain
  비교 기준: a great impact on your brain, large
- much는 '훨씬'이라는 의미로 비교급을 수식하는 부사로 쓰였다. much 외에 (by) far, even, a lot, still 등도 비교급을 수식할 수 있다.

451 TV shows were **more** ***popular*** a decade ago / **than** they are now // not because they were better, / but because we had fewer alternatives (to compete for our screen attention).

TV 쇼는 10년 전에 더 인기가 있었는데 / 그것들이 지금 (인기 있는 것)보다. //
TV 쇼가 더 나았기 때문이 아니라, / 우리가 대체할 것이 더 적었기 때문이었다
(우리의 영상의 흥미를 두고 경쟁하는).

- 비교 대상: TV shows a decade ago > they (TV shows) now, 비교 기준: were[are] popular
- not because ~ but because ...: ~ 때문이 아니라, … 때문에 (⇐ Unit 57 해석에 주의할 접속사)

452 Bystanders sometimes *see* **more** / **than** those [who play the game]. – Proverb

구경꾼들이 때로는 더 많이 본다 / 사람들보다 [경기를 하는].
↳ 어떤 상황에 직접 연관되지 않은 사람이 그 상황을 더 객관적으로 볼 수 있다.

- 비교 대상: Bystanders > those who play the game, 비교 기준: see
- → Bystanders sometimes see the situation **better than** those who are directly involved.

453 Plenty of light is **not less** *necessary* / **than** fresh air / for good health.

많은 빛은 덜 필수적이지 않다 / 신선한 공기보다 / 건강에 있어서.
↳ 많은 빛은 건강에 있어서 신선한 공기 못지않게 (그 이상으로) 필수적이다.

- 비교 대상: Plenty of light ≥ fresh air, 비교 기준: necessary
- → Plenty of light is just as necessary, if not more so, as fresh air for good health.

혼동주의 29 not less than ~ = at least ~ (((‘많다’는 느낌)) 적어도)

For a party of **not less than** thirty, / reduced fares are allowed.
적어도 30명인 단체에 / 할인 요금이 허용된다.

어법 직결 Answer 본문 p.150

answering

해설 | 비교 대상인 Responding ~과 문법적으로, 의미적으로 대등한 것이어야 하므로 동명사 answering이 적절하다.

Responding to a request / with an absolute “There’s just no way [I can do that], but good luck” / is a ***greater*** *favor* / **than** answering with a “Maybe, if I have a chance” [that’s never going to happen]. – 모의

요청에 답하는 것은 / 확고한 말인 “방법은 없지만 [내가 그것을 할 수 있는], 행운을 빈다”로 / 더 큰 호의이다 /
“아마도, 내가 기회가 있으면”으로 대답하는 것보다 [절대로 일어나지 않을].
↳ 들어주지 못할 부탁에 대해 불확실한 긍정의 대답을 하는 것보다 솔직하게 거절 의사를 밝히는 것이 낫다.

- 비교 대상: Responding ~ luck > answering ~ happen, 비교 기준: a great favor

454 Recording an interview is easier and more thorough, / and can be **less** *unnerving* to an interviewee / **than** seeing the interviewer scribbling in a notebook. – 모의응용

인터뷰를 녹음하는 것은 더 쉽고 더 철저하며, /
인터뷰 대상에게는 불안하게 만들지 않는 것일 수 있다 / 인터뷰하는 사람이 노트에 급히 글을 쓰는 것을 보는 것만큼.

비교 대상: Recording an interview < seeing the interviewer scribbling in a notebook
비교 기준: unnerving
→ Seeing the interviewer scribbling in a notebook can be **more** unnerving to an interviewee **than** recording an interview.

455 In life, / what happens to you // is**n't as** *important* / **as** what happens in you.

인생에서, / 당신에게 일어나는 일은 // 중요하지 않다 / 당신의 마음속에서 일어나는 일만큼.
↳ 당신의 내면에서 일어나는 일이 당신의 외부에서 일어나는 일보다 더 중요하다.

비교 대상: what happens to you < what happens in you
비교 기준: important
→ In life, what happens in you is **more** important **than** what happens to you.

456 *The important thing in science* is / **not so much** to obtain new facts / **as** to discover new ways of thinking about them. – Sir William Bragg ((노벨 물리학상 수상자))
= new facts

과학에서 중요한 것은 ~이다 / 새로운 사실을 얻는 것이라기보다는 /
오히려 그것을 생각해내는 새로운 방법을 발견하는 것.

비교 대상: to obtain new facts < to discover new ways of thinking about them
비교 기준: The important thing in science
→ To obtain new facts is **less important than** to discover new ways of thinking about them in science.

457 *A willingness to pay higher prices* / is**n't** due to a desire to acquire better quality / **so much as** to advertise wealth. – 모의응용

기꺼이 더 높은 가격을 지불하고자 함은 / 더 나은 품질을 얻고자 하는 욕망에 기인하기보다는 /
오히려 부유함을 알리고자 하는 욕망(에 기인한다).

비교 대상: a desire to acquire better quality < (a desire) to advertise wealth
비교 기준: A willingness to pay higher prices
→ A willingness to pay higher prices is due to a desire to advertise wealth **rather than** to acquire better quality.

458 A person [who can speak many languages] / is **not more** *valuable* / **than** a person [who can listen in one].

사람은 [여러 언어를 말할 수 있는] / 더 가치 있는 것은 아니다 / 사람보다
[한 언어로 들을 수 있는].
↳ 여러 언어를 구사하는 것도 가치 있지만, 단 하나의 언어로라도 진정으로 듣는 것만큼 가치 있는 것은 아니다.

비교 대상: A person who can speak many languages ≦ a person who can listen in one
비교 기준: valuable
→ A person who can listen in one language is **not less valuable than** a person who can speak many languages.

혼동주의 30 not more than ~ = at most (((‘적다’는 느낌)) 많아야, 고작)

I used up my allowance buying a concert ticket, // so I have **not more than** 1,000 won now.
나는 공연 표를 사느라고 용돈을 다 써버렸다. // 그래서 나는 지금 **고작** 천 원밖에 없다.

UNIT 64

여러 가지 것 중 가장 정도가 심한 경우

459 The flower [that blooms in adversity] / is **the most beautiful** of all. – Mulan ((영화))

꽃이 [역경 속에서 피어나는] / 모든 꽃 중에 가장 아름답다.

= The flower ~ is **more beautiful than any other** flower.
= **No** flower is **as[so] beautiful as** the flower that blooms in adversity.
= **No** flower is **more beautiful than** the flower that blooms in adversity.

F·Y·I 뮬란(Mulan)은 중국의 구전 설화를 재구성하여 제작한 애니메이션 영화이다. 무예에 소질을 지녀 전사로 성장하는 소녀 목란(木蘭)에 대한 설화를 각색한 작품으로, 동양적 여백의 미와 선, 화려한 색채를 잘 살려 표현했다.

460 **The greatest** education in the world / is watching the masters at work. – Michael Jackson

세상에서 가장 위대한 교육은 / 일하고 있는 숙련자를 관찰하는 것이다.

461 Speak / when you are angry, // and you will make **the best** speech [∨ you'll ever regret ●]. – Laurence J. Peter ((캐나다 교육자))

말하라 / 화가 날 때, // 그러면 당신은 최고의 발언을 하게 될 것이다 [당신이 두고두고 후회할].

명령문 + and[or] ...: ~하라, 그러면[그렇지 않으면] …
e.g. Hurry up, **or** you will miss the bus. (서둘러, **그렇지 않으면** 버스를 놓칠 거야.)

∨ 자리에는 목적격 관계대명사 that이 생략되었다. 선행사가 최상급의 형용사의 수식을 받을 때는 관계대명사 that을 쓴다.

462 There is **no** revenge **so complete** / **as** forgiveness. – Josh Billings ((美 유머 작가))

완전한 복수는 없다 / 용서만큼.

no (other) + 단수명사 ... as[so] + 원급 + as ~: ~만큼 …한 (명사)는 없다

463 There is **nothing more dreadful** / **than** the habit of doubt. It is a poison [that disintegrates friendships / and breaks up pleasant relations]. – Buddha ((부처))

더 끔찍한 것은 없다 / 의심하는 습관보다. 그것은 독이다
[우정을 산산조각 내는 / 그리고 유쾌한 관계를 끝내는].

It은 the habit of doubt를 가리킨다.

that이 이끄는 주격 관계대명사절의 동사 disintegrates와 breaks up이 and로 병렬 연결되었다.

464 The supervisor works **as diligently** / **as any member** of staff [∨ I know ● in this company]. It's no wonder // ∨ he won the Employee of the Year Award.

그 관리자는 열심히 일한다 / 다른 어떤 직원보다 [이 회사에서 내가 아는].
(~은) 당연하다 // 그가 올해의 사원 상을 받은 것.

첫 번째 ∨자리에는 목적격 관계대명사 who(m)이 생략되었다.

It은 가주어이고, 두 번째 ∨자리에 생략된 접속사 that이 이끄는 절이 진주어이다.
(It is) no wonder (that) ~: ~인 것은 당연하다, 놀랄 일이 아니다

〈as + 원급 + as any(+ 단수명사)〉와 〈as + 원급 ... as ever〉는 본문에서 다뤄진 최상급 의미 외에 〈as + 원급 + as〉의 원급 비교 표현으로 해석하는 것이 자연스러운 경우도 있다. 독해에서 이 두 구문을 접했을 때, 문맥과 화자의 의도를 고려하여 두 가지 해석 중 어느 것이 더 자연스러운지 판단하도록 한다.

- as + 원급 + as any(+ 단수명사): 다른 어떤 것만큼 ~한
  That palace is **as** amazing **as any** tourist attraction in this country. (저 궁전은 이 나라의 **다른 어떤** 관광 명소들**만큼** 멋지다.)
- as + 원급 ... as ever: 변함없이[여전히] ~한
  The girl was **as** playful **as ever**. (그 소녀는 **변함없이** 쾌활했다.)

465 Audiobooks are growing **faster** / **than any other format**, / including print and e-books, / because of the convenience of multitasking.

오디오북은 더 빠르게 성장하고 있다 / 다른 어떤 형태보다. / 인쇄물과 전자책을 포함하여. /
동시에 여러 일을 하는 편리함 때문에.

UNIT 65 주요 비교 표현

466 **The more** man(S_1) meditates(V_1) upon good thoughts, // **the better** will be(V_2) / his world and the world at large(S_2). – Confucius ((공자))

사람이 좋은 생각에 관해 더 많이 숙고할수록, // 더 좋아질 것이다 /
그의 세계와 전체적인 세상도.

✔ ⟨the + 비교급⟩ 뒤의 주어가 길고 동사가 상대적으로 짧은 경우, 주어와 동사가 도치될 수 있다.

467 I think of life as a good book. **The further** you get into it, // **the more** it begins to make sense. – Harold Kushner ((美 작가))

나는 인생이 한 권의 좋은 책이라고 생각한다. 당신이 그것에 한층 더 빠져들수록, // 그것이 더 잘 이해되기 시작한다.

468 **The quicker** you know what you want to do, (in terms of career), // **the better.** This gives stronger reasons to apply yourself // when, for example, everyone else is out there partying.

당신이 하고 싶은 것을 더 빨리 알수록, (직업에 관해서는), // 더 좋다.
이것은 당신이 전념할 더 강력한 이유를 준다 // 예를 들어, 다른 모두가 저기 밖에서 즐겁게 놀고 있을 때.

✔ the better 다음에 it is가 생략된 것으로 볼 수 있다.
문맥이 명확하여 의미상 혼동이 없을 경우, ⟨the + 비교급⟩ 뒤의 ⟨S + V⟩는 생략할 수 있다.
e.g. **The busier** (we get), **the more stressed** (we get). (바쁠수록, 스트레스를 더 많이 받는다.)

469 Throughout human history, / people have been trying / to send information **faster and faster** / and ∨ store information in **smaller and smaller** media.

인간 역사를 통틀어, / 사람들은 노력해오고 있다 / 정보를 점점 더 빨리 전달하기 위해
/ 그리고 정보를 점점 더 작은 매체에 저장하기 (위해).

✔ 비교급 + and + 비교급: 점점 더 ~한[하게]
✔ ∨ 자리에는 to부정사의 to가 반복되어 생략되었다.

470 When you're typing with your thumbs, / you need to save your effort / by communicating with **as** few letters **as possible**, // so text message symbols were created / as shorthand for users.

엄지손가락으로 (문자를) 입력할 때, / 수고를 덜 필요가 있다 /
가능한 한 적은 글자로 의사소통함으로써, // 그래서 문자 메시지 기호들이
만들어졌다 / 사용자들을 위한 속기로서.

as ~ as possible: 가능한 한 ~하게 (= as ~ as + S´ + can[could])

471 **The richest or most powerful** man / cannot buy even one more minute of time in a day.

가장 부유하거나 가장 권력이 있는 사람조차도 / 하루에 1분이라도 더 (돈으로) 살 수 없다.

UNIT 66 강조구문

472 Dreams feel real // while we're in them. **It's** *only when we wake up* // **that** we realize something was actually strange. – Inception ((영화))

꿈은 현실처럼 느껴진다 // 우리가 꿈속에 있는 동안. 바로 우리가 잠에서 깨어난 때뿐이다 // 무언가가 사실은 이상했음을 우리가 깨닫는 것은.

- 강조되는 어구는 부사절 only ~ wake up이다.
- = We realize something was actually strange only when we wake up.
  = Only when we wake up, do we realize something was actually strange.

F·Y·I 〈인셉션(Inception)〉은 크리스토퍼 놀란(Christopher Nolan) 감독의 SF 액션 스릴러 영화로, 꿈과 현실에 대한 해석, 열린 결말 등 여러 면에서 화제를 모았다. 이 영화를 통해 놀란 감독은 정신분석학적인 영화를 만드는 감독으로서 자리매김했다.

473 **It was** *not until the beginning of the last century* // **that** motion pictures began to exert their influence / on mass culture (as we know it today).

지난 세기가 시작될 무렵이 되어서야 (→ 20세기로 접어들 무렵이 되어서야) // 영화가 영향력을 행사하기 시작했다 / 대중문화에 (오늘날 우리가 아는 것과 같은).

- 강조되는 어구는 부사구 not until ~ century이다.
- not A until B: B하고 나서야 비로소 A하다 (= not until B A) (⇐ **Unit 57**)
  = Motion pictures **didn't** begin to exert their influence on mass culture as we know it today **until** the beginning of the last century.
  = **Not until** the beginning of the last century did motion pictures begin to exert their influence on mass culture as we know it today.
- 여기서 접속사 as는 바로 앞의 명사를 한정하는 형용사절을 이끌어 '~와 같은'의 의미를 나타낸다.

474 Although people [who belong to the same age group] (S′) / differ (V′) in many other ways, // most of them (S) **do** *share* (V) / a set of values and common cultural experiences [that they carry throughout life] (O). – 모의

비록 사람들이 [동일한 연령대에 속한] / 여러 면에서 다르긴 하지만, // 그들 대부분은 정말 공유한다 / 일련의 가치 체계와 공통적 문화 경험을 [그들이 일생 동안 지니는].

- 조동사 do가 동사 share를 강조하고 있다.
- that 이하는 a set of values and common cultural experiences를 선행사로 하는 목적격 관계대명사절이다.

475 Take decisive action / to restore a sharp edge to your productivity. This is **the very** *reason* [∨ professionals are required to continuously learn // what's new in the profession / in order to remain up-to-date]. – 모의응용

단호한 조치를 취하라 / 여러분의 생산성의 예리한 면을 회복하기 위해. 이것이 바로 그 이유이다 [전문가들이 계속 배우도록 요구되는 // 전문 분야에서 새로운 것을 / 최신 정보를 유지하기 위해].

- the very가 명사 reason을 강조하고 있다.
- ∨ 자리에 관계부사 why가 생략되었다.

476 When in doubt, / *we* need to cross-check the facts of an article **ourselves**. The simple act of fact-checking / prevents misinformation from shaping our thoughts. – 모의응용

의심이 들 때, / 우리가 (자체로) 기사의 사실을 비교 검토할 필요가 있다.
사실 확인이라는 간단한 행위는 / 잘못된 정보가 우리의 생각을 형성하는 것을 막는다.

✔ 재귀대명사 ourselves가 첫 번째 문장의 주어인 we를 강조하고 있다.

477 The liar's punishment / is *not* **in the least** that he is not believed, // but that he cannot believe anyone else. – George Bernard Shaw ((아일랜드 극작가))

거짓말쟁이가 받는 처벌은 / 그가 (다른 사람의) 믿음을 얻지 못한다는 것이 전혀 아니다. //
(그것은) 그가 다른 누구도 믿을 수 없다는 것이다.
↳ 거짓말하는 사람은 자신처럼 다른 사람들도 거짓말을 한다고 생각하므로 다른 누구도 믿을 수 없다.

✔ in the least가 부정어 not을 '절대[전혀, 조금도] ~아닌'의 의미로 강조하고 있다.
✔ that이 이끄는 두 개의 명사절이 ⟨not A but B (A가 아니라 B)⟩ 구문에 연결되어 주격보어 역할을 하고 있다.
✔ **기타 강조 표현**
1. 같은 어구의 반복
   • He tried it **over and over** again. (그는 그것을 **몇 번이고** 다시 시도했다.)
   • The speech went on **for hours and hours**. (그 연설은 **몇 시간이고** 계속되었다.)
   • It's getting **darker and darker**. (**점점 더 어두워지고** 있다.)
2. 의문문의 강조: 의문사 + on earth[in the world, ever]. '도대체' 등으로 해석한다.
   • **Where on earth** have you been? (**도대체** 어디에 있었니?)
   • **Who ever** can he be? (그는 **도대체** 누구일까?)

UNIT 67 공통구문

478 In many cases **stress is caused**, / not by the event itself, / but rather by our response to the event.

많은 경우에 스트레스는 야기된다. / 사건 자체에 의해서가 아니라, /
정확히 말하자면 사건에 대한 우리의 반응에 의해서.

✔ ⟨not A but B (A가 아니라 B)⟩ 구문에서 전치사 by가 이끄는 구가 병렬을 이루며, 주절 stress is caused에 공통으로 연결되었다.

479 Keeping a diary (S) means (V) / **putting down** (O) // what we have done, what we thought of, or what has happened. Keeping a diary encourages self-reflection.

일기를 쓰는 것은 뜻한다 / 기록하는 것을 // 우리가 한 것, 우리가 생각한 것,
혹은 일어난 일을. 일기를 쓰는 것은 자기반성을 촉진한다.

✔ Keeping a diary means putting down (V′) ─ what we have done, (O′1) / what we thought of, (O′2) / or / what has happened. (O′3)

or로 연결된 관계대명사 what이 이끄는 세 개의 명사절이 putting down의 목적어 역할을 한다.

480 Whether we like it or not, // we are controlled by, (rather than in control of), **natural forces.** – 모의

우리가 그것을 좋아하든 그렇지 않든, // 우리는 자연의 힘에 의해 (통제한다기보다는,) 통제된다.

- 여기서 it은 의미상으로 보아, 뒤에 나오는 주절의 내용을 말한다.
- natural forces가 controlled by와 in control of의 공통 목적어이다.

481 I **have** always **taught** **my children** // that politeness, learning, and order are good things, / and that something good is to be desired and developed / for its own sake. – 수능

S V IO DO_1 DO_2

나는 자녀들에게 항상 가르쳐왔다 // 공손함, 배움, 그리고 질서는
좋은 것이라고, / 그리고 좋은 것은 추구되고 발전되어야 한다고 /
그 자체로.

- and로 연결된 두 개의 that절이 have taught my children에 공통으로 연결되어 직접목적어 역할을 한다.
- is to be desired and developed는 〈be to-v〉 용법으로 '의무'를 나타내고 있다. 〈be to-v〉 용법은 '예정(~할 것이다)', '의무(~해야 한다)', '가능(~할 수 있다)', '의도(~하려면)'의 의미를 나타낼 수 있으므로, 문맥에 맞게 해석한다.

482 A good marriage is / one [which allows for **change and growth** / in both individuals and in the way [they express their love]]. – Pearl S. Buck ((美 작가))

V′ O′

행복한 결혼 생활은 ~이다 / (~하는) 것 [변화와 성장을 고려하는 /
두 개인에서와 [그들이 사랑을 표현하는] 방식에서의].

- and로 연결된 두 개의 전치사구가 목적어 change and growth에 공통으로 연결되어 의미를 보충한다.
- they ~ love는 선행사 the way를 수식하는 관계부사절로, 선행사 the way와 관계부사 how는 함께 쓸 수 없으므로 관계부사 없이 쓰였다.

UNIT 68 병렬구조

483 From the 5th to the 15th century, / barbers performed many services, / including cutting hair, pulling teeth, **and** treating medical conditions.

5세기에서 15세기까지, / 이발사들은 많은 서비스를 수행했다, /
머리카락을 자르는 것, 이를 뽑는 것, 그리고 의학적 질환을 치료하는 것을 포함하여.

- 전치사 including의 목적어로 세 개의 동명사구가 등위접속사 and에 의해 병렬 연결되었다.

484 You are never too old / to set another goal / **or** to dream a new dream.

– C. S. Lewis ((〈나니아 연대기〉의 작가))

당신은 절대 너무 나이가 많지 않다 / 또 다른 목표를 세우기에 / 혹은 새로운 꿈을 꾸기에.
↳ 목표를 세우거나 새로운 꿈을 가지는 것에 나이는 중요치 않다.

- 형용사 old를 수식하는 두 개의 부사적 용법의 to부정사구가 등위접속사 or에 의해 병렬 연결되었다.

485 Many kinds of animal behavior / are the result of habit rather than ∨ of instinct, //
and animal habits, (like human customs), can be changed quite rapidly.

많은 종류의 동물의 행동은 / 본능(의 결과)이라기보다는 습관의 결과이다. //
그리고 동물의 습관은, (인간의 관습과 같이), 꽤 빠르게 변화될 수 있다.

- 두 개의 절이 등위접속사 and에 의해 병렬 연결되었다.
- ∨ 자리에는 공통되는 the result가 생략되었다.

486 **Both** optimists **and** pessimists / contribute to our society.
The optimist invents the airplane // and the pessimist ∨ the parachute.

– GB Stern ((英 작가))

낙천주의자와 비관주의자 둘 다 / 우리 사회에 공헌한다.
낙천주의자는 비행기를 발명하고 // 비관주의자는 낙하산을 (발명한다).
↳ 낙천주의자는 하늘을 날 수 있다는 희망으로 비행기를 발명하고, 비관주의자는 비행기에서 추락할 수 있다는 염려로 낙하산을 발명하여 각기 다른 방식으로 둘 다 사회에 공헌한다.

- both A and B: A와 B 둘 다
  명사 optimists와 pessimists가 상관접속사에 의해 병렬 연결되었다.
- ∨ 자리에는 동사 invents가 반복되어 생략되었다.

487 The past can hurt. But the way I see it, // you can **either** run from it, /
or learn from it. – The Lion King ((애니메이션))

과거는 고통스러울 수 있다. 하지만 내가 보는 바로는, // 그것(과거)으로부터 도망칠 수도 있고, / 혹은 그것으로부터 배울 수도 있다.

- the way (that) ~은 '~하는 바로는, ~으로 판단하면'이라는 의미의 접속사의 역할을 할 수 있다. (the way I see it: 내가 보기에는, 내 생각에는)
- either A or B: A와 B 둘 중 하나
  run from it과 learn from it이 상관접속사에 의해 병렬 연결되었다.

488 Perfection is achieved, // **not** when there is nothing more to add, /
but when there is nothing left to take away. – Antoine de Saint-Exupery ((《어린 왕자》의 작가))

완벽함은 성취된다. // 더할 것이 더 없을 때가 아니라, /
뺄 것이 남아 있지 않을 때.

- not A but B: A가 아니라 B
  when이 이끄는 두 개의 부사절이 상관접속사에 의해 병렬 연결되었다.
- 첫 번째 nothing을 형용사 more와 형용사적 용법의 to부정사구 to add가 뒤에서 수식하고, 두 번째 nothing을 과거분사 left와 to take away가 뒤에서 수식하고 있다.

489 Progress is made, / **not only** by the efforts of the rich and powerful, /
but also by the collective struggles of everyday individuals.

진보는 이루어진다. / 부유층과 권력자들의 노력에 의해서 뿐만이 아니라, /
평범한 개인들의 집단적인 투쟁에 의해서도.

- not only A but (also) B: A뿐만 아니라 B도(= B as well as A)
  두 개의 전명구 by the efforts ~ powerful과 by the collective struggles ~ individuals가 상관접속사에 의해 병렬 연결되었다.

1 give

해설 | 문맥상 but 다음의 give ~는 문장 맨 처음의 Let ~절과 연결된 병렬구조이므로 같은 형태인 동사원형 give가 적절하다. 앞의 to부정사구(to wait and (to) see)와 연결되었다고 생각하지 않도록 주의한다.

Let us not be content / to wait **and** ∨ see what will happen, //

but give us the determination (to make the right things happen). – Peter Marshall ((美 배우))

우리가 만족하지 않게 해주십시오 / 무슨 일이 일어날지 두고 보는 것에. //
그러나 우리에게 투지를 주십시오 (옳은 일이 일어나게 할).
↳ 무슨 일이 일어날지 두고 보는 데 만족하지 않고, 옳은 일이 일어나게 할 투지를 주십시오.

- and가 연결하는 어구는 to부정사 to wait과 (to) see로, ∨자리에는 to부정사의 to가 생략되었다.
- what will happen은 to wait and (to) see의 목적어 역할을 하는 간접의문문이다.
- to make the right things happen은 the determination을 수식하는 to부정사구이며, 〈make + 목적어(the right things) + 목적격보어(happen)〉 구문 형태이다.

2 to take

해설 | 'A뿐만 아니라 B도'라는 의미의 〈B as well as A〉 구문에서 to부정사구 To give counsel과 병렬구조를 이루어야 하므로 to take가 적절하다.

To give counsel **as well as** to take it / is a feature of true friendship. – Marcus Tullius Cicero ((고대 로마의 정치가, 철학가))

조언을 받는 것뿐만 아니라 해 주는 것도 / 진정한 우정의 특징이다.

- 〈B as well as A〉 구문에서 동사의 수는 B에 일치시킨다. to부정사구는 단수 취급하므로 문장의 동사는 is가 쓰였다.

3 bear

해설 | 'A와 B 둘 중 하나'라는 의미의 〈either A or B〉 구문에서 동사구 learn ~ lightly와 병렬구조를 이루어야 하므로, 준동사가 아닌 동사 bear가 적절하다.

Our life's a stage: // **either** learn to play and take it lightly, / **or** bear its troubles patiently. – Palladas ((고대 그리스의 시인))

우리의 삶은 무대이다 // 연기하는 것을 배우고 그것(삶)을 가볍게 여기거나, / 그것(삶)의 문제를 참을성 있게 견뎌라.

4 아래 해설 참고

해설 | 공통 주어 This leaflet 뒤에 두 개의 술부가 등위접속사 and에 의해 병렬 연결된 구조이다.

This leaflet / contains important patient information about the medication /

and should be read completely / before beginning treatment.

이 인쇄물은 / 그 약물에 관한 중요한 환자 정보를 담고 있다 /
그리고 철저히 읽혀야 한다 / 치료를 시작하기 전에.

5 아래 해설 참고

해설 | 'A가 아니라 B'라는 의미의 〈not A but B〉 구문에서 두 개의 〈전치사 + 동명사구〉가 병렬 연결된 구조이다.

Success / does **not** consist in never making blunders, / **but** ∨ in never making the same one a second time.
– George Bernard Shaw

성공은 / 큰 실수를 절대 저지르지 않는 것에 있는 것이 아니라, / 같은 실수를 절대 두 번 저지르지 않는 것에 (있다).

- ∨ 자리에는 동사 consists가 반복되어 생략되었다.

6 아래 해설 참고

해설 | 조동사 can 뒤에 동사원형으로 시작하는 다섯 개의 동사구가 등위접속사 and에 의해 병렬 연결된 구조이다. and 뒤의 to our surprise는 삽입구이다.

Artificial intelligence can now recognize faces, translate languages, take calls for you, write poems, /

and (to our surprise) beat players at the world's most complicated board game. – 모의응용

인공 지능은 이제 얼굴을 인식하고, 언어를 번역하고, 여러분을 대신해 전화를 받고, 시를 쓸 수 있다 /
그리고 (놀랍게도) 세상에서 가장 복잡한 보드게임에서 선수들을 이길 수 있다.

7 아래 해설 참고

해설 | 등위접속사 and에 의해 절과 절이 병렬 연결된 구조이다.

Rest is not idleness, // **and** to lie sometimes on the grass under trees, / listening to the murmur of the water, /
or watching the clouds float across the sky, / is by no means a waste of time. – John Lubbock ((英 고고학자))

휴식은 게으름이 아니다. // 그리고 가끔 나무 아래 잔디에 눕는 것은, / 물이 졸졸거리는 소리를 들으면서, /
또는 구름이 하늘을 가로질러 떠가는 것을 바라보면서, / 결코 시간 낭비가 아니다.

- 두 번째 절의 주어는 to부정사구 to lie ~ under trees이며, 동사는 is이다.
- 두 번째 절의 listening to ~ water와 watching ~ sky는 동시동작을 나타내는 분사구문으로, 등위접속사 or에 의해 병렬 연결되었다.

UNIT 69

부정구문

490 Consider what Mahatma Gandhi said: // "**Not all** our gold and jewelry / could satisfy our hunger and quench our thirst." - 모의

마하트마 간디가 말했던 것을 생각해 보라 // "우리의 모든 금과 보석이 ~은 아니다 / 우리의 허기를 충족시킬 수도 있고 우리의 갈증을 해소시킬 수도 있는."

- not all ~: 모두 ~은 아니다 ((부분부정))

491 Apologizing does **not always** mean // that you're wrong and the other person is right. It sometimes means // that you value your relationship / more than your ego.

사과하는 것이 항상 의미하는 것은 아니다 // 당신이 틀리고 상대방이 옳다는 것을.
그것은 때로 의미한다 // 당신이 당신의 관계를 가치 있게 여긴다는 것을 / 당신의 자존심보다 더.

- not always ~: 항상 ~은 아니다 ((부분부정))
- 다음의 부사들도 not과 함께 자주 쓰여 부분부정을 나타낸다.
  not quite / not altogether / not completely[entirely, fully] (전적으로 ~은 아니다)

492 An artwork is **not necessarily** followed / by a second work [that is better]. - 모의응용

예술 작품은 반드시 뒤따르지는 않는다 / [더 나은] 다음의 작품이.

- not necessarily ~: 반드시 그런 것은 아니다 ((부분부정))
- A be followed by B: B가 A를 뒤따르다, A 다음에 B가 오다
- that is better는 a second work를 수식하는 주격 관계대명사절이다.

493 If you cannot decide / which of the two things to do, // you are likely to get yourself into trouble / by doing **neither**.

만약 당신이 결정할 수 없다면 / 두 가지 중에 어떤 것을 해야 할지, // 당신 자신을 곤경에 빠트리기 쉽다 / 어느 쪽도 하지 않음으로써.

- which ~ to do는 〈의문사 + to-v〉 형태로 decide의 목적어 역할을 하는 명사구이다.
- neither: 어느 쪽도 ~않다 ((전체부정))

494 In fact, / consensus **rarely** comes / **without** some forms of subtle coercion // and the absence of fear in expressing a disagreement / is a source of genuine freedom. - 모의

사실, / 의견 일치가 이뤄지는 일은 드물다 / 몇몇 형태의 교묘한 강압이 없이 (→ 몇몇 교묘한 강압을 통해서만 의견 일치가 이뤄진다) //
그리고 이견을 표현하는 것에 대한 두려움이 없는 것이 / 진정한 자유의 원천이다.

- 부정어(rarely) A without B: A하면 반드시 B한다, B해야만 A한다 ((이중부정))
- in expressing a disagreement의 전치사 in은 '~에 대한'이라는 의미이며 목적어로 동명사구가 온 형태이다.

495 Trade will **not** occur // **unless** both parties (S′) want (V′) what the other party has to offer (O′). - 모의

거래는 발생하지 않을 것이다 // 양쪽 모두가 상대방이 제공해야 하는 것을 원하지 않으면.
→ 양쪽 모두 상대방이 제공하는 것을 원해야만 거래가 발생할 것이다.

UNIT 70 대명사·대용어

496 Great opportunities come to all, // but many do not know /
they have met them. The only preparation to take advantage of them /
(they = many, them = great opportunities, them = great opportunities)
is simple fidelity (to what each day brings). – A. E. Dunning ((美 신학자))

멋진 기회는 모두에게 온다. // 그러나 많은 이들은 모른다 /
자신이 그것을 만난 것을. 그것을 이용하기 위한 유일한 준비는 /
단순한 충실함이다 (매일 주어지는 것에 대한).

- what ~ brings는 선행사를 포함하는 관계대명사 what이 이끄는 관계사절로 전치사 to의 목적어 역할을 한다.
- **bring이 만드는 빈출 문형**

SVO	~을 가져다주다; ~을 야기하다	The waiter **brought water** to me. (웨이터가 나에게 물을 **가져다주었다.**)
SVOO	~에게 …을 가져다주다	The waiter **brought me water.** (웨이터가 나**에게** 물을 **가져다주었다.**)
SVOC	(~할) 마음이 생기게 하다, (~가 …을 하도록) 이끌다	I cannot **bring** myself **to do** the assignment. (나는 과제를 할 **마음이 생기지** 않는다.)

497 Not only is the wise use of leisure / a mark of a cultured man, //
(V_1 = is, S_1 = the wise use of leisure, C_1 = a mark of a cultured man)
but the value [he places ● on privacy in the use of it] / is another.
(S_2 = the value [he places ● on privacy in the use of it], it = leisure, V_2 = is, C_2 = another = a mark of a cultured man)

여가 시간의 현명한 사용은 (~일) 뿐만 아니라 / 교양 있는 사람의 특징, //
가치는 [그것을 사용하는 데 있어 그가 사생활에 두는] / 또 다른 것이다.
→ 교양 있는 사람의 특징은 여가 시간을 현명하게 사용하는 것뿐만 아니라, 여가 시간의 사적인 사용에 가치를 두는 것이다.

- Not only가 문장 앞으로 나가면서 주어인 the wise use of leisure와 동사 is가 도치되었다.
- the value는 관계사가 생략된 목적격 관계대명사절(he places ~ it)의 수식을 받는다. (●는 원래 목적어 자리)
- = The value one places on privacy in the use of leisure, **as well as** the wise use of it, is a mark of a cultured man.

498 Courage is the greatest of all the virtues. Because if you don't have courage, //
you may not have an opportunity (to use any of **the others**). – Samuel Johnson ((英 시인, 작가))

용기는 모든 덕목 중 가장 중요하다. 왜냐하면 용기를 가지고 있지 않으면, //
기회가 없을지도 모르기 때문이다 (나머지 다른 덕목들 중 어느 것도 사용할).

- the others는 all the virtues 중에 courage를 제외한 나머지 모든 덕목들(all the virtues except courage)을 지칭한다.

499 Be as careful of the books [you read], / as of the company [you keep]; //
for your habits and character will be as much influenced / by **the former** /
(for = ~ 때문에, the former = the books you read)
as by **the latter**. – Paxton Hood ((英 작가))
(the latter = the company you keep)

[당신이 읽는] 책에 주의를 기울여라, / [당신이 사귀는] 친구(에 주의를 기울이는 것)만큼 //
당신의 습관과 성격은 영향을 많이 받을 것이기 때문에 / 전자에 의해 /
후자만큼.

- you read와 you keep은 목적격 관계대명사 that[which]이 생략된 관계사절로 각각 the books와 the company를 수식한다.
- **기타 다양한 대용어구**
  - vice versa: 거꾸로, 반대로
  - otherwise: 그렇지 않으면
  - the other way (a)round: 반대로, 역으로
  - likewise: 똑같이; 비슷하게
  - the opposite[reverse]: 정반대
  - A is one thing, B is another: A와 B는 전혀 다르다

500 Being a parent is such a huge responsibility, // but **the other side of the coin** is / that it is one of the most exciting and enjoyable things [you can do].

부모가 된다는 것은 매우 커다란 책임이다. // 그러나 그에 반대되는 측면은 ~이다 /
그것은 가장 신나고 즐거운 일 중의 하나라는 것 [당신이 할 수 있는].

✔ the other side of the coin은 a huge responsibility와는 반대로 긍정적인 측면, 즉 one of the most exciting and enjoyable things를 의미한다.

어법 직결 Answer 본문 p.163

those who do the work

해설 | 두 부류의 사람들 중 첫 번째 부류(the first group)는 먼저 등장한 those who do the work를 가리킨다.

My grandfather once told me // that there are two kinds of people: // those [who do the work], / and those [who take the credit].
He told me to try to be in **the first group**; // there was much less competition. – Indira Gandhi ((인도의 첫 여성 총리))
= those who do the work

할아버지는 언젠가 내게 말씀하셨다 // 두 부류의 사람들이 있다고 // [일을 하는] 사람들, / 그리고 [그 공로를 차지하는] 사람들.
할아버지는 내게 첫 번째 부류에 속하도록 노력하라고 말씀하셨다 // (그곳에는) 경쟁이 훨씬 덜 했다.